Der rheinbayerische Kassationsgerichtshof von seiner Errichtung bis zur Verlegung an das Oberappellationsgericht zu München

Europäische Hochschulschriften
Publications Universitaires Européennes
European University Studies

Reihe II
Rechtswissenschaft

Série II Series II
Droit
Law

Bd./Vol. 3833

PETER LANG
Frankfurt am Main · Berlin · Bern · Bruxelles · New York · Oxford · Wien

Britta Carla Fiedler

Der rheinbayerische Kassationsgerichtshof von seiner Errichtung bis zur Verlegung an das Oberappellationsgericht zu München

PETER LANG
Europäischer Verlag der Wissenschaften

Bibliografische Information Der Deutschen Bibliothek
Die Deutsche Bibliothek verzeichnet diese Publikation in der Deutschen Nationalbibliografie; detaillierte bibliografische Daten sind im Internet über <http://dnb.ddb.de> abrufbar.

Zugl.: Münster (Westfalen), Univ., Diss., 2003

D 6
ISSN 0531-7312
ISBN 3-631-51974-5

www.peterlang.de

INHALTSVERZEICHNIS

Einleitung		1
1. Kapitel	**Die historische Entwicklung der linksrheinischen Gebiete von der Besitzergreifung durch Frankreich bis zur bayerischen Herrschaft am Rhein unter besonderer Berücksichtigung der Verwaltungs- und Rechtsordnung**	8
A	Das Rheinland unter Frankreich	8
I.	Die Eroberung der Rheinlande durch Frankreich	8
II.	Die Einführung der französischen Verwaltungs- und Justizordnung in den Rheinlanden	9
B	Die interimistische Verwaltung	14
I.	Die Verwaltung der Gebiete durch die Verbündeten	14
II.	Die Maßnahmen der Kaiserlich Königlich Österreichischen und Königlich Bayerischen Gemeinschaftlichen Landesadministrativkommission in Justiz und Verwaltung	16
C	Das Rheinland unter der Herrschaft des Königreichs Bayern	19
I.	Die Besitzergreifung der Rheinlande durch Bayern	19
	§ 1 Der im Münchener Vertrag geregelte Gebietsausgleich	19
	§ 2 Die Interessen der Rheinländer	20
II.	Das Königreich Bayern zu Beginn des 19. Jahrhunderts	21
	Die Reformwerke Montgelas	21
III.	Die Diskussion um die Einführung des Rheinischen Rechts	24
	§ 1 Das materielle Recht	24
	§ 2 Die Gerichtsverfassung	26
	§ 3 Die Modellfunktion des Rheinkreises	27

IV. Von den bayerischen Landen am Rhein zum bayerischen Rheinkreis 30

§ 1 Die Garantie der Rheinischen Institutionen 30

§ 2 Die Anfangsjahre der bayerischen Herrschaft am Rhein 33

§ 3 Der Verlust des Sonderstatus 34

2. Kapitel Der Oberste Gerichtshof für den bayerischen Rheinkreis bis zum Jahr 1832 36

A Die Errichtung des Gerichtshofes in Zweibrücken 36

I. Die Vorläufer des Zweibrücker Gerichts 36

II. Die Errichtung der Kassations- und Revisionsinstanz am Appellationsgericht zu Zweibrücken 38

B Die Personalverhältnisse am Appellationsgericht 39

I. Die rechtlichen Grundlagen zur personellen Zusammensetzung des Kassationshofes 39

II. Die Schwierigkeiten bei der Besetzung des Kassationsgerichts nach der Besitzergreifung durch das Königreich Bayern 45

§ 1 Die Ausgangssituation 45

§ 2 Die Diskussion um die Neuorganisation der Kassationsinstanz 46

§ 3 Die Verordnung vom 22. September 1820 52

III. Die Mitglieder des Zweibrücker Gerichtshofes 54

§ 1 Die Richter 54

§ 2 Die Präsidenten 72

§ 3 Die Generalprokuratoren 86

IV. Die Grundsätze der bayerischen Personalpolitik 88

§ 1 Die Herkunft der Justizbeamten 88

	§ 2 Die Auswahlkriterien für eine Anstellung	89
	§ 3 Das Einstellungsverfahren	91
	§ 4 Zwischenergebnis	93
	§ 5 Die Personalpolitk in der Verwaltung	97
C	Das Rechtsmittel der Kassation	99
I.	Die Grundzüge der rechtsgeschichtlichen Entwicklung der Kassation	99
II.	Die französische Regelung im Übergang vom 18. zum 19. Jahrhundert	100
III.	Der Kassationshof	103
IV.	Der Verfahrensablauf	106
D	Der Gerichtshof und seine Aufgaben	111
I.	Die jährlichen Feierlichkeiten	111
II.	Die Entscheidungspraxis in der Kassations- und Revisionsinstanz	115
	§ 1 Statistische Auswertung	115
	§ 2 Die Rechtsprechung	120
III.	Die gutachterlichen Aufgaben am Appellationsgericht zu Zweibrücken	133
3. Kapitel	**Der Wandel in der Pfalzpolitik**	138
A	Der Übergang von der liberalen zur konservativen Regierungspolitik	138
I.	Die historischen Hintergründe	138
II.	Die Auswirkungen auf das Justizwesen	143
	§ 1 Die neue Personalpolitik	148

§ 2 Die personellen Maßnahmen am Appellationsgericht zu Zweibrücken 150

a) Der Gerichtspräsident 155
b) Der Generalprokurator 157
c) Die Appellationsgerichtsräte 158

§ 3 Zwischenergebnis 160

4. Kapitel Der Kassationshof für den Rheinkreis am Oberappellationsgericht zu München 162

A Die Entstehung des Oberappellationsgerichts zu München 162

B Die Errichtung des Kassationshofes in München 166

I. Die Diskussion um die Neustrukturierung des Kassationshofes 167

II. Die Ursachen der Verlegung des Gerichtshofes 170

C Die Mitglieder des Gerichtshofes 172

I. Die Präsidenten des Oberappellationsgerichts 172

II. Die Zusammensetzung der Senate 177

§ 1 Die Richter 180

§ 2 Die Generalprokuratoren 185

§ 3 Das Kanzleipersonal 187

D Die Geschäftsordnung des Kassationshofes 190

I. Die Ausarbeitung der Geschäftsordnung 190

§ 1 Das Hessische Modell 190

§ 2 Die Arbeit der Kommission unter Molitor 190

E Die Urteile des Kassationshofes zu München 198

Schluß 204

A	Quellenverzeichnis	208
I.	ungedruckte Quellen	208
II.	gedruckte Quellen	210
III.	Gesetz- und Verordnungsblätter	218
B	Verzeichnis weiterführender Quellen	219
I.	ungedruckte Quellen	219
II.	gedruckte Quellen	227
C	Literaturverzeichnis	228
D	Verzeichnis weiterführender Literatur	241
E	Durch Kriegseinwirkung vernichtete Akten	242

Abkürzungsverzeichnis 244

EINLEITUNG

Am 1. Juli des Jahres 1870 endete die Tätigkeit des Kassationshofes für die Pfalz. Gemäß Artikel 115 des Einführungsgesetzes zur bayerischen Prozeßordnung für die bürgerlichen Rechtsstreitigkeiten vom 29. April 1869 wurde seine Zuständigkeit auf den bereits bestehenden und bisher lediglich für die rechtsrheinischen Kreise[1] des Königreichs Bayern zuständigen Obersten Gerichtshof in München übergeleitet, der bis zu seiner eigenen Auflösung und dem Inkrafttreten der Reichsjustizgesetze im Jahr 1879 fortbestand.[2] Ab dem 1. Oktober 1879 oblag es dem zweiten Zivilsenat des Reichsgerichts Leipzig, als höchste Instanz für die Einheitlichkeit der Rechtsprechung auf dem Gebiet des französischen Rechts Sorge zu tragen.[3]

Die Geschichte des Kassationshofes und hier primär die in den Jahren 1815/16 sowie 1832/33 getroffenen personellen wie strukturellen Maßnahmen sind ein Resultat der gesellschaftspolitischen Entwicklung des Königreichs Bayern im 19. Jahrhundert und zugleich ein Spiegelbild bayerischer Rheinpolitik.

Im Rahmen dieser Arbeit sollen die wichtigsten Etappen in der Geschichte des Gerichtshofes im ersten Drittel des vergangenen Jahrhunderts nachgezeichnet werden. Das Interesse richtet sich damit zugleich auf das Rechts- und Justizwesen einer rheinischen Provinz, die in der wissenschaftlichen Literatur bislang wenig Beachtung fand.[4] Zwar hat sich die Forschung intensiv mit dem Rheinischen Recht auseinandergesetzt,[5] bezogen auf den bayerischen Rheinkreis liegen jedoch nur wenige

---

1 Die Gebiete des Königreichs Bayern ohne den später hinzukommenden Rheinkreis wurden als rechtsrheinisch, altbayerisch beziehungsweise sieben übrige Kreise des Königreichs bezeichnet.

2 Einführungsgesetz zur bayerischen Prozeßordnung - in: Regierungsblatt für das Königreich Bayern 1869, Sp. 1325.

3 Der Oberste Gerichtshof wurde im Jahr 1879 Oberstes Landesgericht. Die Zuständigkeit des Reichsgerichts wurde durch das Ausführungsgesetz zum Gerichtsverfassungsgesetz vom 23. Februar 1879 geregelt (Gesetz- und Verordnungsblatt für den Freistaat Bayern 1879, Sp. 63).

4 Untersucht wurde das Rechts- und Justizwesen von Hans Ziegler: Das Justizwesen in der Pfalz im 19. Jahrhundert, in: Mitteilungen des historischen Vereins der Pfalz, Bd. 86, Speyer 1988.

5 So Alfons Bürge: Das französische Privatrecht im 19. Jahrhundert, in: IUS COMMUNE Veröffentlichungen des Max-Planck-Instituts für Europäische Rechtsgeschichte Sonderhefte Studien zur Rechtsgeschichte 52, Frankfurt 1991; ders.: Neue Quellen zur Begegnung der deutschen und französischen Rechtswissenschaft im 19. Jahrhundert, in: Zeitschrift der Savigny-Stiftung für Rechtsgeschichte, Germanistische Abteilung, Bd. 110, Wien-Köln-Weimar 1993; Elisabeth Fehrenbach: Die Einführung des französischen Rechts in der Pfalz und in Baden, in: Friedrich Ludwig Wagner (Hrsg.): Strukturwandel im pfälzischen Raum von Ancien Régime bis zum Vormärz, Speyer 1982; dies.: Der Kampf um die Einführung des code napoleon in den Rheinbundstaaten, Wiesbaden 1973; Werner Schubert: Das französische Recht in Deutschland zu Beginn der Restaurationszeit (1840-1820), in: Zeitschrift der Savigny-Stiftung für Rechtsgeschichte, Germanistische

Untersuchungen vor.[6] Neben Arbeiten der regionalen Geschichtsforschung, die sich schwerpunktmäßig mit der Innenpolitik sowie dem Herrschafts- und Sozialgefüge in dem hier interessierenden Zeitraum auseinandersetzen,[7] wurden insbesondere die rheinischen Staatsbediensteten zum Gegenstand wissenschaftlicher Betrachtung. In diesem Zusammenhang beleuchtete Haan in seinen Arbeiten: "Kontinuität und Diskontinuität in der pfälzischen Beamtenschaft im Übergang von der französischen zur bayerischen Herrschaft (1814-1816)" und "Die bayerische Personalpolitik in der Pfalz von 1816/18 bis 1849" auch die personellen Verhältnisse in der Justiz dieser Region. Ziegler widmete in einem Beitrag zum 175jährigen Bestehen des Oberlandesgerichts Zweibrücken seine besondere Aufmerksamkeit den Richtern und Staatsanwälten.[8] Schuler stellte in einem kurzen Aufsatz deren literarische Tätigkeit in

---

Abteilung, Bd. 94, 1977; ders.: Französisches Recht in Deutschland zu Beginn des 19. Jahrhunderts, Köln 1977; Detlef Schumacher: Das Rheinische Recht in der Gerichtspraxis des 19. Jahrhunderts, in: Schriftenreihe des Instituts für europäisches Recht der Universität des Saarlandes, Bd. 9, Stuttgart 1969; Reiner Schulze: Die rheinische Judikatur im frühen 19. Jahrhundert zwischen gemeinrechtlicher Tradition und französischem Recht, in: Heinz Monhaupt; Dieter Simon (Hrsg.): Vorträge zur Justizforschung, Bd. 2, Frankfurt am Main 1993.

6 Die zunächst als bayerische Lande am Rhein bezeichneten Territorien erhielten im März des Jahres 1817 den Namen Rheinkreis (Amtsblatt der Regierung der Königlich-Baierischen Lande am Rhein 1817, Sp. 530). Zu einem Zeitpunkt, als die außenpolitischen Pläne des bayerischen Königs Ludwig I. auf Wiederherstellung der Kurpfalz durch Erwerb des nördlichen Teils von Baden endgültig gescheitert waren, wurde ihnen gemäß Verordnung vom 14. November 1837 mit Wirkung zum 1. Januar 1838 der Name königlich-bayerische Pfalz gegeben (Regierungsblatt für das Königreich Bayern 1837, Nr. 58, Sp. 793). Im folgenden sollen die Bezeichnungen bayerischer Rheinkreis und Pfalz entsprechend ihrer zeitlichen Geltung, die Bezeichnungen Rheinlande, Rheinprovinz und linksrheinische beziehungsweise rheinbayerische Gebiete jedoch synonym verwandt werden, ohne daß beabsichtigt ist, insoweit eine bestimmte Epoche zu kennzeichnen.

7 So Kurt Baumann: Bayern und die Pfalz in den Jahren 1214-1803, in: Pfälzische Heimatblätter, Jhrg. 4, 1956; ders.: Das pfälzische Problem in der bayerischen Geschichte, in: Pfälzer Heimat, Jhrg. 5, Heft 1, 1954; ders.: Die Pfalz in der deutschen Geschichte, in: Kurt Andermann (Hrsg.): Von Geschichte und Menschen der Pfalz, Verlag der Pfälzischen Gesellschaft zur Förderung der Wissenschaften in Speyer, Bd. 73, Speyer 1984; Hermann Schreibmüller: Bayern und die Pfalz 1816-1916, Kaiserslautern 1916.
Die Behördenverfassung und die Verwaltungsorganisation in der späteren Rheinpfalz thematisierten mehrere Autoren. Erwähnt sei die frühe Veröffentlichung von Max Bär: Die Behördenverfassung der Rheinprovinz seit 1815, in: Publikationen der Gesellschaft für Rheinische Geschichtskunde, Bd. XXXV, Bonn 1919.

8 Hans Ziegler: 175 Jahre Oberlandesgericht Zweibrücken 1815-1990. Seine Richter und Staatsanwälte, in: Sven Paulsen (Hrsg.): 175 Jahre pfälzisches Oberlandesgericht, Festschrift, Neustadt an der Weinstraße 1990. In seinem Werk findet man eine Aufzählung sämtlicher Räte und Vertreter der Staatsanwaltschaft des Zweibrücker Appellationsgerichts, ergänzt durch stichpunktartige Angaben zu ihrem beruflichen Werdegang.
(Die Festschrift zum 150jährigen Bestehen des Zweibrücker Gerichtshofes von J. Bärmann [Hrsg.]: Festschrift zum 150-jährigen Bestehen des Oberlandesgerichts Zweibrücken, Wiesbaden 1969 wie auch der dem 100jährigen Bestehen gewidmete Artikel von

den Vordergrund.[9] Mit der Organisation der Rechtspflege in den Rheinlanden während der französischen Herrschaft setzte sich Bayrhoffer im Rahmen einer Dissertation auseinander.[10]

Daß der bayerische Rheinkreis in der Zeit des Vormärz - abgesehen vom Hambacher Fest, welchem in der Literatur eine herausragende Bedeutung zukommt - nur vereinzelt die Aufmerksamkeit der Historiker auf sich zog, ist, wie bereits Baumann im Jahr 1971 erkannte, kein Zufall:

> "In der Zeit nach der Reichsgründung von 1871 ist die deutsche Geschichtsschreibung nicht immer der Versuchung entgangen, unsere nationale Geschichte allzusehr von Preußen her zu konstruieren und das vom Beamten- und Militärstaat der Hohenzollern ausgehende Kraftlinienfeld als entscheidend, ja allein maßgebend anzusehen, die preußisch-deutschen Zusammenhänge zu stark zu belichten."[11]

Das ungleich größere Interesse der Wissenschaft an der Geschichte Preußens und damit auch an seinen rheinischen Provinzen ist aus mehreren Gründen verständlich. Den preußischen Rheingebieten kommt schon von ihren flächenmäßigen Ausmaßen und ihrer Bevölkerungszahl eine größere Bedeutung zu als den rheinbayerischen oder auch rheinhessischen Territorien. Soweit es die Erforschung des Gerichtswesens in den rheinbayerischen Provinzen betrifft steht für diese im Gegensatz zu Preußen aber auch deutlich weniger Quellenmaterial zur Verfügung. Der Großteil der Archivalien der oberen bayerischen Justizbehörden für den Zeitraum von 1808 bis 1879, zu denen neben den Akten des Obersten Gerichtshofes zu München auch Akten des Appellationsgerichts des bayerischen Rheinkreises zählten, sind dem Zweiten Weltkrieg zum Opfer gefallen oder im Laufe der Zeit verlorengegangen. Nachdem mit der Auflösung der Justizverwaltung Bayerns und deren Übergang auf das Deutsche Reich im Jahr 1935 die Personalakten über die im Ruhestand befindlichen Mitglieder des Oberappellationsgerichts München zunächst an das Hauptstaatsarchiv München abgegeben worden waren, verbrannten sie dort im Jahr 1943 während eines Luftangriffs.[12]

P. Loth.: Hundert Jahre Oberstes pfälzisches Gericht in Zweibrücken, in: Münchener Abendzeitung: Der Sammler Nr. 123 vom 16.6.1916 enthalten dem hingegen keinerlei Aussagen zur Geschichte des Gerichtshofes oder gar zu den hier tätigen Juristen.)

9 Max Schuler: Zweibrücker Juristen, in: Zweibrücker Monatshefte 1965.

10 Hans Bayrhoffer: Die Organisation der Rechtspflege im Gebiet der heutigen Pfalz durch die Franzosen, Dissertation, Ludwigshafen 1944.

11 Zitiert aus: Kurt Baumann: Das pfälzische Appellationsgericht in der Zeit von 1815-1871, in: Sven Paulsen (Hrsg.): 175 Jahre pfälzisches Oberlandesgericht, Festschrift, Neustadt an der Weinstraße 1990, S. 227.
Zu dieser Thematik siehe auch Kurt Baumann: Das pfälzische Problem in der bayerischen Geschichte, in: Pfälzer Heimat, Jhrg. 5, Heft 1, 1954.

12 Vgl. zum Aktenbestand: Walter Schärl: Die Zusammensetzung der bayerischen Beamtenschaft von 1806 bis 1918, in: Max Spindler (Hrsg.): Studien Abteilung Bayerische Geschichte, Bd. 1, München 1955

Schließlich bietet aber auch eine Gegenüberstellung des historisch-politischen Hintergrundes in den bayerischen Rheingebieten einerseits und den preußischen Rheingebieten andererseits eine Erklärung. Die Entwicklung des bayerischen Rheinkreises scheint nämlich gleichförmiger und damit für rechtshistorische Forschungen vermutlich weniger interessant verlaufen zu sein als die des preußischen Nachbarlandes.[13] Das Königreich Preußen stellte bis in die 40er Jahre des 19. Jahrhunderts die Beibehaltung des französischen Rechts als Kernstück der Rheinischen Institutionen in den neuerworbenen Gebieten immer wieder in Frage. Mit der Inbesitznahme der Territorien durch Preußen im April des Jahres 1815[14] wurde die rheinische Verwaltung sofort an die des Königreichs angepaßt. Die entscheidenden Positionen in der Verwaltung nahmen Beamte aus den altpreußischen Gebieten ein. Im Rechtswesen kam es trotz der Beibehaltung von wichtigen Errungenschaften der rheinischen Justizverfassung, wie z. B. der Gleichheit aller vor dem Gesetz, der Unabhängigkeit des Richteramtes, der Gewaltenteilung, der Öffentlichkeit und Mündlichkeit des Verfahrens und der Geschworenengerichte zu einer Verwischung und Assimilation der Formen, wodurch die Verhältnisse zwischen den altpreußischen und den neuen rheinischen Provinzen allmählich angeglichen wurden. Die Rheinische Immediat-Justiz-Kommission wurde gebildet, um das als fremd empfundene französische Rechtssystem schrittweise zu beseitigen. All dies waren Maßnahmen, die den Widerspruch der Rheinländer geradezu herausforderten. Die Fortgeltung des Rheinischen Rechts in den preußischen Rheinprovinzen ist demnach auf einen ständigen Kampf um den Erhalt Rheinischer Institutionen zurückzuführen; ein Kampf, der in Rheinbayern in diesem Umfang nicht notwendig wurde.

Wie zu sehen sein wird, gab der bayerische König Max Joseph bereits im Jahr 1816 eine Garantieerklärung ab. Die grundsätzliche Gewähr der Rheinischen Institutionen schloß eine Auseinandersetzung bei den bayerischen Regierungsstellen zwar ebensowenig aus wie die wiederholten Bemühungen in der Praxis, der Erklärung gerecht zu werden. Zum Konflikt kam es hier allerdings erst, als die von König

---

13 Zur Entwicklung der preußischen Rheinprovinzen - vgl. Gustav Croon: Der Rheinische Provinziallandtag bis zum Jahre 1847, Düsseldorf 1918; Karl-Georg Faber: Recht und Verfassung, Köln 1970; ders.: Die Rheinischen Institutionen, in: Geschichtliche Landeskunde, Bd. 1, Wiesbaden 1964; Joseph Hansen: Von der Französischen Revolution bis zur Gegenwart, in: Geschichte des Rheinlandes von der ältesten Zeit bis zur Gegenwart in zwei Bänden, hrsg. von der Gesellschaft für rheinische Geschichtskunde, Bd. 1, politische Geschichte, Essen 1922 sowie Wilhelm Carl Kockerols: Das rheinische Recht und seine zeitliche und räumliche Begrenzung, Hannover 1902.

14 Die Bekanntmachung des Besitznahmepatents vom 5. April 1815 erfolgte am 15. April. (F. A. Lottner [Hrsg.]: Sammlung der für die Königl. Preuß. Rheinprovinz seit dem Jahr 1813 hinsichtlich der Rechts- und Gerichtsverfassung ergangenen Gesetze, Verordnungen, Ministerial-Rescripte, Bd. 1, Berlin 1834, Nr. 137.)

Ludwig auf die Ereignisse von Hambach ergriffenen Maßnahmen mit der geltenden französischen Rechtsordnung unvereinbar schienen.[15]
Eingebunden in die Gerichtsorganisation des bayerischen Rheinkreises verkörpert der Kassationshof in dieser Auseinandersetzung die Selbständigkeit des Rheinischen Rechts gegenüber der zwar reformierten, in ihrer Gesamtheit jedoch ständisch geprägten altbayerischen Rechtsordnung.
Diese Selbständigkeit findet sich in seiner Organisationsstruktur allerdings nicht wieder. Der Kassationsgerichtshof blieb in den mehr als fünfzig Jahren seines Bestehens ein jeweils ad hoc zu berufendes Tribunal, welches sich zunächst aus den Mitgliedern des Appellationsgerichts zu Zweibrücken und nach seiner Verlegung an das Oberappellationsgericht zu München aus den hier tätigen Gerichtsräten zusammensetzte.
Diese besondere organisatorische wie personelle Verflechtung zwischen dem Kassationshof und dem Appellationsgericht und später zwischen dem Kassationshof und dem Oberappellationsgericht erforderte es, das Appellationsgericht zu Zweibrücken und das Oberappellationsgericht zu München in den Gegenstand dieser Untersuchung einzubeziehen. Obwohl die Geschichte dieser Gerichtshöfe in Monographien und hier insbesondere die des Bayerischen Obersten Landesgerichts als Rechtsnachfolger des Oberappellationsgerichts in Zeitschriftenaufsätzen bereits dargestellt wurde,[16] vermißt man in diesen Veröffentlichungen, bedingt durch den Schwerpunkt der Tätigkeit von Appellations- und Oberappellationsgericht, Aussagen über die ihnen ebenfalls obliegenden kassationsinstanzlichen Zuständigkeiten im Geltungsbereich des Rheinischen Rechts.
Gestützt auf bislang wenig beachtetes Archivmaterial soll dieser Bereich näher untersucht werden. Ein erster Schwerpunkt dieser Forschungsarbeit gilt dabei der Organisation und der Struktur des Kassationshofes. Neben der notwendigen Darstellung der gesetzlichen Grundlagen sollen vor allem die Gründe für die im bayerischen Rheinkreis gewählte Anbindung an das untergeordnete Appellationsgericht herausgearbeitet werden. Hierzu kann auf einen umfangreichen Schriftwechsel und gutachterliche Stellungnahmen bedeutender Mitglieder des pfälzischen Appellationshofes zurückgegriffen werden. Welche Erwägungen der späteren Verlegung des Gerichtshofes an das Oberappellationsgericht nach München zugrunde lagen, insbesondere ob die zu Kritik Anlaß gebende Verflechtung zwischen Appellations- und Kassationsinstanz hierbei eine Rolle spielte, wird die vorgenommene Auswertung der zu dieser Thematik geführten Korrespondenz ergeben.

15 Vgl. hierzu Karl-Georg Faber: Die Rheinlande zwischen Restauration und Revolution, Wiesbaden 1966.
16 So Gerhard Herbst (Hrsg.): Das Bayerische Oberste Landesgericht, München 1993 sowie Sven Paulsen (Hrsg.): 175 Jahre pfälzisches Oberlandesgericht, Festschrift, Neustadt an der Weinstraße 1990.

Der Z e i t p u n k t der Verlegung des obersten rheinbayerischen Gerichtshofes deutet darauf hin, daß diese Entscheidung politisch motiviert war und ihre Ursachen möglicherweise in der veränderten innenpolitischen Situation nach dem Hambacher Fest hatte.
Die Darstellung der sozialen Beziehungen, der Ausbildung und des beruflichen Werdegangs der Mitglieder des Appellationsgerichts wie auch des Oberappellationsgerichts nimmt als ein weiterer Schwerpunkt dieser Arbeit in der Gesamtbetrachtung des Kassationshofes einen umfangreichen und wesentlichen Platz ein. Aufbauend auf den hier gewonnenen Informationen wird es möglich sein, den zahlenmäßigen Anteil der an den Gerichtshöfen tätigen sogenannten Linksrheiner, d. h. derjenigen Juristen zu bestimmen, die aus dem Rheinkreis stammten. Die Entscheidung der bayerischen Regierung zur grundsätzlichen Beibehaltung des französischen Rechts legt die Vermutung nahe, daß man zur Besetzung des Gerichtshofes zu Zweibrücken vorwiegend auf die mit dem französischen Recht vertrauten Rheinländer zurückgriff. Sollte sich diese Annahme bestätigen, so würde dies darauf hindeuten, daß eine fortschrittlich-liberale Staatsauffassung - wie sie bei den rheinischen Juristen grundsätzlich häufiger zu finden sein dürfte als bei ihren altbayerischen Kollegen - für eine Anstellung im bayerischen Staatsdienst kein Hindernis darstellte, möglicherweise auch deshalb, weil das Königreich Bayern nach der Besitzergreifung der Rheinprovinzen noch von den Reformwerken des Grafen von Montgelas beeinflußt war. Die Berufung der bekannten rheinischen Juristen Andreas Georg Friedrich von Rebmann und Johann von Birnbaum scheinen diese Prognose zu stützen. Sollte die Personalpolitik jedoch tatsächlich - wie an dieser Stelle angenommen - durch die gesellschaftspolitische Entwicklung des Königreichs Bayern geprägt worden sein, so wäre infolge des Hambacher Festes und des mit den politischen Ereignissen dieser Zeit in Zusammenhang stehenden Übertritts König Ludwigs in das Lager der Konservativen ein Kurswechsel in der Einstellungspolitik zu erwarten. Die Personalverhältnisse um das Jahr 1832/33 sind deshalb besonders gründlich zu untersuchen.
Einen Einblick in die Arbeit des Gerichtshofes geben die gutachterlichen Arbeiten der Mitglieder des Appellationsgerichtshofes. Neben der Ausarbeitung einer neuen Geschäftsordnung für das Kassationsgericht, bei welcher sich eine Auseinandersetzung sowohl in verfahrenstechnischen wie auch inhaltlichen Fragen abzeichnet, interessieren in diesem Zusammenhang insbesondere all jene gutachterlich gewürdigten Problembereiche, die das Verhältnis zwischen rheinischem Rechtssystem und altbayerischer Rechtsordnung betreffen. Durch eine gesamtstaatliche Volksvertretung gefördert, bot sich für die in den bayerischen Landen lebenden Rheinländer nämlich schon frühzeitig die Möglichkeit, nicht nur für den Erhalt Rheinischer Institutionen in den Rheinlanden einzutreten, sondern statt dessen ihren Anspruch auf

Allgemeingültigkeit des französischen Rechts zu formulieren.[17] Inwieweit sich die Juristen des Zweibrücker Appellationshofes an dieser Diskussion beteiligten und damit ihren Beitrag zum Bestand des Rheinischen Rechts leisteten, wird zu überprüfen sein.
Die forensische Praxis wird in erster Linie unter statistischen Gesichtspunkten ausgewertet. Die bereits angesprochene Quellenlage gibt hierzu Anlaß. Die Gerichtsakten für die Kassationsinstanz im Bereich der Zivilrechtspflege lassen sich weder im Landesarchiv Speyer[18] noch im Hauptstaatsarchiv München nachweisen. Zwar finden sich im Landesarchiv Speyer noch vereinzelt strafrechtliche Kassationserklärungen für die Zeit von 1835 bis 1872.[19] Diese sind jedoch, da nicht dokumentiert ist, wie sie durch den Gerichtshof letztlich entschieden wurden, ohne Aussagekraft.
Doch auch wenn ein Rückgriff auf die Gerichtsakten abgeschnitten ist, wird es möglich sein, sich im Rahmen dieser Arbeit anhand veröffentlichter Gerichtsentscheidungen mit der Rechtsprechung des Kassationshofes näher zu beschäftigen. Allerdings ist die Anzahl der zur Verfügung stehenden Judikate stark beschränkt. Nur wenige Urteile und hier insbesondere aus der Zeit nach 1832 wurden veröffentlicht.
Eine zeitliche Eingrenzung in ihrer Gesamtheit müssen die Untersuchungen dadurch erhalten, daß sich ein Großteil des noch zur Verfügung stehenden Quellenmaterials wie auch die Werke zeitgenössischer Autoren verstärkt auf die Zeit des Vormärz bis 1832 beziehen. Für die Zeit danach lassen sich zwar generelle Aussagen zur Reflexion der politischen Umwälzungen im Zuge der bürgerlichen Revolution Mitte des 19. Jahrhunderts auf Recht und Rechtspflege treffen. Konkrete und vor allem belegbare Auswirkungen auf das Wirken des Kassationshofes für die Pfalz, der erst im Jahr 1870 seine Tätigkeit einstellte, sind aufgrund dieses fehlenden Quellenmaterials nicht mehr zu eruieren.

---

17 Karl-Georg Faber: Die Rheinischen Institutionen, in: Geschichtliche Landeskunde, Bd. 1, Wiesbaden 1964.

18 Zum Aktenbestand - siehe Karl Heinz Debus (Hrsg.): Das Landesarchiv Speyer, in: Veröffentlichungen der Landesarchivverwaltung Rheinland-Pfalz, Bd. 40, Koblenz 1987.

19 Landesarchiv Speyer, Best. J 2 Nr. 389 und 390.

1. KAPITEL
DIE HISTORISCHE ENTWICKLUNG DER LINKSRHEINISCHEN GEBIETE VON DER BESITZERGREIFUNG DURCH FRANKREICH BIS ZUR BAYERISCHEN HERRSCHAFT AM RHEIN UNTER BESONDERER BERÜCKSICHTIGUNG DER VERWALTUNGS- UND RECHTSORDNUNG

A DAS RHEINLAND UNTER FRANKREICH

I. DIE EROBERUNG DER RHEINLANDE DURCH FRANKREICH

Das linke Rheinufer stand seit dem Ausbruch der Revolutionskriege unter französischem Einfluß.[1] Zwar konnten die seit 1792 in Koalition stehenden Armeen Preußens und Österreichs vereinzelt militärische Erfolge verzeichnen, der Sieg Frankreichs ließ sich jedoch nicht mehr verhindern. Französische Truppen eroberten im Herbst des Jahres 1792 die Städte Worms, Mainz und Speyer; im Februar des Folgejahres besetzten sie Zweibrücken. Im Frühjahr des Jahres 1793 wurde auch das bislang um Neutralität bemühte Bayern in die kriegerischen Auseinandersetzungen verwickelt. Nachdem die Staaten des Heiligen Römisches Reiches deutscher Nation Frankreich den Reichskrieg erklärt hatten, sah sich Bayern veranlaßt, ein eigenes Truppenkontingent zur Reichsarmee zu stellen. Nach militärischen Siegen Österreichs und Preußens in den Jahren 1793 bis 1795 setzte in den Jahren 1795 und 1796 eine erneute Offensive auf dem linken Rheinufer durch Frankreich ein. Französische Soldaten besetzten zum Ende des Jahres 1795 die Städte Kaiserslautern und Kreuznach.

Mit der Unterzeichnung der Geheimartikel des Friedens von Campo Formio am 17./18. Oktober des Jahres 1797 wurde der aktuelle Besitzstand Frankreichs besiegelt. In diesem Vertragswerk willigte Österreich in die Abtretung der linksrheinischen Territorien vom Elsaß bis zu einer durch Nette und Rur geographisch begrenzten Linie einschließlich des von deutschen Truppen gehaltenen Mainz an Frankreich ein. Im Gegenzug verlangte es Salzburg und östliche Teile Bayerns.[2]

---

1 Vgl. hierzu ausführlich - Max Braubach: Das Rheinland am Vorabend der französischen Revolution, Bonn 1939; ders.: Von der Französischen Revolution bis zum Wiener Kongreß, 10. Aufl., in: Handbuch der deutschen Geschichte, Bd. 14, München 1992; H. von Sybel: Geschichte der Revolutionszeit 1789-1800, Bd. 1-5, 1853-1879; Heinrich Steinmetz: Das linksseitige Rheingebiet, Alzenz um 1913; Eberhard Weis: Pfalz-Bayern, Zweibrücken und die Französische Revolution, in: Jürgen Voss (Hrsg.): Deutschland und die Französische Revolution, München 1983.

2 Vgl. vertiefend zu den Gebietsregelungen - Max Spindler (Hrsg.): Bayerischer Geschichtsatlas, München 1969; ders.: Handbuch der bayerischen Geschichte, Bd. 4, Teilbd. 2, München 1975; F. W. Putzger: Historischer Weltatlas, 102. Aufl., Berlin 1995; Joseph Rovan: Geschichte der Deutschen, München und Wien 1995; Philipp Jakob Serini:

Es vergingen aber nochmals mehr als drei Jahre, bis auch de jure die französische Annexion der linksrheinischen Gebiete am 9. Februar 1801 durch den Frieden von Lunéville[3] anerkannt wurde. Die bereits hier abgegebene Zusicherung Frankreichs, Bayern für die linksrheinischen Verluste in Form rechtsrheinischer Gebiete angemessen zu entschädigen, wurde in dem Friedens- und Freundschaftsvertrag zu Paris, den Max Joseph von Bayern auf Anraten seines Ministers Graf von Montgelas am 24. August 1801 mit Napoleon schloß, ein weiteres Mal bekräftigt.[4] Durch das Gesetz vom 18. Ventose IX. sprach die französische Republik schließlich die Einverleibung der eroberten Gebiete aus.[5]

II. DIE EINFÜHRUNG DER FRANZÖSISCHEN VERWALTUNGS- UND JUSTIZORDNUNG IN DEN RHEINLANDEN

Bereits vor dem Abschluß des Lunéviller Friedensvertrages begann die französische Republik, die Übernahme der eigenen revolutionären Verfassungs-, Verwaltungs- und Justizordnung in den besetzten linksrheinischen Gebieten in die Wege zu leiten.[6]
Ein erster Schritt war die Bildung einer Zentralverwaltung in Aachen als oberste Regierungsbehörde für die Länder zwischen Maas und Rhein im November des Jahres 1794; ihr waren einzelne Bezirksverwaltungen nachgeordnet.[7] Am 17. Mai 1796

Chronologische Zusammenstellung der während der provisorischen französischen Verwaltung in den deutschen Rheinlanden publicirten älteren französischen Gesetze und Uebersicht der daselbst bestandenen alten Statutarrechte, nebst Angabe der früheren Territorialverhältnisse, Mannheim 1848; Heinrich Weiler: Zur rheinland-pfälzischen Justizgeschichte, Frankenthal 1984.

3 Lunéviller Vertrag - in: K. Th. F. Bormann; Alexander von Daniels (Hrsg.): Handbuch der für die Königl. Preuß. Rheinprovinzen verkündigten Gesetze, Verordnungen und Regierungsbeschlüsse aus der Zeit der Fremdherrschaft, Bd. 4, Köln 1836, S. 231.

4 Vertrag vom 24. August 1801 - in: Churpfalzbaierisches Regierungsblatt 1802. S. 32.

5 Gesetz vom 18. Ventose IX. - in: Sammlung der Verordnungen und Beschlüsse, erlassen von dem Regierungskommissär in den 4 neuen Departementen des linken Rheinufers, Bd. 5, Mainz 1799, S. 13.
Die republikanische Zeitrechnung wurde am 22. September 1792 eingeführt; das Jahr hatte hiernach zwölf Monate, die Woche jedoch zehn Tage. Der 18. Ventose IX. entspricht dem 9. März 1801.

6 Vgl. hierzu Georg Friedrich Kolb : Darstellung der französischen Gesetzgebung von 1787-1815, Bd. 1, Speyer 1834; Elmar Wadle: Französisches Recht und deutsche Gesetzgebung im 19. Jahrhundert, in: Reiner Schulze (Hrsg.): Europäische Rechts- und Verfassungsgeschichte, Berlin 1991; Hans Ziegler: Das Justizwesen in der Pfalz im 19. Jahrhundert, in: Mitteilungen des historischen Vereins der Pfalz, Bd. 86, Speyer 1988.

7 Verordnung vom 14. November 1794 - in: K. Th. F. Bormann; Alexander von Daniels (Hrsg.): Handbuch der für die Königl. Preuß. Rheinprovinzen verkündigten Gesetze,Verordnungen und Regierungsbeschlüsse aus der Zeit der Fremdherrschaft, Bd. 6, Köln 1841, S. 261. (Vgl. auch Max Bär: Die Behördenverfassung der Rheinprovinz seit 1815, in: Publikationen der Gesellschaft für rheinische Geschichtskunde, Bd. XXXV,

etablierte Frankreich durch das Vollziehungsdirektorium in Paris zwei Generaldirektionen mit Sitz in Aachen - zuständig für die Territorien zwischen Maas und Rhein - und mit Sitz in Koblenz - zuständig für die Länder zwischen Rhein und Mosel und das übrige vormalige Kurfürstentum Trier.[8]

Der zur Verwaltung des Koblenzer Territoriums berufene Generaldirektor Bella beseitigte die hier vorhandene Vielfalt von gerichtlichen Zuständigkeiten, indem er statt der bisherigen Stadt-, Land-, Dorf-, Lehens-, Patrimonial- und Körperschaftsgerichte[9] neben erstinstanzlichen Gerichten für die jeweiligen Kantone in Trier, Zweibrücken und Kreuznach Appellationsgerichte errichten ließ.[10]

Nach der Beendigung des Krieges durch den Friedensschluß von Campo Formio konnte sich Frankreich der Aufgabe widmen, die Verhältnisse in den Rheingebieten langfristig zu ordnen. Dies auch im Hinblick darauf, daß viele alte deutsche Beamte beim Einrücken der Franzosen das Land verlassen hatten.[11] Der am 4. November 1797 zum Gouvernementskommissär berufene ehemalige Pariser Kassationsrichter, Franz Joseph Rudler, wurde mit dieser Aufgabe betraut.[12] Rudler, der am 11. Dezember 1797 die Verwaltung der Rheinlande übernahm, veröffentlichte schon nach wenigen Tagen die ersten neuen Reglements. Er teilte das besetzte Gebiet durch Beschluß vom 23. Januar 1798 in die vier Departements Saar, Rhein-Mosel, Rur und

---

Bonn 1919; Aloys Schulte [Hrsg.]: Tausend Jahre deutscher Geschichte und deutscher Kultur am Rhein, Düsseldorf 1925.)

8 Verordnung vom 17. Mai 1796 - in: K. Th. F. Bormann.; Alexander von Daniels (Hrsg.): Handbuch der für die Königl. Preuß. Rheinprovinzen verkündigten Gesetze,Verordnungen und Regierungsbeschlüsse aus der Zeit der Fremdherrschaft, Bd. 6, Köln 1841, S. 360.

9 Zur vorgefundenen Gerichtsstruktur - vgl. W. Silberschmidt: Die Gründung der rheinischen Obergerichte vor 100 Jahren, in: Rheinische Zeitschrift für Zivil- und Prozeßrecht, Jhrg. 7, Aalen 1969 sowie Heinrich Weiler: Vorrevolutionäre Justizverhältnisse im Bezirk der heutigen Landgerichte Zweibrücken und Kaiserslautern, ihre Veränderungen unter französischer Herrschaft und der pfälzische Anschluß an Bayern, Frankfurt am Main 1989.

10 Vgl. hierzu Hans Ziegler: Das Justizwesen in der Pfalz im 19. Jahrhundert, in: Mitteilungen des historischen Vereins der Pfalz, Bd. 86, Speyer 1988 sowie Max Springer: Die Franzosenherrschaft in der Pfalz, Berlin und Leipzig 1926.

11 Wilhelm Carl Kockerols: Das rheinische Recht und seine zeitliche und räumliche Begrenzung, Hannover 1902; Andreas Friedrich Rebmann: Blick auf die neuen Departemente des linken Rheinufers, Koblenz 1810; Philipp Jakob Serini: Chronologische Zusammenstellung der während der provisorischen französischen Verwaltung in den deutschen Rheinlanden publicirten älteren französischen Gesetze und Uebersicht der daselbst bestandenen alten Statutarrechte, nebst Angabe der früheren Territorialverhältnisse, Mannheim 1848.

12 Beschluß vom 4. November 1797 - in: K. Th. F. Bormann; Alexander von Daniels (Hrsg.): Handbuch der für die Königl. Preuß. Rheinprovinzen verkündigten Gesetze, Verordnungen und Regierungsbeschlüsse aus der Zeit der Fremdherrschaft, Bd. 6, Köln 1836, S. 45.

Donnersberg.[13] Diese wiederum untergliederten sich in einzelne Arrondissements, und zwar das Saardepartement in die Arrondissements Saarbrücken, Birkenfeld und Prüm mit der Departementshauptstadt Trier; das Rhein-Mosel Departement in die Arrondissements Simmern, Bonn und die Hauptstadt Koblenz. Die Arrondissements Aachen, Krefeld, Köln und Kleve bildeten das Verwaltungsdepartement Rur mit der Hauptstadt Aachen. Das Departement Donnersberg mit über 358.000 Einwohnern setzte sich aus den Arrondissements Zweibrücken, Kaiserslautern, Speyer und Mainz zusammen.[14] Die neue Hauptstadt wurde Mainz.

Mit der Departementsbildung schuf Rudler zugleich die organisatorisch-administrativen Voraussetzungen für die Übernahme des französischen Verwaltungssystems.

Nachdem die französische Republik nach der Machtübernahme Napoleons am 18. Brumaire VIII. (9. November 1799) durch das Gesetz vom 17. Februar 1800 eine neue Verwaltungsorganisation erhalten hatte,[15] wurde dieses Präfektursystem im Mai des gleichen Jahres auch in den vier rheinischen Departements eingeführt. Hierdurch konnte in den Rheinlanden der aufgeblähte Verwaltungsapparat abgebaut und zugleich die bisherige Unübersichtlichkeit in den Strukturen beseitigt werden.

Unmittelbar nach der Einführung des neuen Behördensystems wurden die neuen Beamten ernannt. In einer Auswertung von nahezu 900 durch die französische Regierung über ihre Beamten erstellten Fragebögen kam Faber zu dem Schluß, daß mehr als die Hälfte aller Staatsdiener ihrer Herkunft nach aus dem Departement stammten, in welchem sie angestellt waren. Während die Spitzenpositionen in der Verwaltung ausschließlich mit Franzosen besetzt wurden, fanden die Rheinländer vor allem in den unteren Ebenen eine Anstellung.[16]

---

13 Beschluß vom 23. Januar 1798 - in: Vollständige Sammlung der Verordnungen und Beschlüsse des Bürger Regierungs-Kommissärs und der Central-Verwaltungen, Bd. 1, Heft 1, Nr. XII, Mainz Germinal VI., S. 24.

14 Zur Einwohnerzahl - siehe Heinrich Simon van Alpen: Geschichte des fränkischen Rheinufers was es war und was es itzt ist, Köln 1802.

15 Gesetz vom 17. Februar 1800 - in: K. Th. F. Bormann; Alexander von Daniels (Hrsg.): Handbuch der für die Königl. Preuß. Rheinprovinzen verkündigten Gesetze, Verordnungen und Regierungsbeschlüsse aus der Zeit der Fremdherrschaft, Bd. 4, Köln 1836, S. 124.
An der Spitze des dreistufigen monokratischen Behördenaufbaus stand der Präfekt als Oberhaupt des Departements. Ihm nachgeordnet war als Chef des Arrondissements der Unterpräfekt. Diese mittlere administrative Ebene stellte das Bindeglied zwischen den Departements und den Gemeinden dar. Den Vorsitz in der Kommunalverwaltung übte der Maire aus. Im Gegensatz zu der früheren Verfahrensweise wurden die Beamten vom Staat ernannt; bisher waren sie durch die Wahl der Bürger in ihr Amt berufen worden.

16 Karl-Georg Faber: Verwaltungs- und Justizbeamte auf dem linken Rheinufer während der französischen Herrschaft, in: Aus Geschichte und Landeskunde, Festschrift für Franz Steinbach, Bonn 1960.

Gemäß arreté des consuls vom 14. Fruktidor X. (1. September 1802) wurden auch die rheinischen Justizbehörden nach französischem Vorbild organisiert.[17] Hiernach untergliederte sich das Justizwesen in Friedensgerichte, Bezirksgerichte und Appellationsgerichte.[18] Am 13. Januar 1803 wurde das für alle vier rheinischen Departements zuständige Appellationsgericht in Trier errichtet.[19] Dem Kassationshof als oberstem Gerichtshof oblag die Aufgabe, die Entscheidungen auf formelle und materielle Rechtsverletzungen zu überprüfen. In Gemäßheit der Bestimmung vom 1. September 1802 übte der Kassationshof von Paris ab September des gleichen Jahres seine Jurisdiktion auch am Rhein aus.

Doch nicht nur die Verwaltungs- und Justizorganisation wurde nach französischem Vorbild organisiert, auch das Rechtssystem in den Rheinlanden wurde durch die unmittelbare Anwendbarkeit der französischen Gesetze und hier insbesondere des code civil an französische Verhältnisse angeglichen. Für die linksrheinischen Gebiete war der seit 1804 geltende code civil das Ergebnis einer bereits abgeschlossenen Rechtsrezeption, die in der Zeit der französischen Kriegs- und Besatzungsverwaltung zwischen 1792-1797 eingeleitet worden war und in der Neuordnung der

---

17 Gesetz vom 1. September 1802 - in: K. Th. F. Bormann; Alexander von Daniels (Hrsg.): Handbuch der für die Königl. Preuß. Rheinprovinzen verkündigten Gesetze, Verordnungen und Regierungsbeschlüsse aus der Zeit der Fremdherrschaft, Bd. 6, Köln 1841, S. 909.
Die maßgebliche Vorschrift zur Organisation der Justizstellen war das Gesetz vom 27. Ventose VIII./ 18. März 1800 (ebenda, Bd. 4, Köln 1836, S. 134). Übrigens war bereits durch den am 3. August 1802 publizierten Konsularbeschluß vom 30. Juni 1802 (ebenda, Bd. 4, Köln 1836, S. 402) in den vier rheinischen Departements die Verfassung des Jahres VIII. in Kraft getreten, die sich in ihrem Titel V. ebenfalls mit der Gerichtsstruktur der Republik beschäftigte (Verfassung vom 13. Dezember 1799 - in: Georges Berlia: Les Constitutions et les principales lois politiques de la France depuis 1789, Paris 1952, S. 109).

18 Die Stelle eines Friedensrichters wurde von einem Nichtjuristen bekleidet, der aus den Reihen der wahlberechtigten Bürger bestimmt wurde. Die Zuständigkeit des Friedensgerichts erstreckte sich auf Rechtssachen, die nicht allzu schwierig waren, sowie in vermögensrechtlichen Streitigkeiten auf solche mit einem Streitwert unter 100 Franken (46 Gulden). In den sonstigen Fällen übte es eine Art Vermittlungsamt aus. In Strafsachen wurde es als Polizeiamt und einfache Strafpolizei tätig. Das erstinstanzliche Bezirksgericht, welches in bedeutenderen Zivilrechtssachen zur Entscheidung berufen war, übte in Kriminalsachen die Funktion einer Untersuchungsinstanz aus. (Vgl. Dekret über die Organisation des Gerichtswesen vom 16. bis 24.8.1790 - in: Georg Friedrich Kolb: Darstellung der französischen Gesetzgebung von 1787-1815, Bd. 1, Speyer 1834 sowie Franz Varrentrapp: Die öffentliche mündliche Rechtspflege im Baierischen Rheinkreise in Vergleichung mit der Gerichtsverfassung der sieben übrigen Kreise des Königreichs Baiern, Frankfurt am Main 1822; zu den Friedensgerichten weiterführend Michael Nießen: Die Aachener Friedensgerichte in französischer und preußischer Zeit, Aachen 1991.)

19 Beschluß zur Errichtung des Appellationsgerichts - in: K. Th. F. Bormann; Alexander von Daniels (Hrsg.): Handbuch der für die Königl. Preuß. Rheinprovinzen verkündigten Gesetze, Verordnungen und Regierungsbeschlüsse aus der Zeit der Fremdherrschaft, Bd. 6, Köln 1841, S. 909.

Justizorganisation unter Napoleon um das Jahr 1802/1803 ihren Abschluß gefunden hatte.[20] Damit wurde die feudale, auf grund- und gutsherrschaftlichen Strukturen beruhende Rechtsordnung durch eine bürgerliche ersetzt. An die Stelle der vor der französischen Herrschaft geltenden Reichsverfassung, Reichsgrundgesetze, Partikularrechte sowie Stadt- und Landrechte traten nun die napoleonischen Gesetzbücher. Die älteren Partikularrechte fanden allerdings in der forensischen Praxis auch weiterhin als Auslegungshilfen Beachtung, und zwar immer dann, wenn das dem Rechtsstreit zugrunde liegende Rechtsverhältnis vor der Einführung der französischen Gesetzbücher begründet worden war.[21]

Die französische Rechts- und Gerichtsverfassung führte einerseits zu einer Integration der vier rheinischen Provinzen in den napoleonischen Staat und andererseits zu einer Vereinheitlichung der Rechts- und Gerichtsverfassung innerhalb der rheinischen Departements. Der code civil und der code pénal garantierten dem erstarkten rheinischen Bürgertum Freiheit, Sicherheit und Unverletzlichkeit seines Eigentums. Mit der nomierten Vertrags-, Eigentums- und Testierfreiheit war der Privatautonomie zum Durchbruch verholfen.[22] Der französische Staat war ein Rechtsstaat, der die

---

20 Seit der Mitte des 18. Jahrhunderts war in Frankreich die Frage der Schaffung eines gesamtfranzösischen Zivilrechts öffentlich diskutiert worden. Bis in die napoleonische Zeit hatte es hier kein geschlossenes Rechtsgebiet gegeben, statt dessen war das Land in zwei große historisch gewachsene Rechtsprovinzen zerfallen; den Norden und Osten - als pays de droit coutumier bezeichnet - mit einem aus der Vermischung fränkischer und römischer Regeln entstandenen Gewohnheitsrecht und den Süden - pays de droit écrit - hier galt hauptsächlich das römische Recht. Durch die Revolution war die Frage einer vollständigen und widerspruchsfreien, im systematischen Zusammenhang dargestellten Regelung des gesamten Rechts des französischen Staates in Form eines Gesetzbuches wieder in den Blickpunkt des öffentlichen Interesses gerückt, um so auch das sogenannte Zwischenrecht, welches seit dem Zusammentritt der konstituierenden Versammlung im Jahr 1789 und dem Machtantritt Napoleons geschaffen worden war, zu vereinheitlichen. Eine im Jahr 1800 von Napoleon ins Leben gerufene und über mehrere Jahre tätige Gesetzgebungskommission regelte sämtliche Einzelgebiete des bürgerlichen Rechts durch insgesamt 36 Gesetze. Der verkündete code civil des français ist die Zusammenfassung dieser Einzelregelungen. (Vgl. Hans Schlosser: Grundzüge der Neueren Privatrechtsgeschichte, 8. Aufl., Heidelberg 1996) In den folgenden Jahren entstanden noch weitere bedeutende Gesetzbücher; der code de procédure de civile (1807), der code de commerce (1808), der code d 'instruction criminelle (1809) und der code pénal (1811), die in ihrer Einheit als "Cinq codes" bezeichnet werden. (Vgl. Johann Cramer: Die 5 französischen Gesetzbücher, 9. Aufl., Krefeld 1842; Christian Daniel Erhard [Hrsg.]: Napoleons I. Kaisers der Franzosen, Königs von Italien und Protectors des Rheinbundes bürgerliches Gesetzbuch, Dessau und Leipzig 1808; Franz Lassaulx: Codex Napoleon, Koblenz 1809 und 1811; ders.: Einleitung in das Gesetzbuch Napoleons, Düsseldorf 1803.

21 Vgl. Antonio Grilli: Das linksrheinische Partikularrecht und das römische Recht in der Rechtsprechung des Cour d'Appell/Cour Impérial de Trèves nach 1804, in: Reiner Schulze (Hrsg.): Französisches Zivilrecht in Europa während des 19. Jahrhunderts, Berlin 1994.

22 So auch Karl-Georg Faber: Recht und Verfassung, Köln 1970.

Gleichheit vor dem Gesetz in den rheinischen Provinzen ebenso wie in den übrigen französischen Gebieten garantierte.
Nachdem in den ersten Jahren der französischen Regierungsgewalt die negativen Begleiterscheinungen des Krieges in Form von wirtschaftlichem Elend und Plünderungen noch im Vordergrund gestanden hatten, konnten die Rheinländer als Ergebnis der Periode der französischen Herrschaft am Rhein auf fortschrittlich-bürgerliche Verhältnisse verweisen, die sich ganz wesentlich von denen in den Nachbarstaaten des Heiligen Römischen Reichs unterschieden, hatten sie doch sämtliche Reformen miterlebt, denen das Mutterland Frankreich nach der Französischen Revolution ausgesetzt war.[23] Alle privilegierenden und inneren Schranken waren aufgehoben. Der Adel galt als abgeschafft. Die unbeschränkte Gewerbefreiheit und die Aufhebung der bisher geltenden Zunftbestimmungen waren ein Garant für die freie Entwicklung von Produktion und Handel, die letztlich zur Entfaltung des Bürgertums beitrug. Der Wohlstand des Rheinlandes war während der zwanzigjährigen Regierungsgewalt der Franzosen außerordentlich gewachsen. Die Aufhebung der lehns- und gutsherrlichen Rechte und die Versteigerung der Nationaldomänen hatten ebenso wie die Säkularisation zu einer Mobilisierung des Eigentums und damit zu einer Umschichtung von Eigentum und Vermögen geführt.[24]

B DIE INTERIMISTISCHE VERWALTUNG

I. DIE VERWALTUNG DER GEBIETE DURCH DIE VERBÜNDETEN

Im Zuge der nach der Niederlage Napoleons im Krieg gegen Rußland 1812 eingeleiteten Befreiungskriege passierten am 1. Januar 1814 die Heere der gegen Frankreich Verbündeten auch das linke Rheinufer. Frankreich beschloß für die zurückeroberten Rheinischen Provinzen die Ausdehnung der mit der Leipziger Konvention am 23. Oktober 1813 geschaffenen Zentralverwaltung unter der Leitung

23 Georg Friedrich Kolb: Die thatsächlichen Ergebnisse der in Folge der französischen Revolution in der dermaligen Baierischen Pfalz eingeführten Institutionen, in: Konstitutionelle Jahrbücher, Bd. 3, Stuttgart 1843.

24 Vgl. weiterführend Max Bär: Die Behördenverfassung der Rheinprovinz seit 1815, in: Publikationen der Gesellschaft für Rheinische Geschichtskunde, Bd. XXXV, Bonn 1919; Justus Hashagen: Das Rheinland im Wandel der Zeiten, Bonn 1940; Max Springer: Die Franzosenherrschaft in der Pfalz, Berlin und Leipzig, 1926; Max Spindler (Hrsg.): Handbuch der bayerischen Geschichte, Bd. 4, Teilbd. 2, München 1975; ders.: Bayerischer Geschichtsatlas, München 1969.

des Reichsfreiherrn vom Stein.[25] Zur interimistischen Verwaltung der besetzten Gebiete wurden Anfang des Jahres 1814 das Generalgouvernement des Mittelrheins und das Generalgouvernement des Niederrheins unter Sack eingerichtet, wobei sich das Generalgouvernement des Mittelrheins aus den drei ehemaligen Departements Donnersberg mit Ausnahme von Mainz sowie die auf der rechten Moselseite gelegenen Teile der Departements Saar und Rhein-Mosel zusammensetzte. Das entstandene Gebiet umfaßte insgesamt 9.500 Quadratkilometer und besaß etwa 800.000 Einwohner.[26] An seiner Spitze stand seit dem 21. Januar 1814 der aus preußischer Beamtenschaft kommende russische Staatsrat Justus von Gruner. Sitz des Generalgouvernements war zunächst Trier. Unter Justus von Gruner, der nach Serinis Feststellung bereits bei seinem Amtsantritt die Auffassung vertreten haben soll, daß die französischen Gesetze sowie die Gerichtsverfassung zunächst bestehen bleiben müssen,[27] wurden lediglich die Spezialgerichtshöfe und einige Bestimmungen des französischen Strafgesetzbuches, die besonders harte Strafen regelten, aufgehoben.[28] Letzteres "um eine der Achtung und dem Werthe des Menschen und dem deutschen Sinne angemessene Milde ... eintreten zu lassen."[29] Am 25. Februar ordnete v. Gruner die Wiedereinführung der deutschen Sprache als Amtssprache an, die durch Verordnung vom 30. März 1798 zum Zwecke der Assimilation der Rheingebiete an Frankreich aus dem amtlichen Verkehr verbannt worden war.[30] Deutsche Amtstitel und deutsche

---

25 Beschluß zur Zentralverwaltung - in: F. A. Lottner (Hrsg.): Sammlung der für die Königl. Preuß. Rheinprovinz seit dem Jahr 1813 hinsichtlich der Rechts- und Gerichtsverfassung ergangenen Gesetze, Verordnungen, Ministerial-Rescripte, Bd. 1, Berlin 1834, Nr. 1.

26 Beschlüsse zur Errichtung der Generalgouvernemente - in: ebenda, Nr. 58 und Nr. 77. Hierzu auch Friedrich Johann Hildenbrand: Das Generalgouvernement des Mittelrheins, in: Monatsschrift des Frankenthaler Altertumsvereins, Jhrg. 24, 1916; Friedrich Schmitt: Die provisorische Verwaltung des Gebietes zwischen Rhein, Mosel und französischer Grenze durch Österreich und Bayern in den Jahren 1814-1816, Dissertation, Meisenheim/Glan 1961; Fritz Vollheim: Die provisorische Verwaltung am Nieder- und Mittelrhein während der Jahre 1814-1816, Bonn 1912 sowie Friedrich Ludwig Wagner: Territoriale Neuordnung, Verfassung und Verwaltung des pfälzischen Raumes nach Beendigung der französischen Herrschaft, in: Jahrbuch zur Geschichte von Stadt- und Landkreis Kaiserslautern, Bd. 18/19, Otterbach 1980/81.

27 Philipp Jakob Serini: Chronologische Zusammenstellung der während der provisorischen französischen Verwaltung in den deutschen Rheinlanden publicirten älteren französischen Gesetze und Uebersicht der daselbst bestandenen alten Statutarrechte, nebst Angabe der früheren Territorialverhältnisse, Mannheim 1848.

28 Zu diesen Maßnahmen - siehe auch Ludwig Fleischmann: Die "Staatsbehörde beim Appellationsgericht" in Zweibrücken, in: Wilhelm Reinheimer (Hrsg.): Festschrift zum 150-jährigen Bestehen des Pfälzischen Oberlandesgerichts, Zweibrücken 1965.

29 Zitiert aus der Bestimmung vom 19./31. Mai 1814 - in: F. A. Lottner (Hrsg.): Sammlung der für die Königl. Preuß. Rheinprovinz seit dem Jahr 1813 hinsichtlich der Rechts- und Gerichtsverfassung ergangenen Gesetze, Verordnungen, Ministerial-Rescripte, Bd. 1, Berlin 1834, Nr. 76.

30 Verordnung vom 30. März 1798 - in: Sammlung der Beschlüsse in den Ländern zwischen Maas und Rhein, und Rhein und Mosel, bekannt gemacht von dem Regierungs-

Dienstbezeichnungen ersetzten die bisherigen französischen.[31] Im übrigen wurden in Justiz und Verwaltung keine Veränderungen vorgenommen.

Im Ergebnis des am 31. Mai 1814 geschlossenen Pariser Friedens faßten die Verbündeten den Beschluß, die Departements nicht mehr im Auftrag der Zentralverwaltung, sondern im Namen und zu Kosten und Lasten der einzelnen Länder zu verwalten.[32] So erfolgte die Abtrennung des nördlichen, auf dem linken Moselufer gelegenen Teils des Generalgouvernements Mittelrhein, welches von Speyer bis Bonn reichte, und dessen Zuordnung zum Administrationsbezirk des Niederrheins. Die südlichen, auf der rechten Moselseite gelegenen Gebiete wurden der gemeinsamen Verwaltung Österreichs und Bayerns unterstellt. Koblenz kam, obwohl es auf der rechten Moselseite lag, unter preußische Hoheit.[33]

Als nach dem Wiener Kongreß die provisorischen Verwaltungen ihr Ende fanden, nahm der preußische König Friedrich Wilhelm III. am 5. April 1815 das ihm zugewiesene Gebiet des Niederrheins endgültig in Besitz.[34]

II. DIE MASSNAHMEN DER KAISERLICH KÖNIGLICH ÖSTERREICHISCHEN UND KÖNIGLICH BAYERISCHEN GEMEINSCHAFTLICHEN LANDESADMINISTRATIVKOMMISSION IN JUSTIZ UND VERWALTUNG

Am 16. Juni 1814 wurde durch Bayern und Österreich eine gemeinsame Zivilverwaltung errichtet. Diese als Kaiserlich Königlich Österreichische und Königlich Bayerische Gemeinschaftliche Landesadministrativkommission bezeichnete Verwaltung mit Sitz in Kreuznach setzte sich aus je vier bayerischen und

---

Kommissär, Mainz Germinal VI., S. 80; Verordnung vom 25. Februar 1814 - in: F. A. Lottner (Hrsg.): Sammlung der für die Königl. Preuß. Rheinprovinz seit dem Jahr 1813 hinsichtlich der Rechts- und Gerichtsverfassung ergangenen Gesetze, Verordnungen, Ministerial-Rescripte, Bd. 1, Berlin 1834, Nr. 3.

31 Ebenda Nr. 63.

32 F. A. Lottner (Hrsg.): Sammlung der für die Königl. Preuß. Rheinprovinz seit dem Jahr 1813 hinsichtlich der Rechts- und Gerichtsverfassung ergangenen Gesetze, Verordnungen, Ministerial-Rescripte, Bd. 1, Berlin 1834, Nr. 104.

33 Vgl. ausführlich zur Frage der Neuorganisation Max Bär: Die Behördenverfassung der Rheinprovinz seit 1815, in: Publikationen der Gesellschaft für Rheinische Geschichtskunde, Bd. XXXV, Bonn 1919; Joseph Hansen: Rheinland und Rheinländer, Bonn und Leipzig 1925; Fritz Vollheim: Die provisorische Verwaltung am Nieder- und Mittelrhein während der Jahre 1814-1816, Bonn 1912.

34 Die Bekanntmachung der Besitznahme erfolgte am 15. April 1815 - in: ebenda, Nr. 137.

österreichischen Mitgliedern zusammen.[35] Den Vorsitz in der bayerischen Vertretung hatte Franz Xaver von Zwackh-Holzhausen inne.[36] Seine wichtigsten Mitarbeiter waren Ludwig Graf von Armansperg[37] und Karl Adalbert Leopold Freiherr von Stengel.[38]

Noch am Tag ihrer Konstituierung wandten sich die Vertreter der Landesadministrativkommission mit der Aufforderung an sämtliche Justiz- und Verwaltungsbehörden, die ihnen bisher obliegenden Aufgaben nach den bestehenden Gesetzen fortzuführen.[39]

---

35 Ebenda, Nr. 163.
Nach der Inbesitznahme des nördlichen Gebietes zwischen Mosel und Nahe durch die Preußen erklärte die österreichisch-bayerische Zivilverwaltung, ab 29. Mai 1815 ihren Sitz in Worms zu nehmen. (F. W. A. Schlickeysen [Hrsg.]: Repertorium der Gesetze und Verordnungen für die königl. preußischen Rheinprovinzen von 1814-1829, Trier 1830, Übersicht xj.)

36 Von Zwackh-Holzhausen wurde im Juli des Jahres 1814 an die Spitze der gemeinschaftlichen Landesadministrativkommission berufen. 1756 in Regensburg geboren, nahm er nach dem Besuch der Universität Ingolstadt eine Beamtenlaufbahn unter Kurfürst Maximilian III. Joseph von Bayern auf. Mit knapp 20 Jahren wurde er Hofrat. Als Führer des aufklärerischen, freimaurerischen Illuminatenordens, einer Gesellschaft, die sich die Veredlung des Menschen und eine diesem Ziel entsprechende Einwirkung auf die Regierung zum Ziel gesetzt hatte, war v. Zwackh unter der Herrschaft des Kurfürsten Karl Theodor der politischen Verfolgung ausgesetzt. Nach verschiedenen Anstellungen, unter anderem als Rechtsbeistand beim Kammergericht in Wetzlar und als Hofrat im kurkölnischen Dienst, kam er nach dem Tod Karl Theodors im Jahr 1799 wieder in den bayerischen Dienst. Im Jahr 1816 wurde er erster Präsident der Regierung zu Speyer. Am 16. März 1817 wurde v. Zwackh mit dem Rang und Gehalt eines Wirklichen Staatsrates im außerordentlichen Dienst pensioniert.
Von Zwackh soll während des Einmarsches der französischen Truppen in das Rheinland die Bürger zu Besonnenheit und Treue zu ihrer rechtmäßigen Landesherrschaft aufgerufen und die von Frankreichs versprochene Freiheit als Schwindel bezeichnet haben. Gleichwohl sprach er sich als einer der besten Kenner der rheinischen Verhältnisse für den Erhalt der Rheinischen Institutionen aus. (Vgl. Albert Becker: Die Wiedererstehung der Pfalz, Kaiserslautern 1916; ders.: Die Speyerer Regierung von 100 Jahren, in: Mitteilungen des historischen Vereins der Pfalz, Bd. 37/38, Speyer 1918 sowie Friedrich Schmitt: Die provisorische Verwaltung des Gebietes zwischen Rhein, Mosel und französischer Grenze durch Österreich und Bayern in den Jahren 1814-1816, Dissertation, Meisenheim/Glan 1961.)

37 Ludwig Graf von Armansperg war ein Freund König Ludwig I. Er wurde nach dessen Regierungsantritt bayerischer Innen- und Finanzminister. (Vgl. Roswitha von Armansperg: Joseph Ludwig Graf Armansperg, Dissertation, München 1949).

38 Karl Adalbert Leopold Freiherr von Stengel leitete ab 1816 die Kammer des Inneren der Regierung des Rheinkreises und war ab 1832 Regierungspräsident der Pfalz. (Vgl. Herbert Silbernagel: Die Pfalz unter dem Regierungspräsidenten Freiherrn von Stengel 1832-1837, Dissertation, Würzburg 1936; zu Freiherrn von Stengel an späterer Stelle mehr.)

39 F. A. Lottner (Hrsg.): Sammlung der für die Königl. Preuß. Rheinprovinz seit dem Jahr 1813 hinsichtlich der Rechts- und Gerichtsverfassung ergangenen Gesetze, Verordnungen, Ministerial-Rescripte, Bd. 1, Berlin 1834, Nr. 163.

Wie eine Betrachtung der Verordnungen und Gesetze dieser Zeit zeigt, ließ die Landesadministrativkommission das Zivilrecht weitestgehend unangetastet.[40] Eine interessante Ausnahme war das Verbot des Ehebündnisses zwischen Juden und Christen, welches im Jahr 1814 erging.[41] Im August des Jahres 1815 wurde das seit dem Jahr 1798 bestehende System der Trennung zwischen dem Anwalt (avoué) als einem den Prozeß schriftlich vorbereitenden Sachwalter und dem vor Gericht plädierenden Advokat (advocat) aufgehoben.[42]
Auch die Verwaltung erfuhr keine bedeutende Abänderung. Die Hauptaufgabe der Landesadministrativkommission bestand nach einer Geheiminstruktion des Fürsten von Wrede vom April des Jahres 1815 darin, für gefüllte Kassen zu sorgen.[43] Um diesem Anliegen Rechnung tragen zu können, bot es sich an, die bisherige Verwaltungs- und Rechtsordnung ohne tiefgreifende Veränderungen beizubehalten, was dazu führte, daß nahezu sämtliche Beamte auf ihren Posten verblieben. Weder die bayerische noch die österreichische Regierung machten von der Möglichkeit, personalpolitische Veränderungen in den von ihnen verwalteten Gebieten vorzunehmen, Gebrauch. Während in der österreichisch-bayerischen Landesadministrativkommission keiner der in Frankreich geborenen und nicht geflohenen Staatsdiener ihrer Stelle ohne besondere Weisung enthoben wurde, waren in der früheren Zentralverwaltung die Beamten französischer Abstammung vom Dienst suspendiert worden. Freiherr vom Stein hatte insbesondere in den Führungsspitzen eine sofortige "Entnapoleonisierung" betrieben. So soll es nicht selten vorgekommen sein, daß von der Zentralverwaltung entlassene Bedienstete eine Anstellung bei der Landesadministrativverwaltung fanden.[44]

40 Philipp Jakob Serini: Chronologische Zusammenstellung der während der provisorischen französischen Verwaltung in den deutschen Rheinlanden publicirten älteren französischen Gesetze und Uebersicht der daselbst bestandenen alten Statutarrechte, nebst Angabe der früheren Territorialverhältnisse, Mannheim 1848 sowie F. A. Lottner (Hrsg.): Sammlung der für die Königl. Preuß. Rheinprovinz seit dem Jahr 1813 hinsichtlich der Rechts- und Gerichtsverfassung ergangenen Gesetze, Verordnungen, Ministerial-Rescripte, Bd. 1, Berlin 1834.

41 Verordnung vom 22. August 1814 - in: F. A. Lottner (Hrsg.): Sammlung der für die Königl. Preuß. Rheinprovinz seit dem Jahr 1813 hinsichtlich der Rechts- und Gerichtsverfassung ergangenen Gesetze, Verordnungen, Ministerial-Rescripte, Bd. 1, Berlin 1834, Nr. 174.

42 Verordnung vom 22. August 1815 - in: Sammlung der unter dem Generalgouvernement des Mittelrheins, dann unter der k. k. österr. und k. baier. gemeinschaftlichen Landes-Administration zu Kreuznach und Worms erschienenen Verordnungen, Speyer 1819/1820, Nr. 131, S. 10.

43 Vgl. Friedrich Schmitt: Die provisorische Verwaltung des Gebietes zwischen Rhein, Mosel und französischer Grenze durch Österreich und Bayern in den Jahren 1814-1816, Dissertation, Meisenheim/Glan 1961.

44 Ausführlich zur Personalpolitik - vgl. Heiner Haan: Kontinuität und Diskontinuität in der pfälzischen Beamtenschaft im Übergang von der französischen zur bayerischen Herrschaft (1814-1818), in: Jahrbuch für westdeutsche Landesgeschichte, Jhrg. 2, Koblenz 1976.

C DAS RHEINLAND UNTER DER HERRSCHAFT DES KÖNIGREICHS BAYERN

I. DIE BESITZERGREIFUNG DER RHEINLANDE DURCH BAYERN

§ 1 DER IM MÜNCHENER VERTRAG GEREGELTE GEBIETSAUSGLEICH

Am 30. April 1816 verkündete der bayerische König Max Joseph auf der Grundlage des Münchener Vertrages vom 14. April 1816 die offizielle Übernahme des südlichen Teils der Rheinlande zum 1. Mai 1816.[45] Das Vertragswerk war nach über zweijähriger Verhandlung unterzeichnet worden und setzte den Schlußstrich unter die durch den Wiener Kongreß von 1814/1815 geschaffene territoriale Neuordnung. Gegen Herausgabe des Inn- und Hausruckviertels sowie des ehemaligen Erzstiftes Salzburg und des tirolischen Amtes Vils an Österreich erhielt Bayern rechts des Rheins einige fuldaische und hessische Ämter und links des Rheins den späteren Rheinkreis einschließlich der Saarpfalz.[46] Dieser grenzte im Osten an die Großherzogtümer Baden und Hessen; im Westen und Norden an das preußische Großherzogtum des Niederrheins und im Süden an Frankreich.
Die bayerischen Rheingebiete umfaßten ca. 6.000 Quadratkilometer und zählten 430.000 Einwohner; im Jahr 1833 war die Zahl bereits auf 550.000 gestiegen. Auf die neue bayerische Provinz entfielen damit acht Prozent der Fläche und zwölf Prozent der Bevölkerung des gesamten linken Rheinufers. Die größeren Städte Speyer - zugleich Hauptstadt der Provinz -, Zweibrücken und Landau besaßen jeweils um die 5.000 Bewohner, Frankenthal konnte ca. 4.000 Ortsansässige verzeichnen. Kaiserslautern war mit etwas über 2.000 Einwohnern die bevölkerungsärmste der vier Bezirksstädte. Der spätere Rheinkreis war der kleinste, aber zugleich bevölkerungsstärkste bayerische Kreis des Königreichs. In vier Fünftel des Gebietes wurde Ackerbau betrieben, besonders das östliche Rheinland um Landau war sehr fruchtbar.[47]

---

45 Königlich-Baierisches Regierungsblatt 1816, Sp. 309.

46 Zu dieser territorialen Neuordnung - vgl. Max Spindler (Hrsg.): Handbuch der bayerischen Geschichte, Bd. 4, Teilbd. 2, Müchen 1975; ders.: Bayerischer Geschichtsatlas, München 1969; Eberhard Weis: 150 Jahre Pfalz-Bayern, in: Stimme der Pfalz, Jhrg. 17, Speyer 1966.

47 Zu den statistischen Angaben - vgl. Heinrich Simon van Alpen: Geschichte des fränkischen Rheinufers was es war und was es itzt ist, Köln 1802; Michael Frey: Versuch einer geographisch historisch statistischen Beschreibung des königlich bayerischen Rheinkreises, Teil 1, Nachdruck, Pirmasens 1975; Gottfried Gerstner: Der Rheinkreis des Königreich Baierns, Augsburg 1821; Heiner Haan: Vom Nebenstaat zur Provinz - Bayern und die Pfalz von 1816-1849, in: Friedrich Ludwig Wagner (Hrsg.): Strukturwandel im pfälzischen Raum vom Ancien Régime bis zum Vormärz, Speyer 1982; J. M. Miller: Geschichte der neuesten Ereignisse in Rheinbaiern, Weissenburg 1833; Peter Anton Müller (Hrsg.): Statistisches Jahrbuch für die deutschen Länder zwischen dem Rhein, der Mosel

Die bayerische Rheinprovinz - wie sie sich 1816 darstellte - war nicht mit dem linksrheinischen Teil der seit 1214 zum Hause Wittelsbach gehörenden Kurpfalz identisch. Lediglich 60% der Gesamtfläche standen vor der französischen Regierungsgewalt unter Wittelsbacher Herrschaft, nämlich den Kurfürsten von der Pfalz und den Herzögen von Zweibrücken. Die verbleibenden 40% hatten sich auf mehr als 40 verschiedene Reichsstädte verteilt.[48]
Der im Münchener Vertrag geregelte Gebietsausgleich war auf Druck der europäischen Großmächte zustande gekommen. Österreich hatte seine Unterzeichnung schließlich mit einer Demonstration militärischer Stärke an der Grenze zu Bayern erzwungen. Ungeachtet der Abstammung Max Josephs aus dem ehemaligen Herzogtum Zweibrücken war es vor allem Kronprinz Ludwig I., der an einer Rückkehr des linken Rheinufers auf Kosten seiner geliebten Residenzstadt Salzburg kein Interesse gezeigt hatte. Ludwig I. war bestrebt, durch Erwerbung der badischen Pfalz die fehlende territoriale Einheit zwischen dem Königreich Bayern und den neuerworbenen Provinzen links des Rheins herzustellen beziehungsweise den bayerischen Rheinkreis als Tauschobjekt gegen ein günstiger gelegenes Gebiet einzusetzen. Doch sowohl Preußen als auch die übrigen süddeutschen Staaten wußten diese Pläne, die eine Vergrößerung der Machtposition Bayerns im Zentrum Europas zur Folge gehabt hätten, zu verhindern.[49]

§ 2 DIE INTERESSEN DER RHEINLÄNDER

Die gemeinsame Vergangenheit und die integrierende Wirkung einer einheitlichen Rechtsstruktur unter französichen Herrschaft hatte bei den Rheinländern zu der

---

und der französischen Grenze für das Jahr 1815, Mainz 1815; Ignaz Rudhart: Über die Verwaltung der Justiz durch die administrativen Behörden, Würzburg 1817.

48 Max Spindler (Hrsg.): Bayerische Geschichte im 19. und 20. Jahrhundert: 1800-1970, Sonderausgabe, 1. Teilbd.: Staat und Politik, 1. Aufl., München 1978; ders.: Handbuch der bayerischen Geschichte, Bd. 4, Teilbd. 2, München 1975.

49 Ebenda sowie Kurt Baumann: Kronprinz von Bayern und die Oberrheinlande 1809-1819, in: Abhandlungen zur saarpfälzischen Landes- und Volksforschung, Bd. 1, Kaiserslautern 1937; Eberhard Weis: 150 Jahre Pfalz-Bayern, in: Stimme der Pfalz, Jhrg. 17., Speyer 1966 und Hans Fenske: Mehr als eine Provinz ... Die Pfalz in der deutschen Geschichte des 19. und 20. Jahrhunderts, in: Mitteilungen des historischen Vereins der Pfalz, Bd. 86, Speyer 1988.
Von Rebmann schrieb an seinen Freund Hermes im November 1815: "... da Österreich auf der Besitznahme des Innviertels besteht und die Spannung zwischen Österreich und Bayern wohl mit Nachgiebigkeiten von seiten der letzteren Macht endigen wird ... Das traurige bei der Sache ist nur, daß ein aufgedrungenes Land, dessen man sich bei der ersten Gelegenheit wieder zu entäußern sucht, vielleicht minder gut behandelt werden möchte." (zitiert aus: Günther Volz: Briefe Andreas Georg Friedrich Rebmanns an Johann Peter Job Hermes aus den Jahren 1815 und 1816, in: Mitteilungen des historischen Vereins der Pfalz, Bd. 57, Speyer 1959, S. 173).

Herausbildung eines regionalen Bewußtseins geführt. Sie verfolgten deshalb das Ziel, ihre staatliche und administrative Zusammengehörigkeit durch eine g e s c h l o s s e n e Zuweisung des linken Rheinufers, bevorzugt an Österreich oder Preußen zu erhalten.[50]

> "So ruft denn des Volkes Stimme in den Rheinländern, deren Los noch nicht entschieden ist, nach Österreich und Preußen! ... So bittet es, daß der Kelch der Zerstückelung vorübergehe! Das ist die Stimme des Volkes am Rheinstrom, das ist Deutschlands Stimme, das ist Gottes Stimme!"[51]

Persönlich stand Andreas Georg Friedrich von Rebmann, ab 1816 erster Präsident des Appellationsgerichts zu Kaiserslautern, einem Anschluß an Bayern nicht abgeneigt gegenüber. Die Reformwerke des Grafen von Montgelas hatten in ihm die Hoffnung erweckt, daß die Ideen der Französischen Revolution in Bayern am ehesten verwirklicht würden. Am 13. November 1815 schrieb er an seinen Freund Hermes:

> "Über das, was wir werden sollen, liegt noch ein Schleier. Graf von Armansperg, der vorgestern hier durchging und sich eine halbe Stunde hier aufhielt, sagte, daß wir aufs neue mit Ausnahme von Mainz und dem Kreise Alzey am wahrscheinlichsten bayrisch werden würden. Wenn es nicht in der Absicht geschieht, uns nachher an die schlechteste Regierung der Welt, nämlich an Baden, zu verhandeln, wie ich fast fürchte, so wäre ich damit nicht unzufrieden, da ich sicher weiß, daß die bayrische Regierung neuerdings (wie Ihnen allenfalls die 'Allgemeine Zeitung' seit dem 1. November beweisen kann) liberale Ideen gefaßt hat. Der Kronprinz hat besonders in den Vorarbeiten zu einer neuen Verfassung tätig und erfreuend mitgewürkt. Fast gewiß würden wir denn auch die mündlich-öffentliche Rechtspflege erhalten."[52]

II. DAS KÖNIGREICH BAYERN ZU BEGINN DES 19. JAHRHUNDERTS

DIE REFORMWERKE DES GRAFEN VON MONTGELAS

Mit dem Tod Karl Theodors im Jahre 1799 hatte in Bayern eine neue geschichtliche Epoche begonnen, die sich durch territoriale Veränderungen und innere Reformen

---

50 Karl-Georg Faber: Recht und Verfassung, Köln 1970; Günther Volz: Pfälzer Verfassungswünsche im Jahre 1814, in: Pfälzer Heimat, Jhrg. 9, Speyer 1958.

51 Zitiert nach: Karl-Georg Faber : Die Rheinlande zwischen Restauration und Revolution, Wiesbaden 1966, S. 60. (Es handelt sich um einen nicht unterzeichneten Artikel in der Mainzer Zeitung vom 16. September 1815. Der Ausspruch stammte jedoch von Andreas Georg Friedrich von Rebmann aus dem Jahr 1815. Seine Verfasserschaft geht aus einem Brief an Hermes vom 26. September 1815 hervor. - Vgl. hierzu Günther Volz: Briefe Andreas Georg Friedrich Rebmanns an Johann Peter Job Hermes aus den Jahren 1815 und 1816, in: Mitteilungen des historischen Vereins der Pfalz, Bd. 57, Speyer, 1959, S. 173ff.

52 Zitiert aus: Günther Volz: ebenda, S. 173.

auszeichnete.[53] Das Königreich Bayern[54] gehörte am Anfang des 19. Jahrhunderts zu den freizügigsten Staaten Europas. Die Einführung eines liberalen Handels- und Zollsystems im Jahr 1808 hatte die Entstehung eines einheitlichen Binnenwirtschaftsraums zur Folge, der entscheidend zur Herausbildung moderner Produktionsverhältnisse beitrug. Unter der Regie des einflußreichsten bayerischen Staatsmannes dieser Epoche, Maximilian Joseph Graf von Montgelas, wurden eine Vielzahl von Reformen durchgeführt.[55] Die Verwaltung erhielt eine neue Organisation. So hatte schon im Jahr 1799 Graf von Montgelas die bisherige oberste Landesregierung, die Geheime Ratskonferenz, durch vier zuständige Fachministerien (Äußeres, Justiz, Inneres und Finanzen) ersetzt; im Jahr 1808 kam noch das Ministerium für Armee hinzu. In den Jahren 1802 bis 1808 beseitigte er schrittweise die Selbstverwaltung der Kommunen. Bei den Mittelbehörden vollzog er die vollständige Trennung von Justiz und Verwaltung; eine Maßnahme, welche bei den als Unterbehörden tätigen Landgerichten vor allem aus finanziellen Gründen erst im Jahr 1862 realisiert werden konnte. Bei den Zentralbehörden entstanden zur Sicherung der Einheitlichkeit der Verwaltung der Staatsrat und die Geheime Staatskonferenz. Mit

53 Zur Geschichte von Bayern - siehe Karl Otmar von Aretin: Bayerns Weg zum souveränen Staat, München 1976; Andreas Buchner: Geschichte von Bayern. Zehntes Buch 1799-1825, München 1855; Karl Bosl (Hrsg.): Dokumente zur Geschichte von Staat und Gesellschaft in Bayern, Abt. III, Bayern im 19. und 20. Jhrdt., Bd. 5, München 1978; Thomas Driendl Hrsg.): Geschichte von Bayern und der zum Königreiche Bayern gehörigen Provinzen, München 1853; Max Spindler (Hrsg.): Handbuch der bayerischen Geschichte, Bd. 4, Teilbd. 2, München 1975; ders.: Bayerischer Geschichtsatlas, München 1969; ders.: Bayerische Geschichte im 19. und 20. Jahrhundert: 1800-1970, Sonderausgabe, 1. Teilbd.: Staat und Politik, 1. Aufl., München 1978.

54 Nachdem Bayern bereits im Frieden von Preßburg am 26. Dezember 1805 (Georg Döllinger: Sammlung der im Gebiete der inneren Staats-Verwaltung des Königreichs Bayern bestehenden Verordnungen, Bd. 1, München 1835, S. 195) die volle staatliche Souveränität garantiert worden war, machte der Kurfürst am 1. Mai 1806 von dem ihm zuerkannten Recht zur Annahme des Königstitels, Gebrauch (vgl. Königlich-Baierisches Regierungsblatt 1806, Sp. 49).

55 Maximilian Joseph Graf von Montgelas, 1759-1838, wurde im Jahr 1796 von Herzog Maximilian Joseph zum leitenden Berater ernannt. Ab 1799 war er Außenminister des Kurfürstentums Pfalz-Baden, später auch Innen- (1806-1817) und Finanzminister (1803-1806 und 1809-1817). Joseph Graf von Montgelas war Anhänger der Französischen Revolution, sein Ziel war eine Revolution von "oben". Er war Mitglied des Illuminatenordens.
(Zu seiner Biographie - vgl. Gerd Kleinheyer; Jan Schröder: Deutsche Juristen aus fünf Jahrhunderten, 3. Aufl., Heidelberg 1989. Zu den Reformwerken von Montgelas - vgl. Sebastian Hiereth: Die bayerische Gerichts- und Verwaltungsorganisation vom 13.-19. Jahrhundert, in: Historischer Atlas von Bayern, Teil Altbayern, München 1959; Max Spindler [Hrsg.]: Bayerische Geschichte im 19. und 20. Jahrhundert: 1800-1970, Sonderausgabe, 1. Teilbd.: Staat und Politik, 1. Aufl., München 1978; ders.: Handbuch der bayerischen Geschichte, Bd. 4, Teilbd. 2, München 1975; ders.: Bayerischer Geschichtsatlas, München 1969.)

dem Inkrafttreten der ersten bayerischen Verfassung im Jahr 1808[56] wurde der Geheime Rat als beratendes Organ der Regierung ins Leben gerufen. Seine Zuständigkeit erstreckte sich auf die Erörterung der wichtigsten inneren Angelegenheiten und den Entwurf der Gesetze und bedeutenden Verordnungen. Auch der ministerielle Geschäftskreis erfuhr eine Erweiterung. Von besonderer Bedeutung für die Ordnung der Staatsfinanzen war die Abschaffung der Steuerprivilegien - hier insbesondere die Steuervorteile für den Adel - und die Einführung eines neuen Steuersystems.

All diese Neuerungen bedurften jedoch einer zeitgemäßen Beamtenschaft. Aus diesem Grund erfolgte nach der Staatsdienerpragmatik aus dem Jahr 1805[57] erstmals eine Auswahl und Beförderung der Beamten nach dem Leistungsprinzip. Der Adel mußte im Personalsektor Beschneidungen seiner bislang gegebenen Vorrangstellung hinnehmen. So entfiel beispielsweise sein Monopol zur Besetzung höherer Staatsstellungen.

Obwohl in die Verfassung des Jahres 1808 liberale Ideen wie die Gleichheit vor dem Gesetz und die Gewissensfreiheit Eingang gefunden hatten, die Meinungs- und Pressefreiheit garantiert und die Leibeigenschaft ebenso abgeschafft war wie eine Vielzahl ständischer Privilegien, hatte der bayerische Adel nach wie vor Einfluß auf die Regierungspolitik. Dennoch konnte sich auf Grundlage der gegebenen politischen und gesellschaftlichen Rahmenbedingungen ein Bürgertum entwickeln, das als Träger fortschrittlichen Gedankengutes die Politik dieser Zeit maßgeblich mitbestimmte, so daß auch nach der Entlassung des Reformträgers Graf von Montgelas im Jahr 1817 die liberalen Kräfte in der bayerischen Politik tonangebend blieben.

Am 26. Mai 1818 trat im Königreich eine neue Verfassung in Kraft.[58] Auch in der zweiten Verfassung waren die bürgerlichen Freiheiten und Grundrechte verankert. Vorbild dieser zweiten Staatsverfassung war die französische Konstitution aus dem Jahr 1814.[59] Die Notwendigkeit, ein einheitliches Staatsrecht für das aus einer Vielzahl von Territorien zusammengesetzte Königreich zu schaffen, hatte ihren Erlaß begründet. Entgegen ihrem grundsätzlich fortschrittlichen Charakter wurden jedoch auch die gutsherrlichen Rechte des Adels garantiert.

Als im Jahr 1825 König Ludwig I. den Thron bestieg, nahm die Pressefreiheit im Königreich zu. Es setzte zunächst eine Periode stürmisch vorangetriebener Veränderungen ein.

---

56 Verfassung vom 1. Mai 1808 - in: Königlich-Baierisches Regierungsblatt 1808, Sp. 985.

57 Staatsdienerpragmatik 1805 - in: Karl Weber: Neue Gesetz- und Verordnungssammlung für das Königreich Bayern, Bd. 1, Nördlingen 1880, S. 97.

58 Verfassung vom 26. Mai 1818 - in: Gesetzblatt für das Königreich Bayern 1818, Sp. 101.

59 Verfassung vom 6. April 1814 - in: Georges Berlia: Les Constitutions et les principales lois politiques de la France depuis 1789, Paris 1952, S. 164.

"Der etwas verkrampfte Reformeifer des Monarchen erweckte nicht nur bei den konservativen Elementen Bedenken. Man spürte nicht nur die Popularitätshascherei hinter allen Plänen, man hatte auch das Empfinden, daß sie zu wenig durchdacht waren und aus Liebe zu einer Doktrin Gewordenes und Gewachsenes unbekümmert beseitigen wollten."[60]

III. DIE DISKUSSION UM DIE EINFÜHRUNG DES RHEINISCHEN RECHTS

Der Anschluß der Rheinlande an das Königreich Bayern verlieh der Diskussion um die Erneuerung der bayerischen Rechtsordnung neue Impulse. Trotz umfangreicher Bemühungen war es Graf von Montgelas im Verlaufe seiner Amtszeit nämlich nicht gelungen, im Rechtswesen des Königreichs Bayern grundlegende Reformen durchzusetzen.

§ 1 DAS MATERIELLE RECHT

Bereits nach dem Beitritt Bayerns zum Rheinbund im Jahr 1806 hatte Napoleon Bonaparte auf ein einheitliches Statut aller Rheinbundstaaten hingearbeitet, um in der Rechts- und Gesellschaftsverfassung eine gewisse Einheitlichkeit zu erzielen.[61] In Folge der Mailänder Verhandlungen von 1807 ordnete Graf von Montgelas ein Jahr später die Ausarbeitung eines allgemeinen bürgerlichen Gesetzbuches für das Königreich Bayern auf der Grundlage des Code Napoléon an. Dieses Ziel nahm er auch in die Verfassung von 1808[62] auf. Mit der Redaktion wurde der Geheime Referendar Paul Johann Anselm von Feuerbach betraut.
Der unterbreitete Entwurf, der sich stark an das französische Gesetzbuch anlehnte, fand jedoch weder in der im Mai des Jahres 1808 berufenen Gesetzgebungs-

---

60 Zitiert aus: Kurt Baumann: Das pfälzische Appellationsgericht in der Zeit von 1815-1871, in: Wilhelm Reinheimer (Hrsg.): Festschrift zum 150-jährigen Bestehen des Pfälzischen Oberlandesgerichts, Zweibrücken 1965, S. 24.

61 Vgl. hierzu Anonymus: Ansichten über die Einführung des Kodex Napoleon in den Staaten des Rheinbundes, in: Allgemeine Bibliothek für die Staatskunst, Rechtswissenschaft und Kritik, Heft 1 und 2, Gießen und Wetzlar 1808.

62 Zu den Gesetzgebungsarbeiten - siehe im folgenden Alois Alzheimer; Alfred Resch: Heinrich Alois Graf von Reigersberg, in: Staatsministerium der Justiz (Hrsg.): Die Kgl. Bayer. Staatsminister der Justiz in der Zeit von 1818-1918, 1. Teil: 1818-1854, München 1931; Hans-Jürgen Becker: Die bayerische Rheinpfalz und das rheinische Recht, in: Schriften der Siebenpfeiffer-Stiftung, Bd. 1, Sigmaringen 1991; Elisabeth Fehrenbach: Der Kampf um die Einführung des code napoelon in den Rheinbundstaaten, Wiesbaden 1973.
Verfassung des Königreichs Bayern - in: Königlich-Baierisches Regierungsblatt 1808, Sp. 985.

kommission noch in den von Januar bis September 1809 währenden Beratungen des Geheimen Rates eine Mehrheit. Die Vertreter des Geheimen Rates lehnten eine fast wortgetreue Übernahme des code civil ab. So schrieb beispielsweise der königliche Generalfiskalat-Rat Welsch einige Jahre später, daß man zwar das Eindringen des in den Rheinlanden geltenden Rechts in das bayerische Rechtssystem nicht völlig habe verhindern können, dies jedoch nichts daran ändere, daß man sich im Königreich Bayern auch zukünftig nach vaterländischen Gewohnheiten und Gesetzen richte und die Reform der bestehenden Gesetze einer neuen Regelung vorzuziehen sei.[63] Kurze Zeit später legte v. Feuerbach seinen Standpunkt zur Rezeption des französischen code napoléon in einem Grundsatzreferat zunächst im Staatsrat und dann vor der Gesetzgebungskommission dar. Er war der Auffassung, daß eine Rezeption nur möglich sei, wenn man zugleich die diesem Gesetzbuch zugrunde liegenden bürgerlich-liberalen Prinzipien übernehme. Aufgrund der einflußreichen Stellung des Adels konnte man sich zu diesem Schritt jedoch nicht entschließen. In der Staatsratssitzung vom September 1810 wurde gegen das Votum v. Feuerbachs der Beschluß gefaßt, den Entwurf durch eine Kommission revidieren zu lassen und hierbei nicht mehr nur den code napoléon, sondern auch den codex Maximilianeus Bavaricus civilis von Kreittmayr[64] - der in weiten Teilen Bayerns als churbayerisches Landrecht galt - und die organischen Edikte[65] zugrunde zu legen.

Nachdem man im Königreich Bayern im Verlauf der Zeit immer mehr zu der Überzeugung gelangt war, daß es nicht möglich sei, deutsche Sitten und Einrichtungen der Regelung eines "fremdländischen" Gesetzbuches zu unterstellen,[66] legte der König am 17. Januar 1811 fest, für das neue Zivilgesetzbuch nur noch das Gesetz von Kreittmayr als Grundlage zu nehmen. Die Redaktion dieses Vorhabens stand unter der Leitung des Appellationsgerichtsrates Nikolaus Thadäus Gönner, unter Mitwirkung des Freiherrn Johann Christoph v. Aretin und Anselm v. Feuerbachs. Im Herbst des gleichen Jahres konnte die Kommission zwar einen neuen Entwurf vorlegen, zu seiner Bestätigung kam es allerdings nicht mehr.

Da sich die Beratungen immer mehr in die Länge zogen, stellte der amtierende Justizminister Graf von Reigersberg den Antrag, das bayerische maximilianische Zivilgesetzbuch von 1756 als provisorisches allgemeines Landrecht einzuführen. Graf von Reigersberg sah sich zu diesem Schritt veranlaßt, da er erkennen mußte, daß die

63 Johann Baptist Welsch: Revision der Gesetzgebung und Rechtspflege Baiern, 1. Heft, München 1819.

64 Frhr. von Kreittmayr: Anmerkungen über den codicem maximilianeum bavaricum civilem, Teil 1-5, München 1821.

65 Organische Edikte - in: Königlich-Baierisches Regierungsblatt 1808, Sp. 1785.

66 Alois Alzheimer; Alfred Resch: Heinrich Alois Graf von Reigersberg, in: Staatsministerium der Justiz (Hrsg.): Die Kgl. Bayer. Staatsminister der Justiz in der Zeit von 1818-1918, 1. Teil, München 1931.

Ausarbeitung eines völlig neuen Gesetzbuches in absehbarer Zeit nicht zu realisieren war. Sein Antrag wurde im November 1811 von dem Geheimen Rat abgelehnt. Die zur Beratung des Entwurfs einberufene Kommission tagte fast zwei Jahre unter dem Vorsitz des Grafen von Reigersberg. Auch sie konnte bis zu ihrer Auflösung im Jahr 1814 keine Ergebnisse liefern. Ein Jahr später wurde die Revision einer neuen Kommission übertragen, aber auch ihr war kein Erfolg beschieden.

§ 2 DIE GERICHTSVERFASSUNG

Auch die Gerichtsverfassung des Königreichs Bayern wies im Vergleich zu der in den rheinischen Gebieten geltenden große Unterschiede auf.[67] Seit dem Jahr 1810 galt der codex Maximilianeus iuris Bavarici iudiciarii von 1753 im gesamten Königreich Bayern.

Gemäß dem organischen Edikt vom 24. Juli 1808 gliederte sich der gerichtliche Instanzenzug Altbayerns in Untergerichte, Appellationsgerichte und das Oberappellationsgericht. Als mittelbare Untergerichte verstand man die gutsherrlichen, die auch als Herrschafts- und Patrimonialgerichte bezeichnet wurden. Daneben gab es Stadt- und Kreisgerichte als Kollegialgerichte. Bei den aus Einzelrichtern bestehenden Landgerichten waren Verwaltung und Justiz vereint. Der Schwerpunkt ihrer Tätigkeit lag auf dem Gebiet der inneren Verwaltung. Neben der Rechtspflege in streitigen und nichtstreitigen Angelegenheiten oblag dieser Behörde gemischten Ressorts auch die Polizeibefugnis. Das Appellationsgericht war sowohl zweite Instanz in Zivilrechtssachen als auch erste Instanz in Strafsachen. Die Zuständigkeit des Oberappellationsgerichts als letzte Tatsacheninstanz erstreckte sich auf streitige Zivilsachen und Strafsachen.[68]

Obwohl auch die französische Prozeßordnung in mancherlei Punkten Anlaß zur Kritik bot,[69] war sie der bayerischen im Grundsatz, insbesondere wegen der in ihr

67 Zur Gerichtsverfassung Bayerns - vgl. Anonymus: Gerichts-Eintheilung des Königreichs Bayern, München 1857; Friedrich Bluhme: Quellen und Literatur der in Deutschland geltenden territorialen Civilprozessrechte, Bonn 1856; Johann Friedrich Kratzsch (Hrsg.): Tabellarische Übersicht des Justiz-Organismus der sämtlichen Deutschen Bundesstaaten, Leipzig 1836; Conrad Sambhaber: Der Rechtsweg in Bayern diesseits des Rheins, Würzburg 1836 sowie Johann Adam Seuffert: Kommentar über die bayerische Gerichtsordnung, in: Werner Schubert (Hrsg.): Kodifikationsgeschichte Zivilprozeßrecht, Goldbach 1993.

68 Organisches Edikt vom 24. Juli 1808 - in: Königlich-Baierisches Regierungsblatt 1808, Sp. 1785.

69 Bereits 1820 hatte der Frankenthaler Notar Adolay festgestellt, daß die lästigen Formalismen der französischen Gerichtsordnung auf den Rheinkreis nicht passen würden, da diese für die Stadt, nicht aber für den ländlichen Rheinkreis gemacht worden seien. Adolay war der Auffassung, der Gesetzgeber habe das städtische Bürgertum begünstigt, da hohe Kosten bei einfachsten Rechtssachen und eine Fülle von komplizierten

verankerten Prinzipien der Öffentlichkeit und Mündlichkeit des Verfahrens, überlegen. Von Rebmann schrieb zu den Unterschieden der beiden Justizverfassungen:

> "So viel Analogie sich zwischen manchen bestandenen französischen und ähnlichen königlich baierischen Verwaltungsformen und Verwaltungsstellen findet, so durchaus verschieden ist die Gerechtigkeitspflege. Ganz getrennt von der Verwaltung, in der Execution einer ganz eigenen Institution, der Staatsbehörde und ihren Agenten, den Huissiers die man unrichtig durch Gerichtsdiener übersetzt, anvertraut - die freiwillige Gerichtsbarkeit einer Beamtenklasse übergeben, die mit den Notarien in Deutschland nur den Namen gemein hat, - das Vormundschafts- und Hypothekenwesen gesondert vom eigentlichen gerichtlichen Wirkungskreise, - alles in Civilsachen, was in Deutschland der Richter im Prozeßgange leitet, von den Parteyen ausgehend, betrieben und erörtert - die Verhandlung in Civilsachen und in peinlicher Untersuchung in der höheren Instanz mündlich und öffentlich, Geschworene aus den gebildeteren Volksklaßen Richter über die Gewißheit begangener Verbrechen und die Schuld der Verbrecher und der Richter nur Anwender des Strafgesetzes auf die anerkannte Thatsache; - eine Cassationsinstanz die blos über Erhaltung der regelmässigen Formen und die getreue Anwendung des Gesetzes wacht; - alles, was hier besteht, widerstrebt allen in Deutschland und im Königreich Baiern bestehenden Einrichtungen. So viele Verschiedenheiten zeigt schon die flüchtigste Ansicht des Prozeßganges. (In Ansehung der Gesetzgebung selbst, - besteht ein Civil- ein Handels - und ein Strafgesetzbuch.)"[70]

§ 3 DIE MODELLFUNKTION DES RHEINKREISES

Die sich durch die Zuordnung der Rheinlande ergebende Chance, die zum Stillstand gekommene Modernisierung der bayerischen Verhältnisse erneut anzustoßen,

---

Vorschriften vor allem die Bauern des Rheinkreises benachteilige. Das Gleichheitsprinzip verkehre sich dadurch in sein Gegenteil. (J. K. Adolay: Andeutungen, das Justizwesen im bayerischen Rheinkreis betreffend, Frankenthal 1820.)
Zur französischen Gerichtsverfassung - vgl. Eduard Bomhard: Die Civilrechtspflege in der Bayerischen Pfalz, München 1861; Christoph von Dabelow: Einleitung in das Gesetzbuch Napoleons, Düsseldorf 1808; ders.: Das französische Civilverfahren nach den Gesetzen und den besten französischen Schriftstellern systematisch bearbeitet, Halle 1809; Alexander von Daniels: System und Geschichte des französischen und rheinischen Civilprozeßrechts, Bd. 1, Berlin 1849; ders. (Hrsg.): Gesetzbuch über das rechtliche Verfahren in Civil-Sachen, Köln 1807; J. Desenne (Hrsg.): Code Générale Française, Paris 1818; Franz Varrentrapp: Die öffentliche mündliche Rechtspflege im Baierischen Rheinkreise in Vergleichung mit der Gerichtsverfassung der sieben übrigen Kreise des Königreichs Baiern, Frankfurt am Main 1822.

70 Zitiert aus dem Gutachten v. Rebmanns zur Justizverfassung; Bayerisches Hauptstaatsarchiv, MJU 14648; unter der Bezeichnung Organisationsgutachten abgedruckt in: Heiner Haan: Hauptstaat - Nebenstaat Briefe und Akten zum Anschluß der Pfalz an Bayern 1815/17, in: Veröffentlichungen der Landesarchivverwaltung Rheinland-Pfalz, Bd. 29, Koblenz 1977.

versuchten die fortschrittlichen Kräfte Bayerns in ihrem Sinne zu nutzen. Für viele Reformbestrebungen in Justiz und Verwaltung wurden die rheinischen beziehungsweise französischen Verhältnisse und Gesetzbücher zum Vorbild genommen. So faßte auf dem ersten Landtag von 1819 bis 1822 die zweite Kammer der bayerischen Ständeversammlung unter der Führung pfälzischer Abgeordneter, so auch des Appellationsgerichtsrats Christian Sturz, den Beschluß, die linksrheinischen Institutionen in Altbayern einzuführen.[71] Für das Justizwesen hatte diese Entscheidung verstärkt Reisen und Abordnungen hoher altbayerischer Beamter in die neue Provinz zur Folge, die diese unternahmen, um die fraglichen Institutionen und Einrichtungen vor Ort kennenzulernen. So hatte bereits der Justizminister in seinem an den König gesandten Jahresbericht des Jahres 1816/17 festgestellt, daß die Justizverfassung zu neu und fremdländisch sei, um ohne "Selbstanschauung" gehörig gewürdigt zu werden.[72] Im Jahr 1818 stattete Justizminister Graf von Reigersberg dem Rheinkreis einen Besuch ab. Nach München zurückgekehrt, berichtete er von

> "... dem wohltätigen Einfluß, welchen die Öffentlichkeit des Verfahrens auf die Richter und das Publikum äußert, von der Gewandheit, Würde und Umsicht, womit jene die Pflichten ihres Berufes erfüllen, sowie von der Teilnahme, der Achtung und dem Vertrauen, womit dieses die Richter ehrt und belohnt."[73]

Im Frühjahr des Jahres 1819 beantragte Graf von Reigersberg im Staatsrat die Einführung der Öffentlichkeit des Verfahrens in Altbayern. Sein Antrag wurde mit der Begründung abgelehnt, ein solches Verfahren führe zu einer Volksjustiz.[74]

Ein weiterer namhafter Besucher der bayerischen Rheinpfalz war Anselm von Feuerbach, damals Appellationsgerichtspräsident in Ansbach. Im Zuge einer Studienreise nach Frankreich, die er auf Geheiß der bayerischen Regierung unternahm, machte er im Mai 1821 auch in Zweibrücken Halt.[75] Anselm von Feuerbach, der

---

71 Zu dieser Entscheidung des Landtages - vgl. ausführlich Karl-Georg Faber: Die Rheinischen Institutionen, in: Geschichtliche Landeskunde, Bd. 1., Wiesbaden 1964 sowie Christoph Fellner: Die Reform der bayerischen Zivilrechtspflege von den ersten Anregungen des Landtages im Jahre 1819 bis zur Gründung des Deutschen Reiches, Dissertation, München 1986.

72 Jahresbericht des Justizministers an den König 1816/17 in: N. T. von Gönner; Philipp von Schmidtlein: Jahrbücher der Gesetzgebung und Rechtspflege im Königreich Baiern, Bd. 2 und 3, Erlangen 1819,1820.

73 Zitiert nach: Kurt Baumann: Das pfälzische Appellationsgericht in der Zeit von 1815-1871, in: Sven Paulsen (Hrsg.): 175 Jahre pfälzisches Oberlandesgericht, Festschrift, Neustadt an der Weinstraße 1990, S. 13. (Baumann hat die Quelle des Zitats nicht angegeben.)

74 Alois Alzheimer; Alfred Resch: Heinrich Alois Graf von Reigersberg, in: Staatsministerium der Justiz (Hrsg.): Die Kgl. Bayer. Staatsminister der Justiz in der Zeit von 1818-1918, 1. Teil, München 1931.

75 Vgl. auch Heinrich Gauf: Paul Johann Anselm von Feuerbach (1775-1833), in: Sven Paulsen (Hrsg.): 175 Jahre pfälzisches Oberlandesgericht, Festschrift, Neustadt an der Weinstraße 1990.

bereits das neue bayerische Strafgesetzbuch ausgearbeitet hatte, welches im Oktober 1813 in Kraft getreten war, wollte vor allem das Geschworenengericht einer näheren Betrachtung unterziehen. Eine von ihm besuchte Schwurgerichtsverhandlung in Zweibrücken fand allerdings sein Mißfallen:

> "Die biertrinkenden, sich an Käse und Wurst erquickenden Zuhörer, die strickenden Zuhörerinnen, die unbezähmbare Unruhe der Pfälzer Krischer während der Verhandlungen machten auf ihn einen nicht gerade erhebenden"[76]

und der Würde des Gerichts unangemessenen Eindruck.

Um die erkannten Mängel der bayerischen Prozeßordnung zu beseitigen, wurde zunächst das Gesetz vom Juli 1819, einige Verbesserungen die Gerichtsordnung betreffend, verabschiedet.[77] Dieses führte zu Änderungen im Verfahrensablauf, die bis zu einer grundlegenden Revision der bestehenden Prozeßordnung vor allem die viel zu lange Prozeßdauer beenden sollten. Im Jahr 1823 wurde eine unter Mitwirkung des Justizministers Graf v. Reigersberg stehende Kommission zur Verbesserung der Gerichtsorganisation und des gerichtlichen Verfahrens im Königreich Bayern eingesetzt. Ihr oblag die Aufgabe, die für notwendig erkannte Verbesserung der bürgerlichen Rechtspflege zu begutachten. Die aus sieben Mitgliedern bestehende Kommission legte zwei Jahre später den Entwurf eines Gesetzbuches über das gerichtliche Verfahren in bürgerlichen Rechtssachen vor, der jedoch nicht angenommen wurde.[78]

Auch die nach dem Ausscheiden Graf v. Reigersbergs gebildete neue Kommission unter Justizminister Freiherr von Zentner[79] konnte keinen akzeptablen Entwurf vorlegen. Trotz mehrerer Gesetze zur Verbesserung der Gerichtsordnung dauerte es schließlich noch mehr als vierzig Jahre, bis schließlich im Jahr 1869 die neue bürgerliche Prozeßordnung in Kraft trat.[80]

---

76 Zitiert aus: Kurt Baumann: Das pfälzische Appellationsgericht in der Zeit von 1815-1871, in: ebenda, S. 13.
Übrigens soll nach Baumanns Feststellung Anselm von Feuerbach von einer Friedensgerichtssitzung, der er anläßlich seines Pfalzbesuches ebenfalls beigewohnt hatte, sehr angetan gewesen sein.

77 Gesetz über die Verbesserung der Gerichtsordnung - in: Gesetzblatt für das Königreich Bayern 1819, Sp. 59.

78 Zu dem Entwurf - vgl. Wolfgang Heinrich Puchta: Über die bürgerliche Rechtspflege und die Gerichtsverfassung Baierns, Erlangen 1826.
Die vorgeschlagene neue Ordnung des Verfahrens bezog sich unmittelbar nur auf die Stadt-, Kreis- und Landgerichte; die Obergerichte sollten keine Veränderung erfahren.

79 Zur Arbeit dieser Kommission - Max Spindler, (Hrsg.): Bayerische Geschichte im 19. und 20. Jahrhundert: 1800-1970, Sonderausgabe, 1. Teilbd.: Staat und Politik, 1. Aufl., München 1878.
Zu Justizminister Freiherr von Zentner - Georg Trötsch: Georg Friedrich Freiherr von Zentner, in: Staatsministerium der Justiz (Hrsg.): Die Kgl. Bayer. Staatsminister der Justiz in der Zeit von 1818-1918, 1. Teil, München 1931.

80 Regierungsblatt für das Königreich Bayern 1869, Sp. 1325.

IV. VON DEN BAYERISCHEN LANDEN AM RHEIN ZUM BAYERISCHEN RHEINKREIS

§ 1 DIE GARANTIE DER RHEINISCHEN INSTITUTIONEN

Auf seiten der bayerischen Regierung stellte sich frühzeitig die Frage:

> "Soll das Land noch ferner nach den bisherigen französischen Einrichtungen und Formen verwaltet werden oder welche unsrer Einrichtungen dürften dorthin mit Vorteil zu verpflanzen sein?"[81]

In Stellungnahmen ließ die Landesadministrativkommission im Jahr 1815 namhafte Persönlichkeiten aus Justiz und Verwaltung zu Wort kommen, die sich im Tenor überwiegend für die Beibehaltung der französischen Institutionen aussprachen.[82]

---

81 Zitiert aus: Bayerisches Hauptstaatsarchiv, MInn 34562. Graf von Montgelas hatte am 30. November 1815 v. Zwackh-Holzhausen beauftragt, zu dieser Frage Stellung zu nehmen. Vgl. hierzu auch Heiner Haan: Die Eingliederung der Pfalz in die bayerische Verwaltungsorganisation (1816-1870), in: Mitteilungen des historischen Vereins der Pfalz, Bd. 77, Festgabe für Kurt Baumann zum 70. Geburtstag, Speyer 1979.

82 Die Mitglieder der bei der Landesadministrativkommission gebildeten Justizkommission, Johann Löw - späterer Regierungsrat in der Kammer des Inneren in Speyer - und von Rebmann waren mit der Erstellung von Organisationsgutachten beauftragt worden. Von Rebmann nahm in dem von ihm vorgelegten Gutachten eine kritische Haltung ein. Während er sich eine gewisse Angleichung der Verwaltung an die bayerischen Verhältnisse vorstellen konnte, argumentierte er für die grundsätzliche Fortgeltung der französischen Rechtsordnung. (Vgl. Bayerisches Hauptstaatsarchiv, MJU 14648.) Die Stellungnahmen v. Rebmanns und Löws fanden Eingang in das Gutachten des bayerischen Hofkommissärs, Franz Xaver von Zwackh-Holzhausen. Auch wenn die Aussagen in der Literatur nicht ganz eindeutig sind, wird man davon ausgehen können, daß sich v. Zwackh in seinem an Graf von Montgelas übersandten Schreiben den Befürwortern zum Erhalt der französischen Institutionen angeschlossen hat. Wagner schrieb, v. Zwackh habe sich aus politischen Gründen dafür eingesetzt, die französischen Gesetze und Einrichtungen auf lange Zeit dem Lande zu belassen, da der Untertan an sie gewöhnt sei und sich unter ihnen glücklich und zufrieden schätze und eine Eingliederung nach 20jähriger Fremdherrschaft nicht in wenigen Monaten möglich sei. (Friedrich Ludwig Wagner: Territoriale Neuordnung, Verfassung und Verwaltung des pfälzischen Raumes nach Beendigung der französischen Herrschaft, in: Jahrbuch zur Geschichte von Stadt- und Landkreis Kaiserslautern, Bd. 18/19, Otterbach 1980/81.) Wagner stützte diese Aussage vermutlich auf das Schreiben, das v. Zwackh am 11. Dezember 1815 an Graf von Montgelas gesandt hatte. (Vgl. Bayerisches Hauptstaatsarchiv, MInn 34562/1; veröffentlicht in: Heiner Haan: Hauptstaat - Nebenstaat Briefe und Akten zum Anschluß der Pfalz an Bayern 1815/17, in: Veröffentlichungen der Landesarchivverwaltung Rheinland-Pfalz, Bd. 29, Koblenz 1977.) Fleischmann sah einen Wandel in der Einstellung v. Zwackhs. Er führte aus: "Während Freiherr von Zwackh zu dieser Zeit [gemeint ist 1814 - d. R.] von der Beibehaltung der französischen Gesetze nicht so überzeugt gewesen sein soll, muß sich im Laufe seines Wirkens seine Einstellung hierzu doch gewandelt haben, denn in seinem Organisationsentwurf für die Pfalz aus dem Jahre 1815 sah er u. a. vor, daß die französischen Zivil- und Strafgesetze beibehalten werden sollten." (Zitiert aus: Ludwig

Die bayerische Regierung, die auf Grundlage des Münchener Vertrages die uneingeschränkte Verfügungsmacht über die neuerworbenen Gebiete erlangt hatte, entschied sich jedenfalls gegen eine Refeudalisierung der rheinpfälzischen Territorien. Es soll vor allem der Verdienst des Grafen von Montgelas gewesen sein, daß man der Sonderentwicklung der linksrheinischen Gebiete, die diese im Verlauf der vergangenen zwanzig Jahre unter der Herrschaft Frankreichs vollzogen hatte, Rechnung trug.
In der Erklärung des bayerischen Hofkommissärs vom 1. Mai 1816 hieß es:

> "... erkläre ich hiermit, daß in dem an die Krone Bayerns gefallenen, heute in Besitz genommenen Gebiete am linken Rheinufer die früher bestandenen, durch die Gesetze bereits abgeschafften Zehnten und Feudalrechte nie mehr zurückgeführt werden ..."[83]

Diese Aussage findet sich auch in dem folgenden Auszug aus einem königlichen allerhöchsten Reskript an das geheime Ministerium der auswärtigen Verhältnisse vom 16. Juni 1816, die Verfassung der überrheinischen Provinzen betreffend:

> "Wir haben auf die von Unserem Ministerium der auswärtigen Angelegenheiten vorgelegte und von den Mitgliedern der Landesstelle eingesendete Darstellung der Verfassung und Verwaltung Unserer überrheinischen Provinz folgende Beschlüsse gefaßt: 1. Wir wollen an der bisherigen Verfassung, den Einrichtungen und den bestehenden Gesetzen dieser Provinz, und wie Wir schon unterm 22. April d. J. erklärt haben, an der eingeführten Aufhebung der Zehnten, Frohnden, Feudalrechte, sonstiger

---

Fleischmann: Die "Staatsbehörde beim Appellationsgericht" in Zweibrücken, in: Wilhelm Reinheimer [Hrsg.]: Festschrift zum 150-jährigen Bestehen des Pfälzischen Oberlandesgerichts, Zweibrücken 1965, S. 83.) Tatsächlich findet sich in den überlieferten Quellen ein vermutlich von Freiherr von Zwackh-Holzhausen stammendes Gutachten, welches diese Aussage stützt. Darin sprach er sich dafür aus, daß Bayern in den neuerworbenen Gebieten seine eigene Verfassung und Gesetzgebung einführen müsse, da nur so eine völlige Lostrennung von Frankreich möglich sei. Er glaubte, die französische Verfassung lasse den Wunsch der Wiedervereinigung mit Frankreich bestehen. Auch befürchtete er, die Rheinländer könnten zu sehr auf die Einhaltung ihrer Institutionen und Gesetze pochen und eine Sonderstellung gegenüber den Altbayern einnehmen. Er meinte, die Bewohner dieser Gebiete würden sich ebenso an eine vollkommen bayerische Verfassung gewöhnen, wie sie sich an die französische gewöhnt hätten. Es seien vor allem die jetzigen Beamten, die eine Beibehaltung der bisherigen Verfassung wünschen, weil es für sie leichter sei, nach bekannten Formen zu arbeiten als sich Neuem anzupassen und ihre tägliche Routine aufzugeben. Sie seien es auch, die dem Volk einreden würden, daß bei einem Umtausch der Verfassung die alten Feudalrechte wiederkämen. (Vgl. Gutachten, die Verfassung des Überrheins betreffend - Bayerisches Hauptstaatsarchiv, MInn 34562/1.) In seinem Organisationsgutachten vom 30. Januar 1816 meinte v. Zwackh, daß alle bayerischen Gesetze und Verwaltungsformen, welche sich auf in den Rheinlanden nicht vorhandene Verfassungselemente und Institutionen beziehen, zumindest längere Zeit unanwendbar sein müssen. (Vgl. Allgemeines Organisationsgutachten vom 30. Januar 1816, in: Heiner Haan: Hauptstaat - Nebenstaat Briefe und Akten zum Anschluß der Pfalz an Bayern 1815/17, in: Veröffentlichungen der Landesarchivverwaltung Rheinland-Pfalz, Bd. 29, Koblenz 1977.)

83 Zitiert aus: Amtsblatt für das Königlich-Baierische Gebiet auf dem linken Rheinufer 1816, Sp. 17.

Privilegien und an der eingeführten gleichen Besteuerung durchaus keine Abänderung verfügen.

2. Auch wollen Wir die Verwaltung der überrheinischen Lande nach den dort bisher eingeführten Normen fortbestehen lassen.

3. Daher soll eine einzige obere Verwaltungsstelle, wie solche dermal als baierische Landesadminstrazion etablirt ist, unter dem Namen Regierung für diese Lande errichtet werden, welche in zwei Kammern abgetheilt, sowohl die staatsrechtlichen und polizeilichen, als auch sämtliche finanzielle Gegenstände zu besorgen hat.

4. Jene Gegenstände, welche ihrer Natur nach an Uns unmittelbar eingesendet werden müssen, sollen ohne Rücksicht, ob es staatsrechtliche, polizeiliche oder finanzielle Gegenstände seien, zu dem Ministerium der auswärtigen Angelegenheiten gebracht, dort ausschließlich behandelt, und durch dasselbe beschieden werden.

Die Gegenstände der Justiz, welche aus den überrheinischen Provinzen an Uns geeignet sind, werden von nun an, von dem Ministerium der Justiz besorgt. Es ist jedoch unser ausdrücklicher Wille, daß die in den überrheinischen Landen bestehenden Gesetze aufrecht erhalten, die dort eingeführten Einrichtungen gehandhabt und nur nach dieser Richtschnur die Entscheidungen gefaßt, und Uns vorgelegt werden, auch daß bei jeder vorhabenden Modyficazion vor allem Unser Hofkommissär von Zwackh gehört werden soll ..."[84]

Obwohl die Rheinländer mit Bayern geschichtlich wie auch sprachlich stark verbunden waren, gab es zwangsläufig gewisse Vorbehalte; befürchteten sie doch, die Errungenschaften der Französischen Revolution durch die Herrschaft Bayerns wieder zu verlieren.[85] Von Rebmann würdigte die Entscheidung der bayerischen Regierung, die bestehenden Einrichtungen und Gesetze grundsätzlich bestehen zu lassen, in einer Rede am 3. Mai 1816 mit folgenden Worten:

"Maximilian Joseph der Gerechte, der Gute giebt seinem Volke das, wonach zwanzig blutige Jahre hindurch andere Völker vergebens rangen, was die Zeit gebietet, was Gott durch furchtbare, aber gerechte Wege, als seinen heiligsten Willen auch den Verstocktesten klar werden lies."[86]

Der Entschluß der bayerischen Krone dürfte mehrere Gründe gehabt haben. Zum einen sollte der Anschluß der neuen Gebiete an das Königreich möglichst reibungslos verlaufen. Die Beibehaltung der bestehenden Verhältnisse diente diesem Ziel. Sie

---

84 Zitiert aus: Bayerisches Hauptstaatsarchiv, MJU 14648.

85 So auch Kurt Baumann: Das pfälzische Appellationsgericht in der Zeit 1815-1871, in: Wilhelm Reinheimer (Hrsg.): Festschrift zum 150-jährigen Bestehen des Pfälzischen Oberlandesgerichts, Zweibrücken 1965.

86 Zitiert nach: Albert Becker: Neues aus dem Leben des Zweibrücker Appellationsgerichts-präsidenten Andreas Georg Friedrich v. Rebmann (1768-1824), in: Westpfälzische Geschichtsblätter, Jhrg. 19, Zweibrücken 1917, S. 11. (Die Abschrift der Rede Rebmanns ist im Original in den Archiven nicht mehr zu finden, vermutlich wurde sie im Zweiten Weltkrieg vernichtet.)

bedurfte keiner besonderer administrativer Maßnahmen. Schließlich war auch zu befürchten, die Rheinpfälzer nähmen eine Beseitigung ihrer Institutionen nicht widerspruchslos hin, während die Garantie der vorhandenen Institutionen dem gegenüber eine moralische Festigung der bayerischen Herrschaft erwarten ließ. Ein weiterer Grund war, daß die unterschiedlichen Gesellschaftsstrukturen in beiden Landesteilen eine Angleichung oftmals unmöglich machten. Ein Teil der bayerischen Einrichtungen kam für eine Übertragung auf die linksrheinischen Gebiete nicht in Frage, da er bestimmte verfassungsmäßige Strukturen voraussetzte, die es in den Rheinlanden nicht (mehr) gab.[87] In vielen Bereichen konnten die Altbayern keine Alternative zu den bestehenden Institutionen bieten. Das galt insbesondere für das französische Recht als Kernstück dieser Institutionen. Im Gegensatz zu den Rheinlanden gab es in Altbayern noch kein einheitliches bürgerliches Gesetzbuch; das geltende Partikularrecht konnte nicht übernommen werden.

§ 2 DIE ANFANGSJAHRE DER BAYERISCHEN HERRSCHAFT AM RHEIN

Wie schon zu Beginn der französischen Herrschaft am Rhein brachten auch die Anfangsjahre unter bayerischer Krone den Rheinländern erhebliche finanzielle Belastungen.[88] Die bayerische Regierung hatte frühzeitig erkannt, daß ihr die neuerworbenen Gebiete weitaus größere Einnahmen bringen würden, als sie diese aus den an Österreich abgetretenen Provinzen hätte erzielen können. Nach einer Schätzung des Grafen von Montgelas betrugen die Einkünfte der abgetretenen Länder höchstens 3,5 Millionen Gulden, nach österreichischer Schätzung sogar nur 2,6 Millionen. Dem hingegen rechnete er damit, im Rheinkreis 3,65 Millionen zu erzielen.[89] Tatsächlich brachte die Besitzergreifung der Rheinlande dem Königreich Bayern in den Jahren 1817 bis 1828 Einnahmen in Höhe von zwanzig Millionen Gulden.[90]

So wurden neben der Erhebung der auf den französischen Bestimmungen beruhenden, ohnehin schon umfangreichen Besteuerung auch die Kosten der Verwaltung und Rechtspflege durch Kreisumlagen auf die neuen Gebiete abgewälzt. Auch das Einregistrement, eine prozessuale Einrichtung, die zum Zweck der Kontrolle der Richtigkeit des Datums der Gerichtsakten ins Leben gerufen worden war, wurde zu

---

87 So auch Philipp Jakob Serini: Chronologische Zusammenstellung der während der provisorischen französischen Verwaltung in den deutschen Rheinlanden publicirten älteren französischen Gesetze und Uebersicht der daselbst bestandenen alten Statutarrechte, nebst Angabe der früheren Territorialverhältnisse, Mannheim 1848.

88 Vertiefend zur wirtschaftlichen Situation - siehe Werner Weidmann: Wirtschaftliche und soziale Verhältnisse (1816-1840), in: Jahrbuch zur Geschichte von Stadt- und Landkreis Kaiserslautern, Bd. 18/19, Otterbach 1980/81.

89 Vgl. Wilhelm Herzberg: Das Hambacher Fest, neu hrsg. von Heinrich Werner, Köln 1982.

90 Vgl. Kurt Baumann: Probleme der pfälzischen Geschichte im 19. Jahrhundert, in: Mitteilungen des historischen Vereins der Pfalz, Bd. 51, Speyer 1953.

einer ergiebigen Geldquelle.[91] Ein Großteil der Gemeindeschulden, die noch aus den in Kriegszeiten vorgenommenen Einquartierungen resultierten und bei einem Fortbestand der Regierung Staatsschulden geblieben wären, wurden auf die Bevölkerung umgelegt. All dies führte in den zwanziger Jahren zu einer außerordentlich großen Verarmung der Rheinlande. Durch den Vertrag von München konnte Bayern auch hinsichtlich der Bevölkerungszahl einen Zuwachs verzeichnen. Bayern trat mit Salzburg, dem Inn- und Hausruckviertel etwa 385.000 Einwohner ab und erhielt im Gegenzug 430.000 Linksrheiner und 51.000 Rechtsrheiner.[92]

§ 3 DER VERLUST DES SONDERSTATUS

Durch die Unterstellung der pfälzischen Verwaltung unter die alleinige Oberaufsicht des bayerischen Außenministeriums[93] wurde zu Beginn der bayerischen Regierungsgewalt am Rhein die Stellung der Provinz besonders dokumentiert. Die bayerischen Rheinlande verblieben zunächst außerhalb des Wirkungskreises der Zentralbehörden. Die Sonderstellung wurde noch durch die Schaffung eines eigenen Repräsentativorgans unterstrichen. Im September 1816 konstituierte sich in den bayerischen Landen am Rhein als einzigem Landesteil des Königreichs Bayern ein eigener Landrat.[94]

Im Jahr 1817 erhielt Bayern eine neue Verwaltungseinteilung, wodurch sein gesamtes Staatsgebiet in acht Kreise eingeteilt wurde, die mit Ausnahme der Rheinlande in etwa den heutigen Regierungsbezirken entsprechen.[95] Dadurch ging die verwaltungsmäßige Autonomie der rheinbayerischen Gebiete zugunsten einer Kompetenzverwaltung der Zentralbehörde verloren. Aus dem Nebenstaat wurde ein gewöhnlicher bayerischer Kreis. Das Rheinland verlor allmählich seine Sonderstellung.[96]

Die neue gesamtstaatliche Verfassung vom 26. Mai 1818[97] galt zwar in den Rheinlanden nur mit Modifikationen. Die königliche Kreisregierung zu Speyer erklärte am 12. Juni 1818:

---

91 Vgl. Wilhelm Herzberg: Das Hambacher Fest, neu hrsg. von Heinrich Werner, Köln 1982. So mußte beispielsweise bis zum Jahr 1831 die französische Kriegssteuer abgeführt werden.

92 J. M Miller: Geschichte der neuesten Ereignisse in Rheinbaiern, Weissenburg 1833; Werner Weidmann: Vorrevolutionäre Justizverhältnisse im Bezirk der heutigen Landgerichte Zweibrücken und Kaiserslautern, ihre Veränderungen unter französischer Herrschaft und der pfälzische Anschluß an Bayern, Frankfurt am Main 1989 sowie Eberhard Weis: 150 Jahre Pfalz-Bayern, in: Stimme der Pfalz, Jhrg. 17, Speyer 1966.

93 Vgl. Allerhöchstes Reskript vom 16. Juni 1816, die Verfassung der überrheinischen Provinzen betreffend, in: Bayerisches Hauptstaatsarchiv, MJU 14648.

94 Amtsblatt für das Königlich-Baierische Gebiet auf dem linken Rheinufer 1816, Sp. 329.

95 Amtsblatt der Regierung der Königlich-Baierischen Lande am Rhein 1817, Sp. 530.

96 Vgl. Franz-Josef Heyen (Hrsg.): Geschichte des Landes Rheinland Pfalz, Würzburg 1981.

97 Verfassung vom 26. Mai 1818 - in: Gesetzblatt für das Königreich Bayern 1818, Sp. 101.

"Seine königliche Majestät haben ... beschlossen, daß die Verfassungsurkunde des Königreichs Baiern auch auf den Rheinkreis ... ausgedehnt ... werde ... Da jedoch mehrere Bestimmungen ... soweit sie die Classe des Adels und einer grundherrlichen Gerichtsbarkeit betreffen, mit den im Rheinkreis bestehenden besonderen von Seiner königlichen Majestät dem Lande gesicherten Institutionen nicht vereinbarlich sind, so ist der ausdrückliche kgl. Wille, daß die Vollziehung der Verfassung nur mit den Modifikationen geschehen solle, welche jene besonderen Institutionen erfordern."[98]

Nach einer allerhöchsten, mithin königlichen Entschließung vom 5. Oktober 1818 wurde bestimmt:

"Der Titel von der Rechtspflege ist für den Rheinkreis durchgehends verbindlich. Denn obgleich in dem unter § 7 bestimmt ist, daß für das ganze Königreich ein und dasselbe bürgerliche und Strafgesetzbuch bestehen soll, so bezieht sich dieses keineswegs auf die dermaligen Gesetze der älteren Kreise des Königreichs, sondern erst auf das noch zu erlassende allgemeine Gesetzbuch, wobey die Verhältnisse des Rheinkreises auch gehörig gewürdigt werden sollen."[99]

Doch auch durch diese Zusatzerklärungen konnte der ab dem Jahr 1817 von München beschrittene Assimilationskurs in bezug auf die bayerischen Rheinlande nicht mehr aufgehalten werden. Überdies wurde die Gestaltung der Verhältnisse in den Rheinlanden von Mehrheitsverhältnissen im Parlament abhängig, die - wie die Geschichte des Königreichs Bayern zeigt - in der gesamten Zeit des Vormärz nicht gegeben waren.[100] Mit dem Erlaß der Verfassung von 1818 und der Schaffung einer gesamtbayerischen Ständeversammlung trat nämlich neben die Entscheidungsbefugnis des Königs und seiner Regierung das Parlament. Der maßgebliche Titel VII § 2 der Verfassungsurkunde lautete, daß

"... ohne den Beirat und die Zustimmung der Stände ... kein allgemeines neues Gesetz, welches die Freiheit der Person oder das Eigentum der Staats-Angehörigen betrifft, erlassen, noch ein schon bestehendes abgeändert, authentisch erläutert oder aufgehoben werden."[101] kann.

---

98 Zitiert aus: Amtsblatt der Regierung der Königlich-Baierischen Lande am Rhein 1818, Sp. 717.

99 Zitiert aus: ebenda, Sp. 847.

100 Hierzu vertiefend Max Spindler (Hrsg.): Bayerische Geschichte im 19. und 20. Jahrhundert: 1800-1970, Sonderausgabe, 1. Teilbd.: Staat und Politik, 1. Aufl., München 1978; ders.: Handbuch der bayerischen Geschichte, Bd. 4, Teilbd. 2, München 1975; ders.: Bayerischer Geschichtsatlas, München 1969.

101 Zitiert aus: Gesetzblatt für das Königreich Bayern 1818, Sp. 101.
Die erste Kammer der Ständeversammlung setzte sich aus Prinzen, Kronbeamten, Erzbischöfen, ehemals reichsständischen Fürsten, Bischöfen und besonders vom König ernannten Personen zusammen. In der zweiten Kammer waren Grundbesitzer mit gutsherrlicher Gerichtsbarkeit, Abgeordnete der Universitäten, Geistliche, Abgeordnete der Städte und Märkte und weitere Landeigentümer vertreten. (Vgl. Titel VI, § 1)

2. KAPITEL
DER OBERSTE GERICHTSHOF FÜR DEN BAYERISCHEN RHEINKREIS BIS ZUM JAHR 1832

A DIE ERRICHTUNG DES GERICHTSHOFES IN ZWEIBRÜCKEN

I. DIE VORLÄUFER DES ZWEIBRÜCKER GERICHTS

Das am 7. September 1799 durch Beschluß des Pariser Direktoriums geschaffene tribunal de révison, welches seinen Sitz zunächst in Mainz hatte, aber bereits im Oktober des Jahres 1799 nach Trier verlegt wurde, war zuständiges Revisionsgericht für alle vier linksrheinischen Departements: Rur, Saar, Rhein-Mosel und Donnersberg.[1] Seine Errichtung war erforderlich geworden, weil die eroberten Gebiete noch nicht de jure in die französische Republik eingegliedert waren und damit zwangsläufig einen eigenen Gerichtshof benötigten. Übergangsweise, d.h. vor seiner Errichtung, war die Kassation zunächst an das Justizministerium gerichtet worden.[2] Nach nur drei Jahren, zum 1. Vendémiaire XI. (23. September 1802), konnte das Revisionstribunal zu Trier seine Tätigkeit bereits wieder einstellen. Durch den Konsularbeschluß vom 1. September 1802 wurde nämlich verfügt, daß der im Jahr 1790 errichtete Kassationshof zu Paris nunmehr seine Jurisdiktion auch am Rhein ausüben soll.[3]

Die Wiedereroberung der Rheindepartements durch die verbündeten Truppen der Staaten Österreich und Preußen unterbrach die Funktionsfähigkeit der rheinischen Gerichtsorganisation, die auf einer Verbindung mit dem Mutterland Frankreich aufgebaut war. Der Einmarsch der Verbündeten hatte zur Folge, daß im Jahr 1814 gegen die insgesamt 24 Urteile des Appellationsgerichts Trier keine Kassation an den Pariser Gerichtshof erfolgen konnte. In erster Linie wegen der im Vergleich zu den Zivilrechtsstreitigkeiten zahlreicheren Strafsachen bestand die organisatorische Notwendigkeit zur Errichtung eines eigenen Kassationsgerichts für die rheinischen Provinzen. Ein zu dieser Frage erstelltes Gutachten von Mitgliedern des Appellationsgerichts zu Trier sah vor, eine für alle Rheindepartements zuständige

---

1 Beschlüsse vom 7. September 1799 und 30. September 1799 - bekannt gemacht am 12. Oktober 1799 - in: K. Th. F. Bormann; Alexander von Daniels (Hrsg.): Handbuch der für die Königl. Preuß. Rheinprovinzen verkündigten Gesetze, Verordnungen und Regierungsbeschlüsse aus der Zeit der Fremdherrschaft, Bd. 6, Köln 1841, S. 810.

2 Siehe § 12, Art. 191 des Beschlusses des Regierungskommissärs über die Verrichtung der Verwaltungsstellen vom 4. Pluviose VI. (23. Januar 1798) - in: ebenda, S. 548.

3 Konsularbeschluß vom 1. September 1802 - in: ebenda, Bd. 6, Köln 1841, S. 909. Vgl. zusammenfassend auch W. Silberschmidt: Die Gründung der rheinischen Obergerichte vor 100 Jahren, in: Rheinische Zeitschrift für Zivil- und Prozeßrecht, Jhrg. 7, Aalen 1969.

Revisionsinstanz in Trier zu schaffen.[4] Die mit den Friedensschlüssen verbundene territoriale Neuzuordnung der rheinischen Provinzen verhinderten jedoch die Ausführung dieses Vorhabens.

Durch Verordnung des Generalgouvernements vom 6. Mai 1814 wurde die Zuständigkeit des Pariser Kassationshofes für die Provinzen des Mittelrheins schließlich dem neu errichteten Koblenzer Gerichtshof übertragen.[5] Doch schon kurze Zeit nachdem das Tribunal seine Tätigkeit aufgenommen hatte, kam es im Ergebnis der mit dem Pariser Frieden bereits dargestellten verwaltungsmäßigen Neuorganisation zu einer erneuten Spaltung des Landes. Die Abtrennung des nördlichen Teils des Generalgouvernements des Mittelrheins und dessen Übergabe in die Verwaltung Preußens erforderte für den Administrationsbezirk der österreichisch-bayerischen Zivilverwaltung eine neue Zuständigkeitsregelung. Die Entscheidung über Kassationsgesuche in Zivil-, Polizei- sowie Zuchtpolizeisachen und peinlichen Rechtssachen wurde deshalb mit Verordnung vom 20. Oktober 1814 dem Zuständigkeitsbereich des bereits bestehenden Trierer Appellationsgerichts übertragen.[6]

Als Trier jedoch durch eine erneute Gebietsabtretung an das Königreich Preußen fiel, hörte gemäß Verordnung der Landesadministrativkommission vom 27. Juli 1815 die Kompetenz des Appellationsgerichts mit Wirkung zum 15. August 1815 für die österreichisch-bayerischen Administrationsbezirke auf.[7] An seine Stelle trat ein eigener Gerichtshof mit Sitz in Kaiserslautern. Dieser war entsprechend den gesetzlichen Bestimmungen vom 27. Juli und 22. August 1815 Kassations- und Revisionsinstanz.[8]

Mit den organisatorischen Vorbereitungen zur Einrichtung des Gerichtshofes in

---

4 Vgl. das Schreiben eines unbekannten Absenders vom 18. Dezember 1819 an den Generaladvokaten, Bayerisches Hauptstaatsarchiv, MJU 12780.
Der Trierer Appellationshof war als gemeinsames Berufungsgericht für die vier rheinischen Departements auf den Beschluß vom 1. September 1802 zum 13. Januar 1803 (23. Nivôse XI.) installiert worden. Schon in der Zeit des französischen Konvent hatte es ein solches Gericht in Trier gegeben, welches bis März 1797 seine Tätigkeit ausgeübt hatte. (Vgl. W. Silberschmidt: Die Gründung der rheinischen Obergerichte vor 100 Jahren, in: Rheinische Zeitschrift für Zivil- und Prozeßrecht, Jhrg. 7, Aalen 1969 sowie Wilhelm Carl Kockerols: Das rheinische Recht und seine zeitliche und räumliche Begrenzung, Hannover 1902.)

5 Verordnung vom 6. Mai 1814 - in: Sammlung der unter dem Generalgouvernement des Mittelrheins, dann unter der k. k. österr. und k. baier. gemeinschaftlichen Landes-Administration zu Kreuznach und Worms erschienenen Verordnungen, Speyer 1819/1820, Nr.19, S. 46.

6 Verordnung vom 20. Oktober 1814 - in: ebenda, Nr. 60, S. 229. Die Gerichtsbarkeit dieses Tribunals als Appellationsinstanz war bereits am 24. September 1814 auf die späteren rheinbayerischen Territorien beschränkt worden. (Vgl. Amtsblatt der k. k. österreichischen und k. baierischen Landesadministrativkommission zu Kreuznach 1814, Sp. 94.)

7 Verordnung vom 27. Juli 1815 - in: ebenda, 1815, Nr. 42, Sp. 234.

8 Verordnung vom 22. August 1815 - in: ebenda, 1815, Nr. 44, Sp. 242.

Kaiserslautern sollen neben Andreas Friedrich von Rebmann der bisherige Vizepräsident des Appellationsgerichts zu Trier, Johann von Birnbaum, und der Rat am Appellationsgericht, Johann Baptist Hitzfeld, betraut worden sein.[9]

II. DIE ERRICHTUNG DER KASSATIONS- UND REVISIONSINSTANZ AM APPELLATIONSGERICHT ZU ZWEIBRÜCKEN

Die Frage des Sitzes des Gerichtshofes stand, nachdem der nördliche Teil des früheren Departements Donnersberg Hessen zugefallen war, zwangsläufig ein weiteres Mal zur Diskussion.

Der Präsident des Appellationsgerichts v. Rebmann war keineswegs abgeneigt, Kaiserslautern verlassen zu müssen. So schrieb er:

> "Auf keinen Fall scheint unseres Bleibens lange in Lautern zu sein, es haben sogar die Städte Speyer und Kirchheimbolanden - die letzte wahrhaft fast unbegreiflich - Mühe sich gegeben, um unsere ephemere Cour zu erhalten. Aufrichtig gesagt, bin ich in Lautern eben nicht verliebt; die Nebel auf den Sümpfen, die es umgeben, der ewige Wind und die Teuerung und Seltenheit aller Lebensbedürfnisse, die Gefahr von Schweinen oder Faselochsen umgerannt zu werden,"[10] dies alles mache das Leben dort nicht unbedingt angenehm. Das Kasino sowie die öffentliche Bibliothek bestimmten hingegen das gesamte gesellschaftliche und kulturelle Leben in Kaiserslautern. Die Gerichtsräte sollen es deshalb vorgezogen haben, ihre freien Abende im Hause v. Rebmanns zu verbringen, wobei das gemeinsame Kartenspiel eine willkommene Abwechslung bot. In bezug auf sein gesellschaftliches Umfeld äußerte v. Rebmann später, daß er "was das gesellschaftliche Leben betrifft, wirklich in sehr angenehmen Verhältnissen lebe".[11]

Da Worms nach der Abtretung an Hessen als bisheriger Verwaltungssitz ebenfalls nicht mehr zur Verfügung stand, sandten Ende des Jahres 1815 Zweibrücker Bürger, eine Deputation an die gemeinsame österreichisch-bayerische Administrativ-kommission, um ihre Stadt als künftigen Verwaltungssitz vorzuschlagen. Die

---

9 Vgl. Kurt Baumann: Das pfälzische Appellationsgericht in der Zeit von 1815-1871, in: Wilhelm Reinheimer (Hrsg.): Festschrift zum 150-jährigen Bestehen des Pfälzischen Oberlandesgerichts, Zweibrücken, 1965.

10 Es handelt sich um den Auszug eines Briefes, den v. Rebmann am 23. August 1815 an seinen Freund Laun sannte, zitiert aus: Günther Volz: Briefe Andreas Georg Friedrich Rebmanns an Johann Peter Job Hermes aus den Jahren 1815 und 1816, in Mitteilungen des historischen Vereins der Pfalz, Bd. 57, Speyer 1959, S. 173f.

11 Zitiert aus: ebenda.
Vgl. auch Kurt Baumann: Das pfälzische Appellationsgericht in der Zeit von 1815-1871, in: Wilhelm Reinheimer (Hrsg.): Festschrift zum 150-jährigen Bestehen des Pfälzischen Oberlandesgerichts, Zweibrücken, 1965.

bayerische Landesadministrativkommission unter dem Regierungspräsidenten v. Zwackh entschied sich jedoch gegen Zweibrücken und nahm ihren Sitz in Speyer. Bedingt durch diese Entscheidung stand Speyer nun neben Zweibrücken auch als neuer Sitz des Appellationsgerichts zur Diskussion. Beide Städte stießen bei den Mitgliedern des Appellationsgerichts allerdings nicht auf Gegenliebe. Von Rebmann erklärte, er habe an beiden Orten keine Freude. Er hoffte, daß Frankenthal sein künftiger Dienstort werden würde. Sein Wunsch ging jedoch nicht in Erfüllung. Es ist anzunehmen, daß die wiederholte Vorsprache der angesehenen Zweibrücker Bürgerschaft beim König mit dem Ziel, diesen doch noch für Zweibrücken als Sitz der neuen Verwaltung zu gewinnen, ihn dazu bewog, zumindest das Appellationsgericht nach Zweibrücken zu verlegen.[12]

Mit der Verordnung der königlich-bayerischen Landesadministrativkommission "Bekanntmachung, die Versetzung des Appellhofes von Kaiserslautern nach Zweibrücken betreffend", vom 10. Juli 1816 wurde die Verlegung des Appellationsgerichts zum 1. August 1816 angeordnet.[13] Mit der organisatorischen Vorbereitung zur Umsiedlung des Gerichtshofes wurden die Räte am Appellationsgericht, Sturz und Hoffmann, beauftragt.[14] Notwendige bauliche Veränderungen am ehemaligen herzoglichen Archiv, welches schon in der französischen Ära das Tribunal beherbergt hatte und nun Sitz des neuen Gerichtshofes werden sollte, verhinderten jedoch einen fristgerechten Bezug. Das Gericht nahm deshalb am 16. Oktober 1816 zunächst im Bürgersaal des Rathauses seine Tätigkeit auf.

B DIE PERSONALVERHÄLTNISSE AM APPELLATIONSGERICHT

I. DIE RECHTLICHEN GRUNDLAGEN ZUR PERSONELLEN ZUSAMMENSETZUNG DES KASSATIONSHOFES

Nach der französischen Verfassung aus dem Jahr 1795 orientierte sich die Gesamtzahl der am Pariser Kassationshof eingesetzten Richter an der Zahl der Departements; das

---

12 Vgl. Kurt Baumann: Das pfälzische Appellationsgericht in der Zeit von 1815-1871, in: Wilhelm Reinheimer (Hrsg.): Festschrift zum 150-jährigen Bestehen des Pfälzischen Oberlandesgerichts, Zweibrücken, 1965.

13 Verordnung vom 10. Juli 1816 - in: Amtsblatt der k. k. österreichischen und k. baierischen Landesadministrativkommission zu Worms 1816, Sp. 102.

14 Christian Sturz hatte sich seinerzeit unter den Abgesandten befunden, die sich bei König Max für Zweibrücken als Regierungssitz eingesetzt hatten. (Vgl. Kurt Baumann: Das pfälzische Appellationsgericht in der Zeit von 1815-1871, in: Wilhelm Reinheimer (Hrsg.): Festschrift zum 150-jährigen Bestehen des Pfälzischen Oberlandesgerichts, Zweibrücken 1965.)

Verhältnis zwischen der Anzahl der Richter und der Anzahl der Departements betrug 3/4 zu 1/4 und durfte nicht überschritten werden.[15] Fünf Jahre später setzte sich der Kassationshof aus drei Senaten mit je sechzehn Richtern, mithin 48 Juristen zusammen, wobei jedem der Kassationsrichter ein Stellvertreter zur Seite stand. Die Richter wurden zunächst durch die Wahlmännerversammlung der Departements in ihr Amt gewählt.[16] Nach der Konstitution des Jahres 1799 - die seit dem am 3. August 1802 publizierten Konsularbeschluß[17] auch für die vier rheinischen Departements galt - waren die Richter des Kassationsgerichts aus der Nationalliste zu entnehmen; das Richteramt wurde in ein Lebensamt umgewandelt.[18] Später oblag nach der Gerichtsordnung aus dem Jahr 1810 die Ernennung der Richter der Zuständigkeit Napoleon Bonapartes.[19]

Neben den Richtern und ihren Stellvertretern gehörten dem Gerichtshof Gerichtsschreiber und Gerichtsboten an. In dem Gesetz vom 27. Ventose VIII. waren insgesamt sechs Substituten, ein Obergerichtsschreiber und vier Untergerichtsschreiber sowie acht Gerichtsboten vorgesehen. Der Präsident des Gerichtshofes wurde von den Mitgliedern des Tribunals für drei Jahre ernannt. Den Sektionspräsidenten wählten die Richter ebenfalls für drei Jahre aus ihrer Mitte.[20]

Auch die rechtlichen Bestimmungen zur Besetzung des zur Entscheidung berufenen Spruchkörpers erfuhren seit dem Gesetz vom 1. Dezember 1790, durch welches die Errichtung des Gerichtshofes bei der gesetzgebenden Körperschaft in Paris durch Beschluß der Nationalversammlung angeordnet worden war, bis in das Jahr 1820 - wie im folgenden zu sehen sein wird - eine mehrfache Abänderung. Die Gründe, welche bereits die französische Regierung veranlaßt haben könnten, die personelle Stärke der Kassationskommission im Laufe der Jahre immer weiter zu verringern, bedürften einer näheren Untersuchung. Es ist jedoch zu vermuten, daß das Potential der zur Verfügung stehenden Juristen, welches wiederum maßgeblich durch territoriale Gegebenheiten bestimmt wurde, ebenso eine Rolle spielte wie Kostenerwägungen.

---

15 Verfassung von 1795 - in: Georges Berlia: Les Constitutions et les principales lois politiques de la France depuis 1789, Paris 1952, S. 73.

16 Gesetz vom 27. Ventose VIII. - in: K. Th. F. Bormann; Alexander von Daniels (Hrsg.): Handbuch der für die Königl. Preuß. Rheinprovinzen verkündigten Gesetze, Verordnungen und Regierungsbeschlüsse aus der Zeit der Fremdherrschaft, Bd. 4, Köln 1836, S. 134.

17 Konsularbeschluß vom 3. August 1802 - in: K. Th. F. Bormann; Alexander von Daniels (Hrsg.): Handbuch der für die Königl. Preuß. Rheinprovinzen verkündigten Gesetze, Verordnungen und Regierungsbeschlüsse aus der Zeit der Fremdherrschaft, Bd. 4, Köln 1836, S. 402.

18 Verfassung von 1799 - in: Georges Berlia: Les Constitutions et les principales lois politiques de la France depuis 1789, Paris 1952, S.109.

19 Gerichtsordnung von 1818 - in: ebenda, Bd. 5, Köln 1837, S. 494 sowie S. 549.

20 Gesetz vom 27. Ventose VIII. - in: ebenda, Bd. 4, Köln 1836, S. 134.

Nach dem Gesetz vom 1. Dezember 1790 wurde über die Zulässigkeit und über die Begründetheit des Rechtsmittels der Kassation in verschiedenen Senaten des Gerichtshofes entschieden. Für die Entscheidung über die Zulässigkeit des Rechtsmittels war zunächst die Ernennung von 20 Mitgliedern des Gerichtshofes für jeweils sechs Monate erforderlich. Zwölf Juristen aus diesem sogenannten bureau des requetes mußten an der Entscheidung tatsächlich mitwirken. Über die Begründetheit urteilten mindestens 15 weitere Richter, wobei diejenigen ausgeschlossen waren, die bereits zuvor über die Zulässigkeit erkannt hatten. Für eine Entscheidung über die Begründetheit eines als zulässig befundenen Kassationsgesuches waren somit insgesamt 27 Richter erforderlich.[21] Das Gesetz vom 2. Brumaire IV. (24. Oktober 1795) reduzierte die zur Entscheidung über das Kassationsgesuch notwendige Juristenzahl auf neun Richter.[22] Mit der Bestimmung vom 28. September 1799 wurde eine nochmalige Reduzierung vorgenommen. Über die Zulässigkeit des Rechtsmittels entschieden von nun an lediglich fünf Juristen; über die Begründetheit dagegen sieben.[23] Die französische Konstitution des Jahres VIII. beließ es bei dieser Regelung.[24] Warum die für eine Entscheidung erforderliche Zahl von Richtern durch das Gesetz vom 27. Ventose VIII. wieder erhöht wurde, muß offen bleiben; das Gesetz selbst gibt hiefür keine Begründung. Der erste Senat, dem mindestens elf Personen angehörten, entschied über die Zulässigkeit des Kassationsgesuches, der zweite Senat urteilte in gleicher personeller Stärke über die als zulässig angesehenen Gesuche. Ein dritter Senat verhandelte ausschließlich über die Kassationsgesuche in Kriminal- , Zucht- und Polizeisachen; hier war es nicht erforderlich, daß vorab über die Frage der Zulässigkeit besonders erkannt worden war.[25]

Entsprechend Artikel 3 der Verordnung des mittelrheinischen Generalgouvernements vom 6. Mai 1814 konnte das Koblenzer Revisionsgericht in einer Besetzung von sieben Richtern einschließlich des Präsidenten entscheiden. Im Falle der Verhinderung mehrerer ordentlicher Mitglieder des Revisionshofes wurden die ältesten Richter beziehungsweise der Präsident des Bezirksgerichtes zu Koblenz als Vertreter der

---

21 Gesetz vom 1. Dezember 1790 - in: ebenda, Bd. 1, Köln 1833, S. 404.

22 Gesetz vom 2. Brumaire IV. - in: ebenda, Bd. 3, Köln 1835, S. 223.

23 Gesetz vom 28. September 1799 - in: ebenda, Bd. 6, Köln 1841, S. 811; die Bekanntmachung des Beschlusses erfolgte am 12. Oktober 1799.

24 Verfassung vom 13. Dezember 1799 - in: Georges Berlia: Les Constitutions et les principales lois politiques de la France depuis 1789, Paris 1952, S. 109.

25 Gesetz vom 27. Ventose VIII. in: K. Th. F. Borman; Alexander von Daniels (Hrsg.): Handbuch der für die Königl. Preuß. Rheinprovinzen verkündigten Gesetze, Verordnungen und Regierungsbeschlüsse aus der Zeit der Fremdherrschaft, Bd. 4, Köln 1836, S. 134.

verhinderten Richter zur Entscheidung hinzugezogen, sofern sie nicht selbst am Erlaß des angegriffenen Urteils in der Vorinstanz mitgewirkt hatten.[26]
Nachdem die Zuständigkeit des Koblenzer Gerichtshofes infolge territorialer Veränderungen dem Appellationsgericht in Trier[27] übertragen worden war, wurde durch Verordnung vom Oktober des Jahres 1814 bestimmt, daß die Revisionskammer aus mindestens neun Personen zu bilden sei, die der Präsident des Gerichtshofes ad hoc aus jenen Kammerpräsidenten und Räten des Appellationsgerichts benannte, welche am Erlaß des Urteils in der Vorinstanz nicht mitgewirkt hatten.[28] Nach der Verordnung vom 27. Juli 1815 zur Errichtung des Appellationsgerichts zu Kaiserslautern setzte sich die Revisionskommission in Zuchtpolizei- und Strafsachen aus dem Präsidenten des Appellationsgerichts und sechs Räten zusammen. In ihrem Verhinderungsfall waren Richter des Kreisgerichts[29] Kaiserslautern zu berufen.[30] Die Verordnung zur Zusammensetzung der Revisionskommission bei zivilrechtlichen Streitigkeiten erging am 22. August 1815. Hiernach war die Zusammensetzung abhängig davon, welcher vorinstanzliche Gerichtshof die zu überprüfende Entscheidung erlassen hatte. Bei Gesuchen gegen Urteile, die durch den Appellationshof zu Trier ergangen waren sowie bei Gesuchen gegen letztinstanzliche Urteile der Kreisgerichte, setzte sich die Revisionskommission aus dem Präsidenten und sechs weiteren Mitgliedern des Appellationsgerichts zusammen. Galt es dem hingegen Urteile des Appellationsgerichts Kaiserslautern als nunmehr zuständigem Gericht zu überprüfen, bestand sie aus dem Präsidenten, vier Räten des Appellationsgerichts und zwei Rechtslizentiaten. In jedem Fall oblag es jedoch dem Präsidenten, die Mitglieder auszuwählen und den Vorsitz zu führen. Sofern er selbst an der Entscheidung in der Appellationsinstanz beteiligt gewesen war, durfte er an der Überprüfung derselben nicht mitwirken und es mußte ein achter Richter benannt

---

26 Verordnung vom 6. Mai 1814 - in: Sammlung der unter dem Generalgouvernement des Mittelrheins, dann unter der k. k. österr. und k. baier. gemeinschaftlichen Landes-Administration zu Kreuznach und Worms erschienenen Verordnungen, Speyer 1819/20, S. 46.

27 Das im Januar 1803 errichtete Appellationsgericht in Trier bestand aus einem Gesamtpräsidenten sowie drei Sektionspräsidenten, sechzehn Räten, einem Generalprokurator, zwei Generaladvokaten und einigen Substituten sowie einem Obergerichtsschreiber. (Vgl. K. Th. F. Bormann; Alexander von Daniels [Hrsg.]: Handbuch der für die Königl. Preuß. Rheinprovinzen verkündigten Gesetze, Verordnungen und Regierungsbeschlüsse aus der Zeit der Fremdherrschaft, Bd. 5, Köln 1837, S. 494 sowie S. 549.)

28 Verordnung vom Oktober 1814 - in: Amtsblatt der k. k. österreichischen und k. baierischen Landesadministrativkommission zu Kreuznach 1814, Sp. 117.

29 Bis zum 1. September 1816 hießen die erstinstanzlichen Gerichte noch Kreisgerichte, sie wurden später in Bezirksgerichte umbenannt. (Vgl. Amtsblatt der Regierung der Königlich-Baierischen Lande am Rhein 1817, Sp. 100).

30 Verordnung vom 27. Juli 1815 - in: Amtsblatt der k. k. österreichischen und k. baierischen Landesadministrativkommission zu Kreuznach 1815, Nr. 42, Sp. 234.

werden. Artikel 10 besagter Verordnung benannte neun Rechtsgelehrte namentlich, welche im Verhinderungsfall der Mitglieder der Kassationsinstanz als Ergänzungsrichter zur Verfügung standen. Unter ihnen waren vier Advokaten, vier Präsidenten beziehungsweise Vizepräsidenten der Kreisgerichte und ein Staatsprokurator.[31]

An allen ordentlichen französischen Gerichtshöfen agierte seit dem Dekret über die Organisation des Gerichtswesens vom August 1790 neben den Richtern eine Staatsbehörde (ministère public).[32] Das Oberhaupt, welches seinen Sitz am Appellationsgericht hatte, nannte sich Generalprokurator beziehungsweise Generalstaatsprokurator. Ihm waren sämtliche Beamte (Prokuratoren und Generaladvokaten) im Appellationssprengel unterstellt.

Dem Generalprokurator oblag die Aufsicht über die Justiz. Er hatte über die Einhaltung der Gesetze zu wachen und dem Kassationshof Urteile anzuzeigen, bei denen er eine Gesetzes- oder Formverletzung festgestellt hatte. Diese Aufsicht übte er auch im Rahmen der sogenannten Mittwochsitzungen aus, auf die an späterer Stelle eingegangen wird. Hier oblagen ihm die Ausführungen über die Resultate der Rechtspflege im abgelaufenen Geschäftsjahr. Die versammelten Gerichtsräte waren verpflichtet, zu den kritischen Feststellungen des Generalprokurators Stellung zu nehmen. Im Ergebnis dieser Sitzungen fertigte der Generalprokurator einen Geschäftsbericht, den er schließlich gemeinsam mit seinem Referat an das Justizministerium sandte. Die Überwachungsfunktion ging sogar so weit, daß der Generalprokurator nach Artikel 280 der französischen Strafprozeßordnung berechtigt war, die Richter zu ermahnen. Durch diese Befugnis wurde die in den Rheingebieten seit der französischen Besetzung vorhandene Gewaltenteilung durchbrochen.

Die Generalprokuratoren wie auch die nachgeordneten Prokuratoren waren zwar keine Ankläger, sie mußten jedoch zu allen anhängig gemachten Klagen gehört werden, wodurch es ihnen möglich wurde, die öffentlichen Interessen in das Verfahren einzubringen. Auf dem Gebiet des Zivilrechts waren sie immer dann am Prozeß zu beteiligen, wenn dieser unter Beteiligung Minderjähriger oder sonstiger

---

31 Verordnung vom 22. August 1815 - in: Amtsblatt der k. k. österreichischen und k. baierischen Landesadministrativkommission zu Kreuznach 1815, Nr. 44, Sp. 242.

32 Dekret vom 24. August 1790 - in: K. Th. F. Bormann; Alexander von Daniels (Hrsg.): Handbuch der für die Königl. Preuß. Rheinprovinzen verkündigten Gesetze, Verordnungen und Regierungsbeschlüsse aus der Zeit der Fremdherrschaft, Bd. 1, Köln 1833, S. 268.
Zu den Aufgaben des Generalprokurators - vgl. im folgenden Franz Varrentrapp: Die öffentliche mündliche Rechtspflege im Baierischen Rheinkreise in Vergleichung mit der Gerichtsverfassung der sieben übrigen Kreise des Königreichs Baiern, Frankfurt am Main 1822; Hans Ziegler: Die Staatsanwaltschaft als "Gesetzeswächter", in: Staatszeitung Staatsanzeiger für Rheinland-Pfalz, Nr. 22/14, Jhrg. 1963.

nichtgeschäftsfähiger Personen stattfand beziehungsweise wenn es erforderlich wurde, die Rechte der nicht durch einen Anwalt vertretenen Anwesenden zu wahren.

In den Anfangsjahren der bayerischen Herrschaft am Rhein erfuhr das Amt des Generalprokurators eine Veränderung. Anstelle eines Generalprokurators wurde bis zum Jahr 1821 auch am Appellationsgericht nur die Position des Generaladvokaten mit entsprechend eingeschränkten Befugnissen besetzt. Die üblicherweise dem Generalprokurator obliegende Dienstkorrespondenz mit der Regierung und den untergeordneten Behörden oblag während dieser Zeit dem Präsidenten des Gerichtshofes. Die Veränderung war auf einen Vorschlag v. Rebmanns zurückzuführen, der diesen vor allem aus Sparsamkeitserwägungen angebracht hatte.[33] Die in Frankreich gegebene rangmäßige Gleichstellung zwischen dem Präsidenten und dem leitenden Beamten des ministère public war damit entfallen. Dies dokumentierte sich auch in den Bezügen. Während der Präsident ein Gehalt von 4.000 fl. und, soweit er zugleich die eigentlichen Geschäfte des Generalprokurators versah, eine Zulage von 600 fl. bezog, erhielt der Generaladvokat lediglich 3.000 fl. zuzüglich 400 fl. Auslagenpauschale für Schreibmaterial und ähnliches.[34] Diese in Rheinbayern bis 1821 zu findende Modifikation in der Stellung des Generalprokurators wurde jedoch als nicht vereinbarlich mit dem Geist und den Institutionen der rheinischen Justizverfassung angesehen; widersprach doch die Wahrnehmung eines Teils der üblicherweise dem Generalprokurator obliegenden Aufgaben durch den Präsidenten des Gerichtshofes dessen unabhängigen Stellung als Richter. Mit dieser Begründung erfuhr diese Regelung deshalb auch durch Entschließung vom Juli des Jahres 1821 eine Veränderung, demzufolge der Appellationsgerichtspräsident seinen Aufgaben als Generalprokurator enthoben und der bisherige Generaladvokat v. Koch damit beauftragt wurde.[35]

Von Rebmann beschrieb anläßlich seiner oben bereits angesprochenen Rede vom 3. Mai 1816 die Aufgaben des Generalprokurators folgendermaßen:

> "Wächter des Gesetzes, Beschützer der Wittwen und Waysen, Verfolger des Verbrechens, sorgsame Erinnerer, wenn unbedachtsamer Eifer oder Neigung zum Misbrauch des Amtes weise gesetzliche Beschränkungen überschreiten wollen, endlich in den öffentlichen Sitzungen berufen, in ihren Anträgen durch Mittheilung ihrer Ansichten die Darstellung der Sachwalter zu kontrolliren und zu berichtigen, und die

33 Den Vorschlag hatte v. Rebmann im August des Jahres 1815 der Landesadministrativkommission unterbreitet. (Vgl. hierzu das Gutachten v. Rebmanns vom 19. August 1815 - in: Landesarchiv Speyer, Regierung der Pfalz, Kammer des Inneren, H 3, Nr. 561, Blatt 10-15.)

34 Zu den Bezügen - vgl. Philipp Jakob Siebenpfeiffer: Handbuch der Verfassung, Gerichtsordnung und gesamten Verwaltung Rheinbayerns, Bd. 3, Zweibrücken 1831, S. 55.

35 Vgl. Entschließung vom 15. Juli sowie 23. Juli 1821 - in: Landesarchiv Speyer, Regierung der Pfalz, Kammer des Inneren, H 3, Nr. 561, Blatt 47 und 49.

allenfallsigen Eindrücke von Scheingründen zu verwischen, ist ihr Amt eines der wichtigsten und der ehrenvollsten im Staate. Durch ihre wöchentliche Uebersicht aller Vorfälle, welche die öffentliche Ruhe stören, sind sie im Stande, die gerichtliche Polizey im ganzen Gerichtssprengel zu kennen und zweckmäßig zu leiten."[36]

Und der bayerische Innenminister Wallerstein schrieb 1834 über das Amt des Generalprokurators:

> "Die Stelle eines Generalprokurators ist wohl nicht die wichtigste, doch eine der wichtigsten im Rheinkreise. Von dem sie bekleidenden Beamten hängt es ab, ob Mißbräuche entdeckt oder verhüllt, ob billige Beschwerden beachtet oder übersehen werden, ob der Rechtspflege wohltätige oder frostige Früchte entsprießen. In einem Lande, wo die Verhandlungsmaximen zur höchsten Potenz gesteigert, wo das ganze movierende Prinzip in die Hände der Parteien und des öffentlichen Wächteramtes gelegt ist, wo das Formen- und Nullitätenwesen den Zenit erreicht hat, wo die Advokatenkondition eine Goldgrube und die Justiz unerschwinglich teuer ist, ruht alle Hoffnung des Armen auf dem obersten Wächter des Gesetzes. Er und der Generalkommissär können die Regierung segenbringend oder verderblich, mild oder hart erscheinen machen, je nachdem sie materiell oder bloß formell, lebendig und hilfreich oder starr und kalt ihre Gewalt anwenden."[37]

II. DIE SCHWIERIGKEITEN BEI DER BESETZUNG DES KASSATIONSGERICHTS NACH DER BESITZERGREIFUNG DURCH DAS KÖNIGREICH BAYERN

§ 1 DIE AUSGANGSSITUATION

Wie sich aus den unveröffentlichten Quellen ergibt, kam es bei der Einberufung der Kassationsinstanz immer wieder zu personellen Schwierigkeiten. Zum einen konnten Krankheit, Verwandtschaft mit den Parteien und die vorherige Mitwirkung an dem zu überprüfenden Urteil einer Berufung der Appellationsgerichtsräte in die Kassationskommission faktisch oder rechtlich entgegenstehen. Zum anderen herrschte ein Mangel an Ergänzungsrichtern. Von den in der Verordnung vom August 1815 namentlich benannten neun Rechtslizentiaten standen im Jahr 1819 lediglich noch vier zur Verfügung. Infolge der territorialen Neuordnung der linksrheinischen Gebiete lag der Wohnsitz von drei dieser Personen nunmehr in Hessen; zwei weitere bekleideten zwischenzeitlich hohe Verwaltungsämter; sie waren als Regierungsräte in Speyer tätig.

---

36 Zitiert nach: Albert Becker: Neues aus dem Leben des Zweibrücker Appellationsgerichtspräsidenten Andreas Georg Friedrich v. Rebmann (1768-1824), in: Westpfälzische Geschichtsblätter, Jhrg. 19, Zweibrücken 1917, S. 22.

37 Zitiert aus: Bayerisches Hauptstaatsarchiv, MInn 45369.

Ihre Berufung in den Gerichtshof war aufgrund der praktizierten Gewaltenteilung zwischen Jurisdiktive und Exekutive damit unmöglich geworden. Die Schwierigkeiten in der personellen Besetzung resultierten aber auch daraus, daß es keine näheren Bestimmungen über die Entschädigung und Aufenthaltsgebühren gab, weshalb man von der Einberufung entfernterer Suppleanten gänzlich abgesehen hatte. Als schließlich im Jahr 1820 nur noch zwei der in der Verordnung genannten Juristen zur Verfügung standen, wurde es nahezu unmöglich, die Kassationskommission im Verhinderungsfall der ordentlichen Mitglieder zu besetzen.[38]

§ 2 DIE DISKUSSION UM DIE NEUORGANISATION DER KASSATIONSINSTANZ

Die zu der Frage der personellen Besetzung der Kassationsinstanz in Justiz und Verwaltung geführte Diskussion, die auch in der gewechselten Korrespondenz ihren Niederschlag gefunden hat,[39] zeigt, daß keineswegs nur die rein personelle Seite thematisiert wurde. Die vorhandene Situation nahmen die Beteiligten zum Anlaß, erstmalig die gesamte Struktur des Gerichtshofes einer näheren Betrachtung zu unterziehen. Hierbei stellten sie fest, daß während der Periode der territorialen Umwälzungen in den linksrheinischen Gebieten die Ansiedlung des Kassationshofes am untergeordneten Appellationsgericht eine sinnvolle Entscheidung dargestellt hatte, weil es erforderlich war, zunächst provisorische Lösungen zu suchen. Die infolge des Münchener Vertrages vorgenommene endgültige Zuweisung der südlichen Teile der Rheingebiete an das Königreich Bayern erforderte jedoch ein Nachdenken über neue organisatorische Maßnahmen.

Der Justizminister wies in seiner Rede[40] vor dem Staatsrat am 7. Juli 1820 darauf hin, daß die Abgeordneten des Rheinkreises schon zu Beginn der Zugehörigkeit des Landes zu Bayern an die Ständeversammlung den Wunsch herangetragen hätten, das Kassationsgericht neu zu organisieren, doch erst in seiner Sitzung des Jahres 1819 habe sich der Landrat veranlaßt gesehen, den Antrag zu stellen, daß bis zu einer definitiven Neuregelung eine Anzahl Rechtsgelehrter ernannt werden möge, um gemeinschaftlich mit den nicht verhinderten Appellationsräten die Kassationsinstanz zu bilden. Nach den Vorstellungen des Landrates sollten die Sitzungen des Gerichtshofes auf zwei Termine jährlich beschränkt werden. Er sah ferner vor, die Instanz in Zivilsachen wie bisher aus Appellationsgerichtsräten, welche an dem vorinstanzlichem Urteil nicht mitgewirkt hatten, jedoch in der M e h r z a h l aus

38 Vgl. zu der geschilderten Situation die Abschrift eines nicht unterzeichneten Schreibens an den Generaladvokaten vom 18. 12.1819; Bayerisches Hauptstaatsarchiv, MJU 12780, Nr. 13/2; hierzu und im weiteren auch MJU 12780, Nr. 13/3, Nr. 18a, Nr. 19/3.

39 Vgl. ebenda.

40 Bayerisches Hauptstaatsarchiv, MJU 12780, Nr. 18a.

anderen Rechtsgelehrten zusammenzusetzen. Der Landrat wollte letzteres insbesondere deshalb, um die volle Unparteilichkeit der Richter zu sichern. Er wollte die

> "... vielleicht nicht unbegründete Vermutung beseitigen, daß es in mehr als einer Hinsicht schwieriger sei, von einer Kammer desselben Kollegiums in Kassationssachen ein obsiegendes Urteil gegen die andere Kammer zu erhalten, ... als jedes Kassationsurteil gegen die Richter der Vorinstanz notwendig den indirekten Vorwurf verletzter Form, überschrittener Kompetenzen oder falscher Gesetzesanwendung ausspricht".[41]

Die Umsetzung dieses Vorschlages hätte die personelle Verflechtung zwischen Appellations- und Kassationsgericht zum Teil beseitigt und wäre damit ein erster Schritt zur Errichtung einer eigenständigen Kassationsinstanz gewesen. Das vom Landrat empfohlene Mehrheitsverhältnis stieß allerdings sowohl auf den Widerstand des Appellationsgerichts als auch der Kammer des Inneren in Speyer.

Die Mitglieder des Appellationsgerichts wurden auf Veranlassung des Königs vom 5. November 1819 zu dem Vorschlag des Landrates gutachterlich gehört. Bereits am 30. Dezember 1819 fanden sich der Präsident des Gerichtshofes, v. Rebmann, und die Räte am Appellationsgericht zwecks gemeinsamer Beratschlagung zu einer Generalversammlung zusammen. Dem Treffen war bereits ein umfangreicher Schriftwechsel zwischen dem Präsidenten des Appellationsgerichts und seinem Generalprokurator v. Koch vorausgegangen. Hiernach stimmte v. Rebmann mit dem Landrat überein, die Sitzungen des Kassationshofes auf zwei pro Jahr zu reduzieren und die Liste der erforderlichenfalls als Ergänzungsrichter einzuberufenden Rechtsgelehrten um weitere Namen zu ergänzen. Der Zusammensetzung des Gerichts aus einer Mehrzahl von Rechtsgelehrten widerprach er allerdings ganz entschieden. Der Präsident war der Auffassung, es sei lediglich unbedenklich, die M i n d e r h e i t der Kassationskommission aus Rechtslizentiaten zu bilden, weil deren "Einfluß nur auf richtigen Gründen und dadurch bewirkter Anschließung mehrerer Stimmen beruhen kann".[42] Der Landrat hatte die Personengruppe, aus welcher die Rechtsgelehrten zu bestimmen sein sollten, nicht näher definiert. Indem v. Rebmann sich mit dieser Frage auseinandersetzte, wies er zugleich nach, warum der Vorschlag des Landrates aus seiner Sicht nicht zu realisieren sei. Er stellte zunächst fest, daß ein Mitglied des Landrates seit nunmehr drei Monaten im ganzen Rheinkreis noch "kein taugliches Subjekt für drei zu erledigende Friedensrichterstellen"[43] habe benennen können. Dieser Umstand war für ihn Anlaß zu der Feststellung, daß es überhaupt nicht möglich sei,

---

41 Zitiert aus dem Schreiben der Regierung in Speyer, Kammer des Inneren, an den König vom 24. Mai 1820, Bayerisches Hauptstaatsarchiv, ebenda.

42 Zitiert aus dem Schreiben des Präsidenten des Appellationsgerichts, v. Rebmann, an den Generaladvokaten des Appellationsgerichts, v. Koch, vom 18. Dezember 1819; Bayerisches Hauptstaatsarchiv, ebenda.

43 Zitiert aus: ebenda.

eine genügende Anzahl Rechtsgelehrte zu finden, um aus diesen die vom Landrat gewünschte Mehrheit des Kassationsgerichts zu bilden. Auch eine gegebenenfalls vorzunehmende Auswahl der Mitglieder des Kassationsgerichts aus den Reihen der Advokaten war für von Rebmann undenkbar. Nach einem Gesetz aus dem Jahr 1804 durfte den Beruf eines Advokaten zwar nur ausüben, wer dem Staatsprokurator durch Vorlage eines Lizentiatdiploms seine fachliche Befähigung nachgewiesen und darüber hinaus Vorträge zum Kriminal-, Zivil- und Strafprozeß gehört hatte; diese Vorschrift besagte aber zugleich, daß der Berufung zum Richter eine mindestens zehnjährige Tätigkeit als Advokat vorausgegangen sein mußte.[44] Es war sicherlich diese besondere Berufszugangsvoraussetzung, welche die Einschätzung v. Rebmanns maßgeblich bestimmte. Dieser vertrat nämlich die Ansicht, daß all jene Advokaten, die diese Berufsbezeichnung aufgrund ihrer fachlichen Qualifikation zu Recht tragen würden, ihre Ernennung zum Richter schon allein deshalb ablehnen müßten, weil ihnen bewußt sein müßte, daß ihr Wissen und ihre Fähigkeiten nicht ausreichen, um den hohen Anforderungen dieses Amtes gerecht zu werden. Sollten sich einige der Advokaten dennoch bereit erklären, der Kassationsinstanz beizuwohnen, so berge dies zugleich die Gefahr einer Interessenkollision in sich. In diesem letzten Punkt schloß sich auch die Kammer des Inneren der Feststellung v. Rebmanns an. Im Mai 1820 schrieben ihre Vertreter an den König, daß der Einsatz von Advokaten zu "Bedenklichkeiten Anlaß" geben könne, weil es diesen ermöglicht würde, in ihrer Tätigkeit als Kassationsrichter Rechtsgrundsätze aufzustellen, die erst in einem späteren Rechtsstreit - an welchem sie wieder als Advokaten beteiligt seien - den Ausschlag geben könnten.[45]
Von Rebmann sah auch in einer möglichen mehrheitlichen Besetzung der Kommission aus Juristen der Bezirksgerichte keine annehmbare Alternative. Von Koch brachte die diesbezüglichen Befürchtungen v. Rebmanns auf den Punkt. Nach seiner Ansicht läge es in der "menschlichen Natur", daß es die Richter der Bezirksgerichte nur ungern sähen, wenn ihre Entscheidungen aufgehoben würden. Ein Revisionsgericht, welches mehrheitlich aus Bezirksrichtern zusammengesetzt sei, bringe daher "notwendig die Tendenz mit, nun auf einmal die Sprüche des Kollegiums abzuändern und zu rektifizieren, vor welchen ihre Erkenntnis so oft dieses Schicksal gehabt hat."[46] Rebmann meinte, für den Fall, daß die Kassationskommission dennoch in dieser Form besetzt würde, sei es wohl das beste, wenn das Appellationsgericht gleich völlig darauf verzichten würde, die

44 Gesetz aus dem Jahr 1804 - in: K. Th. F. Bormann; Alexander von Daniels (Hrsg.): Handbuch der für die Königl. Preuß. Rheinprovinzen verkündigten Gesetze, Verordnungen und Regierungsbeschlüsse aus der Zeit der Fremdherrschaft, Bd. 4, Köln 1836, S. 512.

45 Vgl. das Schreiben der Regierung in Speyer, Kammer des Inneren, an den König vom 24. Mai 1820, Bayerisches Hauptstaatsarchiv, MJU 12780.

46 Zitiert aus dem Schreiben des Generaladvokaten des Appellationsgerichts, v. Koch, an den Präsidenten des Appellationsgerichts, v. Rebmann, vom 24. Dezember 1819, Bayerisches Hauptstaatsarchiv, ebenda.

Urteile der Bezirksgerichte aufzuheben, da man nur so verhindern könne, daß die Bezirksrichter in ihrer Funktion als Mitglieder eines dem Appellationsgericht übergeordneten Kassationsgericht nun ihrerseits die Entscheidungen des Appellationsgerichts aufheben würden. Von Koch, der sich den Ausführungen v. Rebmanns anschloß, widmete sich selbst nochmals der Frage, aus welchen Personengruppen sich eine zu bildende Mehrheit zusammmensetzen könnte. Er kam dabei zu dem Schluß, daß es eine solche Personengruppe außerhalb des Appellationsgerichtes nicht gibt. Er führte aus, daß die Beamten der Verwaltung schon deshalb nicht am Kassationsgericht eingesetzt werden könnten, weil das Prinzip der Trennung von Justiz und Verwaltung dem entgegenstehe. Ferner meinte er, die wenigen nicht im öffentlichen Dienst beschäftigten, vorwiegend älteren Beamten, die neben den Bezirksrichtern und Anwälten grundsätzlich zur Auswahl stehen würden, hätten sich in den vergangenen Jahren kaum mit der Gesetzgebung beschäftigt. Ihre Ernennung sei deshalb für die Rechtsprechung "geradezu gefährlich".[47] Die Mehrzahl der weiteren zur Verfügung stehenden Rechtsgelehrten würden überwiegend Stellungen innehaben, die im Rang unter denen eines Richters des Appellationsgerichts angesiedelt seien. Deshalb läge in dem Vorschlag des Landrates eine offensichtliche "Verletzung der Schicklichkeit", und es könne dem Ansehen des Appellationsgerichtshofes sehr schaden, wenn "niedere Beamte" berufen würden, um dessen Urteile zu überprüfen. Er meinte, eine "Unsicherheit des Rechts und eine Verwirrung und Vermischung aller Grundsätze" sei die unausbleibliche Folge.

Von Rebmann und von Koch vertraten im Ergebnis ihrer Ausführungen übereinstimmend die Auffassung, daß bis zur Bildung eines eigenen Gerichtshofes die Verordnung vom 22. August 1815 Bestand haben müsse, wonach die Kassationskommission in der Mehrzahl aus Mitgliedern des Appellationsgerichts zu bilden sei.[48] Die Liste der Rechtslizentiaten sei jedoch um die Präsidenten der Bezirksgerichte zu ergänzen. Der diesbezügliche Vorschlag des Landrates zu einer ständigen Umbildung der Kassationsinstanz fand ebenfalls das Mißfallen des Appellationsgerichtspräsidenten, befürchtete er doch, daß der von ihm definierte Hauptzweck der Kassationsinstanz, die Einheitlichkeit der Rechtspflege herzustellen, nicht erfüllt werden könne und im übrigen der Präsident des Gerichtshofes die Möglichkeit habe, die zu fällende Entscheidung durch eine gezielte Zusammensetzung der Kommission zu steuern.

Die Mitglieder des Appellationsgerichts lehnten in dem von ihnen erstellten Gutachten den Vorschlag des Landrates zur Zusammensetzung der Kassationsinstanz zwar ab, da sie diesen aus den gleichen Gründen wie von Rebmann und von Koch für

47 Im folgenden zitiert aus: ebenda.

48 Verordnung vom 22. August 1815 - in: Amtsblatt der k. k. österreichischen und k. baierischen Landesadministrativkommission zu Kreuznach 1815, Nr. 44, S. 242.

unzweckmäßig und unausführbar hielten. Dennoch teilten sie die Auffassung des Landrates, daß die personelle Verknüpfung von Appellations- und Kassationsgericht die freie Entscheidung der Gerichtsräte beeinflussen und damit die richterliche Unabhängigkeit gefährden könnte. Sie stellten sich im Ergebnis jedoch ebenfalls auf den Standpunkt v. Kochs und v. Rebmanns, daß die Verordnung vom 22. August 1815 dem Vorschlag des Landrates vorzuziehen sei, und zwar solange, bis eine grundlegende Neuorganisation des Kassationsgerichts die mit jedem Provisorium notwendig verbundene Mängel in ihrer Gesamtheit beseitigen würde. Sie waren der Auffassung, die ungehinderte Handhabung der Verordnung vom 22. August 1815 bedürfe lediglich einiger "Vollziehungsmaßregeln", ohne daß es erforderlich sei, die Kassationskommission willkürlich und kostenintensiv neu zusammenzusetzen.
Die einberufene Generalversammlung folgte dem Vorschlag v. Rebmanns, die Liste der Rechtslizentiaten durch die Präsidenten derjenigen Bezirksgerichte zu ergänzen, die das zur Entscheidung vorgelegte Urteil nicht erlassen hatten. Die Ernennung der Präsidenten sollte im übrigen entsprechend dem Dienstalter erfolgen. Für den Fall, daß noch weitere Ergänzungsrichter benötigt würden, war vorgesehen, diese aus den Reihen der Richter der Bezirksgerichte zu gewinnen. Allerdings sollte dem Appellationsgerichtspräsidenten die Ernennung letztgenannter nur unter Hinzuziehung der Appellationsgerichtsräte gestattet sein. Der Vorschlag zur Beschränkung der Sitzungen auf zwei pro Jahr - und zwar in den Monaten Januar und Juli - wurde begrüßt. Außerordentliche Sitzungen sollten von dieser Festlegung nicht betroffen sein. Um zukünftig die Einberufung von Juristen, die nicht in Zweibrücken lebten, zu erleichtern, sah das von den Mitgliedern des Appellationsgerichts vorgelegte Gutachten darüber hinaus vor, diesen Ergänzungsrichtern die tarifmäßigen Kosten einer Fahrt mit der Postkutsche nach Zweibrücken zuzüglich fünf Gulden Abwesenheitstagegeld zu erstatten.[49]
Die Mitglieder der Kammer des Inneren der Regierung von Speyer unterstützten in ihrem Schreiben an den König vom 24. Mai 1820 die Empfehlung des Appellationsgerichts.

> "Auch wenn der Vorschlag nicht dem Landrat entspricht, weil auch hier die Mehrheit der Kassationsrichter wieder in den Fall kommt, das Verfahren ihrer Kollegen zu mißbilligen und wenn selbst der eigenen Rüge der Justizbehörden nicht ausgewichen ist, indem auch bei dieser Zusammensetzung untergerichtliche Beamte in die Verlegenheit kommen, Sprüche des höheren Tribunals zu reformieren, trotz allem ist der Weg des Appellationsgerichts derjenige, der unter den vielen Inkonwienzen immer die gefährlichsten beseitigt und wo immer die Möglichkeit gesichert ist, in jedem Fall der Bedürfnisse im Kassationsverfahren zu entsprechen. Sollte der Rheinkreis die Wohltat

---

49 Gutachten des Appellationsgerichts vom 30. Dezember 1819, Bayerisches Hauptstaatsarchiv, MJU 12780.

einer ganz unabhängigen und unbeteiligten Kassationsinstanz noch längere Zeit entbehren müssen, so treten auch sie der Ansicht des Appellationsgerichts bei, daß einstweilen ein provisorisches Reglement in der Art zu erlassen sei, unter Beachtung dessen noch zwei Bemerkungen."[50]

Die zusätzlichen Empfehlungen der Regierung von Speyer sahen vor, neben den Präsidenten der Bezirksgerichte auch die Staatsprokuratoren dieser Gerichte als Beisitzer in die Kassationsinstanz zu berufen, um so die Zahl der potentiellen Kandidaten zu verdoppeln. Die Auswahl unter den Ergänzungsrichtern sollte durch eine Gerichtskommission geschehen, damit "jede Bedenklichkeit einer möglichen Parteilichkeit"[51] beseitigt bleibe. Ein weiterer Ergänzungsvorschlag betraf die Regelung unter § 6 der Verordnung vom 22. August 1815. Nach dieser Vorschrift war dem Präsidenten der Vorsitz in der Revisionskommission selbst dann übertragen, wenn es ein Urteil zu überprüfen galt, an dem er selbst in der Vorinstanz mitgewirkt hatte.[52] Die Mitglieder der Kammer des Inneren meinten, es könne die Meinungsbildung der Mitglieder der Kassationsinstanz beeinflussen, wenn von diesen erwartet werde, ihre Rechtsansichten in Gegenwart des Präsidenten zu äußern, unter dessen Vorsitz die frühere Verhandlung stattgefunden hatte, zumal die Kassation zunächst immer auf Verfahrensmängel gerichtet sei, dessen Beachtung innerhalb des Gerichtsverfahrens dem Präsidenten obläge. Es würde deshalb zur unabhängigen Stellung der Kassationskommission beitragen, wenn auch in dieser Hinsicht der Grundsatz befolgt werde, daß der Präsident in einem solchen Fall an der Kommission nicht mitwirken dürfe.

Am 7. Juli 1820 hielt Justizminister Graf von Reigersberg einen Vortrag im Staatsrat. Auf der Tagesordnung standen die Diskussion um den Vorschlag des Landrates, das Gutachten des Appellationsgerichts und die Erinnerung der Regierung des Rheinkreises. Auch in diesem Gremium fand der Vorschlag des Landrates nur wenig Anerkennung. Justizminister Graf von Reigersberg stimmte mit dem Appellationsgericht darin überein, daß die mehrheitliche Besetzung der Kassationskommission mit Rechtsgelehrten wegen der in nicht genügender Anzahl zur Verfügung stehenden Juristen praktisch unausführbar sei. Weiter vertrat er die Auffassung, die vom Landrat geäußerte Besorgnis, die Kassationskommission werde sich sträuben, Entscheidungen des eigenen Gerichtshofes aufzuheben, sei unbegründet und übertrieben. Zur Untermauerung seiner Einschätzung sprach Graf von Reigersberg ein Assisenurteil an, welches die Mitglieder der Kassationskommission kassiert hatten. Graf von Reigersberg meinte, der Landrat hätte schließlich bemerken müssen, daß die

50 Zitiert aus dem Schreiben der Regierung in Speyer, Kammer des Inneren, an den König vom 24. Mai 1820, Bayerisches Hauptstaatsarchiv, ebenda.

51 Zitiert aus: ebenda.

52 Verordnung vom 22. August 1815 - in: Amtsblatt der k. k. österreichischen und k. baierischen Landesadministrativkommission zu Kreuznach 1815, Nr. 44, S. 242.

"Sektion eines Kollegiums weit davon entfernt ... [sei - d. V.], einmal aufgestellte, wenn auch falsche Rechtsgrundsätze zu verteidigen". Statt dessen sei

"die Versuchung, eigene und damit zuweilen andere Grundsätze durchzusetzen, größer".[53]

Die Empfehlung der Regierung, zusätzlich die Staatsprokuratoren zu benennen, stieß zu Recht auf die ablehnende Haltung des Justizministers. Von Reigersberg war der Ansicht, der Aufgabenbereich eines Staatsprokurators solle keinesfalls mit der justitiellen Tätigkeit eines Richters vermischt werden. Die von der Regierung zu Speyer ins Auge gefaßte Regelung zur Bestimmung der Reihenfolge der zu berufenden Ergänzungsrichter wie auch die Auswahl der Bezirksgerichte selbst fand keine Zustimmung. Der Justizminister stellte sich auf den Standpunkt, daß das Dienstalter der Bezirksgerichtspräsidenten ein ausreichendes Auswahlkriterium darstelle und die Bezirksgerichte gemäß ihrer Aufzählung im Staatshandbuch bestimmt werden können. Einem Verfahren, daß die Einberufung der Gerichtsmitglieder möglicherweise unnötig verkompliziert hätte, wurde damit entgegengewirkt. Im Ergebnis schloß sich das Justizministerium der gutachterlichen Stellungnahme des Appellationsgerichts an. Dies sicherlich nicht zuletzt deshalb, weil es Graf von Reigersberg nicht als sinnvoll ansah, bis zur Errichtung einer eigenständigen Revisions-bzw. Kassationsinstanz eine Interimsregelung einzuführen.

§ 3 DIE VERORDNUNG VOM 22. SEPTEMBER 1820

Nach einigen redaktionellen Änderungen an dem auf Grundlage des appellationsgerichtlichen Gutachtens ausgearbeiteten Entwurfs trat schließlich am 22. September 1820 die neue Regelung in Kraft.[54] Nach dieser Bestimmung wurden nun anstelle der in der Verordnung vom 22. August 1815, Artikel 10 namentlich aufgeführten neun Rechtslizentiaten die Präsidenten der vier Bezirksgerichte als Ergänzungsrichter benannt, wobei - entsprechend dem Vorschlag der Regierung - der Präsident des Bezirksgerichts von einer Teilnahme ausgeschlossen war, welcher das angegriffene Urteil erlassen hatte. Die Reihenfolge der Berufung der Präsidenten der Bezirksgerichte bestimmte sich nach deren Dienstalter. Nunmehr konnte auch der Vizepräsident des Appellationsgerichts den Vorsitz in der Kassationsinstanz führen. Die gewöhnlichen Sitzungen in Zivilsachen fanden nur noch halbjährlich statt. Lediglich in dringenden Fällen konnten außerordentliche Sitzungen einberufen werden.

---

53 Zitiert aus dem Vortrag des Justizministers im Staatsrat vom 7. Juli 1820, Bayerisches Hauptstaatsarchiv, MJU 12780.

54 Verordnung vom 22. September 1820 - in: Intelligenzblatt des königlich-baierischen Rheinkreises 1820, Sp. 145.

Der von dem Appellationsgericht vorgeschlagenen Regelung über die Entschädigung und die Aufenthaltsgebühren wurde gefolgt.[55]
Die Festlegung, wonach zur Entscheidungsfindung lediglich sieben Juristen erforderlich waren, gab immer wieder Anlaß zu Kritik, brachte doch diese Zahl die theoretische Möglichkeit mit sich, daß eine Rechtsansicht, die insgesamt acht Stimmen für sich vereinen konnte, durch nur vier Stimmen verworfen werden konnte, und zwar immer dann, wenn ein Urteil, welches die aus fünf Mitgliedern bestehende Zivilkammer des Appellationsgerichts einstimmig erlassen hatte, durch das Kassationsgericht mit einfacher Stimmenmehrheit (nämlich mit vier gegen drei) kassiert wurde. Trotz dieser Bedenken wurde eine Aufstockung des Kollegiums jedoch nicht vorgenommen.
Obwohl gemäß der Verordnung vom 22. September 1820 nur die Präsidenten, nicht jedoch die Richter der Bezirksgerichte als Ergänzungsrichter hinzugezogen werden durften, wurden letztere dennoch des öfteren in die Kassationsinstanz berufen. Das ergibt sich aus einer Äußerung des rheinlandpfälzischen Abgeordneten Culmann vor der zweiten Kammer der Ständeversammlung im Jahr 1831:

> "Aber mit den Präsidenten allein reicht man nicht aus; schon öfter hat man auch die Bezirksrichter selbst zum Kassationsgerichte, und zwar nach dem Dienstalter, zugezogen".[56]

Culmann faßte die Situation wie folgt anschaulich zusammen:

> "Nirgends ist die höchste Instanz so verkrüppelt wie im Rheinkreise. Meiner Überzeugung nach können nur die Präsidenten der Bezirksgerichte, nicht aber die Bezirksrichter zur Ergänzung einberufen werden ... so dass derjenige [gemeint ist der Bezirksrichter - d. R.], den man bisher vielleicht für nicht tauglich hielt, um ihn an das Appellationsgericht zu befördern, nun plötzlich als Kassationsrichter über dem Appellationsgericht steht."[57]

---

55 Verordnung vom 22. August 1815 - in: Amtsblatt der k. k. österreichischen und k. baierischen Landesadministrativkommission zu Kreuznach 1815, Nr. 44, Sp. 242.

56 Verhandlung der zweiten Kammer der Ständeversammlung des Königreichs Bayern, Bd. 18, Protokoll Nr. C I, München 1831, S. 95; zitiert nach: Alois Alzheimer: Dr. Maximilian Joseph Freiherr von Zu Rhein, in: Staatsministerium der Justiz (Hrsg.): Die Kgl. Bayer. Staatsminister der Justiz in der Zeit von 1818-1918, 1. Teil, München 1931, S. 272.

57 Zitiert nach: ebenda.

III. DIE MITGLIEDER DES ZWEIBRÜCKER GERICHTSHOFES

§ 1 DIE RICHTER

Eine statistische Auswertung zur Beschäftigungsdauer der einzelnen Mitglieder am Appellationsgericht zu Zweibrücken zeigt, daß pro Gerichtsjahr im Durchschnitt zwischen zehn und 15 Juristen einschließlich ihres Präsidenten und des Generalprokurators am Gerichtshof beschäftigt waren.
Mangels entsprechender Auswahlkriterien für die Berufung der Appellationsgerichtsräte in die Kassationsinstanz des Gerichtshofes ist davon auszugehen, daß alle am Zweibrücker Appellationsgerichtshof tätigen Juristen im Laufe ihrer richterlichen Laufbahn in die Kassations-/Revisionskommission berufen wurden. An welchen Rechtsentscheidungen sie dann jedoch im Einzelfall tatsächlich mitwirkten, läßt sich heute nicht mehr feststellen, da die Urteile des Kassationshofes nur zum Teil im Amts-/Intelligenzblatt abgedruckt und damit einem breiteren Publikum zugänglich gemacht wurden. Auf Gerichtsakten, die möglicherweise eine lückenlose Dokumentation ermöglicht hätten, kann aus bereits dargestellten Gründen nicht mehr zurückgegriffen werden.

Bei den in den Jahren zwischen 1816 und 1832 am Appellationshof zu Zweibrücken tätigen Richtern sind mit Ausnahme so bedeutender Persönlichkeiten wie den beiden ersten Präsidenten des Zweibrücker Appellationsgerichts, von Rebmann und von Birnbaum, häufig nur die Eckdaten ihres persönlichen und insbesondere beruflichen Werdegangs bekannt. Für all jene Juristen, die neben ihrer richterlichen Tätigkeit als Autoren wissenschaftlicher Veröffentlichungen oder Herausgeber von Entscheidungssammlungen in Erscheinung traten, ließen sich ebenfalls umfangreichere Lebensdaten in der einschlägigen Literatur nachweisen.

BERNHARD ALBERICH (ALBERT) ANSMANN[58] wurde am 23. September 1769 in Berlichingen geboren. Nach dem Studium in Mainz und Salzburg hatte der aus dem geistlichen Stand ausgetretene Ansmann zunächst dreizehn Jahre lang (1798 bis 1811) das Amt eines Friedensrichters in Neustadt bekleidet. 1814 erfolgte seine Berufung an das Mainzer Zivilgericht. Später arbeitete er als Richter am Zweibrücker Bezirksgericht, bevor er 1820, im Alter von über fünfzig Jahren, zum Richter am Appellationsgericht ernannt wurde. Ansmann wurde am 2. Oktober 1832 im Zuge des

58 Die biographischen Daten der nachfolgend aufgeführten Richter finden sich bei Hans Ziegler: 175 Jahre Oberlandesgericht Zweibrücken 1815-1990. Seine Richter und Staatsanwälte, in: Sven Paulsen (Hrsg.): 175 Jahre pfälzisches Oberlandesgericht, Festschrift, Neustadt an der Weinstraße 1990.

Hambacher Festes in den Ruhestand versetzt.[59] Er starb am 29. Oktober 1854 im Alter von 85 Jahren in Zweibrücken.

JOSEPH ALLWEYER wurde am 23. Januar 1818 als Rat an den Zweibrücker Gerichtshof berufen. Bis zu diesem Zeitpunkt war er als Stadtgerichtsassessor in München tätig gewesen. Allweyers Aufenthalt in Zweibrücken war nur von kurzer Dauer. Seine Versetzung in den Isarkreis erfolgte bereits am 10. Mai des gleichen Jahres.
Die zeitliche Dauer der Zugehörigkeit Allweyers zum Appellationsgericht zu Zweibrücken läßt keinen Rückschluß auf seine Teilnahme an der im Gerichtsjahr 1818/19 tagenden Kassationskommission zu. Zum einen könnte sie die Vermutung nahelegen, daß Allweyer nicht in die Kassationskommission berufen wurde. Zum anderen könnte seine Ernennung zum Appellationsgerichtsrat gerade in Anbetracht bevorstehender Sitzungen des obersten rheinbayerischen Gerichtshofes stattgefunden haben, um einem möglicherweise absehbaren Personalmangel im Vorfeld begegnen zu können.

Seit dem 1. Juli 1830 war KARL/CARL FRIEDRICH BREITENBACH Richter am Appellationsgericht zu Zweibrücken. Bis zu seiner Ernennung hatte er das Amt eines Stadtgerichtsrates in München ausgeübt. Am 1. Januar 1838 wurde er an das Oberappellationsgericht zu München berufen.

KARL ALEXANDER CLOSSMANN war vor seiner Ratstätigkeit in Zweibrücken, die er am 11. Februar 1823 aufnahm, Friedensrichter in Kirchheimbolanden und Richter am Bezirksgericht Frankenthal. Cloßmann verstarb am 30. Januar 1831.

Der ehemalige Richter am Zivilgericht zu Mainz, GEORG ISIDOR FRIEDRICH DUESBERG, trat seinen Dienst am 27. Juli 1815 als Appellationsgerichtsrat in Kaiserslautern an. Im Zuge der Verlegung des Gerichtshofes kam er an das Appellationsgericht zu Zweibrücken. Am 13. Januar 1818 wurde er zum Rat an den Zweibrücker Gerichtshof berufen. Duesberg ging am 9. August 1827 in den Ruhestand.

JOHANN WILHELM FLIESEN war seit dem 27. Juli 1815 Appellationsgerichtsrat in Kaiserslautern. Auch er wechselte im Zuge der örtlichen Verlegung des Gerichtshofes nach Zweibrücken. Bereits am 19. August 1816 schied er aus seiner Position aus und wurde Rat der ersten Kammer der Kreisregierung in Speyer.

---

59 Auf die möglichen Hintergründe seiner Pensionierung wird an späterer Stelle eingegangen.

GEORG GEISWEILER, vormals Mitglied der neuen Verwaltung in Zweibrücken, wurde am 27. Juli 1815 Appellationsgerichtsrat in Kaiserslautern. Auch er setzte seine Tätigkeit in Zweibrücken fort. Geisweiler verstarb am 9. November 1824, noch vor seiner Pensionierung.

GEORG JAKOB GIESSEN war nur annähernd einen Monat am Appellationshof zu Zweibrücken beschäftigt. Der ehemalige Richter des Mainzer Kreisgerichts war vom 23. Januar 1818 bis zum 17. Februar 1818 Rat am Appellationsgericht in Zweibrücken. Im Anschluß daran nahm er eine Stelle als Landkommissar in Kirchheim an.
Zur Beantwortung der Frage, ob Giessen in seiner Laufbahn als Appellationsgerichtsrat die Möglichkeit erhielt, an einer Kassationssitzung als Gerichtsmitglied mitzuwirken, kann auf die Ausführungen zu Joseph Allweyer verwiesen werden. Das dort Gesagte gilt gleichfalls für Giesen.

Bis zum Jahr 1817 war EDUARD NIKOLAUS HANAUER[60] Assessor beim Landgericht Mindelheim und im Anschluß daran Ratsakzessist beim Appellationsgericht des Unterdonaukreises. Ab dem Jahr 1819 war er als Substitut des Generalstaatsprokurators in Zweibrücken tätig. Mit königlicher Entschließung vom 5. Februar 1822 wurde er als Appellationsgerichtsrat nach Zweibrücken berufen. Am 5. November 1832 erfolgte seine Versetzung an das Oberappellationsgericht in München.

THEODOR ERASMUS HILGARD[61] gehört zu den bedeutendsten und zugleich bekannteren Mitgliedern des Zweibrücker Appellationsgerichts. Er war Mitglied des Kassations- und Revisionshofes. Geboren am 7. Juli 1790 in Marnheim, im ehemaligen Fürstentum Nassau-Weilburg, war Hilgard das fünfte Kind der Familie. Sein Vater, der zunächst noch als Erzieher der Prinzen von Nassau-Weilburg tätig gewesen war, übte im Geburtsjahr Hilgards bereits das Amt eines reformierten Pfarrers aus.
Hilgard schrieb in seinen Erinnerungen über seinen Vater, er habe trotz seiner Zugehörigkeit zum geistlichen Stand ein ausgeprägtes Interesse an sogenannten

60 Zu Hanauers Biographie vgl. neben Ziegler auch Max Schuler: Zweibrücker Juristen, in: Zweibrücker Monatshefte, 1965.

61 Zu Hilgards Biographie siehe Hans-Joachim Bauer: Das Appellationsgericht der Pfalz im Spiegel der "Annalen der Rechtspflege" in: Sven Paulsen (Hrsg.): 175 Jahre pfälzisches Oberlandesgericht, Festschrift, Neustadt an der Weinstraße 1990; Klaus Knecht: Neuaufbau von Recht und Rechtspflege, in: Jahrbuch zur Geschichte von Stadt- und Landkreis Kaiserslautern, Bd. 18/19, Otterbach 1980/81; Theodor Hilgard: Meine Erinnerungen, Heidelberg 1860; Helmut Hirsch: Die beiden Hilgards, in: Zeitschrift für die Geschichte des Oberrheins, Bd. 98, Karlsruhe 1950; Max Schuler: Zweibrücker Juristen, in: Zweibrücker Monatshefte, 1965.

weltlichen Angelegenheiten gehabt. Hilgards Eltern wurden als Sympathisanten der Französischen Revolution verfolgt, was zur Folge hatte, daß er einen Großteil seiner Jugend bei seinen Großeltern in Bacharach am Rhein verbringen mußte.
Nach dem Besuch der Lateinschule im rheinpfälzischen Grünstadt in den Jahren 1804 bis 1806 belegte der Musterschüler verschiedene Fächer am kaiserlich-französischen Lyzeum in Metz. Im Jahr 1807 begann Hilgard - dem die gewünschte Laufbahn als Artillerieoffizier unter Napoleon aus gesundheitlichen Gründen versagt geblieben war - mit dem Studium der Rechte in Heidelberg. Hier hörte er nach eigener Aussage Vorlesungen im römischen Recht (Institutionen, Pandekten und Rechtsgeschichte) sowie in der Philosophie des Rechts und besuchte einige geschichtliche und philosophische Kollegien. Hilgard nutzte seinen Aufenthalt in Heidelberg jedoch überwiegend zum Ausbau seiner Allgemeinbildung. 1808 wechselte er an die erst zwei Jahre zuvor gegründete Koblenzer Rechtsschule für französisches Recht. Obwohl das römische Recht neben dem dominierenden französischen seinen Platz als Lehrfach in Koblenz hatte behaupten können und hier auch deutsche Professoren unterrichteten, schätzte Hilgard die wissenschaftlichen Grundlagen der Mehrzahl seiner Lehrer als eher mangelhaft ein.[62] In den Jahren 1808 und 1809 setzte Hilgard sein Studium in Göttingen fort, wo er zugleich für seinen Onkel, der eine Stelle als kaiserlicher Domänendirektor inne hatte, tätig wurde. In Göttingen entwickelte der junge Hilgard nach eigener Einschätzung ein sehr "seltsames Verhältnis"[63] zu seinen Kommilitonen. Diese "deutschen Studenten" sollen nämlich "mit dem bittersten Franzosenhaß erfüllt" gewesen sein und in dieser Hinsicht zu "größten Übertreibungen" geneigt haben. Zwar fand auch Hilgard die "napoleonische Tyrannei" in Deutschland "verachtenswert", doch war er gleichfalls der Auffassung, "daß Deutschland dieser vorübergehenden Gewaltherrschaft eines Fremden vielleicht bedürfe, um vielen alten Quark los zu werden und späterhin, nach errungener Befreiung, bessere politische Institutionen und eine größere Einheit zu erlangen ..." Nach einem einjährigen Studienaufenhalt in Paris, 1810, legte Hilgard

62 Der Umstand, daß in Frankreich die herkömmliche Juristenausbildung durch die Schließung der alten juristischen Fakultäten und ihrer Ersetzung durch neu zu errichtende Rechtsschulen eine Veränderung erfuhr, hatte nach Hilgards Einschätzung - jedenfalls an der Koblenzer Rechtsschule im Jahr 1808 - zur Folge, daß nicht genügend Lehrkräfte zur Besetzung der Professorenstellen zur Verfügung standen und man auf Advokaten und sonstige Juristen zurückgreifen mußte, die offenbar den Anforderungen einer Professur nicht gewachsen waren. Der von Hilgard geschilderte Mangel an befähigten Professoren soll sich im Jahr 1808 darin widergespiegelt haben, daß es lediglich vier oder fünf Professoren gab, die jedoch allesamt aus den Reihen ehemaliger Advokaten stammten; des weiteren ein Geistlicher, der als Lehrer für kanonisches Recht zur Verfügung stand. (Theodor Hilgard: Meine Erinnerungen, Heidelberg 1860.)
Weiterführend - vgl. Luitwin Mallmann: Französische Juristenausbildung im Rheinland: 1794-1814, in: Studien zur Geschichte der Universität zu Köln, Bd. 5, Köln 1987.

63 Im folgenden zitiert aus: Theodor Hilgard: Meine Erinnerungen, Heidelberg 1860, S. 168.

im Jahr 1811 ein hervorragendes Examen in Koblenz ab; seine Dissertation wurde von ihm in französischer Sprache verfaßt.
In den Jahren 1812 bis 1815 war Hilgard als Advokat beim Appellationsgericht in Trier tätig. Sein anwaltliches Wirken setzte er später in den rheinbayerischen Gebieten fort, zunächst in Kaiserslautern und nach der Verlegung des Gerichtshofes in Zweibrücken. Im Jahr 1821 wurde Hilgard Sekretär des Pfälzer Parlaments.

> "Im Jahr 1821 wurde mir ein höchst schmeichelhafter Beweis des öffentlichen Vertrauens zu Theil, indem ich zum Mitgliede des Landrathes von Rheinbayern (d. h. des Repräsentantenhauses der Provinz) erwählt wurde, und als der Regierungspräsident mich installirte, bemerkte er, daß er mich besonders beglückwünschen müsse, weil meine Wahl einstimmig erfolgt sei, was bisher nie geschehen."[64]

Drei Jahre später wurde Hilgard von der bayerischen Staatsregierung, die beabsichtigte, auf einer der drei Landesuniversitäten einen Lehrstuhl für Rheinisches Recht zu errichten, die Professur angeboten, die er jedoch ungeachtet seiner Neigung, lehrend tätig zu sein, aus familiären Erwägungen heraus ablehnte. Einen beruflichen Wechsel nahm Hilgard dennoch vor, wenngleich erst zwei Jahre später.
Am 4. März 1826 nahm Hilgard die ihm von Johann v. Birnbaum angetragene Stelle als Rat am Appellationsgericht zu Zweibrücken an. Dieser Entscheidung war ein persönlicher Besuch v. Birnbaums, der damals bereits Präsident des Appellationsgerichts zu Zweibrücken war, vorausgegangen. Hilgard schrieb, von Birnbaum habe ihn darauf hingewiesen, daß es notwendig sei, die Kräfte des Gerichtshofes zu verstärken. Er selbst sei von diesem Angebot sehr überrascht gewesen, da es bislang noch nie einem Advokaten ermöglicht worden war, mehrere Beförderungsstufen zu überspringen. Hilgard fühlte sich durch das Angebot sehr geschmeichelt; er nahm es gleichwohl nicht sofort an, da die Bezahlung eines Richters zu dieser Zeit um einiges geringer war als der Duchschnittsverdienst eines Advokaten. Hilgard besprach das Für und Wider zunächst ausführlich mit seiner Frau. Er berichtete, sie seien schließlich beide übereingekommen, daß er das neue Amt trotz der finanziellen Verschlechterung antreten solle. Der Gesundheitszustand Hilgards hatte für diese Entscheidung eine nicht unbeachtliche Bedeutung. Die mit seinem Beruf als Advokat verbundene Arbeitsüberlastung hatte zu gesundheitlichen Beeinträchtigungen geführt. Hilgard und seine Frau hofften nun, daß sich durch die berufliche Veränderung seine körperliche Verfassung wieder stabilisieren werde.
Ab dem Jahr 1832 spielte Hilgard mit dem Gedanken, Deutschland zu verlassen. Ein Grund hierfür war die Tatsache, daß die von der bayerischen Regierung als liberal eingestuften Angehörigen Hilgards immer stärkere Benachteiligungen erfahren mußten. Auch ihm selbst begegnete man in München um das Jahr 1832/33 - obwohl er politisch niemals aktiv in Erscheinung getreten war - mit gewissen Vorbehalten, die

64 Zitiert aus: ebenda, S. 252.

sich in seiner nicht erfolgten Berufung an das Oberappellationsgericht zeigten. Nachdem Hilgard erfahren mußte, daß seine Familienmitglieder im sogenannten Schwarzen Buch[65] von München aufgrund angeblich republikanischer Gesinnung erfaßt waren - wenn auch mit dem Zusatz, daß sie Gesetz und Ordnung achten würden - entschloß er sich, auszuwandern. Er schrieb hierzu in seinen Erinnerungen:

> "Der wichtigste dieser Gründe bezog sich weit mehr auf die Zukunft meiner Kinder und fernern Nachkommen, als auf meine eigne. Ich gelangte zu der klaren Ueberzeugung, daß eine zahlreiche Familie, wie die meinige, in einem kleinen, engen, und noch dazu durch unnatürliche Verhältnisse geplagten Ländchen, wie die bayr. Rheinpfalz, keinen geeigneten Wirkungskreis, kein fröhliches Gedeihen finden würde ... Dazu kam die Betrachtung, daß die politische Gesinnung die mich beseelte und die ich durch die Lehre und Beispiel auf meine Kinder zu übertragen wünschte, der heimischen Staatsregierung misliebig sei, daß ich also entweder die Erziehung meiner Kinder fälschen und mir selbst untreu werden, oder sie für immer der Ungunst der Regierung preisgeben müßte."[66]

Am 26. August 1835 trat Hilgard aus dem bayerischen Staatsdienst aus. Er wanderte nach Amerika aus, um in Illinois eine Farm zu bewirtschaften. 1841 erwarb er die amerikanische Staatsbürgerschaft. Allerdings gelang es ihm nicht, sich auch innerlich endgültig von seiner alten Heimat zu lösen. In den Jahren 1850 bis 1854 reiste er viermal nach Deutschland. Bei seinem letzten Besuch begleiteten den mittlerweile Vierundsechzigjährigen seine zweite Frau und die drei gemeinsamen Kinder. Hilgard, der bereits aus erster Ehe Vater von fünf Töchtern und vier Söhnen war, hatte - nachdem er zwölf Jahre seines Lebens Witwer gewesen war - in Amerika seine 25jährige Nichte geehelicht. Im Jahr 1865 kehrte Theodor Erasmus Hilgard mit seiner Familie nach Heidelberg zurück, wo er am 29. Januar 1873 verstarb.

In die erste Zeit seiner Tätigkeit als Rat am Appellationsgericht zu Zweibrücken fällt die Veröffentlichung seines Hauptwerkes "Annalen der Rechtspflege in Rheinbayern",[67] deren Erstellung er einen Großteil seiner Zeit gewidmet hatte. In seinem Vorwort betonte Hilgard, daß er mit seiner Entscheidungssammlung an französische Traditionen anbinden wolle. Hier wurden die Urteile des Kassationshofes regelmäßig veröffentlicht, darüber hinaus gab jedes Appellationsgericht sein eigenes Journal heraus.

---

65 In dem Schwarzen Buch waren all diejenigen Personen namentlich benannt, die wegen angeblich revolutionärer Umtriebe oder Verbindungen aufgefallen waren. (Vgl. Süss, Edgar: Die Pfälzer im "Schwarzen Buch", in: Heidelberger Veröffentlichungen zur Landeskunde, Heidelberg 1956.)

66 Zitiert aus: Theodor Hilgard: Meine Erinnerungen, Heidelberg 1860, S. 269.

67 Theodor Hilgard (Hrsg.): Annalen der Rechtspflege in Rheinbayern oder Darstellung merkwürdiger Rechtsfälle und ihrer Entscheidung durch die oberen Gerichtshöfe Rheinbayerns, im Gebiete des Zivil- und Criminal- Rechts, Bd. 1 und 2, Zweibrücken 1830 und 1831.

"Somit wurden in Frankreich - wie in keinem anderen Land - fast alle Entscheidungen von Bedeutung zur Kenntnis des sachkundigen Publikums gebracht. Die Öffentlichkeit der gerichtlichen Verhandlung erhielt hierdurch erst ihre wahre Bedeutung. Durch diese Handhabung wurden die Entscheidungen einerseits dem Urteil des Sachkenners unterworfen, andererseits ging von ihr ein wohltätiger Einfluß auf die Fortbildung der Rechtswissenschaft aus. Die französischen Rechtslehrer waren verpflichtet, in ihren wissenschaftlichen Werken die Urteile der Gerichtshöfe zu berücksichtigen und dieselben einer Kritik zu unterwerfen, wodurch Praxis und Theorie in vortrefflicher Weise miteinander vereint wurden."[68]

Hilgard wandte sich mit seiner Reihe vorzugsweise an den sachkundigen Leser und appellierte zugleich an diesen,

"... die Urtheile der beiden Gerichtshöfe [gemeint sind das Appellationsgericht und das Kassationsgericht - d. V.] in allen ihren Theilen aufmerksam mit einander zu vergleichen und dann zu beurtheilen, auf welcher Seite die meiste Klarheit, Consequenz und Uebereinstimmung mit den Prinzipien und dem Gesetze sich finden möge. Denn er wird es verschmähen, seine eigne Meinung auf die nakte Autorität des einen oder des andern dieser Gerichtshöfe, ohne selbstständige Würdigung der Gründe, zu bauen. Nichts ist verderblicher in der Rechtswissenschaft, als ein blindes Vertrauen dieser Art, ...".[69]

Hilgards Anliegen war es, mit seinen Annalen die Juristen über die Entscheidungen des Gerichtshofes zu informieren und zugleich die Öffentlichkeit der Rechtspflege herzustellen. Neben den Entscheidungen des Zweibrücker Appellationsgerichts nahm er in seine Annalen aber auch weitere, ihm wichtig erschienene Vorgänge innerhalb der Justiz des Rheinkreises auf. Hierzu gehörten beispielsweise die Rede des Generalprokurators v. Koch anläßlich der Eröffnung des Gerichtsjahres 1830/1831 sowie eine Analyse der bayerischen Kriminalstatistik. Schon nach dem zweiten Band stellte Hilgard die Publikation ein. Der dritte Band wurde erst im Jahr 1847/1848 durch den Appellationsgerichtsrat Carl Friedrich Heintz, den Staatsprokurator Carl Damm und den Advokaten Ludwig Weis fortgesetzt.[70] Die politischen Ereignisse im Zusammenhang mit der Revolution des Jahres 1848 verhinderten allerdings eine Weiterführung. In den Folgejahren gab es keine bekannt gewordenen Bemühungen

68 Zitiert aus: Philipp Jakob Serini: Chronologische Zusammenstellung der während der provisorischen französischen Verwaltung in den deutschen Rheinlanden publicirten älteren französischen Gesetze und Uebersicht der daselbst bestandenen alten Statutarrechte, nebst Angabe der früheren Territorialverhältnisse, Mannheim 1848, S. 3.

69 Zitiert aus: Theodor Hilgard (Hrsg.): Annalen der Rechtspflege in Rheinbayern oder Darstellung merkwürdiger Rechtsfälle und ihrer Entscheidung durch die oberen Gerichtshöfe Rheinbayerns, im Gebiete des Zivil- und Criminal- Rechts, Bd. 1, Zweibrücken 1830, S. 318.

70 Carl Friedrich Heintz; Carl Damm; Ludwig Weis (Hrsg.): Annalen der Rechtspflege in der k. bayerischen Pfalz, Landau 1847.

mehr, die Rechtsprechung des Zweibrücker Appellationsgerichts in einer Sammlung zusammenzustellen.
Theodor Erasmus Hilgard trat für den Erhalt der Rheinischen Institutionen ein. So schrieb er in seinen Lebenserinnerungen:

> "Ein Blick auf die Staatseinrichtungen wie sie bisher in Deutschland bestanden hatten, besonders auf dessen trostlose Zerstückelung, das elende Justizwesen und das verhaßte und verderbliche deutsche Junkerthum, mußte diese Besorgnisse, ... Gewonnenes wieder zu verlieren, ... nur zu sehr bestärken."[71]

Ebenso wie Anselm von Feuerbach konnte sich Hilgard nicht für das Geschworenengericht begeistern, da er bislang keine positiven Erfahrungen mit dem Laiengericht hatte sammeln können. Er erinnerte sich, als Richter immer wieder erkannt zu haben, daß "es nämlich in schwierigen Fällen den Geschworenen oft an klarer Einsicht und selbstständigem Urtheil"[72] fehlte. Ungeachtet seiner juristischen Bedenken war Hilgard jedoch davon überzeugt, daß diese Einrichtung eine politische Bedeutung besaß, da sie bei einem "mündig werdenden Volk" den Anschein erwecke, das "Kernstück einer demokratischen Justizorganisation" zu sein.[73]
Wie ein Teil seiner Kollegen trat Hilgard nicht nur als Herausgeber wissenschaftlicher Werke in Erscheinung. So übertrug er beispielsweise Ovids Verse in die deutsche Sprache und schrieb ein Buch über die sogenannten Feueranbeter in Persien.

JOHANN BAPTIST HITZFELD[74] wurde 1768 als Sohn eines Lehrers in Oppenheim geboren. Nach dem Besuch der Schule in Worms studierte er Jura. Im Anschluß an das Examen war er als Rechtsanwalt, Regierungskommissar und Generalsekretär des Kaiserslauterner Unterpräfekten tätig. Nachdem dieser vor den einrückenden Verbündeten geflohen war, nahm Hitzfeld seine Stelle ein. Justus von Gruner soll ihn jedoch im März 1814 wegen persönlicher Vorurteile abgesetzt haben. Einer kurzzeitigen Tätigkeit am Kreisgericht in Kaiserslautern folgte die Berufung zum Rat an das Appellationsgericht nach Trier. Ob er hier tatsächlich an den Sitzungen teilnahm ist zumindest zweifelhaft, da er zeitgleich als Verwaltungsbeamter zur Landesadministrativkommission abgeordnet wurde.
In dieser Funktion bescheinigte ihm der erste Präsident des Appellationsgerichts zu Zweibrücken, von Rebmann, eine genaue Kenntnis der durch die interimistische

---

71 Zitiert aus: Theodor Hilgard: Meine Erinnerungen, Heidelberg 1860, S. 232.
72 Zitiert aus: ebenda, S. 255.
73 Zitiert aus: ebenda.
74 Zur Biographie von Hitzfeld - vgl. Klaus Knecht: Neuaufbau von Recht und Rechtspflege, in: Jahrbuch zur Geschichte von Stadt- und Landkreis Kaiserslautern, Bd. 18/19, Otterbach 1980/81.

Verwaltung erlassenen Anordnungen.[75] Die am 27. Juli 1815 angetretene Stelle als Rat am Appellationsgericht zu Kaiserslautern und später zu Zweibrücken hatte Hitzfeld bis zu seinem Tod am 5. Dezember 1821 inne.

GEORG LUDWIG HOFFMANN[76] lebte seit seinem 21. Lebensjahr in Zweibrücken. Er wurde am 15. Oktober 1765 in Meisenheim, einer ehemaligen Zweibrücker Oberamtsstadt, geboren. Dort besuchte er die Schule und später das Gymnasium in Trarbach. Das Studium an der Universität Gießen schloß sich dem Schulbesuch an. Im Jahr 1786 wurde Hoffmann Akzessist bei der herzoglichen Finanzkammer zu Zweibrücken und drei Jahre später Assessor und Waisenschreiber beim Oberkonsistorium. Da hier juristische Kenntnisse unentbehrlich waren, mußte Hoffmann - der sein diesbezügliches Studium etwas vernachlässigt haben soll - das Versäumte nachholen. Am 20. August 1790 heiratete er die Tochter eines Landrentmeisters. Zwei der insgesamt vier Kinder Hoffmanns ergriffen später ebenfalls juristische Berufe. Sie wurden als Notar beziehungsweise Friedensgerichtsschreiber tätig.

Obwohl der Einzug der Franzosen in die Rheinlande für Hoffmann zur Folge hatte, daß er sein gesamtes Grundvermögen verlor; bewarb er sich - als mit Beschluß vom 24. Juli 1798 Notare eingesetzt wurden - erfolgreich bei der französischen Regierung um eine Stelle. Er übte das Amt eines Notars bis zum Jahr 1815 aus. Die Erlaubnis zur Advokatur wurde ihm ebenfalls erteilt; allerdings erst, nachdem er sich durch das Studium der neu eingeführten französischen Gesetzbücher qualifiziert hatte. Das Angebot, Präsident des Gerichts erster Instanz zu Krefeld zu werden, lehnte er ebenso ab wie den Vorschlag Justus von Gruners am 1. März 1814, ihn zum Präsidenten des Gerichtshofes zu Zweibrücken zu berufen. Hingegen nahm er die Ernennung der Landesadministrativkommission zum Rat an das Appellationsgericht zu Kaiserslautern mit Wirkung zum 27. Juli 1815 an. Am Appellationsgericht zu Zweibrücken war Hoffmann bis zu seiner Versetzung in den Ruhestand, am 27. Juni 1832, tätig.

Hoffmann verbrachte seine Freizeit mit klassischer Schriftstellerei und Astronomie. Er war Herausgeber mehrerer Bücher. In wissenschaftlichen Werken widmete er sein Augenmerk wiederholt staatsbürgerlichen Rechten.[77]

---

75 Vgl. das Schreiben v. Rebmanns an v. Zwackh vom 29. Januar 1816, in: Heiner Haan: Hauptstaat - Nebenstaat Briefe und Akten zum Anschluß der Pfalz an Bayern 1815/17, in: Veröffentlichungen der Landesarchivverwaltung Rheinland-Pfalz, Bd. 29, Koblenz 1977, Nr. 10, S. 104.

76 Zur Biographie von Hoffmann - vgl. Rudolf Buttman: Zur Erneuerung des Gedächtnisses eines hervorragenden Zweibrückers, in: Westpfälzische Geschichtsblätter, Jhrg. 16, 1912; Max Schuler: Zweibrücker Juristen, in: Zweibrücker Monatshefte, 1965.

77 Zum literarischen Wirken Hoffmanns - siehe Max Schuler: Zweibrücker Juristen, in: Zweibrücker Monatshefte 1965.

GEORG CHRISTIAN LUDWIG LINDENMEYER oder LINDENMEIER,[78] geboren im Jahr 1762, war der Nachfolger Allweyers. Die Ernennung des Notars aus Zweibrücken fiel auf den Tag der Versetzung Allweyers, den 10. Mai 1818. Lindenmeyer war bis zu seinem Tod, am 17. Juni 1820, im Amt. Auch er betätigte sich literarisch; er verfaßte drei Gedichtbände.

Einer der bekannteren Richter war GEORG LUDWIG VON MAURER[79]. Er wurde am 2. November 1790 als Sohn eines reformierten Pfarrers in Erpolzheim/Pfalz geboren. Von Maurer hatte noch zwei ältere Schwestern. Seine Kindheit und Jugend verbrachte er in Heidelberg. Von Maurer besuchte in Heidelberg zunächst das Gymnasium und später die Universität. Hier besuchte er die Vorlesungen von Thibaut und Zachariae. Nach dem Studium widmete er sich rechtsgeschichtlichen Forschungen in Paris. 1810 erhielt v. Maurer die Doktorwürde für die mit Erfolg gelöste Preisfrage der juristischen Fakultät über die Geschichte der Mißheiraten und Ehen zur linken Hand.
Die Mutter von Maurers stammte aus einer alten pfälzischen Beamtenfamilie, deren Lebensstil und Lebensart durch eine stärkere Aufgeschlossenheit für Musik und Literatur geprägt war. Aufgrund dieses ausgeprägten künstlerischen und literarischen Interesses pflegte sie auch nach ihrer Heirat einen regen gesellschaftlichen Verkehr. Von Maurer kam dadurch schon frühzeitig mit bekannten Persönlichkeiten in Kontakt. Als Student verkehrte er ganz selbstverständlich in den Häusern von Thibaut, Daub, Wilken und anderen. Über diese Zeit schrieb Dickopf:

> "So wuchs der junge Georg Ludwig in einer Atmosphäre bürgerlicher Rechtschaffenheit und Biederkeit auf, in enger Verbindung mit den angesehensten und geistig führenden Familien Heidelbergs und erfaßt von der einmaligen Atmosphäre, die sich damals in den Mauern der Neckarstadt entfaltete, jener Vebindung aus Romantik und Historismus, aus patriotischem Sehnen und geschichtlicher Schau, welche die ersten Jahrzehnte des 19. Jahrhunderts durchzog und vorwiegend bestimmte. Die Wurzeln seines späteren geistigen und gesellschaftlichen Lebens liegen damit vor uns ausgebreitet: das

78 Lindenmeyers biographische Daten finden sich in ebenda.

79 Zur Biographie v. Maurers - Kurt Baumann: Das pfälzische Appellationsgericht in der Zeit von 1815-1871, in: Sven Paulsen (Hrsg.): 175 Jahre pfälzisches Oberlandesgericht, Festschrift, Neustadt an der Weinstraße 1990; Rudolf Buttman: Zur Erneuerung des Gedächtnisses eines hervorragenden Zweibrückers, in: Westpfälzische Geschichtsblätter, Jhrg. 16, 1912; Karl Dickopf: Georg Ludwig von Maurer (1790-1872), in: Kurt Baumann (Hrsg.): Pfälzer Lebensbilder, Bd. 1 Speyer 1964; Karl Dickopf: Die bayerische Regentschaft in Griechenland, 1833 - 1835, in: Reinhard Heydenreuter (Hrsg.): Die erträumte Nation, München 1995; ders.: Friedrich Thiersch und Georg Ludwig von Maurer, in: Zeitschrift für bayerische Landesgeschichte, Bd. 56, München 1993; Max Schuler: Zweibrücker Juristen, in: Zweibrücker Monatshefte, 1965; Carl Victor: Georg Ludwig Maurer, in: Berühmte Pfälzer im Ausland, Otterbach-Kaiserslautern, 1992.

sittenstrenge evangelische Bürgerhaus, die geistige Weite der Universitätsstadt Heidelberg und der historische Sinn des 19. Jahrhunderts, der später so unverkennbar in ihm lebendig war."[80]

Es war sicherlich diese in seinem Elternhaus herrschende geistige Aufgeschlossenheit, die sein späteres Wirken in Griechenland prägte. In Folge des Anerkenntnisses der Wahl des bayerischen Prinzen Otto zum griechischen König im Londoner Vertrag von 1832[81] gelang es v. Maurer - der innerhalb der Regentschaft die Regierungsgeschäfte für Recht und Kultur leitete- in nur anderthalb Jahren, mit seinem Werk "Das griechische Volk in öffentlicher, kirchlicher und privatrechtlicher Beziehung vor und nach dem Freiheitskampf bis zum 31. Juli 1834" die "Grundlagen eines liberalen Rechtsstaates in Griechenland zu schaffen".[82] In weniger als anderthalb Jahren legte er ein Strafgesetzbuch sowie eine Zivil- und Strafprozeßordnung nach pfälzischem Vorbild vor.

Im Jahr 1814 trat v. Maurer in den Justizdienst der Landesadministrativkommission ein. Wie in der von Dickopf verfaßten Biographie v. Maurers zu lesen ist, verdankte er seine Anstellung nicht zuletzt der Bekanntschaft mit dem bayerischen Feldmarschall Fürst von Wrede, der ihn wegen seiner Kenntnisse im französischen Recht bei den zuständigen Stellen empfohlen hatte. Nach einer kurzzeitigen Tätigkeit in Kreuznach wechselte v. Maurer als Substitut des Staatsprokurators an das Kreisgericht nach Mainz.

Die territorialen Veränderungen - die Stadt Mainz fiel an Hessen - machten jedoch seine erneute Versetzung erforderlich. So kam der Jurist zunächst nach Speyer und wenig später nach Landau, wo er das neu errichtete Kreisgericht zu Organisieren half. Im Jahr 1816 wurde er zum Substituten des Generalprokurators am Appellationsgericht zu Zweibrücken befördert. Seine Ernennung zum Appellationsgerichtsrat erfolgte im Jahr 1818. Am 28. Januar 1823 schied v. Maurer aus dem Gerichtshof aus und nahm eine Stelle als Staatsprokurator in Frankenthal an.

Von Maurer wurde insbesondere durch die Veröffentlichung seiner Forschungsarbeit zum altgermanischen und altbayerischen öffentlich-mündlichen Gerichtsverfahren[83] bekannt Im Jahr 1814 hatte die wissenschaftliche Auseinandersetzung zwischen Savigny und Thibaut zur Frage einer einheitlichen Gesetzgebung für Deutschland

80 Zitiert aus: Karl Dickopf: Georg Ludwig von Maurer (1790-1872), in: Kurt Baumann (Hrsg.): Pfälzer Lebensbilder, Bd. 1 Speyer 1964, S. 220.

81 Vgl. hierzu Max Spindler (Hrsg.): Bayerische Geschichte im 19. und 20. Jahrhundert: 1800-1970, Sonderausgabe, 1. Teilbd.: Staat und Politik, 1. Aufl., München 1975.

82 Zitiert aus: Karl Dickopf: Georg Ludwig von Maurer (1790-1872), in: Kurt Baumann (Hrsg.): Pfälzer Lebensbilder, Bd. 1 Speyer 1964, S. 229.

83 Georg Ludwig von Maurer: Geschichte des altgermanischen und namentlich altbairischen oeffentlich-muendlichen Gerichtsverfahrens, dessen Vortheile, Nachtheile und Untergang in Deutschland ueberhaupt und in Baiern insbesondere, Heidelberg 1824.

einen Höhepunkt erreicht.[84] Fünf Jahre später, im Jahr 1819, entschied sich die Königliche Akademie der Wissenschaften zu München, eine Preisfrage zu dieser Thematik zu stellen. Da die vorgelegten Arbeiten zunächst nicht zur Zufriedenheit der Akademie ausgefallen waren, wurde die Ausschreibungs-frist verlängert. Die Fragen lauteten:

> "1. Wie war nach der altdeutschen und altbaierischen Rechtspflege das öffentliche Gerichtsverfahren, sowohl in bürgerlichen als peinlichen Rechtsvorfallenheiten beschaffen?
>
> 2. Welchen vorteilhaften oder nachteiligen Einfluß hatte es auf die Verminderung oder Abkürzung der Streitigkeiten und auf die richtige Anwendung der Gesetze?
>
> 3. Wann, wie und unter welchen Verhältnissen hat sich solches wieder verloren?"[85]

An der erneuten Ausschreibung beteiligte sich auch v. Maurer mit seiner Arbeit.[86] Die Schrift, in der er eine aktuelle rechtspolitische Fragestellung durch geschichtliche Untermauerung einer Beantwortung zuführte, hatte er in den Jahren 1819 bis 1822 erstellt. Wie den wissenschaftlichen Ausführungen v. Maurers zu entnehmen ist, gelangte er bei der Untersuchung der altgermanischen Gerichtsbräuche zu der Feststellung, daß das altgermanische Gerichtsverfahren die Grundlage des französischen Prozesses sei. Er setzte sich mit der Frage auseinander, ob die auf dem linken Rheinufer von Frankreich eingeführten Institutionen der Öffentlichkeit und Mündlichkeit des Verfahrens französische Erfindungen und damit Relikte der Fremdherrschaft sind und kam dabei zu der Feststellung, daß sie ihre Wurzeln im deutsch-germanischen Recht haben. Er schrieb, daß das angeblich einheimische Recht zu einem Großteil auf der Fortbildung römisch-rechtlicher Grundsätze und Einrichtungen basiere. Von Maurer vertrat die Auffassung, daß der französische Prozeß - von seinen Grundlagen abgesehen - der deutschen Lebensweise und den deutschen Bedürfnissen nur sehr wenig entspreche.

Diese erste größere wissenschaftliche Arbeit Georg Ludwig von Maurers war wegen der ihr zuteil werdenden Aufmerksamkeit bedeutsam für seinen weiteren beruflichen Werdegang. Er legte mit ihr zugleich den Grundstein für seine spätere Lehrtätigkeit.

---

84 Savigny, der im Gegensatz zu Thibaut die Berufung der Zeit zur Kodifikation bestritt, forderte als Grundlage einer zukünftigen Rechtsordnung die wissenschaftliche Erforschung des historischen Rechts. (Vertiefend hierzu Carl von Savigny: Vom Beruf unsrer Zeit für Gesetzgebung und Rechtswissenschaft, Heidelberg 1814; Ulrich Eisenhardt: Deutsche Rechtsgeschichte, 2. überarb. Aufl., München 1995.)

85 Zitiert aus: Georg Ludwig von Maurer: Geschichte des altgermanischen und namentlich altbairischen oeffentlich-muendlichen Gerichtsverfahrens, dessen Vortheile, Nachtheile und Untergang in Deutschland ueberhaupt und in Baiern insbesondere, Heidelberg 1824, Vorrede.

86 Siehe weiterführend Johann Wilhelm Steiner: Über das altdeutsche und insbesondere altbaierische Gerichtswesen, Aschaffenburg 1824, der sich ebenfalls an der Ausschreibung beteiligt hatte.

1823 wurde v. Maurer für seine Veröffentlichung mit dem ersten Preis der bayerischen Akademie geehrt. Schon ein Jahr später konnte er sich als ihr korrespondierendes Mitglied bezeichnen. Am 22. September 1826 erfolgte die Designation v. Maurers an die Münchener Universität. Von Maurer erhielt eine Professur für französisches Recht. Kurze Zeit später wurde ihm der Lehrstuhl für deutsches Privatrecht und germanisches Recht übertragen. Im Jahr 1829 erhielt v. Maurer eine Berufung an die Universität Göttingen, als Nachfolger Eichhorns. Es gelang den Verantwortlichen in der bayerischen Regierung jedoch, v. Maurer in München zu halten, indem er befördert und sein Gehalt erhöht wurde. So wurde v. Maurer am 1. Dezember 1829 zum Staatsrat im ordentlichen Dienst mit Beibehaltung seines Lehramtes ernannt.
Dieser berufliche Erfolg wurde von einem steilen politischen Aufstieg begleitet. Schon 1825 hatte ihn der Leiter der Sektion für das Kirchen- und Schulwesen im bayerischen Innenministerium, Schenk, für eine Arbeit in der Gesetzgebungskommission vorgeschlagen.
Da v. Maurer ob der vielen Aufgaben seinen Pflichten als Dozent nicht mehr in vollem Umfang gerecht werden konnte, kam es hier zu Spannungen. Die blitzartige Karriere neideten ihm viele seiner Kollegen. Doch obwohl Beschwerden der juristischen Fakultät über die Vernachlässigung seiner akademischen Verpflichtungen vorlagen, erhielt er weitere wissenschaftliche Ehren. Die Historische Klassische Akademie wählte ihn 1829 einstimmig zu ihrem ordentlichen Mitglied.
Die oben angesprochene Berufung v. Maurers in die Regentschaft nach Griechenland 1832 zeugte zwar einerseits von dem Vertrauen, das ihm von der bayerischen Regierung entgegengebracht wurde, macht andererseits aber auch deutlich, daß man seiner Mitarbeit in München, auf die man wenige Jahre zuvor noch so großen Wert gelegt hatte, offensichtlich nicht mehr bedurfte. Die Begründung hierfür liegt zweifelsohne in der Tatsache, daß die großen Reformpläne der bayerischen Regierung endgültig ad acta gelegt waren. Angeblich wegen persönlicher Differenzen innerhalb der Regentschaft wurde v. Maurer bereits im Frühjahr 1834 nach München zurückberufen.
In den folgenden Jahren zog er sich ganz in die Wissenschaft zurück. Es gelang ihm jedoch, seine politische Ausgrenzung zu verhindern. Von Maurer, der auch als Mitglied des Staatsrates entlassen werden sollte, trug vor, daß es zu seiner Abberufung nach den geltenden Rechtsvorschriften eines Richterspruchs bedurfte. Die bayerische Regierung mußte sich seiner Argumentation beugen; von Maurer blieb Mitglied des Staatsrates.
Dreizehn Jahre vergingen, bis Georg Ludwig von Maurer 1847 wieder in den Blickpunkt der Öffentlichkeit trat. Er wurde für wenige Monate bayerischer Justizminister. Von Maurer war der erste Minister, den die Pfalz im bayerischen Staat stellte. Seine Ernennung soll jedoch vor allem auf den Umstand zurückzuführen sein,

daß er als einziges Staatsratsmitglied in der Sitzung vom 9. Februar 1847 für die Gewährung des Indigenats an die Geliebte des Königs, Lola Montez, gestimmt hatte und sich deshalb der besonderen Dankbarkeit des Monarchen versichert sein konnte.
Wenige Monate vor der Revolution, im Dezember des Jahres 1847, wurde v. Maurer wie viele seiner Münchener Kollegen seines Amtes enthoben. Mit dem Ausbruch der Revolution wurde v. Maurer am 23. Juni 1848 auf eigenen Wunsch durch den bayerischen König in den zeitlichen Ruhestand versetzt. Seine Stellung als Staatsrat im außerordentlichen Dienst behielt er jedoch bei. Fortan widmete er sich verstärkt seinen bereits früher begonnenen rechtsgeschichtlichen Arbeiten zur Entwicklung des deutschen Gemeindelebens.
Georg Ludwig von Maurer galt nicht als doktrinärer Verfechter der Rheinischen Institutionen. So stand er wie Theodor Erasmus Hilgard und Anselm von Feuerbach dem Schwurgericht skeptisch gegenüber. Er war der Auffassung, eine Laienmitwirkung setze einen Bildungsstand voraus, den es im ländlichen Altbayern nicht gebe. Er begrüßte jedoch eine Einführung der Öffentlichkeit und Mündlichkeit des Verfahrens in Altbayern.
Von Maurer, der im Jahr 1822 geheiratet hatte und aus dessen Ehe ein Sohn und eine Tochter hervorgegangen waren, verstarb 1872.

Seit Mai 1825 war FRANZ XAVER MOLITOR[87] Rat am Appellationsgerichtshof. Molitor, geboren am 4. Oktober 1789 in Gernsbach im Murgtal/Baden, war der Sohn eines Vogtes des Fürstbischofs von Speyer. 1813 legte er seine Staatsprüfung in Baden ab. Ein Jahr später, am 1. Februar 1814, wurde er Gouvernementssekretär im französischen Vesaul und im Juni 1816 in Pruntrut. Danach war er Präsidialsekretär bei der österreichisch-bayerischen Landesadministrativkommission in Worms (1. März 1816 bis 30. Juni 1816), Richter am Kreisgericht (ab 1. Juli 1816) und ab 1818 Richter am Bezirksgericht in Landau. Seit dem 15. August 1820 übte er den Beruf eines Bezirksrichters in Zweibrücken aus. Zum 1. Dezember 1832 wurde er an das Oberappellationsgericht nach München versetzt. Zwischen dem 15. Februar 1838 und dem Jahr 1847 war Molitor als Generalstaatsprokurator am Kassationshof für die Pfalz in München tätig. Am 1. Mai 1847 kam der zwischenzeitlich mit dem Ritterkreuz

87 Zur Biographie Franz Xaver Molitors - vgl. Kurt Baumann: Das pfälzische Appellationsgericht in der Zeit von 1815-1871, in: Wilhelm Reinheimer (Hrsg.): Festschrift zum 150-jährigen Bestehen des Pfälzischen Oberlandesgerichts, Zweibrücken, 1965; Werner Biebl: Die Staatsanwaltschaft bei dem Bayerischen Obersten Landesgericht, 3. Aufl., München 1995; Heiner Haan: Die Berufung von Pfälzern in die obersten bayerischen Staatsbehörden (1816-1870), in: Jahrbuch für westdeutsche Landesgeschichte, Jhrg. 4, Koblenz 1978 sowie Walter Schärl: Die Zusammensetzung der bayerischen Beamtenschaft von 1806 bis 1918, in: Max Spindler (Hrsg.): Studien der Abteilung Bayerische Geschichte, Bd. 1, München 1955.

des Verdienstordens vom heiligen Michael geehrte Molitor als Ministerialrat in das Justizministerium unter v. Maurer.
Nach der Auflösung der provisorischen Regierung in der Pfalz wurde Molitor mit königlicher Entschließung vom 10. Juni 1849 dem Oberbefehlshaber der bayerischen Truppen in der Pfalz, Generalleutnant Theodor Fürst von Thurn und Taxis, als Zivilkommissär für die Pfalz beigestellt. Die Wahl soll auf Molitor gefallen sein, weil er die Einrichtungen und die Verhältnisse in der Pfalz bestens kannte und das Vertrauen der rheinischen Bevölkerung genoß. Neben der Beratung des Oberbefehlshabers oblag es ihm, den Staatsministerien die Beamten zu melden, die sich während der Unruhen in der Pfalz entweder durch besondere Pflichttreue gegenüber der bayerischen Regierung ausgezeichnet oder eines als strafwürdig angesehenen Verhaltens schuldig gemacht hatten. Ab 16. März 1851 bekleidete er die Position eines Vizepräsidenten des Oberappellationsgerichts zu München.
Am 1. Oktober 1873 ging Molitor in den Ruhestand. In den 60er und 70er Jahren wurden ihm mehrere hohe bayerische Auszeichnungen verliehen.
Franz Xaver Molitor verstarb am 17. Februar 1874 mit dem Titel eines Geheimen Rates.

JOHANN oder JOSEPH ALOIS MOLITOR[88] wurde im Jahr 1775 geboren. Im Sommer des Jahres 1815 erfolgte seine Berufung an das Appellationsgericht zu Kaiserslautern. Molitor war bereits unter französischer Herrschaft als Richter tätig gewesen. Zwischen dem 1. August 1816 und dem 19. November 1816 arbeitete er als Substitut des Generaladvokaten am Zweibrücker Appellationsgericht. Am 13. Januar 1818 wurde der mittlerweile wieder als Richter tätige Molitor zum Appellationsgerichtsrat berufen. Molitors Versetzung in den Ruhestand erfolgte am 8. Mai 1847. Er verstarb am 29. Januar 1848.

Wie Cloßmann kam auch JOHANN AUGUST PETRI[89] am 11. Februar 1823 vom Bezirksgericht Frankenthal an den Zweibrücker Gerichtshof. Der frühere Obergerichtsschreiber am Kreisgericht Zweibrücken übte das Amt bis zu seinem Tod am 11. Januar 1826 aus.
In einer Rede anläßlich der feierlichen Wiedereröffnung der Sitzungen des Appellationsgerichts des Rheinkreises, Mitte November des Jahres 1826, äußerte sich

88 Zur Biographie von Ludwig Molitor - vgl. Ludwig Molitor: Vollständige Geschichte der ehemals pfalz-bayerischen Residenzstadt Zweibrücken, Zweibrücken 1885. (Molitor hat seinem Werk eine eigene kurze Biographie vorangestellt.)

89 Vgl. zu den wenigen biographischen Daten Petris - Hans Ziegler: 175 Jahre Oberlandesgericht Zweibrücken 1815-1990. Seine Richter und Staatsanwälte, in: Sven Paulsen (Hrsg.): 175 Jahre pfälzisches Oberlandesgericht, Festschrift, Neustadt an der Weinstraße 1990.

der amtierende Generalprokurator am Gerichtshof, Freiherr von Völderndorff, in einem Nachruf über den kurz zuvor verstorbenen Petri. Er bezeichnete ihn als ein achtungswertes Mitglied des Gerichts, einen "Biedermann", dem "zu große Anstrengungen in seinen früheren Dienstjahren, in welchem er die Seele des damaligen Bezirksgerichtes dahin genannt werden konnte, ... " seine Lebenstage abgekürzt hätten. Petri sei zu früh für den Staat verstorben, der an ihm " ... einen treuen, kenntnisvollen und rastlos thätigen Beamten beseßen ... (habe - d. V.) [90]

KARL JOSEPH RETZER[91] weilte nur wenige Monate in seinem Amt. Der vormalige Präsident des Kreisgerichts Kaiserslautern wurde am 27. Juli 1816 zum Rat an das dortige Appellationsgericht berufen. Bereits während des Umzugs des Gerichts nach Zweibrücken erfolgte am 1. Oktober 1816 seine Versetzung in den Ruhestand. Auch bei Retzer gibt die kurze Zeit seines Wirkens am Appellationshof keinen Aufschluß über seine Berufung in die Kassationskommission.

KASPAR ANTON SCHMELLER war nahezu drei Jahre Appellationsgerichtsrat in Zweibrücken. Der frühere Assessor beim Appellationsgericht des Isarkreises in Ansbach trat sein Amt am 9. August 1827 an. Am 1. Juli 1830 wechselte er an das Appellationsgericht des Oberdonaukreises nach Neuburg.

LUDWIG REINHARD SCHMIDT oder SCHMID war zunächst Advokat am Appellationsgericht zu Zweibrücken, Bezirksrichter in Kaiserslautern und Zweibrücken sowie Staatsprokurator am Appellationsgericht gewesen, bevor er seine Ratstätigkeit am 9. Juni 1831 aufnahm. Schmidt war bis zu seinem Tod am 4. Juni 1838 als Richter tätig.

Mit Entschließung vom 13. Januar 1818 wurde JOSEPH LUDWIG SIEGEL zum pfälzischen Appellationsgerichtsrat ernannt. Joseph Siegel erblickte um das Jahr 1778 in Zweibrücken das Licht der Welt. Nach dem Universitätsstudium nahm er eine Tätigkeit in einem Hypothekenbüro seiner Heimatstadt auf. 1803 wurde er Gerichtsschreiber beim erstinstanzlichen Gericht in Zweibrücken. Drei Jahre später ließ sich Siegel als Notar im Kanton Landstuhl nieder. Ab dem Jahr 1807 bekleidete er im Nebenberuf noch das Amt eines Bürgermeisters. Im Jahr 1811 zog er nach Zweibrücken, wo er weiterhin als Notar tätig war. Drei Jahre später wurde Siegel zum

---

90 Zitiert aus der Rede anläßlich der feierlichen Wiedereröffnung des Gerichtsjahres 1827/27, Bayerisches Hauptstaatsarchiv München, MJU 14645.

91 Vgl. zu den Lebensdaten der folgenden Juristen wieder Hans Ziegler: 175 Jahre Oberlandesgericht Zweibrücken 1815-1990. Seine Richter und Staatsanwälte, in: Sven Paulsen (Hrsg.): 175 Jahre pfälzisches Oberlandesgericht, Festschrift, Neustadt an der Weinstraße 1990.

Generalsekretär des Zweibrücker Kreisdirektors ernannt. In der Folgezeit war er als Mitglied der Kreisschuldenliquidationskommission und ab 1816 der administrativen Justizkommission der Landesadministrativkommission tätig. Seine Versetzung an das Appellationsgericht des Obermainkreises erfolgte am 1. Dezember 1832.

LUDWIG FRIEDRICH AUGUST SPACH, bis zum 9. Juni 1831 Assessor am Gerichtshof zu Zweibrücken, war nur wenige Wochen im Amt. Am 15. August 1851 ging er in den Ruhestand.

CHRISTIAN DAVID STURZ oder STURTZ,[92] seit dem 27. Juli 1815 Rat am Appellationsgericht zu Kaiserslautern, wurde am 13. Januar 1818 zum Rat an das Appellationsgericht zu Zweibrücken berufen.
Sturz wurde um das Jahr 1753 in Zweibrücken geboren. Sein genaues Geburtsdatum ist nicht bekannt. Nach dem Studium der Rechtswissenschaften wurde er herzoglicher Regierungsrat. Unter der Herrschaft Napoleons war er Unterpräfekt in Zweibrücken. Seine sehr guten persönlichen Beziehungen zum bayerischen Königshaus sollen ein Grund dafür gewesen sein, daß er die Stelle als Unterpräfekt erst annahm, nachdem er sich das Einverständnis des Herzogs von Zweibrücken eingeholt hatte.
Das Richteramt übte er bis zu seiner Pensionierung im Jahr 1825 aus.
Der Präsident des Appellationsgerichts zu Zweibrücken, v. Rebmann, hatte 1816 anläßlich der Frage, wer in die Revisionskommission zur bestehenden Gesetzgebung zu berufen wäre, wie folgt über Sturz geurteilt:

> "Mein College Herr Sturz weiß sehr viel, kennt die alte und neue Verfassung, ist ein recht braver Mann, aber er lebt bloß in der Theorie und würde, um alles recht vollkommen zu machen, schwer ein Resultat fertig bringen."[93]

Sturz hatte eine vom dynastischen Denken losgelöste moderne Staatsauffassung. Diese zeigte sich auch in einem Rechtsstreit, den er in eigener Sache gegen den bayerischen Staat führte. Sturz verklagte den bayerischen Staat nämlich als Rechtsnachfolger der

---

92 Zur Biographie von Sturz - vgl. Kurt Baumann: Das pfälzische Appellationsgericht in der Zeit von 1815-1871, in: Wilhelm Reinheimer (Hrsg.): Festschrift zum 150-jährigen Bestehen des Pfälzischen Oberlandesgerichts, Zweibrücken, 1965; Heiner Haan: Kontinuität und Diskontinuität in der pfälzischen Beamtenschaft im Übergang von der französischen zur bayerischen Herrschaft (1814-1818), in: Jahrbuch für westdeutsche Landesgeschichte; Jhrg. 2, Koblenz 1976; Klaus Knecht: Neuaufbau von Recht und Rechtspflege, in: Jahrbuch zur Geschichte von Stadt- und Landkreis Kaiserslautern, Bd. 18/19, Otterbach 1980/81 sowie Hans Ziegler: 175 Jahre Oberlandesgericht Zweibrücken 1815-1990. Seine Richter und Staatsanwälte, in: Sven Paulsen (Hrsg.): 175 Jahre pfälzisches Oberlandesgericht, Festschrift, Neustadt an der Weinstraße 1990.

93 Zitiert aus dem Schreiben Andreas Georg Friedrich von Rebmanns an Franz Xaver von Zwackh-Holzhausen vom 29. Januar 1816, in: Heiner Haan: Hauptstaat - Nebenstaat Briefe und Akten zum Anschluß der Pfalz an Bayern 1815/17, in: Veröffentlichungen der Landesarchivverwaltung Rheinland-Pfalz, Bd. 29, Koblenz 1977, Nr. 10, S. 104.

französischen Regierung auf Zahlung der rückständigen Besoldung aus seiner Amtszeit als Unterpräfekt. Dieser hatte die Bezahlung abgelehnt und Sturz an Frankreich verwiesen. Dem Regierungspräsidenten des Rheinkreises soll Sturz geschrieben haben, daß er "weder Koch noch Kammerherr Napoleons" gewesen sei, sondern er habe der französischen Regierung als der "damaligen legitimen Regierung seines Landes" gedient; nicht ein Herrscher oder eine Dynastie sei deshalb sein Schuldner, sondern das Land, "dessen oberster Repräsentant die jeweilige Regierung als persona moralis sei."[94]

Ab dem Jahr 1819 wurde es Sturz möglich, in seiner Eigenschaft als Mitglied des ersten bayerischen Landtages und pfälzischen Landrates auch verstärkt in der Öffentlichkeit seine politischen Ansichten zu vertreten. Die Erhaltung und Verbreitung der fortschrittlichen pfälzischen Einrichtungen war ihm ein wichtiges Anliegen. Er setzte sich für eine unabhängige Justiz ein. So protestierte er als Vorsitzender des Schwurgerichts öffentlich gegen das Justizministerium, weil dieses aufgrund eines medizinischen Gutachtens ein rechtskräftiges Strafurteil in eigener Regie aufgehoben hatte. Er meinte, "selbst Napoleon und sein Staatsrat haben in ihrer weltberufenen All- und Alleingewalt so weit zu gehen sich nicht erlaubt" und führte weiter aus, daß die so notwendige "Heiligkeit der gerichtlichen Institutionen" durch solch einen willkürlichen Eingriff vernichtet sei. Auch äußerte er die Ansicht, daß man gegen ein altbayerisches Gericht gewiß nicht so verfahren hätte.[95]

Der 1787 in Bayreuth geborene vormalige Stadtgerichtsassessor in München FRANZ ALEXANDER FREIHERR VON VÖLDERNDORFF[96] wurde am 13. Januar 1818 zum Rat des Appellationsgerichts ernannt. Er schied im Jahr 1822 aus dem Gericht aus, um eine Stelle als Kreis- und Stadtgerichtsdirektor in München anzunehmen. Am 6. April 1824 kehrte er jedoch als Generalprokurator wieder an seine frühere Wirkungsstätte zurück. Er löste den bis dahin amtierenden von Koch ab, der nach München berufen worden war. Als Freiherr von Völderndorff wegen gesundheitlicher Probleme im Jahr 1825 in den Ruhestand ging, wurde die frei werdende Stelle erneut durch von Koch besetzt.

Freiherr von Völderndorff verstarb im Jahr 1827, im Alter von nur vierzig Jahren, in Zweibrücken.

---

94 Zitiert nach: Kurt Baumann: Das pfälzische Appellationsgericht in der Zeit von 1815-1871, in: Sven Paulsen (Hrsg.): 175 Jahre pfälzisches Oberlandesgericht, Festschrift, Neustadt an der Weinstraße 1990; S. 12. (Baumann hat die Quelle des Schreibens nicht angegeben.)

95 Zitiert nach: ebenda.

96 Zu Freiherr von Völderndorffs Biographie - vgl. Hans Ziegler: 175 Jahre Oberlandesgericht Zweibrücken 1815-1990. Seine Richter und Staatsanwälte, in: Sven Paulsen (Hrsg.): 175 Jahre pfälzisches Oberlandesgericht, Festschrift, Neustadt an der Weinstraße 1990.

§ 2 DIE PRÄSIDENTEN

Neben den Mitgliedern des Appellationsgerichts, die durch den Vorsitzenden des Gerichtshofes in die Kassationskommission berufen wurden, war der amtierende Präsident, beziehungsweise seit 1820 in den oben bereits geschilderten Ausnahmefällen auch der Vizepräsident, in allen Sitzungen des Kassationgerichts vertreten, ohne daß es seiner besonderen Berufung bedurft hätte.

Der erste Präsident des Appellationsgerichts zu Zweibrücken war ANDREAS GEORG FRIEDRICH VON REBMANN.[97] Er ist der wohl bekannteste Jurist des Zweibrücker Appellationsgerichts und des bayerischen Rheinkreises seiner Zeit. Von Rebmann wurde am 23. November 1768 in bürgerliche Verhältnisse in Sugenheim in Mittelfranken geboren.

Von Rebmann soll ein Wunderkind gewesen sein, das bereits mit drei Jahren deutsch und lateinisch lesen konnte. Im Alter von nur fünf Jahren schulte ihn sein Vater, der als Direktoralkassierer tätig war, in die Lateinschule ein. Später unterrichtete er ihn selbst. Ab dem Jahr 1780 besuchte v. Rebmann eine angesehene Schule in Nürnberg. Bereits mit knapp dreizehn Jahren widmete er sich dem Studium der lateinischen Sprache, Logik, Metaphysik und Geschichte. Mit siebzehn Jahren begann v. Rebmann an der bayerischen Akademie in Erlangen mit dem Studium der Rechts- und Staatswissenschaften. Mit achtzehn Jahren erhielt der überaus gebildete Student den

97 Zu v. Rebmanns Biographie - vgl. im folgenden Kurt Baumann: Das pfälzische Appellationsgericht in der Zeit von 1815-1871, in: Wilhelm Reinheimer (Hrsg.): Festschrift zum 150-jährigen Bestehen des Pfälzischen Oberlandesgerichts, Zweibrücken 1965; Albert Becker: Neues aus dem Leben des Zweibrücker Appellationsgerichtspräsidenten Andreas Georg Friedrich v. Rebmann (1768-1824), in: Westpfälzische Geschichtsblätter, Jhrg. 19, Zweibrücken 1917; Heinz Becker: Westricher Lebensbilder gesammelt von Dr. Albert Becker, VIII., A. G. F. Rebmann, der erste Pfälzer Oberlandesgerichtspräsident, in: Westpfälzische Geschichtsblätter, Jhrg. 25, Nr. 10, 1926; Karl-Georg Faber: Die Übernahme von Andreas Friedrich Rebmann in den bayerischen Dienst, in: Mitteilungen des historischen Vereins der Pfalz, Bd. 56, Speyer 1957; Guido Groß: Johann Andreas Georg Friedrich v. Rebmann, einer der fünfzehn Trierer "Unsterblichen", in: Trierisches Jahrbuch 1956; Rainer Kawa: Georg Friedrich Rebmann: (1768 - 1824) Bonn 1980; Georg Friedrich Rebmann: Werke und Briefe, Bd. 1-3, neu hrsg. von Hedwig Voegt, Werner Greiling und Wolfgang Ritschel, Berlin 1990; Hans Wolfgang Stein: Die pfälzischen Institutionen und Rebmanns Kaiserslauterer Gutachten von 1815/1816, in: Jahrbuch zur Geschichte von Stadt- und Landkreis Kaiserslautern, Bd. 18/19; Otterbach 1980/81; Günther Volz: Briefe Andreas Georg Friedrich Rebmanns an Johann Peter Job Hermes aus den Jahren 1815 und 1816, in: Mitteilungen des historischen Vereins der Pfalz, Bd. 57, Speyer 1959; Elmar Wadle: Georg Friedrich Rebmann: (1768 - 1824), Sigmaringen, 1997; Christian Wirth: Der Jurist Johann Andreas Georg Friedrich Rebmann zwischen Revolution und Restauration, Frankfurt a. M. 1996 sowie Nadeschda Wrasky: A. G. F. Rebmann, Dissertation, Heidelberg 1907.

ersten Preis für eine juristische Abhandlung. Zum Zeitpunkt des Ausbruchs der Französischen Revolution beendete v. Rebmann gerade sein staatswissenschaftliches Studium in Jena. Nach dessen erfolgreichem Abschluß kehrte er in seine Heimat zurück. Der junge v. Rebmann erhielt zunächst eine Prokuratorstelle beim Dienstherren seines Vaters, dem Reichsritterrat des Steigerwaldes, in Erlangen. Diese Tätigkeit übte er nahezu vier Jahre aus.
Die folgenden sechs Jahre seines Lebens widmete er sich ausschließlich seinen publizistischen Aktivitäten. Von Rebmann, der schon frühzeitig sein Interesse für das Schreiben entdeckt hatte, veröffentlichte nach ersten juristischen Schriften vorwiegend belletristische Werke.
Die politische Haltung v. Rebmanns war geprägt von den Ideen der Französischen Revolution. Sie entsprach damit im wesentlichen der Einstellung wie sie bei der geistigen Elite dieser Zeit zu finden war. In den letzten Jahrzehnten des 18. Jahrhunderts hatte die Aufklärung auch in den Rheinlanden Fuß fassen können. Die Französische Revolution hatte das gesellschaftliche Klima verändert. In dem Sturz des Absolutismus sahen die Vertreter einer fortschrittlichen Grundeinstellung die Verwirklichung ihrer fortschrittlichen Ideale und Ziele. Vor allem deutsche Schriftsteller, Dichter und Gelehrte erkannten die Umwälzung in Frankreich als den Beginn einer neuen geschichtlichen Epoche.[98]
Im Jahr 1792 folgte v. Rebmann dem Ruf des bekannten Buchhändlers Ritter nach Dresden, um mittels der ihm übertragenen Redaktion zweier Zeitschriften für die Verbreitung des Gedankengutes der Französischen Revolution zu wirken. Seine Schriften, insbesondere satirische Werke,[99] erweckten jedoch das Mißtrauen der sächsischen Regierung. Von Rebmann verließ deshalb Dresden, um den gemeinsam mit dem Buchhändler Vollmers gefaßten Plan, eine Buchdruckerei und Buchhandlung in Dessau zu eröffnen, in die Tat umzusetzen. Seine Hoffnung, sich wegen der in Dessau vorhandenen freizügigeren Zensur längere Zeit in der Stadt aufhalten zu können, erfüllte sich allerdings nicht. Immer häufiger wurden v. Rebmanns Schriften als staatsgefährdend eingestuft. Er wurde schließlich aus Dessau ausgewiesen. Der sich anschließende Aufenthalt in Erfurt, damals zum Kurfürstentum Mainz gehörend, war ebenfalls von nicht allzu langer Dauer. Von Rebmann wurde die redaktionelle Leitung der Zeitschrift das "Neue Graue Ungeheuer" übertragen. Hier veröffentlichte v. Rebmann eigene gegen das ancien régime gerichtete Artikel. Darüber hinaus schaffte

98 Vgl. auch Kurt Baumann: Die Pfalz in der deutschen Geschichte, in: Kurt Andermann (Hrsg.): Von Geschichte und Menschen der Pfalz, Verlag der Pfälzischen Gesellschaft zur Förderung der Wissenschaften in Speyer, Bd. 73, Speyer 1984.
99 Zu Rebmanns satirischen Werken - vgl. Hedwig Voegt (Hrsg.): Rebmann Georg Friedrich Hans Kiekindiewelts Reisen in alle vier Welttheile und andere Schriften, Berlin 1958.

er sich durch sein Eintreten für die von der Regierung verfolgten Mainzer Klubisten[100] weitere politische Gegener. Auch in Erfurt wurden v. Rebmann und Vollmers wegen ihrer politischen Aktivitäten nicht geduldet. Es folgte eine Anweisung des Kurfürsten von Mainz an die Erfurter Regierung, geeignete Schritte zu unternehmen, um v. Rebmann und Vollmers aus der Stadt zu entfernen. Eine durch den Gerichtspräsidenten von Erfurt eingeleitete gerichtliche Untersuchung brachte im Jahr 1795 den gewünschten Erfolg. Vollmers wurde wegen Verstoßes gegen die Zensurgesetze verhaftet. Das gleiche Schicksal sollte auch v. Rebmann zuteil werden. Dieser konnte sich jedoch, gewarnt von Freunden, seiner Verhaftung durch Flucht nach Altona entziehen. In einer Veröffentlichung aus dem Jahr 1796 äußerte sich v. Rebmann über die näheren Umstände, die zu seiner Flucht geführt hatten. Nach eigener Aussage war er nicht aus Angst vor dem Hofgericht, sondern allein deshalb geflohen, um so erstmals die Möglichkeit zu erhalten, sich zu den gegen ihn erhobenen Vorwürfen zur Wehr zu setzen.[101] All diese Ereignisse blieben auf seine politische Einstellung nicht folgenlos. Indem er fortan öffentlich die Annexion der Rheingebiete durch Frankreich begrüßte, wandte er sich zugleich von seiner deutschen Heimat ab.
Im Jahr 1796 begab sich v. Rebmann nach Paris, wo er zunächst seine publizistische Tätigkeit wieder aufnahm. Doch schon bald wurde v. Rebmann der Widerspruch zwischen den von ihm vertretenen Ideen der Französischen Revolution und der Außenpolitik Frankreichs, das seit dem Sonderfrieden von Basel (1795) neben den Rheingrenzen auch die Führungsrolle in Gesamteuropa forderte, bewußt. Von Rebmanns Haltung zu Frankreich wurde kritischer. Er sprach sich nunmehr gegen eine Vereinigung mit Frankreich aus. Statt dessen wünschte er sich eine selbständige cisrhenanische Republik, als Vorstufe eines deutschen Einheitsstaates. Er wandte sich auch gegen die Einschränkung der Sprachfreiheit in den rheinischen Departements unter französischer Herrschaft. Von Rebmann kritisierte, daß die seit dem Dekret Rudlers vom März 1798[102] geltende Regelung, wonach sämtliche Gerichtsakten in

---

100 Als Mainzer Klubisten wurden diejenigen Mainzer Bürger bezeichnet, die während der französischen Herrschaft in Mainz vom 22. Oktober 1792 bis 25. Juli 1793 Partei für die Republik ergriffen und am 23. Oktober 1792 politische Klubs gegründet hatten.

101 Andreas Friedrich Rebmann: Vorläufiger Aufschluß über mein sogenanntes Staatsverbrechen, meine Verfolgung und meine Flucht, London 1796.

102 Dekret Rudlers vom März 1798 - in: Sammlung der Beschlüsse in den Ländern zwischen Maas und Rhein, und Rhein und Mosel, bekannt gemacht von dem Regierungs-Kommissär, Mainz Germinal VI., S. 80; vgl. auch: K. Th. Bormann, Alexander von Daniels: Handbuch der für die Königl. Preuß. Rheinprovinzen verkündigten Gesetze, Verordnungen und Regierungsbeschlüsse aus der Zeit der Fremdherrschaft, Bd. 6, Köln, S. 635; Joseph Hansen: Quellen zur Geschichte des Rheinlandes im Zeitalter der französischen Revolution, 1780 - 1801, Bd. 4, Bonn 1938; Antonio Grilli: Sprache und Recht in den französischen Rheinlanden, in: Rheinische Vierteljahresblätter 57, 1993; ders.: Die französische Justizorganisation am linken Rheinufer 1797 - 1803, Frankfurt a. M. 1999.

französischer Sprache abzufassen waren, nicht nur zu Verständigungsschwierigkeiten während der Verhandlung führte, sondern zum Teil auch mit hohen Kosten für die Übersetzung der bei Gericht einzureichenden Schriftstücke verbunden war, was insbesondere für die ärmeren Schichten der Bevölkerung eine Belastung darstellte. Zwar akzeptierte v. Rebmann die Notwendigkeit der Verbreitung der französischen Sprache als Folge der Herrschaft der Franzosen, mit ihrer zwangsweisen Einführung im Bereich der Rechtspflege der Rheingebiete konnte er sich aber nicht einverstanden erklären.[103]

Am 9. Januar 1798 wurde v. Rebmann Mitglied des peinlichen Gerichtshofes von Donnersberg mit Sitz in Mainz. Durch Beschluß des Pariser Direktoriums wurde er bereits im April 1798 abberufen, weil er sich gegen die Annexion des linken Rheinufers durch Frankreich ausgesprochen hatte. Im August kehrte er in sein Amt zurück. Wohl seit dem Jahr 1799 - eine genaue Zeit ist nicht feststellbar - war er Mitglied des im gleichen Jahr gegründeten Gerichtshofes zu Trier. Faber meint, es spräche viel dafür, daß v. Rebmann auch deshalb in den französischen Justizdienst eintrat, um einem zu starken Eingriff Frankreichs in die deutschen Strukturen der Rheinlande entgegenzuwirken. Dieser Erklärung ist durchaus zu folgen, wenn man Rebmanns Schrift "Blick auf die neuen Departemente des linken Rheinufers" studiert. Hier machte er besonders deutlich, daß er den deutschen Charakter der nunmehr zu Frankreich gehörenden Rheingebiete besonders schätzte. Allerdings meinte er auch, daß für seinen nationalen Standpunkt in der gegenwärtigen Zeit noch kein Platz sei, da sich seine politischen Anschauungen noch nicht in den deutschen Staaten wiederspiegeln würden.[104]

Nach der Auflösung des Trierer Appellationsgerichts, im September des Jahres 1802, wurde v. Rebmann im Februar des Folgejahres zum Richter und später zum Präsidenten des neu gegründeten Kriminalgerichtshofes zu Mainz ernannt, dessen Hauptaufgabe darin bestand, die Vielzahl von Raubüberfällen aufzuklären. Die unter seiner Leitung geführten Prozesse gegen solch namhafte Räuberbanden wie die des Schinderhannes, des Damian Hessel sowie des Johann Bückler brachten v. Rebmann hohe Anerkennung in der Bevölkerung.

---

103 Rudler war insoweit zu Zugeständnissen bereit, als er die deutsche Sprache in der mündlichen Verhandlung gestattete, allerdings weiterhin auf dem Französischen als Schriftsprache bestand. (Vgl. Reiner Schulze: Die rheinische Judikatur im frühen 19. Jahrhundert zwischen gemeinrechtlicher Tradition und französischem Recht, in: Heinz Monhaupt; Dieter Simon [Hrsg.]: Vorträge zur Justizforschung, Bd. 2, Frankfurt am Main 1993.

104 Andreas Friedrich Rebmann: Blick auf die neuen Departemente des linken Rheinufers, Koblenz 1810.

Im Jahr 1811 wurde der mittlerweile mit dem Orden der Ehrenlegion geehrte v. Rebmann Mitglied des Trierer Appellationsgerichts.[105] Schon kurze Zeit später wurde er zum Kammerpräsidenten berufen.[106]
Die hohe fachliche Kompetenz v. Rebmanns und seine persönliche Integrität dürften dazu beigetragen haben, daß er unter der Zentralverwaltung Justus von Gruners auf seiner Stelle belassen wurde. Am 13. Mai 1814 schrieb v. Gruner an v. Rebmann:

> "Um Euer Wohlgeboren einen Beweis der Anerkennung Ihrer vorzüglichen Talente und Geschicklichkeit zu geben, habe ich Ihre jährliche Besoldung vom 1. d. M. an auf eintausend und sechshundert Franken jährlich festgesetzt ..."[107]

Im Jahr 1816 trat v. Rebmann in den bayerischen Justizdienst ein. Schon seit dem Sommer der Vorjahres war er unter österreichisch-bayerischer Verwaltung am Bezirksgericht Kaiserslautern tätig gewesen und hatte von hier aus den Appellationsgerichtshof für den Verwaltungsbezirk der Landesadministrativkommission eingerichtet. Seit dem 27. Juli 1815 war er Präsident des Kaiserslauterner Gerichtshofes. Bereits im Jahre 1814, als absehbar war, daß Bayern linksrheinische Territorien erhalten würde, hatte er sich bei Justizminister Graf von Reigersberg um eine Anstellung im bayerischen Justizdienst beworben. In seinem Schreiben vom 28. Juni 1814 empfahl er sich bei ihm und führte aus:

> "Beinahe zwanzigjährige Dienste, alle diesem Lande in höhern Gerichtsstellen geleistet, ehrliches Streben, selbst unter den schwierigsten Umständen so viel Gutes als möglich zu stiften, die bei Gelegenheit der mir als damaligem Präsidenten des peinlichen und Spezialhofes vom Donnersberg übertragnen Prozeduren gegen die berüchtigten Räuberrotten des Schinderhannes und Damian Hessels der öffentlichen Sicherheit geleisteten Dienste, welche mir von der französischen Regierung ehrenvolle Auszeichnungen und die Achtung meiner Mitbürger erwarben, ... geben mir einige Hoffnung auf die Gnade des künftigen Herrschers dieser Länder, ... "

---

105 Lesenswert sind in diesem Zusammenhang auch die Reden v. Rebmanns aus seiner Trierer Zeit, veröffentlicht in: Karl de la Fontaine: Zur Geschichte der Rechtspflege in den Rheinlanden nach dem Zusammenbruch des Kaiserreichs, in: Trierisches Archiv, Heft XVII.-XVIII, Trier 1911.

106 Bei Wrasky kann man lesen, v. Rebmann sei am 12. Juni 1811 Mitglied des Appellationsgerichts und im gleichen Jahr dessen P r ä s i d e n t geworden. (Vgl. Nadeschda Wrasky: A. G. F. Rebmann, Dissertation, Heidelberg 1907.) Bei Faber findet man den Hinweis, im Jahr 1811 sei v. Rebmann Rat des Gerichtshofes geworden und zwei Monate später P r ä s i d e n t e i n e r K a m m e r. (Vgl. Karl-Georg Faber: Die Übernahme von Andreas Friedrich Rebmann in den bayerischen Dienst, in: Mitteilungen des historischen Vereins der Pfalz, Bd. 56, Speyer 1957.) Er schrieb weiter, 1814 habe sich der erste Präsident wegen des Vordringens der Deutschen zurückgezogen und v. Rebmann habe wegen der anfallenden Mehrarbeit eine Gehaltszulage erhalten. Dies zeigt, daß Wrasky die Unterscheidung Kammerpräsident und Gerichtspräsident wohl nicht sah.

107 Zitiert aus: Landesarchiv Speyer, Generalgouvernement Mittelrhein - Akten Gruner, G 21.

Er verwies darauf, daß der Generalgouverneur des Mittelrheins ihm eine Gehaltserhöhung gegeben habe, ohne daß er diese erbeten habe.
Er schrieb weiter:

> "In voller Zuversicht auf Ew. Exzellenz gerechte und liberale Gesinnungen wage ich es daher, mir zu schmeicheln, daß Hochdieselben geruhen werden, das künftige Los eines dem Lande selbst unter den Schrecken des Krieges treu gebliebenen Staatsbeamten mit huldvoller Rücksicht zu bestimmen." [108]

Graf von Reigersberg gab das Anstellungsgesuch an Minister Graf von Montgelas weiter. Die sich anschließende Überprüfung der Person v. Rebmanns durch die bayerische Regierung führte - wie das folgende Schreiben zeigt - im Ergebnis zu einer positiven Beurteilung. Von Rebmanns Übernahme wurde aufgrund seiner fachlichen und persönlichen Qualitäten befürwortet. So urteilte Graf von Armansperg - zu dieser Zeit Rat der Administration in Kreuznach - am 26. September 1814 über v. Rebmann, daß dieser zu den ausgezeichnetsten "Justizmännern" gehöre, Talent und wissenschaftliche Bildung, ganz besonders im "Kriminalfach" besitze. Er ging auf den beruflichen Werdegangs v. Rebmanns ebenso ein wie auf dessen politische Einstellung und schrieb:

> "Seine Karriere begann er in den Zeiten der Revolution als eifriges Glied jener Verbindung, welche die cisrhenanische Republik begründen wollte; er schrieb damals das bekannte "graue Ungeheuer". Später wurde er, als Präsident des Appelhofes, Verehrer Napoleons, gegen welchen er aber in einer neuen Flugschrift schimpft; dieses Fügen in die Zeitverhältnisse scheint seine staatsdienerliche Laufbahn begünstigt und in der letzten Epoche Gruners Gunst erworben zu haben. Außer diesem Benehmen scheint man ihm nichts vorwerfen zu können; er soll von dem früheren Schwindelgeiste geheilt, und durch Alter, Verstand und Unglück zu besonneren Ansichten zurückgeführt worden zu sein. Als Justizmann ist er unbescholten und geachtet; er wird als solcher jedem Lande gute Dienste leisten."

Graf von Armansperg gab für die Einstellung v. Rebmanns noch einen Ratschlag, der dessen zukünftige Besoldung betraf.

> "Übrigens wird er, da er arm und mit zahlreicher Familie versehen ist, da er seine Existenz nur durch die Besoldung - welche dermal 8000 franc beträgt - gesichert sieht, jederzeit von der Landesregierung abhängig, daher - wenn auch wirklich seine Gesinnungen zweideutig sein könnten - nie schädlich sein." [109]

Ausschlaggebend für die Übernahme in den bayerischen Justizdienst war neben diesen Stellungnahmen aber auch v. Rebmanns öffentliches Eintreten für das Königreich Bayern. In seinem im Jahr 1815 nach längerer publizistischer Pause veröffentlichten

---

108 Zitiert aus: Bayerisches Hauptstaatsarchiv, Bayerisches Ministerium des Königlichen Hauses und des Äußeren, MA 39371.

109 Zitiert aus: ebenda.

Werk "Baiern vor Teutschlands Richterstuhle"[110] hatte er die bayerische Politik gegen die verbalen Angriffe sogenannter preußisch-deutscher Patrioten verteidigt. Diese verurteilten die Übernahme französischer Verhältnisse durch Bayern pauschal, ohne den rheinischen Verhältnissen in ihrem von Nationalismus geprägtem Denken ausreichend Beachtung zu schenken.[111]

Max Joseph von Bayern ernannte v. Rebmann zum Oberpräsidenten des in Kaiserslautern und später in Zweibrücken installierten Appellationsgerichtshofes. Andreas Georg Friedrich von Rebmann erwarb sich besondere Verdienste um die Erhaltung der französischen Institutionen in den Rheinlanden, ohne jedoch für deren undifferenzierte Übernahme einzutreten. Diese lehnte er ebenso ab wie die Bestrebungen, alles entnapoleonisieren zu wollen. Er schrieb an seinen Freund Laun:

> "Glücklicherweise ist unsere Regierung nicht nur höchst wohlmeinend sondern auch liberal genug, um nicht zu fordern, daß der Rheinbayer und der Altbayer bei ganz verschiedener Volksgeschichte, Volksbildung und voneinander abweichenden Verhältnissen gerade nach dem nämlichen Leisten denken, meinen und empfinden sollen. Unser vortrefflicher Justizminister Graf von Reigersberg ... war eine zeitlang hier um alles selbst zu sehen und ich darf mir schmeicheln, daß er sich wenigstens von meinem guten Willen und davon überzeugt hat, daß manches Treffliche bei uns besteht, dessen Vernichtung, auch wenn sie so leicht möglich wäre, zu beklagen sein werde."[112]

Bei einem Zusammentreffen mit König Max Joseph anläßlich dessen Inspektionsreise in die neuerworbenen Gebiete soll sich v. Rebmann persönlich für die grundsätzliche Beibehaltung der französischen Rechtsverfassung beim König eingesetzt haben.[113]

Seine Haltung zu Fragen der Organisation von Recht und Rechtspflege in den rheinbayerischen Gebieten spiegelt sich in seinem bereits angesprochenen allgemeinen Organisationsgutachten wider.[114] Trotz der Unterschiedlichkeit von altbayerischem und rheinischem Justizwesen war v. Rebmann grundsätzlich zu Veränderungen im rheinischen Justizwesen bereit, wenn sie der Rechtspflege zuträglich schienen. Eine Abschaffung des code civil stand für den Juristen v. Rebmann allerdings nicht zur Diskussion. Dies sei nämlich schon deshalb nicht möglich, weil man dann die Frage

---

110 Andreas Friedrich Rebmann: Baiern vor Teutschlands Richterstuhle mit besonderer Beziehung auf die Schrift: Die Centralverwaltung der Verbündeten unter dem Freiherrn vom Stein, Germanien 1815. (Siehe zu v. Rebmanns publizistischen Aktivitäten auch ders.: Aussichten von der Zeit in die Zukunft, in: Briefen über einige allgemein wichtige Gegenstände, Teutschland 1816.)

111 Vgl. zu Rebmanns Parteinahme für Bayern auch Karl-Georg Faber: Die Übernahme von Andreas Friedrich Rebmann in den bayerischen Dienst, in: Mitteilungen des historischen Vereins der Pfalz, Bd. 56, Speyer 1957.

112 Zitiert nach: Albert Becker: Die Wiedererstehung der Pfalz, Kaiserslautern 1916, S. 75.

113 Vgl. hierzu Guido Groß: Johann Andreas Georg Friedrich v. Rebmann, einer der fünfzehn Trierer "Unsterblichen", in: Trierisches Jahrbuch 1956.

114 Bayerisches Hauptstaatsarchiv, MJU 14648.

stellen müsse, was man an die Stelle des französischen Zivilgesetzbuch stellen will. Er äußerte:

"Will man es abschaffen: so muß man etwas anderes an seine Stelle setzen. Die alten Statutar-Rechte. - Der Landesdistrikt, der an das Königreich fallen soll, hatte wenigstens ein Dutzend solche Rechte, von denen einige, wenn bei dem Trierer Appelationshofe in alten Prozeßen die Rede davon war, erst mühsam in Bücher-Sammlungen aufgesucht werden mußten. Das gemeine Recht? - Als subsidiarisches Recht, oder vielmehr als Rechtsquelle, als Grundstein des Civilgesetzbuches wird es alle Tage angewandt, obgleich Herr von Savigny, in seiner bekannten Schrift über die Unfähigkeit der Teutschen zur Gesetzgebung,[115] dieses nicht zu wissen oder doch nicht zuzugeben scheint." [116]

Von Rebmann verwies auch auf die Schwierigkeiten, die sich bei Wiedereinführung der alten statuarischen Rechte für die Rechtsprechung ergeben würden.

"Will man das bestehende Civilgesetzbuch abschaffen, und die statutarischen Rechte wieder aufleben lassen, so möchte man damit Niemanden eine Freude machen, als den in besagter Schrift so gepriesenen repräsentirenden Juristen; denn da kein Mensch in diesem Wirrwarr sich zurecht finden könnte, so würden sie in jedem Falle das Gesetz nach ihrem Wunsche geben können und der Zweck der Wegräumung des Civilgesetzbuches doch in Ansehung aller unter seiner Herrschaft entstandenen Rechtsverhältnisse nicht erreicht werden." [117]

Von Rebmanns differenzierte Einstellung zur Öffentlichkeit und Mündlichkeit der Rechtspflege kommt in folgender Aussage zum Tragen:

"Dass in der französischen Revolution auch diese Anstalt, wie alles was ehrwürdig und heilig ist, gemißbraucht, und eine Waffe im Partheien Kampfe wurde, beweiset Nichts, denn Parlamente und ausserordentliche Commißionen würden noch mehr gerichtliche Meuchelmorde begangen haben, und man verbiethet ja die Messer nicht, weil sie als Dolche dienen können".[118]

Im Gegensatz zu Hilgard fanden die Geschworenengerichte die Zustimmung v. Rebmanns. Er stellte fest, daß es sich hierbei um eine

"... ächt alte teutsche Institution" handele, die "in diesen Gegenden wahrhaft volkstühmlich geworden." sei.

Er meinte ferner:

"Der Haupteinwurf, daß rechtsunerfahrene Bürger - die Wahrheit und den richtigen Bestand einer Thatsache nicht wohl beurtheilen könnten, da dieses oft dem Rechtsgelehrten schwer werde, beruht auf der ganz irrigen Voraussetzung, daß der

---

115 Gemeint ist die Schrift von Friedrich Carl von Savigny: Vom Beruf unsrer Zeit für Gesetzgebung und Rechtswissenschaft, Heidelberg 1814.

116 Zitiert aus dem Gutachten v. Rebmanns, Bayerisches Hauptstaatsarchiv, MJU 14648.

117 Zitiert aus: ebenda.

118 Zitiert aus: ebenda.

Geschworene instruire, indeß er nur über ein von Rechtsverständigen schon untersuchtes subsumirtes und resumirtes Factum nach Anhörung der Beweise urtheilt. Wenn aber auch die Geschworenen wegfielen, so könnte desfalls die öffentliche mündliche Verhandlung noch immer bestehen."[119]

Es gab aber ebenso rheinische Einrichtungen und Institutionen, an deren Erhalt v. Rebmann wenig Interesse zeigte. So sprach er sich auf dem Gebiet der Freiwilligen Gerichtsbarkeit für tiefgreifende Veränderungen aus. Beispielsweise wollte er das Notariat als Einrichtung abschaffen, ohne jedoch die ihm zugewiesenen Aufgaben gänzlich zu beseitigen. Sein Vorschlag sah vor, dessen Verrichtung Beamten zu übertragen, die ähnliche Geschäfte besorgen. Auch in bezug auf die Friedensgerichte sprach sich v. Rebmann für deren Abschaffung aus:

> "Die Friedensgerichte ließen sich in Landesgerichte umformen und diesen könnten auch einige Verwaltungszuständigkeiten übertragen werden, nur möchten die meisten jetzigen Friedensrichter, einige ehrenvolle Ausnahmen abgerechnet, höchstens als Beisitzer gebraucht werden können. Das Versöhnungs-Bureau, welches ihnen jetzt obliegt, das Recht - schiedsrichterliche Urtheile zu fällen, und die ihnen durch den 7. Art. des Civilgesetzbuches eingeräumte prorogirte Gerichtsbarkeit-Befugniß müssten beschränkt werden, selbst wenn die jetzige Form noch bestehen sollte, da diese Einrichtungen theils unterwirksam, teils zu Mißbräuchen Anlaß gebend, in der Ausübung sich nicht gut bewährt haben."[120]

Im Jahr 1818 wurde v. Rebmann in den Adelsstand erhoben. Von Rebmann, der in seinen letzten fünfzehn Lebensjahren schwer erkrankt war und der Pflege seiner Frau, Anna Henriette Catharina Runten, die er im Januar des Jahres 1803 geehelicht hatte, bedurfte, starb im Jahr seines Ausscheidens aus dem bayerischen Justizdienst. Er erlag am 16. September 1824 bei einem Kuraufenthalt in Wiesbaden seinem Leiden.

JOHANN VON BIRNBAUM[121] war zunächst der Vizepräsident v. Rebmanns am Gerichtshof zu Zweibrücken. Nach dessen Tod nahm er seine Stelle ein.

---

119 Zitiert aus: ebenda.

120 Zitiert aus: ebenda.

121 Vgl. insbesondere seine Selbstbiographie, in: Johann von Birnbaum: Geschichte der Stadt und der Bundesfestung Landau, Kaiserslautern 1830; Kurt Baumann: Das pfälzische Appellationsgericht in der Zeit von 1815-1871, in: Wilhelm Reinheimer (Hrsg.): Festschrift zum 150-jährigen Bestehen des Pfälzischen Oberlandesgerichts, Zweibrücken 1965; Klaus Knecht: Neuaufbau von Recht und Rechtspflege, in: Jahrbuch zur Geschichte von Stadt- und Landkreis Kaiserslautern, Bd. 18/19, Otterbach 1980/81; Max Schuler: Zweibrücker Juristen, in: Zweibrücker Monatshefte 1965; Hannes Ziegler: Johannes Birnbaum, in: Kleine Landauer Reihe, Bd. 2, 1982.

Von Birnbaum wurde am 6. Januar 1763 in Queichheim bei Landau in bescheidene Verhältnisse geboren. Sein Vater war Tagelöhner und Landwirt. Von Birnbaum war das älteste von sechs Geschwistern.

Ab dem siebten Lebensjahr besuchte v. Birnbaum die Dorfschule. Hier blieben den Lehrern und dem Pfarrer die Fähigkeiten und Begabungen ihres Schülers offensichtlich nicht verborgen, da sie den Eltern den Ratschlag gaben, ihren Sohn Johann in die Lateinschule von Landau zu schicken, um ihn zum Schulmeister ausbilden zu lassen. Ab dem vierten Schuljahr war der inzwischen zur Klassenspitze aufgestiegene v. Birnbaum in der Lage, durch die Erteilung von Privatunterricht selbst zu seinem Lebensunterhalt im Hause des Rektors, der ihn zwischenzeitlich bei sich aufgenommen hatte, beizutragen. Das Konsistorium, das anläßlich seiner Visitationen auf den guten Schüler aufmerksam geworden war, empfahl den Eltern, ihren Sohn Theologie studieren zu lassen. Von Birnbaum war an einer theologischen Laufbahn jedoch wenig interessiert und kehrte, um diesem Schicksal zu entgehen, auf die Dorfschule zurück. Von dort schickten ihn die Eltern auf Anraten des Dorfschullehrers jedoch wieder auf die Lateinschule, da er nur hier seinen Begabungen entsprechend ausgebildet werden konnte.

Als v. Birnbaums Vater im Alter von 38 Jahren starb, bemühte sich der erst Vierzehnjährige, für den Lebensunterhalt der Familie aufzukommen und seine Mutter, die nach dem frühen Tod des Vaters den Beruf einer Hebamme ausübte, zu unterstützen. Versuche, eine Anstellung als Lehrer zu finden, schlugen vor allem aufgrund seines jugendlichen Alters fehl. Endlich, im Jahr 1778, nach zwei Jahren der Untätigkeit, in denen v. Birnbaum seinerseits auf die Unterstützung seiner Mutter angewiesen war, erhielt er eine Lehrstelle in Landau. Nach drei Lehrjahren bei einem Chirurgen fand v. Birnbaum eine Anstellung bei einem angesehenen Geburtshelfer und Wundarzt aus Landau. In der Tochter seines Arbeitgebers lernte er seine spätere Ehefrau kennen. Von Birnbaum übernahm nach dem Besuch medizinischer Vorlesungen in Mannheim im Jahr 1786 als Meister der Chirurgie die Bartstube seines Schwiegervaters.

Die mit der Französischen Revolution 1789 zusammenhängenden politischen und gesellschaftlichen Veränderungen erweckten in Johann v. Birnbaum den Wunsch, die französische Sprache zu erlernen und sich politisch zu betätigen. Beides setzte er in die Tat um. Er gehörte zu den Gründungsmitgliedern des Landauer Jacobinerklubs, dessen Mitglieder ihre Aufgabe darin sahen, die Dekrete der Nationalversammlung dem Volk nahezubringen. Von Birnbaum soll hier äußerst aktiv gewesen sein; er beteiligte sich an der Abfassung von Resolutionen und bemühte sich um die Gewinnung neuer Mitglieder. Allerdings gab v. Birnbaum seine diesbezüglichen Aktivitäten später auf, weil der Klub im Laufe der Zeit anarchistische Züge angenommen haben soll.

Im Frühjahr des Jahres 1791 erhielt v. Birnbaum eine Stelle als Adjunkt des Munizipialsekretärs der Stadt Landau. Kurze Zeit später wurde ihm die Position eines Gerichtsschreibers des Friedensrichters von Landau übertragen; eine Stelle, die in der damaligen Zeit hohes Ansehen genoß. Von Birnbaum, der bislang über keinerlei juristische Kenntnisse verfügte, beschäftigte sich in den folgenden Jahren intensiv mit dem französischen Recht. In Vollziehung eines Dekrets der Nationalversammlung wurde er als Kommissär im französischen Dienst ernannt. Ihm oblag dabei unter anderem die Registrierung all jener Beamten, die anläßlich des Vormarschs der Truppen Österreichs und Preußens ihre rheinischen Gemeinden verlassen hatten und deshalb wegen Landesverrats hingerichtet werden sollten. Zwar soll es v. Birnbaum hervorragend verstanden haben, die Aufgaben zur Zufriedenheit seiner Kommittenten auszuüben und zugleich menschlich zu agieren, trotzdem soll er seinen Posten gern aufgegeben haben, als ihm eine Stelle als chef du burreau angeboten wurde.

Zwischen 1794 und 1795 arbeitete v. Birnbaum für die Verwaltungen in Weissenburg und Landau. Als Gemeindeagent, dem die Aufgabe eines Anklägers in den Sitzungen des Friedensgerichts oblag, kam er wieder mit der Justiz in Berührung. Im Zuge der Umbildung der Verwaltungsbezirke fand v. Birnbaum kurzzeitig eine Anstellung als Distrikts-Sekretär. Als die Distriktsverwaltungen 1795 beseitigt wurden und damit zugleich v. Birnbaums Stelle, nahm er die Wahl zum Friedensrichter des Kantons Landau an; dieses Amt übte er nach Wiederwahl bis zum April des Jahres 1799 aus. Im Anschluß erfolgte seine Wahl zum Departementsverwalter in Straßburg. Noch bevor seine Amtszeit ablief, wurde v. Birnbaum vom Dienst suspendiert. Seine Entlassung spricht v. Birnbaum in seiner Selbstbiographie an. Von Birnbaum fiel demnach den Umstrukturierungen im Zuge der Machtübernahme Napoleons zum Opfer.

Unter Napoleon, der als erster Konsul am 9. November 1799 an die Spitze der Französischen Republik getreten war, wurde die gesamte Verwaltung überprüft. Kommissionen der Regierung wurden in die Departements gesandt, um personelle Veränderungen vorzunehmen. Meist sollen die mit dieser Aufgabe betrauten Personen sehr willkürlich vorgegangen sein. So auch im Falle des Richters v. Birnbaum, der daraufhin den Bruder Napoleons um eine öffentliche Untersuchung der Angelegenheit bat. Tatsächlich gab es keinen in der Person v. Birnbaums liegenden Grund der seine Entlassung rechtfertigte, auch wenn die Behauptung aufgestellt worden war, v. Birnbaum habe das Vertrauen des Volkes verloren. Von Birnbaum erhielt auf seine Eingabe die Mitteilung, daß seine Beschwerde untersucht werden würde und ihm Gerechtigkeit widerfahren werde. Allerdings ließ man es bei diesen Versprechungen.

Einen Bittbrief richtete v. Birnbaum auch an General von Clarke, der ihm aus Landau bekannt und nun Offizier unter Napoleon war. Auf dessen Intention war es zurückzuführen, daß v. Birnbaum am 12. April 1800 bereits eine neue Stelle als

Präfekt des Wälderdepartements in Luxemburg antreten konnte. Dem aus einfachen Verhältnissen stammenden v. Birnbaum gelang es jedoch nur mit Mühe, sich an die mit seiner neuen Aufgabe verbundenen gesellschaftlichen Verpflichtungen zu gewöhnen. Dieses Problem löste sich allerdings von selbst, da er schon ein Jahr später sein Entlassungsschreiben in den Händen hielt. Auch hier erfolgte von Birnbaums Entlassung trotz einer Vielzahl von Belobigungen, die für die von ihm geführte Verwaltung durch die französische Regierung ausgesprochen worden waren. Von Birnbaum gelang es auch diesmal nicht, die Gründe zu erfahren. Seine Fahrt nach Paris hatte nur weitere Belobigungen und Versprechungen zur Folge, die letztlich unerfüllt blieben. Hilfe fand v. Birnbaum ein weiteres Mal bei seinem Freund Clarke, der zum bevollmächtigen Minister Napoleons aufgestiegen war. Seiner Bewerbung um eine Stelle als Appellationsgerichtsrat in Brüssel wurde entsprochen. Am 20. März 1801 trat er sein neues Amt an. Von Birnbaum, dessen juristische Kenntnisse mangels einer entsprechenden Ausbildung für diese Tätigkeit unzureichend waren, wurde von seinen Kollegen am Obergericht kaum beachtet. Doch schon anderthalb Jahre später eilte ihm, der sich in der Zwischenzeit intensiv dem Rechts- und Lateinstudium gewidmet hatte, der Ruf eines fähigen Juristen voraus.

Im Mai des Jahres 1803 wurde v. Birnbaum Richter beim neu konstituierten Appellationsgericht in Trier. Seine Bewerbung war erneut auf den Widerstand Napoleons gestoßen. Doch auch diesmal waren es Freunde, die sich für ihn verwandt hatten.

In der umfangreichen Biographie v. Birnbaums, die seiner "Geschichte der Stadt und der Bundesfestung Landau"[122] vorangestellt ist, kann man lesen, daß v. Birnbaum offensichlich über viele Jahre seines Lebens mit einem geringen Einkommen auskommen mußte. An mehreren Stellen der Biographie ist die Rede davon, wie wenig er verdiente. So soll er immer wieder sein Einkommen durch Nebentätigkeiten aufgebessert haben. Auch die Veröffentlichung von wissenschaftlichen Abhandlungen bot ihm eine solche Möglichkeit. Gemeinsam mit Franz Georg von Lassaulx - zur dieser Zeit Professor an der Koblenzer Rechtsschule - gab er in den Jahren 1804 bis 1807 das "Journal für Gesetzeskunde und Rechtsgelehrsamkeit" heraus. Er veröffentlichte ferner eine Erläuterung des seit dem code civil geltenden neuen Ehescheidungsrechts. Seine wissenschaftliche Beschäftigung mit dem französischen Recht führte im Jahr 1810 zur ersten deutschen Übersetzung des französischen Strafgesetzbuches. Auch gab er eine eigene Zeitschrift heraus, die "Jurisprudence de la cour de Trèves sur le nouveau droit et la nouvelle procédure, en matière civile et de commerce". Das Journal erhielt die kaiserliche Anerkennung und die Dispensation von

---

122 Vgl. Selbstbiographie, in: Johann von Birnbaum: Geschichte der Stadt und der Bundesfestung Landau, Kaiserslautern 1830.

der Zensur. Es erschienen allerdings nur drei Jahrgänge, weil der Druck mit dem Einrücken der Verbündeten Österreichs und Preußens eingestellt wurde.
Nachdem der mittlerweile mit einer Abhandlung über das Erbrecht des code napoléon promovierte v. Birnbaum den Ruf an die Göttinger Fakultät ausgeschlagen hatte, oblag ihm im Frühjahr 1811 die Aufgabe, die dem Trierer Gerichtsbezirk unterstellten Bezirksgerichte in Saarbrücken, Speyer, Kaiserslautern und Zweibrücken einzurichten. Im Dezember 1813 sollte v. Birnbaum Kammerpräsident des obersten Gerichtshofes im damaligen französischen Hamburg werden. Er konnte allerdings sein Amt wegen den herannahenden Armeen der Verbündeten nicht mehr antreten. Also versah v. Birnbaum trotz des Einzugs der Truppen seinen Dienst am Appellationsgericht zu Trier wie bisher.
Es wäre sicherlich von Interesse, die Gründe seines Ausharrens zu kennen, doch leider findet sich hierzu in seiner Selbstbiographie keine Erklärung. Die Befürchtung v. Birnbaums, seine Flucht könnte ihm bei einem Sieg Napoleons zum Nachteil gereichen, kann ebenso eine Erklärung bieten wie seine finanziellen Verhältnisse, die es ihm möglicherweise nicht erlaubten, Trier zu verlassen. Als einer der wenigen zurückgebliebenen Beamten wurde er von den einrückenden Verbündeten auf Vorschlag der Verwaltungkommission am 19. Januar 1814 zum provisorischen Präfekten des Wälderdepartements ernannt. Von Birnbaum soll hierüber keinesfalls erfreut gewesen sein, mußte er doch ein Treuebekenntnis für das neue Regime unterzeichnen. Eine mögliche Vergeltungsmaßnahme Napoleons fürchtete v. Birnbaum demnach nicht zu Unrecht. Justus von Gruner, dem v. Birnbaum nach dessen Eintreffen in den Rheinlanden seine persönliche Situation geschildert hatte, zeigte hierfür Verständnis und übertrug ihm das Amt eines stellvertretenden Gouvernementskommissars, nachdem er zuvor eine entsprechende Neubesetzung vorgenommen hatte.
Mit dem Eintreffen des Freiherrn vom Stein im Juni des Jahres 1814 wurde v. Birnbaum suspendiert. Im gleichen Jahr wurde v. Birnbaum wieder als Rat am Appellationsgericht zu Trier und im Oktober 1814 als Generaladvokat eingesetzt.
Die Rückkehr Napoleons aus Elba stellte v. Birnbaum vor die Frage, entweder als preußischer Beamter den sogenannten Huldigungseid für Preußen zu leisten oder aber in den Dienst der österreichisch-bayerischen Verwaltung zu treten, bei welcher ihm ein solcher Eid vorerst erspart blieb. Von Birnbaum entschied sich für letzteres. Ab dem 1. August 1815 bekleidete er die Stelle eines Vizepräsidenten am Appellationsgericht zu Kaiserslautern. Er organisierte gemeinsam mit v. Rebmann die Errichtung des Appellationshofes. Im Oktober des Jahres 1824, einen Monat nach dem Tod v. Rebmanns, wurde der mittlerweile mit dem bayerischen Zivildienstorden durch

König Max Joseph ausgezeichnete v. Birnbaum Präsident des Appellationsgerichts zu Zweibrücken. Er übte dieses Amt bis zum 23. März 1832 aus.[123]

Von Birnbaum setzte sich besonders für die Erhaltung des Instituts der Öffentlichkeit und Mündlichkeit des Verfahrens im Rheinkreis und dessen Übernahme in Altbayern ein. Er begründete sein Engagement in dieser Hinsicht vor allem mit den positiven Auswirkungen, die dieser Verfahrensgrundsatz auf die öffentliche Moral und den Volkscharakter habe. Er schrieb:

> "Durch die öffentlichen mündlichen Verhandlungen und den darauf folgenden Spruch des Richters wird zwischem diesem und seyn Urtheil ein Dritter Richter gestellt: Die Zeugen welche beigewohnt haben, auf deren Meinung, wenn sie competente Männer sind, das Publikum ein bedeutendes Gewicht legt, ..." [124]

Seiner Meinung nach waren die Öffentlichkeit und Mündlichkeit des Verfahrens besonders für das Volk von Nutzen. Er führte aus:

> " ... es erlangt durch die Öffentlichkeit und Mündlichkeit mehr Kenntnisse und Erfahrungen in den Gesetzen, lernt seine Rechte und Pflichten kennen, ehren und lieben und wenn es die Gesetze pünktlich von den Gerichten anwenden und die Urtheile so vollziehen sieht, weiß dass kein Ansehen der Person gilt, sondern das Verbrechen ohne Unterschied gleich bestraft, die Unschuld gleich geschützt und Leben, Freiheit, Ehre und Vermögen gesichert sind so wächst damit sein Sinn für Tugend und Recht und mit diesem die Liebe und Anhänglichkeit an König und Vaterland, ... "[125]

1829 widmete sich v. Birnbaum in einer umfangreichen wissenschaftlichen Arbeit[126] dem Prozeßrecht. Der von ihm begutachtete Entwurf der Prozeßordnung hatte Abänderungen am code de procédure vorgenommen, die nach der Meinung v. Birnbaums nur zu einer Verlängerung des Verfahrens führten. Seine hier gemachten Ausführungen dokumentieren sein Interesse an der Übernahme des französischen Verfahrens in Altbayern. Als sich - wie an späterer Stelle noch zu sehen sein wird - der Einfluß der konservativen Kräfte in Altbayern verstärkte, die Reformbereitschaft des Königs nachließ und die Frage der Übernahme Rheinischer Institutionen in den Hintergrund trat, gab v. Birnbaum am 2. November 1830 anläßlich der Wiedereröffnung des Gerichtsjahres 1830/31 seiner Verwunderung Ausdruck, daß es in den altbayerischen Kreisen immer noch kein Gesetz gab, welches zur Einführung der Öffentlichkeit und Mündlichkeit geführt hatte. Mit Hinweis darauf, daß die Stände

123 Zu Birnbaums Versetzung in den Ruhestand wird an späterer Stelle dieser Arbeit Stellung genommen.

124 Zitiert aus der Rede v. Birnbaums anläßlich der feierlichen Wiedereröffnung des Gerichtsjahres am Appellationsgericht zu Zweibrücken, am 5. November 1827, Bayerisches Hauptstaatsarchiv München, MJU 14645.

125 Zitiert aus: ebenda.

126 Johann von Birnbaum: Über die Verbesserung der Rechtspflege im Königreich Bayern in spezieller Beziehung auf den revidierten Entwurf der Prozeßordnung in bürgerlichen Rechtsstreitigkeiten von 1827/28, München 1829.

des Reiches die Einführung schon vor Jahren dekretiert hätten, äußerte er sein Unverständnis, daß die bereits ausgestandene Streitfrage nun wieder diskutiert wurde. Von Birnbaum griff die Juristen direkt an. Er meinte, daß es der "bare Dünkel einiger deutscher Juristen" sei, ein Verfahren abzulehnen, welches sie nicht einmal kennen würden. Er verwies darauf, daß dieser Verfahrensgrundsatz in Frankreich, England, der Schweiz und Amerika gelte und er niemand kenne, der sich für seine Abschaffung ausspreche.[127]
Wie die Geschichte gezeigt hat, war v. Birnbaums Einsatz nicht von Erfolg gekrönt; die Mündlichkeit und Öffentlichkeit des Verfahrens im Zivilverfahren wurden bis zu seinem Tod, im März des Jahres 1832, in Altbayern nicht mehr eingeführt. Dies geschah erst im Zuge der liberalen Justizreformen in den Jahren 1848 bis 1869. 1869 wurden die Öffentlichkeit und Mündlichkeit im Zivilverfahren eingeführt.[128]

Der Vizepräsident v. Birnbaums am Appellationsgericht zu Zweibrücken, JOHANN FRIEDRICH CARL BÖCKING,[129] wurde am 19. Oktober 1780 in Zweibrücken geboren. Sein Vater, Johann Heinrich, arbeitete als herzoglicher Oberhofmarschall und Staatssekretarius in Meisenheim. Mit zwanzig Jahren wurde Böcking Gerichtsschreiber. Bereits unter französischer Herrschaft arbeitete er als Präsident am Kuseler Kreisgericht. Später bestätigte ihn Justus von Gruner in seinem Amt. Die Landesadministrativkommission übernahm Böcking in ihre Dienste. Im Jahr 1816 wurde er Präsident des Kreisgerichts Frankenthal. In der Zeit zwischen dem 21. Dezember 1824 und dem 17. Dezember 1851 war Böcking als Direktor und Vizepräsident des Appellationsgerichts zu Zweibrücken tätig.

§ 3 DIE GENERALPROKURATOREN

Wie bereits ausführlich dargestellt, war auch der Generalprokurator in das Kassationsverfahren involviert. In der Zeit zwischen der Errichtung des Gerichtshofes in Zweibrücken und seiner Verlegung an das Oberappellationsgericht nach München gab es nur zwei Juristen, die als oberste Vertreter der Staatsbehörde am Appellationsgericht zu Zweibrücken tätig waren. Es waren dies Freiherr Alexander

127 Vgl. Johann von Birnbaum: Rede des Präsidenten des K. Appellationsgerichts für den Rheinkreis, in: Zwei Reden gehalten bei der Feyer der Wieder-Eröffnung des Gerichtsjahres am königl. bayer. Appellations-Gerichte des Rheinkreises in Zweibrücken, am 2. November 1830, Kaiserslautern 1830.

128 Vgl. Gesetz, die Einführung einer Prozeßordnung in bürgerlichen Rechtsstreitigkeiten für das Königreich Bayern betreffend vom 29. April 1869 - in: Regierungsblatt für das Königreich Bayern 1869, Sp. 1325.

129 Zu Böckings Biographie - vgl. Hans Ziegler: 175 Jahre Oberlandesgericht Zweibrücken 1815-1990. Seine Richter und Staatsanwälte, in: Sven Paulsen (Hrsg.): 175 Jahre pfälzisches Oberlandesgericht, Festschrift, Neustadt an der Weinstraße 1990.

von Völderndorff, der bereits als Appellationsgerichtsrat vorgestellt wurde - er übte dieses Amt von 1824 bis 1827 aus - und Ludwig von Koch, dessen Werdegang nun beleuchtet werden soll.

LUDWIG CHRISTIAN VON KOCH[130] war der erste Generalprokurator. Von Koch entstammte einer alten pfälzischen Beamtenfamilie. Sein Vater war zunächst Kirchschaffner und später Friedensrichter und Notar. Von Koch wurde 1778 in Kusel geboren, er hatte sechs Geschwister. Bei der Niederbrennung der Stadt Kusel durch die Franzosen im Jahr 1794 verlor seine Familie ihr gesamtes Vermögen.
Wie v. Birnbaum war auch v. Koch Autodidakt. Ohne juristisches Universitätsstudium hatte er seine Laufbahn als Gerichtsschreiber begonnen. Im Jahr 1812 erhielt er eine Stelle als stellvertretender Staatsprokurator in Zweibrücken. Zwei Jahre später setzten ihn die Verbündeten Österreichs und Preußens als Prokurator ein. 1815 kam v. Koch auf den Vorschlag v. Rebmanns an das Appellationsgericht nach Kaiserslautern. Im Jahr 1824 wurde er in den bayerischen Staatsrat nach München berufen, wo er als Experte für pfälzische Rechtsverhältnisse tätig werden sollte.
Das in den reformfreudigen Kreisen Altbayerns schon frühzeitig vorhandene Bedürfnis, einen Experten für diese Rechtsverhältnisse vor Ort zu haben, wurde - nachdem in der Landtagsverhandlung von 1819 die Einführung der Rheinischen Institutionen und Einrichtungen beschlossen worden war - [131] mit seiner Berufung in die Tat umgesetzt. Von Koch erhielt den Auftrag, die vorgesehene Übertragung der Rheinischen Institutionen auf Altbayern vorzubereiten. Eine Vielzahl von Entwürfen und Gutachten zu diesem Themengebiet sollten von ihm beurteilt werden. Von Koch soll von Justizminister Freiherr von Zentner für die Stelle in München ausgewählt worden sein, weil er nicht als doktrinärer Anhänger der Rheinischen Institutionen galt. In ihm sah dieser die passende Persönlichkeit für einen Ausgleich zwischen Altem und Neuem.
Von Kochs Verbleib in München war nicht von langer Dauer. Er fiel dem Regierungswechsel zum Opfer. Als Ludwig I. den Thron bestieg, wurde seine Stelle aus Kostengründen gestrichen; die ihm zugedachte Aufgabe übernahm später sein Landsmann Georg Ludwig von Maurer. Von Koch begab sich nach nur halbjähriger Tätigkeit auf eine längere Reise durch Frankreich, nicht zuletzt um sich von dieser personalpolitischen Maßnahme zu erholen. Schließlich kehrte er 1828 in sein früheres Amt nach Zweibrücken zurück. Im Jahr 1832 wurde er der Nachfolger Johann von

---

130 Vgl. zur Biographie v. Kochs - Klaus Knecht: Neuaufbau von Recht und Rechtspflege, in: Jahrbuch zur Geschichte von Stadt- und Landkreis Kaiserslautern, Bd. 18/19, Otterbach 1980/81.

131 Vgl. auch Karl-Georg Faber: Die Rheinischen Institutionen, in: Geschichtliche Landeskunde, Bd. 1, Wiesbaden 1964.

Birnbaums. Zwölf Jahre später, im Alter von 68 Jahren, trat v. Koch in den Ruhestand. Er verstarb 1855 in Zweibrücken.

IV. DIE GRUNDSÄTZE DER BAYERISCHEN PERSONALPOLITIK

§ 1 DIE HERKUNFT DER JUSTIZBEAMTEN

Die Auswertung der oben gewonnenen Erkenntnisse über die am Appellationsgericht zu Zweibrücken in den Jahren 1816 bis 1832 tätigen Richter und Generalprokuratoren zeigt, daß die überwiegende Mehrzahl gebürtige Rheinländer waren, die darüber hinaus vor ihrer Anstellung am Zweibrücker Gerichtshof bereits in den rheinischen Provinzen beruflich tätig gewesen waren.
Aber auch die in Altbayern geborenen Gerichtsmitglieder und diejenigen, deren Geburtsstätte unbekannt ist, konnten zumindest auf eine berufliche Laufbahn in den rheinischen Territorien zurückblicken.
Unter den insgesamt 28 in den Jahren zwischen 1816 und 1832 an den Appellationsgerichtshof berufenen Richtern und Generalprokuratoren finden sich lediglich drei Juristen, deren Anstellung in Zweibrücken eine Tätigkeit in Altbayern vorausgegangen war. Es waren dies die Gerichtsräte v. Völderndorff, Breitenbach und Allweyer, wobei letzterer im Jahr seiner Berufung wieder aus dem Gerichtshof ausschied - Allweyer kehrte in den Isarkreis zurück.
Alle übrigen Juristen hatten vor ihrer Ernennung zu Appellationsgerichtsräten bereits Gelegenheit erhalten, sich entweder als rheinische Justiz- oder aber Verwaltungsbeamte mit den linksrheinischen Verhältnissen und Gegebenheiten vertraut zu machen. So war beispielsweise der aus Altbayern kommende Hanauer vor seiner Berufung als Substitut des Generalprokurators am Zweibrücker Gerichtshof tätig gewesen.
Von den zwölf Richtern und Generalprokuratoren, über die das Tribunal im Jahr 1816 verfügte, kamen elf vom Appellationsgericht zu Kaiserslautern. Lediglich Giessen war bisher am Mainzer Gerichtshof tätig gewesen.
Ferner schieden zwischen den Jahren 1816 und 1831 zwölf Juristen aus dem Gerichtshof aus. Gleichzeitig konnten 18 Neuzugänge verzeichnet werden. Weitere drei Abgänge und zwei Zugänge sind auf das Ausscheiden und Wiedereintreten der beiden Generaladvokaten/-prokuratoren v. Koch und Freiherr v. Völderndorff zurückzuführen, die ihre Laufbahn am Gerichtshof jeweils für einige Jahre unterbrachen. Annähernd die Hälfte dieser Neueinstellungen, nämlich die Räte am Appellationsgericht zu Zweibrücken Ansmann, Böcking, Cloßmann, Hilgard, Lindenmeyer, Petri und Siegel, hatten bereits der französischen Regierung gedient.

§ 2 DIE AUSWAHLKRITERIEN FÜR EINE ANSTELLUNG

Die Mehrzahl der Gerichtsmitglieder können als Rheinländer bezeichnet werden. Sie wurden entweder in den Rheinlanden geboren oder hatten hier ihren Wohnsitz begründet. Diese Juristen waren, bedingt durch Erziehung, Ausbildung, gesellschaftliches Umfeld und nicht zuletzt ihre Tätigkeit im französischen Staatsdienst, von der Politik Frankreichs geprägt und damit zugleich reformfreudiger und fortschrittlicher orientiert als ihre altbayerischen Kollegen. Die bayerische Regierung nahm diesen Umstand offensichtlich nicht zum Anlaß, um ihn als Auswahlkriterium für eine Anstellung heranzuziehen. Dies kann mehrere Ursachen gehabt haben. Die bayerische Regierung stellte diese Überlegungen möglicherweise überhaupt nicht an oder - und das scheint naheliegender - schien sie diese Überlegung aufgrund ihrer eigenen politischen Haltung nicht zu beunruhigen.[132]

Denkbar ist aber auch, daß sie diesen Umstand einfach hinnahm, weil sie erkannt hatte, daß über diesen Weg eine Integration der rheinischen Gebiete und ihrer Bewohner besser zu bewerkstelligen sein würde.

Faber stellte in in seinen Untersuchungen jedenfalls fest, daß die bayerische Regierung die politische Einstellung ihrer Staatsbediensteten zunächst nicht interessierte. Diese Frage stellte weder ein besonderes Auswahlkriterium für eine Anstellung im bayerischen Justizdienst dar noch war sie entscheident für einen beruflichen Aufstieg, wie auch die Ernennungen Andreas Georg Friedrich von Rebmanns und Johann von Birnbaums zu Präsidenten des Gerichtshofes beweisen.[133]

Ausgehend von dieser Feststellung stellt sich die Frage, welches die wesentlichen Gesichtspunkte waren, nach denen die Mitglieder des Gerichtshofes ausgesucht wurden, insbesondere ob fachliche Befähigungen eine Rolle spielten. Aber auch der Ablauf des Einstellungsverfahrens ist von Interesse. In diesem Zusammenhang dürfte ferner bedeutsam sein, inwieweit die Regierung in München in das Einstellungsverfahren involviert war beziehungsweise welchen Einfluß sie auf die Personalpolitik ausübte.

Wie den Lebensdaten zu entnehmen ist, verfügte die Mehrzahl der am Appellationsgericht zu Zweibrücken tätigen Juristen über solide juristische Kenntnisse. Die Mitglieder des Gerichtshofes Hitzfeld, v. Rebmann, Hoffmann, Siegel, v. Maurer, Ansmann, F. X. Molitor, Hilgard und Spach hatten juristische Studien absolviert. Die

---

132 Vgl. zur politischen Haltung der Juristen auch Winfried Dotzauer: Kontinuität und Wandel in den Führungschichten des pfälzischen Raumes im Spiegel der aufgeklärten Gesellschaft des 18. und beginnenden 19. Jahrhunderts, in: Zeitschrift für die Geschichte des Oberrheins, Bd. 127, Stuttgart 1979.

133 Karl-Georg Faber: Verwaltungs- und Justizbeamte auf dem linken Rheinufer während der französischen Herrschaft, in: Aus Geschichte und Landeskunde, Festschrift für Franz Steinbach, Bonn 1960.

Biographie Johann von Birnbaums hat gezeigt, daß er trotz eines fehlenden juristischen Studiums hervorragende Rechtskenntnisse besaß und ein hohes Ansehen genoß.
Diese Faktoren und die näheren Umstände, die zur Berufung Hilgards an den Gerichtshof geführt haben, unterstützen die hier vertretene These, daß besonders der fachlichen Befähigung herausragende Bedeutung für eine Berufung an den rheinischen Gerichtshof beigemessen wurde.
Die Bedeutung, die König Ludwig der juristischen Qualifikation beimaß, kommt auch in dem Schreiben König Ludwigs vom 18. Januar 1827 an den Justizminister zum Ausdruck:

> "Nachdem Wir in Erfahrung gebracht haben, daß in den älteren Kreisen des Königreiches ein fühlbarer Mangel an solchen Justizbeamten herrsche, welche mit der Gesetzgebung und den gerichtlichen Verfahren im Rheinkreise in der Art vertraut, und darin auch so praktisch befähigt wären und mit einem dem Bedürfniß entsprechendem Erfolge in dortige Gerichtsstellen eintreten zu können, zugleich aber die Ausübung des Advocatenstandes im Rheinkreise für das wirksamste Mittel halten, um für solche Stellen vollkommen befähigte Justizbeamte zu gewinnen, so beauftragen Wir hierdurch Unser Staatsministerium der Justiz die möglichste Rücksicht dabei zu nehmen, das diejenigen rechtsbeschließenden der älteren Kreise, welche im Rheinkreise eine Anstellung suchen, ihre juristische Laufbahn mit der Anwaltschaft an dortigen Gerichten beginnen, um dadurch auf jeden Fall die Zahl derjenigen Gerichtspersonen vermehren, welche zum Nutzen der Justizverwaltung die Kenntniß der in den verschiedenen Theilen unseres Reiches geltenden Rechte und Gerichtsverfaßung in sich vereinigen."[134]

Auch bei der Besetzung der Rechtspraktikantenstellen legte der bayerische König großen Wert darauf, daß die sich um eine Anstellung bewerbenden Kandidaten aus den altbayerischen Kreisen Kenntnisse im Rheinischen Recht vorweisen konnten. Sie hatten eine vorschriftsmäßige Prüfung über die im Rheinkreis geltenden Gesetze abzulegen. So legte die allerhöchste Verordnung vom 6. März 1830 fest, daß bei der zweiten Prüfung der zum Staatsdienst aspirierenden Rechtskandidaten sowohl das in Altbayern geltende Zivilrecht als auch das Zivilprozeßrecht für den Rheinkreis zu prüfen sind.[135] Damit die Ausbildung im französischen Recht auch an den Universitäten nicht vernachlässigt wird, trat der pfälzische Landrat bereits im Jahr 1820 für die Errichtung einer Professur für französisches Recht an einer der bayerischen Universitäten ein. Die Errichtung des Lehrstuhls für französisches Recht an der Würzburger Universität im Jahr 1821 war auf diese Bemühungen zurückzuführen.[136]

---

134 Zitiert aus: Bayerisches Hauptstaatsarchiv, MJU 10229.

135 Verordnung vom 6. Mai 1830 - in: Regierungsblatt für das Königreich Bayern 1830, Sp. 581.

136 Die Gründung eines eigenen bayerischen Lehrstuhls für französisches Recht innerhalb eines Zeitraums von nur einem Jahr war nicht zuletzt deshalb so schnell vonstatten

Die dem Justizminister obliegende oberste Aufsicht über alle Justizhöfe des Landes in Hinsicht auf deren Geschäftsführung schloß die Durchführung regelmäßiger Visitationen der Gerichtsbehörden ein. Insbesondere Graf von Reigersberg nutzte diese Möglichkeit, um sich von der Funktionsfähigkeit der bayerischen und rheinbayerischen Gerichte vor Ort zu überzeugen.[137] Die Beurteilung der fachlichen Eignung der am Gerichtshof tätigen Beamten dürfte bei seinen Reisen sicherlich ein Thema gewesen sein.

Eine Äußerung des Präsidenten des Appellationsgerichts Johann von Birnbaum vom 5. November 1827 anläßlich der feierlichen Wiedereröffnung des Gerichtsjahres am Appellationsgericht zeigt, daß auf die persönliche Integrität der Richter großer Wert gelegt wurde:

> "Sie [die Richter - d. V.] sollen das Recht nicht beugen, nach Ansehen der Person machen oder Geschenke nehmen, denn die Geschenke machen den Weisen blind und vernebeln die Sache des Gerechten aus Ungeduld oder Bequemlichkeit, verinnerlichen Unfehlbarkeit oder aus falscher Ehrliebe, sich durch viele Urtheile von anderen auszeichnen, die gehörige Zeit zur gründlichen Untersuchung und reiflicher Überlegung nicht nehmen wollte, würde das Recht nicht weniger beugen, als der bestochene oder partheyische Richter, obgleich aus keinem so schändlichen Grund; aber in Bezug auf die Partey, welche ihre gerechte Sache verliert, hat kein Urtheil die nämlichen Folgen."[138]

Er fügte jedoch klarstellend hinzu:

> "Fern sei jedoch der Gedanke von uns, daß es solche Richter im Rheinkreis gebe, vielmehr sind wir der Hoffnung daß, wenn sich ja eine solcher fände, unsere Worte, wenn sie zu seinen Ohren kommen, ihn heilen sollen."[139]

§ 3 DAS EINSTELLUNGSVERFAHREN

Im Besitznahmepatent hatte Max Joseph am 30. April 1816 zunächst betont, daß die Staatsdiener ihren Dienst wie bisher versehen sollten.[140] Im Jahr 1818 bestätigte er

---

gegangen, weil die bayerische Regierung damit der einsetzenden Entwicklung, daß sich ihre - vor allem Pfälzer - Jurastudenten an außerbayerischen Universitäten wie Straßbourg, Metz oder Paris immatrikulieren ließen, um das französische Recht an der Quelle zu studieren, zu begegnen versuchte. (Vgl. Abschied für den Landrat des Rheinkreises - in: Regierungs- und Intelligenzblatt für das Königreich Baiern 1821, Nr. 4, Sp. 65.)

137 Weiterführend zur Stellung des Justizministers - vgl. Hermann Rumschöttel: Das Bayerische Staatsministerium der Justiz 1799-1966, in: August R. Lang (Hrsg.): Festschrift für Karl Bengl, München 1984.

138 Zitiert aus: Bayerisches Hauptstaatsarchiv, MJU 14645.

139 Zitiert aus: ebenda.

140 Besitznahmepatent vom 30. April 1816 - in: Königlich-Baierisches Regierungsblatt 1816, Sp. 390.

provisorisch die Bestellung der Staatsbehörde am Appellationsgericht zu Zweibrücken.[141]

Vor der offiziellen Übernahme des Rheinlandes durch das Königreich Bayern oblag dem bayerischen Vertreter der Landesadministrativkomission, Franz Xaver von Zwackh-Holzhausen, die Befugnis zu einer provisorischen Besetzung aller Ämter. Hiervon machte er jedoch keinen Gebrauch. Statt dessen legte er dem Justizminister in Privatschreiben seine Ansichten zu den von dem Gerichtshof selbst vorgeschlagenen Kandidaten vor und wartete dann die Genehmigung des Justizministers ab.[142]

In der Folgezeit wurden die aus den Reihen des Gerichtshofes stammenden Vorschläge über die Regierung in Speyer dem bayerischen Justizministerium und von dort dem König zugeleitet und durch diesen bestätigt.[143] Anhaltspunkte dafür, daß Justizminister Graf von Reigersberg gegen die Personalvorschläge des Appellationshofes Einwände vorgebracht hätte, ließen sich den Quellen nicht entnehmen.[144]

---

141 Vgl. Kurt Baumann: Das pfälzische Appellationsgericht in der Zeit von 1815-1871, in: Wilhelm Reinheimer (Hrsg.): Festschrift zum 150-jährigen Bestehen des Pfälzischen Oberlandesgerichts, Zweibrücken 1965.

142 Dies ergibt sich aus einem Schreiben Franz Xaver von Zwackh-Holzhausens an den König vom 11. Juli 1816 (Bayerisches Hauptstaatsarchiv, MJU 14648).

143 Vgl. Verordnung vom 1. Februar 1815 - in: Königlich-Baierisches Regierungsblatt 1815, S. 66.

144 Graf von Reigersberg galt als liberal; er soll den fortschrittlichen Verhältnissen im Rheinkreis aufgeschlossen gegenübergestanden haben. Heinrich Alois Graf von Reigersberg war in der Zeit vom 16. August 1810 bis 14. Juni 1823 bayerischer Justizminister und somit der erste Justizminister nach der Begründung der bayerischen Herrschaft am Rhein. Er wurde am 30. Januar 1770 in Würzburg als Kind des fürstbischöflichen würzburgischen Hofrats, Freiherr von Reigersberg und dessen Ehefrau, Freiin von Horben auf Ringenberg geboren. Nachdem man den jungen Graf von Reigersberg bereits mit neun Jahren als Fähnrich in ein Kreis-Infanterieregiment aufgenommen hatte, wurde er mit fünfzehn Jahren zum Leutnant befördert. Von 1787 bis 1790 besuchte er juristische und staatswissenschaftliche Vorlesungen am Gregorianum sowie an den Universitäten Göttingen und Bonn, wo er das Abitur erwarb. 1791 erhielt Graf von Reigersberg in Salzburg eine Stelle als Hofrat, die er bis zu seiner Hochzeit im Jahr 1793 mit der Gräfin Maria Theres von Lodron ausübte. Ein Jahr später übersiedelte er in die Nähe von Reichenhakk. Im Jahr 1796 wurde er Kammergerichtsassessor in Wetzlar. Zwei Jahre später erfolgte seine Ernennung zum Geheimen Rat und Kammergerichtspräsidenten. 1803 wurde Graf von Reigersberg Reichskammerrichter; er bekleidete damit die damals höchste Richterstelle. Graf von Reigersberg wurde am 1. Juli 1807 zum Präsidenten des königlichen Hofgerichts zu München ernannt. Seit dem Jahr 1808 war er Mitglied der Bayerischen Akademie der Wissenschaften. Am 1. Januar 1809 wurde er zum Präsidenten des Oberappellationsgerichts München berufen. Als bayerischer Justizminister leitete er die Revisionskommission zur bayerischen Verfassung. Als Justizminster legte Graf von Reigersberg sein besonderes Augenmerk auf eine gut funktionierende Berichterstattung. Er forderte in regelmäßigen Abständen Geschäftsberichte ein. Graf von Reigersberg starb im Jahr 1865 im Alter von 95 Jahren. (Vgl. Alois Alzheimer; Alfred Resch: Heinrich Alois Graf von Reigersberg, in: Staatsministerium der Justiz [Hrsg.]: Die Kgl. Bayer. Staatsminister der Justiz in der Zeit von 1816-1918, 1. Teil, München 1931).

Eine Einflußnahme von seiten des bayerischen Königs auf das Einstellungsverfahren ließ sich nicht feststellen. Lediglich der Berufung v. Birnbaums als Präsident an das Appellationsgericht zu Zweibrücken war wie schon im Fall v. Rebmanns ein Einstellungsverfahren vorausgegangen, an welchem man sich auch in München aktiv beteiligt hatte.[145]

Im Ergebnis kann deshalb festgehalten werden, daß eine Einflußnahme der bayerischen Regierung auf die Personalverhältnisse am Appellationsgericht zu Zweibrücken kaum stattfand; der Gerichtshof hatte in der Auswahl seiner neuen Gerichtsmitglieder weitgehende Entscheidungsfreiheit.

Im Hinblick auf die Modalitäten des Dienstverhältnisses bestand zwischen einer Anstellung in Altbayern und im Rheinkreis kein Unterschied. Die Beamten des Gerichtshofes erwarben den Stand eines Staatsdieners durch das Anstellungsreskript. Während sich die Verwaltungsbeamten in den ersten drei Jahren mit einer provisorischen Anstellung abfinden mußten, wurde das Personal der Gerichtshöfe unmittelbar in eine Festanstellung übernommen. Für eine Beförderung war die Antragstellung nicht Voraussetzung. Die Prüfung erfolgte automatisch.[146] Seit der Regierungsentschließung vom 28. Juni 1818[147] waren auch die Pensionsverhältnisse der Staatsdiener in allen acht Kreisen vereinheitlicht. Sie richteten sich nach der Staatsdienerpragmatik.

> "Da sich laut Verfassung V § 6 die Pensionsansprüche der Staatsdiener und öffentlichen Beamten nach der Dienstpragmatik richten, kommen die im Rheinkreis in die gleiche wohlwollende Fürsorge."[148]

§ 4 ZWISCHENERGEBNIS

Ebenso wie sich der Übergang von der französischen zur bayerischen Herrschaft im Rheinkreis ohne nennenswerte Veränderungen der vorgefundenen Institutionen vollzogen hatte, waren auch im Personalsektor keine tiefgreifenden Umwälzungen zu verzeichnen. Es konnte nachgewiesen werden, daß die bayerische Regierung die Personalpolitik der Übergangszeit, d.h. der interimistischen Verwaltung fortsetzte. Die

---

Sein Nachfolger war Friedrich Freiherr von Zentner, der das Amt des Justizministers vom 14. Juni 1823 bis zum 30. Dezember 1831 ausübte.

145 Auf dieses Einstellungsverfahren wird an späterer Stelle eingegangen.

146 Vgl. Edikt vom 26.5.-15.7.1818, die Verhältnisse der Staatsdiener betreffend (Gesetzblatt für das Königreich Bayern 1818) sowie Verordnung, die Ernennung und Beförderung der Staatsdiener im Justizfache betreffend vom 1.2.1815 (Königlich-Baierisches Regierungsblatt 1815).

147 Regierungsentschließung vom 28. Juni 1818 - in: Sammlung der im Gebiete der inneren Staats-Verwaltung des Königreichs Bayern bestehenden Verordnungen, Bd. XVII, München 1839, S. 772, Sp. 1007.

148 Zitiert aus: Intelligenzblatt des königlich-baierischen Rheinkreises 1818, Sp. 747.

Gründe, die sie veranlaßt haben könnte, das französische Justizpersonal fast ausnahmslos zu übernehmen, sind in der eingangs dargestellten Entscheidung, das französische Recht ebensowenig zu verändern wie die damit verbundene Gerichtsstruktur, zu suchen.

Der von Bayern ins Auge gefaßte zügige und vor allem reibungslose Anschluß der neuerworbenen Provinzen an das Mutterland hatte zur Konsequenz, die mit den Institutionen vertrauten Staatsdiener auf ihren Posten zu belassen. So wurden auch die das französische Recht anwendenden Richter in den bayerischen Staatsdienst übernommen.

Wie die weiteren Ausführungen zeigen werden, waren die sogenannten Altbayern weder mit den rechtlichen noch den gesellschaftlichen Verhältnissen in den Rheinlanden vertraut. Eine Neubesetzung der Stellen hätte demnach unweigerlich eine Phase der Stagnation in Justiz und Verwaltung zur Folge gehabt. Dies wollte man in München vermeiden.

Betrachtet man in diesem Zusammenhang die eingangs dargestellte Entwicklungsgeschichte des Königreichs etwas näher, stellt man fest, daß der Anschluß der Rheinprovinz an Bayern in eine Zeit fiel, als die Reformwerke des Grafen von Montgelas das politische Klima im Land bereits verändert hatten. Unter den fortschrittlichen Kräften in Bayern fanden sich eine Vielzahl von Befürwortern französischer und damit auch Rheinischer Institutionen und Strukturen.

Die bereits an vorangegangener Stelle dieser Arbeit aufgezeigten finanziellen Interessen der bayerischen Regierung am Rheinkreis dürften ein weiterer Grund gewesen sein, Bestehendes beizubehalten und damit auch die Staatsdiender auf ihren Stellen zu belassen. Die angesprochene Geheiminstruktion des Fürsten von Wrede deutet jedenfalls darauf hin, daß man Maßnahmen vermeiden wollte, die zu finanziellen Mehrbelastungen geführt hätten.

Ob auch die Frage der Endgültigkeit der Zugehörigkeit der Pfalz zu Bayern in der Personalpolitik eine Rolle gespielt hat beziehungweise ob man den Anschluß der linksrheinischen, vom Mutterland territorial getrennten Gebiete noch nicht als endgültiges Resultat der territorialen Auseinandersetzungen zwischen Österreich und Bayern ansehen wollte und deshalb auch im Personalsektor wenig Einfluß nahm, läßt sich zwar aus heutiger Sicht nicht eindeutig beantworten; die konkreten Aussichten für einen solchen Gebietsaustausch waren jedoch minimal. Die mögliche Erklärung, daß die bayerische Regierung nicht die Verhältnisse einer Provinz verändern wollte, an deren Verbleib sie kein großes Interesse hatte, vermag deshalb nicht zu überzeugen. Im übrigen könnte eine solche Begründung auch nur die ersten Jahre der Personalpolitik rechtfertigen.

Möglicherweise könnte die territoriale Situation in der Folgezeit dennoch Einfluß auf die Personalpolitik gehabt haben. Bedenkt man nämlich, daß der bayerische Rheinkreis aufgrund seiner geographischen Lage zu den übrigen sieben Kreisen des Königreichs Bayern lediglich Randgebiet ohne territoriale Einheit war, so liegt die Vermutung nahe, daß schon aufgrund dieser geographischen Situation die Verhältnisse in dieser Provinz nicht im Mittelpunkt der bayerischen Politik gestanden haben können, zumal man sicherlich auch keinen Handlungsbedarf sah, solange die Verhältnisse keinen Anlaß zur Klage boten.

Natürlich interessieren im Rahmen dieser Untersuchung auch die Motive, die ihrerseits die ehemals französischen Bediensteten zu einem Eintritt in den bayerischen Justizdienst veranlaßt haben könnten. Faber hat sich mit dieser Frage auseinandergesetzt.[149] Er kommt zu dem Schluß, daß drei Motive ausschlaggebend gewesen sein dürften.

Ein erstes Motiv ist zunächst in der sozialen Herkunft der Juristen zu suchen; die Mehrzahl der Appellationsgerichtsräte entstammte bürgerlichen Verhältnissen; im Fall des späteren Präsidenten des Appellationsgerichts, v. Birnbaum, können diese als ärmlich bezeichnet werden. Eine Anstellung im Staatsdienst ermöglichte es ihnen, den Lebensunterhalt für sich und ihre Familien zu sichern.[150]

Aber auch ein bestimmtes Maß an Verantwortungsbewußtsein gegenüber den Bürgern des Rheinkreises, das als gegeben vorausgesetzt werden kann, ist als weiteres Motiv zu nennen. Ein Nichteintritt einer Vielzahl von Beamten und Richtern in den bayerischen Staatsdienst hätte unweigerlich erhebliche Probleme in Verwaltung und Justiz mit sich gebracht, da eine Neubesetzung der bisher von diesen Personen bekleideten Stellen zunächst Zeit in Anspruch genommen und danach eine Phase der Einarbeitung nach sich gezogen hätte.

Es dürfte gleichfalls ein Anliegen der aus dem französischen Justizdienst übernommenen und politisch interessierten Beamten gewesen sein, das Rheinische Recht als ein Resultat der gesellschaftlichen Erneuerung zu erhalten. Hiervon zeugen vor allem die Gutachten v. Rebmanns sowie die Äußerungen Hilgards und v. Birnbaums, die sich wiederholt für eine grundsätzliche Beibehaltung der französischen Rechts- und Gerichtsordnung aussprachen beziehungsweise deren Übernahme für die altbayerischen Gebiete befürworteten. Wie v. Rebmann hegte sicherlich der Großteil des am Appellationsgericht zu Zweibrücken tätigen Justizpersonals die Hoffnung, durch die Zuordnung zum reformfreudigen Bayern seine Staatsauffassung verwirklicht zu sehen. Aber auch ohne solch politisch motivierten Zielsetzungen waren wahrscheinlich viele der aus dem französischen Staatsdienst

---

149 Karl-Georg Faber: Verwaltungs- und Justizbeamte auf dem linken Rheinufer während der französischen Herrschaft, in: Aus Geschichte und Landeskunde, Festschrift für Franz Steinbach, Bonn 1960.

150 Das Gehalt eines Richters betrug um das Jahr 1818 ca. 1.600 bis 2.000 fl. (vgl. die Verordnung vom 10. Januar 1818 - in: Intelligenzblatt des königlich-baierischen Rheinkreises 1818, Sp. 71).

übernommenen Beamten der Auffassung, die Rheinischen Institutionen ob ihrer Vorzüge, zumindest aber wegen ihrer rheinischen Eigentümlichkeit verteidigen zu müssen.
Die anfängliche Großzügigkeit der bayerischen Regierung in der pfälzischen Personalpolitik führte letztlich dazu, daß die Hauptvertreter des vormärzlichen pfälzischen Liberalismus ihren Einfluß auf die Justiz behalten konnten.
Anläßlich der feierlichen Wiedereröffnung der Sitzungen des Appellationsgerichts zu Zweibrücken im November des Jahres 1826 äußerte sich der Generalprokurator v. Völderndorff über die Justizbeamten im Grundsatz sehr lobend. Er führte aus:

> "Mit den Justizbeamten des Rheinkreises hat man fortwährend Grund im allgemeinen zufrieden zu seyn. Von dem Grundsatz ausgehend, das gute Beamte im allgemeinen wesentliche Stützen des Staatsgebäudes - gute Justizbeamten aber die Grundpfeiler desselben sind, wird keins der zu Gebote stehenden Mittel versäumt, um den Strauchelnden durch zeitige Warnung den Abgrund des Verderbens zu entziehen, den Fallenden der gerechten Ahndung zu überliefern, den Unverbesserlichen von dem Stand, den er entehrt, entfernen zu machen." [151]

Er wies darauf hin, daß es nur wenige "zweideutige Individuen" unter ihnen gegeben habe. Hier sei es zu Disziplinarmaßnahmen gekommen. Auch für die Anwälte fand der Generalprokurator v. Völderndorff lobende Worte Sie würden sich durch Pflichtbewußsein auszeichnen. Er fand aber auch Kritikpunkte, wie seine weiteren Ausführungen deutlich machen:

> "Nur wäre hie und da mehr Fleiß und Eifer für das Interesse der Klienten und sorgfältigere Beobachtung des äusseren Umstandes in den Gerichtssitzungen zu wünschen ... Mit dem Benehmen der Herren Rechtskandidaten hat man Grund vollkommen zufrieden zu seyn. Mit Vergnügen bemerkt man, daß sie den ihnen angewiesenen Standpunkt immer richtiger erkennen, dass sie sich von der Nothwendigkeit unermüdeten Fleißes und gründlichen Studiums zur Vermehrung ihres Wissens überzeugen und das sie davon durchdrungen sind, dass nicht blos Talent und Kenntnisse, sondern auch Bescheidenheit, sittliches Betragen und äusserer Anstand den Aspiranten zum Staatsdienst zieren."[152]

Schließlich bescheinigte er auch den Rechtskandidaten Engagement und lobenswertes Betragen.

> "Es wird Ihnen auch nicht entgangen seyn, mit welcher Fürsorge und Unparteylichkeit bisher diejenigen Kandidaten, welche in die Prüfung hinlänglich streben, ihre Fähigkeit abgelegt und sich durch die obenerwähnten guten Eigenschaften ausgezeichnet haben, bey Erledigung von Stellen bedacht worden sind. Möchte sie dieses ermuntern sich durch Fortsetzung ihres bisherigen lobenswürdigen Betragens gleiche Ansprüche zur

---

151 Zitiert aus: Bayerisches Hauptstaatsarchiv, MJU 14645.
152 Zitiert aus: ebenda.

Bedachtnahme zu erwerben und hierdurch zugleich ihren Dank zu bethätigen für die landesväterliche Fürsorge, mit welcher Unsere allergnädigste Regierung von jeher für ihre Ausbildung zu tüchtigen Beamten und für ihre Versorgung bedacht war." [153]

§ 5 DIE PERSONALPOLITIK IN DER VERWALTUNG

Die Personalpolitik in der Justiz unterschied sich kaum von der in der Verwaltung.[154] Etwa 150 bis 200 Personen von den damals rund 430.000 Einwohnern der bayerischen Pfalz waren im öffentlichen Dienst tätig. Sämtliche im aktiven Staatsdienst beschäftigten Bediensteten wurden von der bayerischen Regierung übernommen.

In bezug auf das rheinische Verwaltungspersonal wird die Frage, ob dieses die erforderliche Qualifikation besaß, in der Literatur nicht übereinstimmend beantwortet. So verweist Haan auf ein Schreiben Franz Xaver von Zwackh-Holzhausens vom 31. August 1816 an Graf von Montgelas, um seine Argumentation zu stützen, daß die fachliche Qualifikation bei den Verwaltungsbeamten mangelhaft war:

> "In diesem Lande sind redliche Staatsmänner, welche zugleich Studien und umfassenden Blick haben, sehr selten. Die meisten haben sich nur für ein Fach in den Bureaux zu den Formalitäten und dem Mechanischen gebildet."[155]

Faber meint dem hingegen, die Aussage, daß die meisten Beamten der französischen Verwaltung aus der Zeit vor 1800 die für ihre Stellung notwendigen Fachkenntnisse und Vorbildung nicht besessen, hätten, sei zumindest fragwürdig.

Ein Beamtenaustausch zwischen den neuerworbenen rheinischen Provinzen und Altbayern fand nicht statt. Nach ihrer dienstlichen Herkunft waren ungefähr 90% aller zu Beginn der bayerischen Ära Beschäftigten schon vor 1816 auf dem linken Rheinufer, und zwar vorwiegend in französischer Anstellung tätig gewesen. Von den restlichen knapp 10% aus Altbayern stammenden Beamten war die Hälfte bereits zur Zeit der provisorischen Verwaltung auf das linke Rheinufer gekommen. Ein Blick auf die geburtsmäßige Abstammung zeigt, daß etwa 80% aller Beamten als Rheinländer im weiteren Sinn eingeordnet werden können.

---

153 Zitiert aus: ebenda.

154 Vgl. Karl-Georg Faber: Verwaltungs- und Justizbeamte auf dem linken Rheinufer während der französischen Herrschaft; in: Aus Geschichte und Landeskunde, Festschrift für Franz Steinbach, Bonn 1960 - mit einer Auswertung von 899 Personalfragebogen aus den Monaten März und April 1800, den sogenannten "États des Services des Fronctionnaires" sowie Heiner Haan: Kontinuität und Diskontinuität in der pfälzischen Beamtenschaft im Übergang von der französischen zur bayerischen Herrschaft (1814-1818), in: Jahrbuch für westdeutsche Landesgeschichte, Jhrg. 2, Koblenz 1976.

155 Zitiert nach: Heiner Haan: Kontinuität und Diskontinuität in der pfälzischen Beamtenschaft im Übergang von der französischen zur bayerischen Herrschaft [1814-1818], in: Jahrbuch für westdeutsche Landesgeschichte, Jhrg. 2, Koblenz 1976, S. 306 - das Schreiben befindet sich im Bayerisches Hauptstaatsarchiv, MInn 34562/I.

Ob sich die Kontinuität in der Beamtenschaft bis in die Wittelsbacher Zeit fortzeichnen läßt, wird in der Literatur ebenfalls nicht ganz eindeutig beantwortet. Haans Untersuchungen dokumentieren, daß sich unter den in den Jahren 1816/1818 in den bayerischen Staatsdienst übernommenen Beamten nur wenige befanden, die vor der französischen Herrschaft am Rhein im altpfälzischen oder altzweibrückischen Dienst gestanden hatten. So sollen sich vor der Errichtung der Landesadministrativkommission zu Kreuznach viele der ehemals kurpfälzischen und pfalz-zweibrückischen Beamten um eine Anstellung im bayerischen Staatsdienst beworben haben. Diesen Wünschen kam man in München jedoch nicht nach. Und dies, obwohl die Beamten aus der Wittelsbacher Ära in dem königlich-bayerischen Regierungsrat Philipp Heinrich Lersé einen aktiven Fürsprecher sowohl bei der Regierung des Rheinkreises als auch in München gefunden hatten. Haan untermauerte seine Aussage durch eine Feststellung Franz Xaver von Zwackh-Holzhausens. Dieser schrieb am 3. Mai 1816 an seinen Freund Graf von Montgelas:

> "Die Altpfälzer und die Zweibrücker gehen von dem Gesichtspunkt aus, daß man alle unter der Landesverwaltung der Alliierten und bei der vorigen k. k. österreichischen und k. bairischen gemeinschaftlichen Administration gebrauchten Staatsdiener entlassen und noch dabei den Pfälzern und Zweibrückern die Wahl lassen solle, welche Aemter sie sich ausmachen wollen."[156]

Demgegenüber führt die - allerdings auch auf die preußischen und hessischen Rheinprovinzen bezogene - wissenschaftliche Auswertung Fabers zu dem Ergebnis, daß ca. 330 der etwa 650 und damit über die Hälfte der aus den Rheinlanden stammenden Beamten bereits vor der Französischen Revolution entweder im Verwaltungs- und Justizdienst tätig gewesen waren, oder als Notare und Advokaten ihren Lebensunterhalt verdient hatten. Faber kam außerdem zu der Feststellung, daß die personelle Kontinuität im Justizdienst durchweg gegeben war.

---

156 Zitiert nach: Heiner Haan: Kontinuität und Diskontinuität in der pfälzischen Beamtenschaft im Übergang von der französischen zur bayerischen Herrschaft (1814-1818), in: Jahrbuch für westdeutsche Landesgeschichte, Jhrg. 2, Koblenz 1976, S. 295. (Die Originalquelle ist nicht mehr auffindbar; zwar hat Haan als Fundstelle die Akte MInn 34562/I des Bayerischen Hauptstaatsarchives angegeben; hier und in den weiteren Akten findet sich dieses Schreiben jedoch nicht mehr.)

C DAS RECHTSMITTEL DER KASSATION

I. DIE GRUNDZÜGE DER RECHTSGESCHICHTLICHEN ENTWICKLUNG DER KASSATION

Kassation, spätlateinisch "cassare" wird mit "annullieren" beziehungsweise "aufheben" übersetzt. Der lateinische Terminus "cassus" steht für "leer" oder "nichtig".[157]
Der Begriff der Kassation ist unserer heutigen deutschen Rechtsordnung fremd. Monographien jüngeren Datums sucht man in der deutschen Rechtsliteratur vergebens. Dies verwundert nicht, wenn man bedenkt, daß bereits im 19. Jahrhundert die von einigen deutschen Staaten - so auch Preußen und Bayern - übernommene Kassation durch die Revision als eines auf die Verletzung eines Rechts gegründeten Rechtsmittels, das die Nachprüfung eines Urteils durch eine höhere Instanz ermöglicht, ersetzt wurde. Auch in der rechtswissenschaftlichen Literatur der ehemaligen DDR, deren Zivilprozeßrecht das Rechtsmittel der Kassation kannte, findet sich keine Darstellung seiner rechtsgeschichtlichen Entwicklung.[158]
Zum Verständnis der gesetzlichen Grundlagen des im bayerischen Rheinkreis vorgefundenen Kassationsverfahrens soll diese Darstellung jedoch vorangestellt werden.
Mit der Entwicklung eines modernen Rechtsmittelverfahrens im römischen Kaiserreich wurde die Appellation an den Prinzeps als höchster Gerichtsherr möglich. Während es bisher "infolge der unverbundenen Koordination der Rechtspflegeorgane"[159] unmöglich gewesen war, einen einheitlichen Instanzenzug zu schaffen, der dazu dienen konnte, ein Urteil, bevor es seine Wirkungen endgültig ausübte, auf seine Rechtmäßigkeit und Billigkeit zu prüfen, konnte das Urteil nunmehr aufgehoben und die Sache selbst entschieden werden. Dem Berufungsverfahren lagen damit erstmalig genaue gesetzliche Vorschriften zugrunde. Der Eintritt der Rechtswirksamkeit wurde hinausgeschoben. Trotz dieser grundsätzlichen Neuregelung wurden die bisherigen Nullitätsgründe - deren Bedeutung im Gegensatz zu den Berufungsgründen darin

---

157 Vgl. zum folgenden Christoph von Breuning: Ueber die Cassationsinstanz und das Rechtsmittel der Cassation in der Gesetzgebung der Rheinlande, Koblenz 1820; Gerhard Köbler: Juristisches Wörterbuch, 8. neubearb. Aufl., München 1997; Artur Michel: Absolute Nichtigkeit von Zivil- und Strafurteilen im geltenden deutschen Prozeßrecht, Berlin und Leipzig 1906; Richard Schröder, Eberhard Künssberg: Lehrbuch der deutschen Rechtsgeschichte, 7. Aufl., Berlin und Leipzig, 1932; Arthur Skedl: Die Nichtigkeitsbeschwerde in ihrer geschichtlichen Entwicklung, Leipzig 1886; Horst Tilch (Hrsg.): Deutsches Rechts-Lexikon, Bd. 2, 2. Aufl., München 1992.

158 Das vor dem Obersten Gericht der DDR durchgeführte Verfahren setzte zwar eine Verletzung des Rechts beziehungsweise eine gröblich unrichtige Begründung der Entscheidung voraus. (Vgl. §§ 160 ff ZPO/DDR)

159 Zitiert aus: Artur Michel: Absolute Nichtigkeit von Zivil- und Strafurteilen im geltenden deutschen Prozeßrecht, Berlin und Leipzig 1906, S. 5.

bestand, daß die Entscheidung ohne jede formelle Anfechtung als nicht vorhanden angesehen werden konnte - nicht unter die Appellationsgründe aufgenommen.

II. DIE FRANZÖSISCHE REGELUNG IM ÜBERGANG VOM 18. ZUM 19. JAHRHUNDERT

Durch das Gesetz vom 24. August 1790 über die Gerichtsorganisation wurde die vollständige Trennung des gerichtlichen vom verwaltungsmäßigen Geschäftskreis ausgesprochen, um die Möglichkeit der Einflußnahme der Verwaltung auf die Rechtspflege und den mit dieser Funktionseinheit einhergehenden Interessenskonflikt zu beseitigen.[160] Fortan konnte der Staatsrat nicht mehr als Gerichtsbehörde tätig werden.[161] Allerdings beschloß die Nationalversammlung erst durch das Gesetz vom 1. Dezember 1790 die Errichtung eines höchsten Gerichtshofes bei der gesetzgebenden Körperschaft in Paris. Gemäß Artikel 2 verhandelte das Kassationsgericht über Kassationsgesuche, welche gegen die in letzter Instanz erlassenen Urteile angebracht wurden. Ausgenommen waren nach der ausdrücklichen Regelung des Artikel 4 des Gesetzes vom 1. Dezember 1790 zwar Entscheidungen die von den Friedensgerichten in letzter Instanz gefällt worden waren; die Kassation konnte jedoch auch gegen die von den Kreisgerichten letztinstanzlich erlassenen Urteile eingelegt werden.[162] Dies hatte zur Konsequenz, daß eine Rechtssache, die wegen der Geringfügigkeit des Streitgegenstandes eine Berufung an das dem Kreisgericht übergeordnete Appellationsgericht nicht rechtfertigte, durchaus im Wege der Kassation vernichtet werden konnte.

Bereits die Denkschrift des Jahres 1762 war von dem Grundsatz ausgegangen, daß das Rechtsmittel der Kassation nicht den persönlichen Interessen der Parteien, sondern dem öffentlichen Interesse und der Einhaltung der Gesetze dienen sollte.[163] Das besondere Interesse des Staates an der Aufrechterhaltung der Gesetze und der

---

160 Das französische Kassationsverfahren und seine geschichtliche Entwicklung wird umfassend beleuchtet bei Gudrun Seynsche: Der Rheinische Revisions- und Kassationshof in Berlin (1819 - 1852), in: Reiner Schulze; Elmar Wadle; Reinhard Zimmermann (Hrsg.): Schriften zur Europäischen Rechts- und Verfassungsgeschichte, Bd. 43, Berlin 2003; besonders S. 218 ff; eine rechtsvergleichende Darstellung findet sich bei Frédérique Ferrand: Cassation française et révision allemande, Paris 1993.

161 Gesetz vom 24. August 1790 - in: K. Th. F. Bormann; Alexander von Daniels (Hrsg.): Handbuch der für die Königl. Preuß. Rheinprovinzen verkündigten Gesetze, Verordnungen und Regierungsbeschlüsse aus der Zeit der Fremdherrschaft, Bd. 1, Köln 1833, S. 268.

162 Gesetz vom 1. Dezember 1790 - in: ebenda, S. 404.

163 Christoph von Breuning: Ueber die Cassationsinstanz und das Rechtsmittel der Cassation in der Gesetzgebung der Rheinlande, Koblenz 1820.

Einheitlichkeit der Rechtsprechung wurde durch Artikel 3 des Gesetzes aus dem Jahr 1790 bestätigt. Hier hieß es:

> "Das Cassationsgericht soll jegliches Prozedurverfahren, in welchem die vorgeschriebenen Formen verletzt worden sind, so wie jedes Urtheil vernichten, in welchem sich eine ausdrückliche Zuwiderhandlung gegen die textmäßige Vorschrift eines Gesetzes vorfindet. Bis zur Abfassung eines einzigen Gesetzbuches für das Privatrecht und die privatrechtlichen Gesetze, soll die Verletzung jener prozessualischen Formen und Vorschriften, bei welchen die Strafe der Nichtigkeit ausgesprochen ist, so wie die Verletzung und Uebertretung der den verschiedenen Landestheilen besonderen und eigenthümlichen Gesetze, als Cassationsmittel gelten."[164]

Nach dieser Regelung konnte nur die Verletzung einer bedeutenden Rechtsvorschriften die Kassation rechtfertigen. Das Gesetz vom 4. Germinal II. führte hierzu ergänzend aus, daß alle Verletzungen derjenigen Formen, die in bürgerlichen Rechtssachen durch Gesetze der Volksvertreter seit dem Jahr 1789 vorgeschrieben waren, die Kassation nach sich ziehen.[165] Vor der Revolution waren es noch die königlichen Verordnungen gewesen, deren Mißachtung den wichtigsten Kassationsgrund dargestellt hatten.[166]

Das Gesetz vom 20. April 1810 gab den Appellationsgerichten erstmals eine neue Stellung zum Kassationsgericht, indem es bestimmte, daß die Urteilssprüche dieser Gerichtshöfe, die als höchste und oberste Gerichte Recht zu sprechen hatten, nur dann zu kassieren waren, wenn eine ausdrückliche Zuwiderhandlung gegen ein Gesetz vorlag.[167] Vor dieser Neuregelung konnten nicht bloß ausdrückliche Gesetzesverletzungen, sondern auch mittelbare und entferntere Gesetzesverletzungen gerügt werden, es reichte auch eine bloße Vertragsverletzung aus. Allerdings wurde diese Gesetzesänderung später wieder beseitigt.[168]

Da der Kassationshof in der gleichen Rechtssache mehrfach angerufen werden konnte, bedurfte es einer Regelung, ab dem wievielten Gesuch dieser nicht mehr uneingeschränkt zur Entscheidung befugt war. Nach den Bestimmungen des Jahres 1790 mußte der Gerichtshof vor seiner Entscheidung um ein erklärendes Gesetz bei der gesetzgebenden Versammlung nachsuchen, wenn ihm ein drittes Kassationsgesuch in

---

164 Zitiert aus: K. Th. F. Bormann; Alexander von Daniels (Hrsg.): Handbuch der für die Königl. Preuß. Rheinprovinzen verkündigten Gesetze, Verordnungen und Regierungsbeschlüsse aus der Zeit der Fremdherrschaft, Bd. 1, Köln 1833, S. 404.

165 Gesetz vom 4. Germinal II. - in: ebenda, Bd. 2, Köln 1834, S. 576.

166 Christoph von Breuning: Ueber die Cassationsinstanz und das Rechtsmittel der Cassation in der Gesetzgebung der Rheinlande, Koblenz 1820

167 Gesetz vom 20. Aprill 1810 - in: K. Th. F. Bormann; Alexander von Daniels (Hrsg.): Handbuch der für die Königl. Preuß. Rheinprovinzen verkündigten Gesetze, Verordnungen und Regierungsbeschlüsse aus der Zeit der Fremdherrschaft, Bd. 5, Köln 1837, S. 494.

168 Vgl. Christoph von Breuning: Ueber die Cassationsinstanz und das Rechtsmittel der Cassation in der Gesetzgebung der Rheinlande, Koblenz 1820.

einer Sache vorgelegt wurde, bei welcher die beiden vorherigen Urteile aus dem gleichen Grund kassiert worden waren.[169] Diese Bestimmung dokumentiert die besondere Verbindung zwischen dem Gerichtshof und der gesetzgebenden Versammlung. Der privatrechtliche Teil der Gesetzgebung schien in dieser Zeit noch zu wenig gefestigt, als daß derselbe ohne Beihilfe solcher außerordentlichen Maßnahmen allein durch die Jurisdiktion hätte durchgesetzt werden können.
In Abänderung der bisherigen Regelung durfte nach dem Gesetz vom 4. Germinal II. die streitgegenständliche Frage schon ab dem zweiten Kassationsgesuch nicht mehr selbständig vom Kassationshof entschieden werden, wenn das Urteil über die Hauptsache durch das zweite Kassationsgesuch auf dieselbe Art angegriffen wurde wie das erste. Der Gerichtshof mußte die Frage der gesetzgebenden Versammlung vorlegen, diese erließ ein Gesetz, nach welchem sich der Kassationshof zu richten hatte.[170] Im Jahr 1800 - Gesetz vom 27. Ventose VIII. - ging man schließlich zu der Regelung über, daß das zweite Kassationsgesuch, wenn es auf demselben Grund wie das vorherige beruhte, durch eine vereinigte Kammer entschieden wird. Durch diese Bestimmung erhoffte man sich mehr Akzeptanz der unteren Gerichte, so daß sich ein drittes Kassationsgesuch erübrigen würde. Da keine ständige gesetzgebende Versammlung mehr existierte, wurde die authentische Auslegung der verletzten Bestimmung im Falle eines dennoch eingelegten dritten Kassationsgesuches dem Regenten (Napoleon) übertragen.[171] Nach dem Gesetz vom 16. September 1807 war es gestattet, um eine authentische Auslegung bereits vor Erlaß des zweiten Urteils nachzusuchen. Geschah dies jedoch nicht, so konnte der Urteilsspruch nur bei zusammengetretener Kammer und unter dem Vorsitz des sogenannten Großrichters erlassen werden. Vor Erlaß des dritten Urteils war das Gesuch allerdings zwingend. Die Auslegung selbst geschah in Form einer allgemeinen Verwaltungsanordnung.[172] Die Möglichkeit, das Kassationsgericht in gleicher Sache mehrfach anrufen zu können, führte einerseits zu einem langen Prozeßgang und andererseits zu höheren Kosten, die in der Folgezeit immer wieder kritisiert wurden.[173]

---

169 Vgl. Gesetze vom 24. August/ 1. Dezember 1790 - in: K. Th. F. Bormann; Alexander von Daniels (Hrsg.): Handbuch der für die Königl. Preuß. Rheinprovinzen verkündigten Gesetze, Verordnungen und Regierungsbeschlüsse aus der Zeit der Fremdherrschaft, Bd. 1, Köln 1833, S. 268 sowie S. 404.

170 Gesetz vom 4. Germinal II. - in: ebenda, Bd. 2, Köln 1834, S. 576.

171 Gesetz vom 27. Ventose VIII. - in: ebenda.

172 Gesetz vom 16. September 1807 - in: ebenda, Bd. 5, Köln 1837, S. 288.

173 Christoph von Breuning: Ueber die Cassationsinstanz und das Rechtsmittel der Cassation in der Gesetzgebung der Rheinlande, Koblenz 1820.
Nachdem das Kassationsgericht auch in der Hauptsache selbst entscheiden konnte, fiel die Regelung, wonach um eine authentische Auslegung nachgesucht werden konnte, weg (vgl. ebenda).

III. DER KASSATIONSHOF

Im Gesetz vom 1. Dezember 1790 zur Errichtung des Kassationshofes hieß es noch, daß das Kassationsgericht in in keinem Fall in der Sache selbst entscheiden dürfe. Statt dessen habe es das Urteil aufzuheben und die Rechtsstreitigkeit an das Untergericht zurück zu verweisen.[174]
Während dieser Grundsatz in den französischen Verfassungen der Jahre III. und VIII. nochmals ausdrücklich betont worden war,[175] konnten nun durch die Verordnung des mittelrheinischen Generalgouvernements vom 6. Mai 1814 die Kassationsrichter erstmals in der Sache selbst entscheiden. Ausgenommen waren die Rechtssachen, welche von den Assisenhöfen an den Gerichtshof gebracht wurden und bei welchen nicht nur die Urteile wegen unrichtiger Anwendung der Gesetze kassiert, sondern zugleich die Aussprüche der Geschworenen aufgehoben werden mußten. In diesen Fällen hatte das Gericht bloß über die Gründe des Kassationsgesuches zu befinden. Hielt es diese für gerechtfertigt, mußte es die Sache an einen anderen Assisenhof zur abermaligen Verhandlung verweisen. Handelte es sich nur um eine sogenannte faktische Anwendung des Strafgesetzes, so konnte der Gerichtshof selbst ein neues Urteil sprechen. Ferner wurde unterschieden, ob die Kassation wegen einer materiell gesetzwidrigen Entscheidung eingelegt wurde; in einem solchen Fall mußte zugleich das Urteil in der Hauptsache gefällt werden. Bei Vorliegen eines die Nichtigkeit nach sich ziehenden Verfahrensverstoßes mußte der Gerichtshof zwar ebenfalls eine eigene Sachentscheidung treffen, allerdings wurde hierfür ein gesonderter Termin zum Verhandeln und Plädieren in der Hauptsache bestimmt. Wurde wegen "Inkompetenz" um Kassation nachgesucht, so stand es gemäß Artikel 3 dem Gerichtshof frei, zwecks Entscheidung in der Hauptsache zurückzuverweisen oder selbst zu entscheiden.[176]
Nach diesen Verordnungen der interimistischen Verwaltung unterschied sich das Verfahren nun ganz wesentlich von dem französischen. Durch die dem Gerichtshof

---

174 Gesetz vom 1. Dezember 1790 - in: K. Th. F. Bormann; Alexander von Daniels (Hrsg.): Handbuch der für die Königl. Preuß. Rheinprovinzen verkündigten Gesetze, Verordnungen und Regierungsbeschlüsse aus der Zeit der Fremdherrschaft, Bd. 1, Köln 1833, S. 404.

175 Georges Berlia: Les Constitutions et les principales lois politiques de la France depuis 1789, Paris 1952, S. 73 sowie S. 109.

176 Verordnung vom 6. Mai 1814 - in: Sammlung der unter dem Generalgouvernement des Mittelrheins, dann unter der k. k. österr. und k. baier. gemeinschaftlichen Landes-Administration zu Kreuznach und Worms erschienenen Verordnungen, Speyer 1819/20, Nr. 19, S. 46.
Da in der Folgezeit die Assisen immer am Appellationsgericht zu Zweibrücken abgehalten wurden, war eine Verweisung der Sache nur noch an eine andere Assise, jedoch nicht mehr an ein anderes Gericht möglich. (Vgl. hierzu auch Bayerisches Hauptstaatsarchiv, MJU 12780.)

obliegende Befugnis, nach erfolgter Vernichtung des vorinstanzlichen Urteils in der Sache selbst entscheiden zu können, war das Obertribunal zu einer Instanz geworden, die unserer heutigen Revisionsinstanz vergleichbar ist. Die Kompetenz, eine eigene Sachentscheidung fällen zu können, fand ihre Rechtfertigung zweifelsohne in den territorialen Besonderheiten der Rheinlande. Schließlich hatte ihre Aufteilung nach den Pariser Friedensschlüssen zur Folge, daß es nicht genügend Appellationsgerichte gab, an welche die Sache hätte verwiesen werden können; die Rechtsstreite bedurften jedoch einer Entscheidung. Als im bayerischen Rheinkreis nur noch ein Appellationsgericht, nämlich das in Zweibrücken, zur Verfügung stand, konnte eine Zurückverweisung der Rechtssache an ein anderes Appellationsgericht überhaupt nicht mehr stattfinden.

Abgesehen hiervon stellte die neue Regelung aber auch einen zweckmäßigen Mittelweg zwischen dem kostspieligen mit vielen Formalitäten ausgestatteten französischen Kassationsverfahren einerseits und dem in den übrigen deutschen Staaten zu findenden Verfahren andererseits dar. Der beispielsweise in Preußen geregelte Drei-Instanzenweg hatte zur Konsequenz, daß auch die durch den Richter der Vorinstanz festgestellten entscheidungserheblichen Tatsachen des Rechtsstreites einer nochmaligen Überprüfung unterlagen; diese Möglichkeit führte wegen der einen raschen Prozeßgang hemmenden Schriftlichkeit grundsätzlich zu einem längeren Verfahren.[177]

Mit den neuen gesetzlichen Bestimmungen aus dem Jahr 1814 sollte diese von den Grundsätzen und Normen der herkömmlichen Kassation abweichenden Regelungen auch sprachlich dokumentiert werden. Zwar wurde das Rechtsmittel auch weiterhin als Kassation bezeichnet; der Gerichtshof als Einrichtung erhielt jedoch in der Verordnung vom 6. Mai durchgehend den Namen Revisionshof.[178] Da in den früheren gesetzlichen Regelungen ausschließlich von dem Kassationsgericht beziehungsweise der Kassationsinstanz die Rede gewesen war, sollte mit der neuen Begrifflichkeit die inhaltliche Abgrenzung bewußt vollzogen werden.

Biebl schrieb in diesem Zusammenhang, daß bei dem Appellationsgericht als höchste Gerichtsinstanz für Straf- und Zivilsachen der Kassationshof gebildet worden war, der in Z i v i l s a c h e n unter der Bezeichnung 'Revisionsgericht' entschied.[179] Diese

---

177 So auch Philipp Jakob Serini: Chronologische Zusammenstellung der während der provisorischen französischen Verwaltung in den deutschen Rheinlanden publicirten älteren französischen Gesetze und Uebersicht der daselbst bestandenen alten Statutarrechte, nebst Angabe der früheren Territorialverhältnisse, Mannheim 1848.

178 Verordnung vom 6. Mai 1816 - in: Sammlung der unter dem Generalgouvernement des Mittelrheins, dann unter der k. k. österr. und baier. gemeinschaftlichen Landes-Administration zu Kreuznach und Worms erschienenen Verordnungen, Speyer 1819/20, Nr. 19, S. 46.

179 Vgl. Werner Biebl: Die Staatsanwaltschaft bei dem Bayerischen Obersten Landesgericht, 3. Aufl., München 1995.

Aussage wird zwar vom Wortlaut der späteren Verordnung vom 29. Juni 1832, die Verlegung des Kassationshofes für den Rheinkreis nach München betreffend, gedeckt, da es hier hieß:

"Das Oberappelationsgericht soll zugleich den Cassationshof, und in Civilsachen, im eingetretenen Fall der Cassation, das Revisionsgericht für den Rheinkreis bilden";[180]

wie die oben angesprochenen Verordnungen des Generalgouvernements bei näherer Betrachtung jedoch zeigen, war eine differierende Bezeichnung des Gerichtshofes in Strafsachen einerseits und Zivilsachen andererseits gerade nicht gegeben. Nach der Verordnung vom 6. Mai 1814 wurde der Revisionshof mit Sitz in Koblenz ausdrücklich zur "Ersetzung des Kassationshofes" errichtet. Gemäß Artikel 8 standen dem Revisionshof "dieselben Attribute" zu, welche dem Kassationshof in den bestehenden Gesetzen beigelegt waren, und er hatte dieselbe "Form und Prozedur" zu beachten.[181] Die Vorschrift vom 20. Oktober 1814 bestimmte, daß die Revisionskammer in Zivil-, Polizei- und Zuchtpolizeisachen in der Hauptsache selbst zu entscheiden und in peinlichen Sachen an einen anderen Assisenhof zu verweisen hatte. Demnach entschied der Gerichtshof als Revisionshof auch bei den mittelschweren Strafsachen, die weder zur Zuständigkeit der Friedensgerichte noch der peinlichen Gerichtshöfe gehörten (Zuchtpolizeisachen).[182]

Tatsächlich wurden in diesen Verordnungen die Termini Kassationshof und Revisionshof/-kammer für den Gerichtshof sowohl in Straf- als auch in Zivilsachen gleichermaßen verwandt. Ebenso belegen die in den einschlägigen Entscheidungssammlungen[183] sowie in den Amts- und Intelligenzblättern veröffentlichten Urteile des obersten Gerichtshofes, daß in zivilrechtlichen Rechtsstreiten gleichfalls von den Entscheidungen des K a s s a t i o n s - und Revisionsgerichts gesprochen wurde.

Das Abgrenzungskriterium für die Begrifflichkeit ist deshalb allein die justitielle Tätigkeit des Gerichtshofes. Immer dann, wenn das Gericht selbst zur Entscheidung in der Hauptsache berufen war, wurde es als Revisionsgericht beziehungsweise -kommission und dann, wenn es die Urteile lediglich kassierte und die Sache zwecks weiterer Entscheidung an einen anderen Gerichtshof verwies, als Kassationsgericht

---

180 Zitiert aus der Verordnung vom 29. Juni 1832 - in: Amts- und Intelligenzblatt des Königlich-Bayerischen Rheinkreises 1832, Sp. 421.

181 Vgl. Sammlung der unter dem Generalgouvernement des Mittelrheins, dann unter der k. k. österr. und k. baier. gemeinschaftlichen Landes-Administration zu Kreuznach und Worms erschienenen Verordnungen, Speyer 1819/20, Nr. 19, S. 46.

182 Verordnung vom 20. Oktober 1814 - in: ebenda, Nr. 60, S. 229.

183 Vgl. hierzu beispielsweise Theodor Hilgard (Hrsg.): Annalen der Rechtspflege in Rheinbayern oder Darstellung merkwürdiger Rechtsfälle und ihrer Entscheidung durch die oberen Gerichtshöfe Rheinbayerns, im Gebiete des Zivil- und Criminal-Rechts, Bd. 1 und 2, Zweibrücken 1830 und 1831 oder Carl Friedrich Heintz; Carl Damm; Ludwig Weis (Hrsg.): Annalen der Rechtspflege in der k. bayerischen Pfalz, Landau 1847.

beziehungsweise -kommission bezeichnet. So lauteten die entsprechenden Formulierungen in den Urteilen auch, daß

> "... das Königliche Oberappellationsgericht, als K a s s a t i o n s h o f für die Pfalz, das Urteil des Königlichen Appellationsgerichts zu Zweibrücken ..."

vernichtet, bei einer eigenen Entscheidung in der Hauptsache verurteilte es

> "... sodann als Revisionsgericht erkennend ..."[184]

Der Widerspruch zu der Verordnung vom 29. Juni 1832, ist - wie an späterer Stelle noch ausgeführt wird - einer bloßen Ungenauigkeit in der Formulierung geschuldet.

IV. DER VERFAHRENSABLAUF

Wie die folgenden gesetzlichen Vorschriften zeigen, zeichnete sich das kassationsinstanzliche Verfahren durch viele, bereits vor Beginn des eigentlichen gerichtlichen Verfahrens zu beachtende Formalitäten aus.

Voraussetzung für eine Verhandlung war nach den Verordnungen des Generalgouvernements aus dem Jahr 1814, daß die Zustellung der Schriftstücke an die Gegenseite nachgewiesen wurde.[185] Gemäß der Verfassung des Jahres 1795 hatte dies noch in Form der Originalbescheinigung über die Zustellung zu erfolgen.[186]

In diesem Stadium waren die Richter noch nicht in das Verfahren involviert. Es handelte sich um eine Art außergerichtliches Vorverfahren, welches von den Parteien betrieben wurde. Unterstützung fanden diese hierbei in der Person des Gerichtsschreibers. Diesem gegenüber mußten sie nachweisen, daß sie die Succumbenzgelder hinterlegt hatten, da ihre Schriftsätze sonst nicht entgegengenommen wurden. Die sogenannten Unvermögenden waren nach dem geltenden Armenrecht von dieser Zahlung befreit.[187]

Ein nicht formgerecht eingelegtes Kassationsgesuch wurde als nichtig verworfen. Eine Fristverlängerung - die Kassationsfrist betrug gemäß Artikel 14 des Gesetzes vom 1. Dezember 1790 in bürgerlichen Rechtssachen drei Monate - wie auch eine Wiedereinsetzung waren unmöglich.[188]

---

184 Vgl. ebenda.

185 Verordnungen vom 6. Mai 1814 und 20. Oktober 1814 - in: Sammlung der unter dem Generalgouvernement des Mittelrheins, dann unter der k. k. österr. und k. baier. gemeinschaftlichen Landes-Administration zu Kreuznach und Worms erschienenen Verordnungen, Speyer 1819/20, Nr. 19, S.46 sowie Nr. 60, S. 229.

186 Georges Berlia: Les Constitution et les principales lois politiques de la France depuis 1789, Paris 1952, S. 73.

187 Christoph von Breuning: Ueber die Cassationsinstanz und das Rechtsmittel der Cassation in der Gesetzgebung der Rheinlande, Koblenz 1820.

188 Gesetz vom 1. Dezember 1790 - in: K. Th. F. Bormann; Alexander von Daniels (Hrsg.): Handbuch der für die Königl. Preuß. Rheinprovinzen verkündigten Gesetze,

Entsprechend Artikel 14 des Gesetzes vom 1. Dezember 1790 wurden die zivilrechtlichen Kassationsgesuche mittels sogenannter Denkschriften, welche auf der Gerichtsschreiberei zu hinterlegen waren, verhandelt. In diesen mußten die einzelnen Gesetzes- beziehungsweise Formverletzungen explizit aufgeführt werden. In der Denkschrift waren entweder der gesamte Rechtsstreit oder doch zumindest eine Zusammenfassung desselben in seiner ganzen bisherigen Entwicklung darzustellen. Im Vergleich hierzu genügte es für eine Berufungsbegründung am Appellationshof, nur die rechtlichen Feststellungen und Tatsachen anzugeben.[189]
Das zunächst bestehende Erfordernis, die Kassationsschrift von zwei Advokaten unterzeichnen zu lassen,[190] wurde durch Artikel 12 des Gesetzes vom 1. Dezember 1790 aufgehoben. Während früher die beiden Advokaten mit ihrer Unterschrift zu bescheinigen hatten, daß sie das Gesuch für begründet hielten, wurde nun völlig auf den Anwaltszwang verzichtet. Den Parteien war es gestattet, selbst aufzutreten oder sich durch Dritte vertreten zu lassen. Sie besaßen das Recht, alle Bemerkungen zu machen, die ihnen in der Sache zweckdienlich erschienen, um das eingelegte Rechtsmittel zu begründen.[191]
Während nach den oben dargestellen früheren Bestimmungen noch getrennte Senate des Gerichts jeweils über die Zulässigkeit und Begründetheit des Rechtsmittels zu befinden hatten, wurde diese Zweiteilung mit den Verordnungen des mittelrheinischen Generalgouvernements aufgegeben. Dem zuständigen Senat oblag nun die Entscheidung beider Fragestellungen.[192]
Die Vorschriften über die Besetzung des Spruchkörpers änderten sich in der Folgezeit ebenso wie die Bestimmungen über die für eine Entscheidung notwendigen Mehrheitsverhältnisse. Nach dem Gesetz vom 1. Dezember 1790 bedurfte die Entscheidung über die Zulässigkeit einer qualifizierten Mehrheit des bureau des requetes. Waren drei Viertel aller Mitglieder dieser aus 20 Juristen gebildeten

---

Verordnungen und Regierungsbeschlüsse aus der Zeit der Fremdherrschaft, Bd. 1, Köln 1833, S. 404 sowie Christoph von Breuning: Ueber die Cassationsinstanz und das Rechtsmittel der Cassation in der Gesetzgebung der Rheinlande, Koblenz 1820.

189 Gesetz vom 1. Dezember 1790 - in: K. Th. F. Bormann; Alexander von Daniels (Hrsg.): Handbuch der für die Königl. Preuß. Rheinprovinzen verkündigten Gesetze, Verordnungen und Regierungsbeschlüsse aus der Zeit der Fremdherrschaft, Bd. 1, Köln 1833, S. 404.

190 Christoph von Breuning: Ueber die Cassationsinstanz und das Rechtsmittel der Cassation in der Gesetzgebung der Rheinlande, Koblenz 1820.

191 Gesetz vom 1. Dezember 1790 - in: K. Th. F. Bormann; Alexander von Daniels (Hrsg.): Handbuch der für die Königl. Preuß. Rheinprovinzen verkündigten Gesetze, Verordnungen und Regierungsbeschlüsse aus der Zeit der Fremdherrschaft, Bd. 1, Köln 1833, S. 404.

192 Verordnungen vom 6. Mai 1814 und 20. Oktober 1814 - in: Sammlung der unter dem Generalgouvernement des Mittelrheins, dann unter der k. k. österr. und k. baier. gemeinschaftlichen Landes-Administration zu Kreuznach und Worms erschienenen Verordnungen, Speyer 1819/20, Nr. 19, S. 46 sowie Nr. 60, S. 229.

Abteilung für eine Verwerfung, so war kein weiteres Rechtsmittel mehr möglich. Bei Stimmengleichheit wurde der Kassationskläger zur zur Vorladung seines Gegners ermächtigt. Konnten sich demhingegen drei Viertel der berufenen Mitglieder nicht einigen, so wurde die Sache dem versammelten Gericht vorgelegt.[193] Nach dem Gesetz vom 2. Brumaire IV. mußten die zur Entscheidung über die Zulässigkeit des Kassationsgesuchs berufenen neun Richter eines Senates mit absoluter Stimmenmehrheit entscheiden. Waren die Meinungen in einer Abteilung geteilt, so kam die Frage vor drei zusammengetretene Kammern.[194] Das gleiche galt nach der Bestimmung vom 28. September 1799, wenngleich über die Zulassung nur fünf Richter urteilten.[195] Nach dem Gesetz vom Dezember des Jahres 1790 befanden weitere 15 Mitglieder des Gerichtshofes über die Begründetheit des Kassationsgesuches, sie entschieden mit einfacher Stimmenmehrheit. Im Jahr 1799 genügten hierfür zwar sieben Richter, ihre Entscheidung bedurfte jedoch einer absoluten Mehrheit. In Anwendung des Gesetzes vom 27. Ventose VIII. entschied jede der drei Kammern des Gerichtshofes, jeweils bestehend aus elf Richtern, und zwar die erste über die Zulässigkeit, die zweite über die Begründetheit und die dritte über die Zulässigkeit und Begründetheit in Kriminal-, Zucht- und Polizeisachen, mit jeweils absoluter Stimmenmehrheit.[196] Gemäß Artikel 3 der Verordnung des mittelrheinischen Generalgouvernements vom 6. Mai 1814 konnte das Koblenzer Revisionsgericht in einer Besetzung von sieben Richtern mit absoluter Stimmenmehrheit entscheiden. Bei Stimmengleichheit wurde das Gesuch verworfen. [197]

Die Sitzungen waren entsprechend des in der französischen Gerichtsverfassung geltenden Grundsatzes auch in der Kassations- und Revisionsinstanz öffentlich.[198] Inwieweit die rheinische Bevölkerung von der Möglichkeit der Teilnahme an den Gerichtsverhandlungen im Einzelfall tatsächlich Gebrauch machte, läßt sich heute nicht mehr eruieren. Ein reger Zuspruch ist jedenfalls für einen Rechtsfall dokumentiert, der vor dem Appellationsgericht stattfand. Hilgard nahm diesen Rechtsfall und seine Verhandlung in seine Annalen der Rechtspflege auf. Hier wußte

193 Vgl. K. Th. F. Bormann; Alexander von Daniels (Hrsg.): Handbuch der für die Königl. Preuß. Rheinprovinzen verkündigten Gesetze, Verordnungen und Regierungsbeschlüsse aus der Zeit der Fremdherrschaft, Bd. 1, Köln 1833, S. 404.

194 Vgl. ebenda, Bd. 3, Köln 1835, S. 223.

195 Vgl. ebenda, Bd. 6, Köln 1841, S. 810.

196 Vgl. ebenda, Bd. 4, Köln 1836, S. 134.

197 Verordnung vom 6. Mai 1814 - in: Sammlung der unter dem Generalgouvernement des Mittelrheins, dann unter der k. k. österr. und k. baier. gemeinschaftlichen Landes-Administration zu Kreuznach und Worms erschienenen Verordnungen, Speyer 1819/20, Nr. 19, S. 46.

198 Gesetz vom 1. Dezember 1790 - in: K. Th. F. Bormann; Alexander von Daniels (Hrsg.): Handbuch der für die Königl. Preuß. Rheinprovinzen verkündigten Gesetze, Verordnungen und Regierungsbeschlüsse aus der Zeit der Fremdherrschaft, Bd. 1, Köln 1833, S. 404.

er anläßlich der Teilnahme des Königspaares am 12. Juni 1829 an einer öffentlichen Sitzung der Zivilkammer des Appellationsgerichts in der Sache Levi gegen Hansel wegen einer Hypothekenschuld von einem zahlreichen Publikum zu berichten.[199] Auch Anselm von Feuerbach äußerte sich im Zusammenhang mit seiner Teilnahme an einer Schwurgerichtsverhandlung des Zweibrücker Appellationsgerichts über die zahlreich erschienene Zuhörerschaft.[200] Großes Interesse fanden sicherlich auch die politischen Strafprozesse zur Zeit von Julirevolution und Hambacher Fest.

Um dem Grundsatz der Öffentlichkeit in vollem Umfang gerecht werden zu können, war es erforderlich, der im Rheinkreis lebenden Bevölkerung die Möglichkeit zu geben, der Gerichtsverhandlung in ihrer Muttersprache folgen zu können. Mit der Wiedereinführung der deutschen Sprache als Amtssprache am 25. Februar 1814 durch Gruner war ein erster Schritt getan.[201] Nun kam es darauf an, weitere Maßnahmen in diese Richtung zu ergreifen.

Am 24. November 1818 wurde deshalb folgendes geregelt:

> "Damit die Verbreitung der Gesetzeskunde als wohlthätige Folge des öffentlichen Verfahrens bewirkt werde, ist es notwendig, dass die aus den französischen, im Rheinkreis noch geltenden Gesetzbücher und Verordnungen entnommenen und in den Erkenntnissen und richterlichen Sprüchen angeführt werdenden Gesetzstellen auch übersetzt in deutscher Sprache, als der im Rheinkreise herrschenden Muttersprache, jederzeit mit eingetragen und eröffnet werden."[202]

Achtzehn Jahre zuvor, nämlich im Jahre 1800, war es den Rheinländern noch ausdrücklich untersagt gewesen, die Kassationsgesuche in deutscher Sprache bei Gericht einzureichen. Um von dem Gericht auch inhaltlich gewürdigt zu werden, mußten sie in französischer Sprache abgefaßt sein. Das ergibt sich aus einem Beschluß des Gerichtshofes zu Trier:

> "Die Cassationsgesuche in Zivilsachen, welche in deutscher Sprache geschrieben sind, sollen in der Gerichtsschreiberei nur dazu angenommen werden, um das Datum wenn man eingekommen ist, zu bestimmen; wenn aber die Cassationsmittel nicht in französischer Sprache angeführt werden, so soll das Urtheil blos nach Einsicht der

199 Theodor Hilgard (Hrsg.): Annalen der Rechtspflege in Rheinbayern oder Darstellung merkwürdiger Rechtsfälle und ihrer Entscheidung durch die oberen Gerichtshöfe Rheinbayerns, im Gebiete des Zivil- und Criminal-Rechts, Bd. 1 und 2, Zweibrücken 1830 und 1831.

200 Kurt Baumann: Das pfälzische Appellationsgericht in der Zeit von 1815-1871, in: Wilhelm Reinheimer (Hrsg.): Festschrift zum 150-jährigen Bestehen des Pfälzischen Oberlandesgerichts, Zweibrücken 1965.

201 Verordnung vom 25. Februar 1814 - in: F. A. Lottner (Hrsg.): Sammlung der für die Königl. Preuß. Rheinprovinz seit dem Jahr 1813 hinsichtlich der Rechts- und Gerichtsverfassung ergangenen Gesetze, Verordnungen, Ministerial-Rescripte, Bd. 1, Berlin 1834, Nr. 3.

202 Zitiert aus: Heinrich A. von Reigersberg: Bericht über die Justizverwaltung im Königreich Baiern für das Staatsjahr 1818/19, München 1820, S. 169.

Prozeßschriften und auf den Bericht erlassen werden, so der dazu ernannte Richter erstatten wird."[203]

Der im französischen Prozeßrecht herrschende Grundsatz der Mündlichkeit des Verfahrens besaß für das Kassationsverfahren keine herausragende Bedeutung, hier beschränkte sich der mündliche Vortrag der Parteien in der Regel auf das Ablesen der zuvor bei Gericht eingereichten Schriftsätze. Wie Breuning schreibt, soll oftmals auf den mündlichen Vortrag verzichtet worden sein, und zwar immer dann, wenn der Berichterstatter die Klageschrift bereits im Rahmen seines Vortrages gewürdigt hatte.

Die Beratung des Gerichtshofes über das zu erlassende Urteil fand unter Ausschluß der Öffentlichkeit statt.

Wurde das Kassationsgesuch für begründet erachtet, so konnte der Gerichtshof zugleich über die Hauptsache entscheiden. Wurde das Gericht nicht als Revisionsgericht tätig oder hielt es eine weitere Sachaufklärung für notwendig, so erließ es die entsprechenden Verfügungen.

Die Bekanntgabe des Urteils erfolgte wieder in öffentlicher Sitzung. Die Entscheidung war mit Gründen zu versehen. Die Ausfertigung der Urteile oblag dem Sekretär.[204]

---

203 Zitiert aus: Christoph von Breuning: Ueber die Cassationsinstanz und das Rechtsmittel der Cassation in der Gesetzgebung der Rheinlande, Koblenz 1820, S. 70.

204 Vgl. ebenda.

D DER GERICHTSHOF UND SEINE AUFGABEN

I. DIE JÄHRLICHEN FEIERLICHKEITEN

Vor der Französischen Revolution wurden in Frankreich die neuen Gerichtsjahre an den Tribunalen der ordentlichen Gerichtsbarkeit in feierlicher Sitzung eröffnet.[205] Die Eröffnungsfeierlichkeiten beendeten die von September bis Oktober währenden Gerichtsferien, wobei für Kriminal- und Zuchtpolizeisachen die gesetzliche Ruhezeit ebensowenig galt wie für Handels- und dringende Zivilsachen.[206] Die Eröffnungsveranstaltungen nahm die Präsidenten zum Anlaß, um die Advokaten erneut zu vereidigen und auf ihre anwaltlichen Pflichten hinzuweisen.
Während der Revolution fanden keine Festlichkeiten zur Eröffnung der Gerichtsjahre statt. Erst unter der Herrschaft Napoleons knüpfte man wieder an diese Tradition an. Nach dem kaiserlichen Dekret vom 30. März 1808 war der Generalprokurator verpflichtet, am Tag der Wiedereröffnung des neuen Gerichtsjahres vor versammelter Kammer des Appellationshofes über die "Vollziehung der Gesetze", die "Verwaltung der Rechtspflege", eventuell aufgetretene "Mißstände" und die "Einhaltung der Disziplin der richterlichen Beamten und Advokaten" zu referieren.[207] Im Dekret vom 20. April 1810 wurde hierfür ein fester Termin, nämlich der erste Mittwoch nach dem Beginn des neuen Gerichtsjahres, bestimmt.[208] Die Sitzungen waren geheim, bis sie durch die Verordnung vom 6. Juli 1810 um eine öffentliche Veranstaltung ergänzt wurden, in welcher der Generalprokurator die Resultate der Rechtspflege im abgelaufenen Gerichtsjahr darzustellen hatte.[209]
Nach einer Einschätzung des Präsidenten am Appellationsgericht waren die Mittwochsitzungen häufig in Formalismen ausgeartet:

> "Verständig und ehrwürdig, wenn gleich so wie mancher Brauch der Väter, endlich oft in leere Förmlichkeit ausgeartet, war die auch in diesem Lande eingeführte Sitte der

205 Vgl. zum folgenden Johann von Birnbaum: Rede des Präsidenten des K. Appellationsgerichts für den Rheinkreis, in: Zwei Reden gehalten bei der Feyer der Wieder-Eröffnung des Gerichtsjahres am königl.-bayer. Appellations-Gerichte des Rheinkreises in Zweibrücken, am 2. November 1830, Kaiserslautern 1830.

206 Gemäß Verordnung vom 5. September 1815 waren die Gerichtsferien am Appellationsgericht Kaiserslautern im September und Oktober des Jahres 1815 ausgefallen. (Verordnung vom 5. September - in: Philipp Jakob Siebenpfeiffer: Handbuch der Verfassung, Gerichtsordnung und gesamten Verwaltung Rheinbayerns, Bd. 3, Zweibrücken 1831, S. 54).

207 Dekret vom 30. März 1808 - in: ebenda, S. 34.

208 Dekret vom 20. April 1810 - in: K. Th. F. Bormann; Alexander von Daniels (Hrsg.): Handbuch der für die Königl. Preuß. Rheinprovinzen verkündigten Gesetze, Verordnungen und Regierungsbeschlüsse aus der Zeit der Fremdherrschaft, Bd. 5, Köln 1837, S. 494.

209 Verordnung vom 6. Juli 1810 - in: ebenda, S. 549.

Gerichts-Höfe Frankreichs, nach welcher alle Jahre mit Feyerlichkeit ihre wieder beginnenden Sitzungen eröffnet wurden. Auch in des einzelnen Menschen Leben gibt es ja festliche Tage, Ruhepunkte, wo man aufs Vergangene zurück, und in die Zukunft schaut, um sich über Gelungenes zu freuen und sich zu guten Vorsätzen zu stärken. In solchen Augenblicken ist das Gemüth sanften Eindrücken empfänglich, offen, und nicht ungeneigt, in ernster Selbstprüfung begangene Fehler zu erkennen. Warum sollte eine solche Abrechnung mit sich selbst nicht auch dann wohlthätig seyn, wenn sie von Männern unternommen wird, welche gemeinschaftlich wichtige, schwere, oft peinliche Pflichten zu erfüllen haben?"[210]

Die Mittwochsitzungen wurden schließlich abgeschafft. Dies entsprach auch der damaligen Entscheidung der bayerischen Regierung, mit dem Abzug der Franzosen aus den Rheinlanden all jene im Zusammenhang mit den Feierlichkeiten stehenden Regelungen abzuschaffen, die sich als nicht zweckmäßig oder überflüssig erwiesen hatten.[211] Einzig die sinnvollen Regelungen sollten beibehalten werden.

So wurde die unter Teilnahme der Öffentlichkeit feierlich begangene Wiedereröffnung des Appellationsgerichts im November eines jeden Jahres beibehalten. Bestand hatte auch die in diesem Rahmen vorgenommene Beeidigung der Advokaten. Letzterer soll allerdings keine besondere Bedeutung beigemessen worden sein, da die Advokaten ihren Diensteid ohnehin bei der Aufnahme ihrer anwaltlichen Tätigkeit geleistet hatten und deshalb oftmals darauf verzichtet wurde, eine Nachbeeidigung der bei der feierlichen Wiedereröffnung nicht anwesenden Juristen durchzuführen.

Der Generalprokurator, der zur Erstattung eines Geschäftsberichtes über die Resultate der Rechtspflege verpflichtet war, den er an das Justizministerium weiterleitete, legte - wie im folgenden zu sehen ist - den Schwerpunkt seiner Ausführungen vor allem auf statistische Einzelheiten.

Wie sich aus einer Bemerkung des Generalprokurators v. Koch vom 4. Dezember 1828 ergibt, wurden ab dem Jahr 1824 die Abschriften der Eröffnungsreden des Appellationsgerichts an das Justizministerium übergeben. In den vorangegangenen Jahren hatte man gänzlich darauf verzichtet, weil die Aussagen inhaltlich mit den ohnehin einzureichenden Quartals- und Jahresberichten übereinstimmten.[212]

---

210 Zitiert aus der Ansprache v. Rebmanns anläßlich der feierlichen Sitzung des Appellationshofes zu Zweibrücken am 16. Oktober 1816; in: Albert Becker: Neues aus dem Leben des Zweibrücker Appellationsgerichtspräsidenten Andreas Georg Friedrich v. Rebmann (1768-1824), in: Westpfälzische Geschichtsblätter, Jhrg. 19, Zweibrücken 1917, S. 15.

211 Vgl. hierzu und im folgenden die Rede des Generalprokuratos von Koch - in: Bayerisches Hauptstaatsarchiv, MJU 14645.

212 Gemäß der Bestimmung vom 1. Dezember 1790 war noch ein Arbeitsbericht an die gesetzgebende Versammlung gesandt worden (vgl. K. Th. F. Bormann; Alexander von Daniels [Hrsg.]: Handbuch der für die Königl. Preuß. Rheinprovinzen verkündigten

Die Ausführungen des Generalprokuratores Freiherr von Völderndorff anläßlich seiner Rede bei der feierlichen Wiedereröffnung im Jahr 1826 gewähren einen Einblick, wieviele Rechtssachen zu entscheiden waren und mit welchen Delikten des Strafrechts beziehungsweise Angelegenheiten des Zivilrechts sich die Gerichtshöfe des Rheinkreises zu befassen hatten.

> "Meine Herren, In der Voraussetzung, dass es Ihnen nicht unwillkommen seyn kann, von den jährlichen Resultaten der Rechtsverwaltung im Rheinkreise geprägt zu seyn, glaube ich, mich des mir vom Gesetz erteilten Auftrages, bey Gelegenheit der alljährlichen Wiedereröffnung der Sitzungen des Appelationsgerichtes einen den Umständen angemessenen Vortrag zu halten, nicht besser entledigen zu können, als indem ich Ihnen auch diesmal wieder eine kurze Übersicht desjenigen vorlege, was in dem verflossenen Geschäftsjahr in Bezug auf die Rechtspflege in allen ihren Verzweigungen bey uns geschehen ist."[213]

Den einleitenden Worten schloß sich ein kurzes Andenken an den verstorbenen Appellationsgerichtsrat Petri an.

> "Ich gehe nun zum Hauptgegenstand meines Vortrages über. Der Strafrechtspflege wurde auch im vergangenen Geschäftsjahr alle mögliche Aufmerksamkeit geschenkt. Es wurden diesmal nur 78 Individuen mithin 7 weniger als im vorigen Jahr wegen Verbrechen angeklagt, und hiervon 60 verurtheilt. Diebstähle unter erschwerenden Umständen, freywillige Tödtungen und Mißhandlungen - meistens im Raufhandel und in der Betrunkenheit verübt - waren die vorherrschenden Verbrechen die begangen wurden. Leider befinden sich aber unter den Verurtheilten drey Kindesmörderinnen. Von sonstigen grausamen Verbrechen und von bandenmäßigen Verbindungen zu verbrecherischen Handlungen ist fortwährend keine Spur vorhanden. Wegen Zuchtpolizeyvergehen wurden 3910 Individuen mithin 112 weniger als im vergangenen Jahr vor Gericht gestellt und hiervon wurden wiederum 882 frey gesprochen. Die meisten dieser Vergehen betrafen gleichfalls Diebstähle und Mißhandlungen. Auch kamen noch immer Widersetzlichkeiten gegen Beamte bey Ausübung ihres Amtes vor. Auch mehrere Wucherer, die dieses Handwerk lange in Verborgenheit getrieben hatten, wurden entdeckt und exemplarisch gestraft. Die Staatsbehörde ist, durch die gegenwärtigen Verhältnisse besonders dazu veranlaßt, rühmlich bemüht, diesen gefährlichen Menschen aufzupassen, und sie zum Wohl des Landes der gerechten Strafe zu überliefern. Mit Bedauern bemerkt man unter denselben einige Notarien, welche am

---

Gesetze, Verordnungen und Regierungsbeschlüsse aus der Zeit der Fremdherrschaft, Bd. 1, Köln 1833, S. 268 und S. 404). Nachdem die Verbindung zwischen Kassationsgericht und gesetzgebender Körperschaft beseitigt worden war, wurde gemäß Gesetz vom 27. Ventose VIII. alljährlich eine Deputation nach Paris, und zwar an den ersten Konsul gesandt, um Mängel in der Gesetzgebung aufzuzeigen (vgl. ebenda, Bd. 4, Köln 1836, S. 134).

213 Zitiert aus: Bayerisches Hauptstaatsarchiv, MJU 14645.

allerwenigstens versucht seyn sollten, das Vertrauen, mit welchem sich bedrängte Schuldner in ihre Arme werfen, auf solche Weise zu täuschen."[214]

Es folgten Ausführungen zum Tatbestand der sogenannten Forstfrevelei. Die Forststraftaten waren damals weit verbreitet; sie hatten ihre Ursachen in der steigenden Armut der rheinischen Bevölkerung.[215] Die Regierung konnte trotz entsprechender Gesetze dem Ansteigen der Straftaten nicht Herr werden. So soll sich sich die Zahl der Straftäter - wie ebenfalls der Rede des Freiherrn von Völderndorff zu entnehmen ist - um über 12.800 im Vergleich zum Vorjahr erhöht haben.

Freiherr von Völderndorff fuhr fort:

> "Was die Verwaltung der Civilrechtspflege anlangt, so ergibt sich in Bezug auf die streitige Gerichtsbarkeit beym k. Appelat.Gericht und bey den vier Bezirksgerichten zusammengenommen folgendes Hauptresultat: Sämtliche erwähnthe Gerichte hatten an alten und neu auf die Rolle getragenen Sachen 3470 Prozesse, mithin 139 weniger als im vergangenen Jahr zu erledigen. Es blieben aber hiervon 1192 Sachen Rest, mithin 192 mehr als im vorigen Jahr. Es wurde also im allgemeinen weniger gearbeitet als im vorigen Jahr, wenngleich die einzelnen Bezirksgerichte namentlich die von Zweybrücken und Kaiserslautern der vorjährigen Tätigkeit nicht nachstanden. Zu Kaiserslautern wurden 190 Sachen mehr erledigt als im vorigen Jahr, worunter weitläufige und verwickelte Prozesse waren und sowohl bey diesem als bey dem Bezirksgericht zu Zweybrücken schwinden die älteren Rückstände immer mehr. Allein der Grund, daß bei den übrigen Gerichten, namentlich beim k. Appelat. Gericht mehr Rückstände verblieben, als wünschenswert ist, ist lediglich äusseren, dem stets regen Willen der Mitglieder derselben zur Thätigkeit fremder Umstände, namentlich der ... eingetretenen Personalveränderung, der Krankheit mehrerer Herren Anwälte, der legalen Abwesenheit eines derselben in Geschäften des Landraths,[216] endlich dem zuzuschreiben, daß eine Kammer des A. G. bey einer der Assisensitzung des verflossenen Jahres mitzuwirken genöthigt war. Alle diese Hinderungssachen werden zum größten Theil in dem laufenden Geschäftsjahr nicht eintreten und bey der neuerlich vom kgl. Präsidenten in Bezug auf die Verhandlung der Civilsachen getroffenen Anordnungen, so wie bey den von den Herren Anwälten ohne Zweifel gefaßten Vorsätzen, sich in diesem Jahr mit verdoppelten Kräften den Dienst für ihre Clienten zu widmen, und sich auch ferner wie in neuerer Zeit von einigen Seiten mit Wohlgefallen bemerkt worden, in ihren Vorträgen immer zweckmässiger Kürze zu befleissigen, ist mit Zuversicht zu hoffen, das das Resultat des heute beginnenden Geschäftsjahres alle früheren übertreffen wird. Hierbei ist es sehr wünschenswert, dass

214 Zitiert aus: ebenda.

215 Zur Forstgesetzgebung - vgl. F. A. Lottner (Hrsg.): Sammlung der für die Königl. Preuß. Rheinprovinz seit dem Jahr 1813 hinsichtlich der Rechts- und Gerichtsverfassung ergangenen Gesetze, Verordnungen, Ministerial-Rescripte, Bd. 1, Berlin 1834, Nr. 170.

216 Gemeint ist der Appellationsgerichtsrat Sturz.

sich die an das 2. Appelationsgericht vorzugsweise attachirten Herren Anwälte, wenn es ihre Verhältnisse gestatten, so viel als möglich auf die Praxis am AG. beschränken möchten. Dies wird sehr zur Geschäftsbeförderung an diesem Gericht und am Bezirksgericht und zur Beseitigung der Klagen des Letzteren über die mit appelationsgerichtlichen Geschäften entschuldigt werdenden häufigen Vertagungsgesuchen beitragen. Für die Ergänzung der an letzterwähnten Gericht seit einiger Zeit verminderten Zahl der Anwälte wird geeignete Sorge getragen werden. Bemerkenswerth ist, dass im verflossenem Jahr bey sämtlichen Gerichten im ganzen 429 Sachen weniger auf die Rolle getragen wurden als im vorigen Jahr. Es dürfte hieraus auf Abnahme der Prozesse wenigstens bey den k. Bezirksgerichten geschlossen werden können, da keine Anzeichen vorliegen, daß auf den Schreibstuben der dortigen Anwälte Anhäufungen von Prozessen statt finden. Bedeutungsvoll erscheint hierbei, dass 140 Handelssachen weniger als im vorigen Jahr bey Gericht anhängig wurden."[217]

II. DIE ENTSCHEIDUNGSPRAXIS IN DER KASSATIONS- UND REVISIONSINSTANZ

§ 1 STATISTISCHE AUSWERTUNG

Entsprechend den oben dargestellten rechtlichen Bestimmungen fanden sich die in das Kassationsgericht berufenen Mitglieder des Appellationsgerichts zu Zweibrücken zweimal jährlich unter dem Vorsitz ihres Präsidenten zusammen, um über die vorgelegten Kassationsgesuche zu entscheiden.

Sowohl über die Gesamtzahl der pro Jahr eingelegten Rechtsmittel als auch über die Termine, zu denen die Sitzungen des Kassationshofes tatsächlich stattfanden, läßt sich heute keine klare Aussage mehr treffen. Auch insoweit muß darauf verwiesen werden, daß nur ein Teil der Kassationsurteile veröffentlicht wurde. Überdies sind die Quartals- und Jahresberichte in den Akten nicht mehr nachweisbar. Nur wenige Niederschriften der Eröffnungsreden sind erhalten geblieben. Diese zeigen, daß die Generalprokuratoren in ihren Ausführungen den Ergebnissen der Rechtsprechung in der Kassationsinstanz am Appellationsgericht zu Zweibrücken jedoch ohnehin kaum Beachtung schenkten.

In seiner Ansprache vom 2. November 1825 anläßlich der Wiedereröffnung des Gerichtsjahres 1825/26 mit einem Bericht zum abgelaufenen Geschäftsjahr 1824/25 bezifferte der Generalprokurator Freiherr von Völderndorff die Zahl der an den Bezirksgerichten und dem Appellationsgericht anhängigen Rechtsstreite. Danach wurden vom Appellationsgericht des Rheinkreises auf dem Gebiet des Zivilrechts

217 Zitiert aus: Bayerisches Hauptstaatsarchiv, MJU 14645.

beispielsweise 154 Urteile, das waren 23 mehr als im Vorjahr, gefällt. Auch gab er an, daß sowohl das Appellationsgericht als auch die Bezirksgerichte gründlich gearbeitet hätten und daß zahlenmäßig weniger Rechtsstreite als noch im Jahr zuvor anhängig gemacht wurden. Verwertbare Aussagen zur Kassations- und Revisionsinstanz des Appellationsgerichts sucht man - abgesehen von der Feststellung des Freiherrn von Völderndorff, daß alle entscheidungsreifen Sachen erledigt wurden - in seiner Rede jedoch vergeblich.[218] Welche Rechtsstreite im einzelnen erledigt wurden und um welche Größenordnung es sich hierbei handelt, bleibt offen.

Zumindest läßt diese Äußerung den Schluß zu, daß es in dem angesprochenen Gerichtsjahr Kassationsentscheidungen gegeben haben muß. Ein Umstand, der - wie noch zu sehen sein wird - keinesfalls selbstverständlich war. Auch in seinem oben auszugsweise wiedergegebenen Vortrag vom Folgejahr ging Freiherr von Völderndorff nicht auf die Kassationsinstanz ein.[219]

Erste Informationen zum Kassationshof am Appellationsgericht zu Zweibrücken finden sich in der Berichterstattung des Generalprokurators v. Koch aus dem Jahr 1828. Das Appellationsgericht als Kassationsinstanz beschränkte sich hiernach in Zivilrechtsstreitigkeiten auf insgesamt fünf Fälle, wovon bei vier Rechtssachen die Kassation angenommen wurde. In einem Fall wurde das Rechtsmittel verworfen. Auf dem Gebiet der Strafrechtspflege befand man in Zweibrücken über zehn Polizeisachen. Abgesehen von drei einfachen Polizeisachen wurden die restlichen sieben Gesuche verworfen.[220]

Über das abgelaufene Gerichtsjahr 1829/30 gibt der erhalten gebliebene Bericht des Generalprokurators v. Koch vom 2. November 1830 Aufschluß, welcher - wie auch die Rede v. Birnbaums vom gleichen Tag - in gedruckter Form vorliegt. Aber auch v. Koch widmete dem Appellationsgericht in seiner Funktion als Kassations- und Revisionsinstanz nur wenige Worte. So bezifferte er die Kassationsrekurse auf dem Gebiet des Zivilrechts im Gerichtsjahr 1829/30 mit insgesamt sieben. In drei Fällen wurden die angefochtenen Urteile kassiert und der Streitgegenstand zugleich in der Hauptsache erledigt. Ebenso viele Gesuche wurden verworfen. In einer Rechtssache entschieden die Richter lediglich über die Zulässigkeit des eingelegten Rechtsmittels. Über die Begründetheit wurde erst im Folgejahr erkannt. In strafrechtlichen Angelegenheiten befand das Kassationsgericht über elf Anträge. Zehn Kassationsge-

---

218 Bayerisches Hauptstaatsarchiv, ebenda.

219 Bayerisches Hauptstaatsarchiv, ebenda.

220 Bayerisches Hauptstaatsarchiv, MJU ebenda.
Frühere Informationen zu den Resultaten der Rechtspflege in der Kassationsinstanz enthält allerdings die bereits angesprochene Rede v. Rebmanns vom 16. Mai 1816. Aus dieser folgt, daß am Appellationsgericht K a i s e r s l a u t e r n im abgelaufenen Gerichtsjahr insgesamt 25 Urteile in der Revisionsinstanz gefällt wurden. (Abgedruckt in: Albert Becker: Neues aus dem Leben des Zweibrücker Appellationsgerichtspräsidenten Andreas Georg Friedrich v. Rebmann [1768-1824], in: Westpfälzische Geschichtsblätter, Jhrg.19, Zweibrücken 1917.)

suche führten zur Verwerfung. Ein weiteres Gesuch gab zur Vernichtung des Assisenurteils Anlaß, weil dem Gerichtshof eine Verwechslung in der Angabe der Namen der beisitzenden Richter unterlaufen war. Der Tenor dieses Urteils erfuhr deshalb keine Veränderung. Das Kassationsgericht verhängte erneut die Strafe, die bereits in dem kassierten Urteil ausgesprochen worden war.[221]

Aus einer Rede des neuen Generalprokurators Anton von Schenkel vom 4. November 1833 ergibt sich, daß im Geschäftsjahr 1831/32 insgesamt fünf Kassationsurteile auf dem Gebiet der Strafrechtspflege gefällt wurden.[222]

Die in Bayern erschienenen Entscheidungssammlungen können zur Quantifizierung der an den Gerichtshöfen des Rheinkreises verhandelten Rechtssachen nicht herangezogen werden. Obwohl das Land vereint war, enthielten diese Sammlungen in der Mehrzahl Rechtsfälle aus den sieben altbayerischen Kreisen des Königreichs. Die wenigen veröffentlichten Urteile aus der Rheinprovinz waren zumeist solche der Erstinstanzgerichte und des Appellationsgerichts, Kassationsentscheidungen wurden in diesen Dokumentationen kaum abgedruckt.[223] Ein mangelndes Interesse der altbayerischen Rechtspraktiker an der Justizpflege des Rheinkreises könnte hierfür ursächlich gewesen sein. Entscheidungssammlungen waren in erster Linie ein Arbeitsmittel für die an den Gerichtshöfen tätigen Beamten; für die altbayerischen Juristen war das französische Recht und damit auch die Rechtsprechung des Rheinkreises jedoch nahezu bedeutungslos. Berührungspunkte zu ihrer täglichen Arbeit existierten kaum.

Eine dieser ersten Sammlungen ist die des späteren bayerischen Justizministers Freiherr von Zu Rhein aus dem Jahre 1830/31.[224] In dieser wie auch in der Fortsetzungsreihe von Nibler wurde beispielsweise kein einziger durch ein rheinisches Gericht entschiedener Rechtsfall aufgenommen.[225]

Kassationsentscheidungen aus dem Rheinkreis für die Zeit bis 1832 finden sich in dem landesübergreifenden Werk Gredys aus dem Jahr 1862. Die Sammlung umfaßte nach Aussage des Verfassers a l l e Entscheidungen, welche sämtliche rheinischen Kassationsgerichte ab Beginn ihrer Errichtung erlassen hatten, so auch die des

---

221 Ludwig von Koch: Rede des K. General-Prokurators am königlichen Appellations-Gerichte für den Rheinkreis, in: Zwei Reden gehalten bei der Feyer der Wieder-Eröffnung des Gerichtsjahres am königl. bayer. Appellations-Gerichte des Rheinkreises in Zweibrücken, am 2. November 1830, Kaiserslautern 1830.

222 Bayerisches Hauptstaatsarchiv, MJU 14645.

223 Eine Übersicht über die Entscheidungssammlungen gibt Filippo Ranieri (Hrsg.): Gedruckte Quellen der Rechtsprechung in Europa (1800-1945), in: Veröffentlichungen des Max-Planck-Instituts für Europäische Rechtsgeschichte, Bd. 3, Frankfurt am Main 1992.

224 Friedrich August Frhr. von zu Rhein (Hrsg.): Sammlung merkwürdiger Rechtsfälle Bayerns, Bd. 1 und 2, Erlangen 1830 und 1831.

225 Johann Baptist Nibler: Sammlung auserlesener bayerischer Rechtsfälle mit Andeutungen zur Verbesserung des baierischen Zivilgesetzbuches, Straubing 1832.

Kassationshofes zu Zweibrücken. In seinem Vorwort betonte Gredy, daß die von ihm veröffentlichten Gerichtsentscheidungen in noch keiner Sammlung zuvor vollständig mitgeteilt worden seien.[226] Doch auch in der Veröffentlichung Gredys sind nur wenige Urteile des Zweibrücker Kassationshofes enthalten.
Der Aufbau der Entscheidungssammlung Gredys ist vergleichbar mit dem unserer heutigen Kommentare. Die Rechtsfälle wurden den Paragraphen des code napoléon untergeordnet und entsprechend gekürzt. Die Unterordnung unter bestimmte Gesetzesnormen hatte den Nachteil, daß die Urteile inhaltlich geteilt wurden. Es handelt sich bei Gredys Werk um eine Art Leitsatzsammlung. Hiervon zeugt beispielsweise eine Entscheidung aus dem Jahr 1821:

> "Zu Art. 1108 1) Mangel eines bestimmten Gegenstandes des Vertrages; blosses Project. Wurde in einem Vergleichsacte an der Stelle, wo die Vergleichssumme hätte eingedruckt werden sollen, ein leerer Raum gelassen, jedoch hinsichtlich dieser Vergleichssumme auf einen existierenden Looszettel Bezug genommen, nach welchem die Vergleichssumme bestimmt wurde und wieder festgestellt werden konnte, so kann das Gericht, ohne den Artikel 1108 B.G.B. zu verletzen, erkennen, dass es nicht an einem bestimmten Object der Verbindlichkeit fehle und der Act nicht blosses Project sondern ein gültiger Vertrag sei. Durch die Bezugnahme auf jenen Looszettel war das Object, nach Art. 1129 ib .., vollkommen bestimmt. Zweibrücken, 10. Januar 1821. (Rej.) Thiel g. Gienanth."[227]

Auch wenn Gredy den Sachverhalt und die tragenden Gründe der Entscheidung zum Teil mitteilte, ist diese Sammlung nicht geeignet, über die Rechtsprechung der Kassationsinstanz umfangreich Aufschluß zu geben. Die Entscheidungssammlung kann allenfalls herangezogen werden, um dem Leser einen groben Überblick darüber zu geben, mit welchen Rechtsnormen des code civil sich das Kassationsgericht schwerpunktmäßig auseinanderzusetzen hatte.
Weitere Entscheidungen aus den Jahren 1828 bis 1831 finden sich ferner in den von dem Appellationsgerichtsrat Theodor Erasmus Hilgard herausgegebenen Annalen der Rechtspflege.[228]

---

226 J. G. Gredy (Hrsg.): Zusammenstellung der Entscheidungen der Cassationshöfe, Erster Teil BGB, Erstes Heft, Mainz 1862.

227 Zitiert aus: ebenda, S. 376.

228 Theodor Hilgard (Hrsg.): Annalen der Rechtspflege in Rheinbayern oder Darstellung merkwürdiger Rechtsfälle und ihrer Entscheidung durch die oberen Gerichtshöfe Rheinbayerns, im Gebiete des Zivil- und Criminal-Rechts, Bd. 1 und 2, Zweibrücken 1830 und 1831.

Die statistische Auswertung der auf Grundlage dieser Entscheidungssammlungen gewonnenen Erkenntnisse führt zu folgendem Bild:

Gerichtsjahr	Kassationsentscheidungen Zivilrecht	Kassationsentscheidungen Strafrecht
1818/1819	2	-
1819/1820	-	-
1820/1821	1	-
1822/1823	2	-
1823/1824	1	-
1824/1825	1	-
1825/1826	gemäß einem Auszug aus dem Protokoll des Landrates	
1826/1827	wurden in dieser Zeit keine Kassationsgesuche eingereicht[229]	
1827/1828	5	10
1828/1829	2	-
1829/1830	7	11
1830/1831	-	-
1831/1832	-	5

(Ein Leerstrich bedeutet, daß keine Entscheidung nachweisbar ist.)

Bei diesen statistischen Angaben muß allerdings berücksichtigt werden, daß in die Veröffentlichung Gredys nur jene Urteile aufgenommen wurden, die auf Grundlage des code napoléon, nicht jedoch sonstiger Gesetzbücher ergangen waren, da der Herausgeber letztere einem gesonderten zweiten Band vorbehalten wollte, der allerdings nie erschien.

Ein quantitativer Vergleich der am Kassationshof anhängigen Rechtssachen mit den vom Appellationsgericht entschiedenen zeigt, daß nur gegen einen geringen Teil der Urteile (erfolgreich) die Kassation eingelegt wurde. Im Gerichtsjahr 1827/28 waren beispielsweise 213 Zivilrechtsstreite am Appellationsgericht anhängig, wovon 123 ihre Erledigung durch Urteil fanden. Im gleichen Jahr beantragten die Parteien nachweislich gegen fünf Judikate, mithin bei 4% die Kassation. Im Gerichtsjahr 1829/30 sah das Verhältnis ähnlich aus. Von 245 anhängigen Zivilstreitigkeiten am

229 Bayerisches Hauptstaatsarchiv, MJU 14645.

Appellationsgericht wurden 169 durch Urteil entschieden. Rechtsmittel wurden gegen sieben Entscheidungen eingelegt. Das sind ebenfalls etwas über 4%.
Auch wenn die ausgewerteten Quellen eine eindeutige Aussage über die Gründe für die geringe Zahl von Kassationsgesuchen nicht zulassen, ergeben sich bestimmte Ansatzpunkte für eine mögliche Erklärung.
Zunächst spielten sicherlich die Kosten für die Rechtssuchenden eine nicht zu unterschätzende Rolle. Bereits das aufwendige Einregistrier- und Stempelwesen war sehr teuer. Hinzu kamen noch die Gebühren der Anwälte.[230] Auch werden die eingangs dargestellten Formalismen des Verfahrensgangs auf die Entscheidung Einfluß gehabt haben. Möglicherweise rief aber auch die Verbindung zwischen Appellationsgericht und Kassationshof den Anschein der fehlenden Unabhängigkeit der Richter in der Kassationsinstanz hervor. Dieser Ansicht war jedenfalls der rheinpfälzische Abgeordnete Culmann, der sich im Jahr 1831 auf einer Ständeversammlung der zweiten Kammer folgendermaßen äußerte:

> "Dass nicht viele Sachen an dieses Gericht gebracht werden, hat seine volle Richtigkeit; der Grund davon liegt gerade in der schlechten Einrichtung und in dem daraus entspringenden Mangel allen Vertrauens auf dieses Gericht."[231]

Im Ergebnis wird sich die geringe Anzahl der Rechtsmittel sicherlich auf ein Zusammenspiel all dieser Faktoren zurückführen lassen.

§ 2 DIE RECHTSPRECHUNG

Mangels anderweitiger Quellen kann die Rechtsprechung des Gerichtshofes für die Jahre bis 1832 nur anhand der wenigen, in den Annalen der Rechtspflege in Rheinbayern veröffentlichten Urteile aufgezeigt werden.[232] Zwar enthalten die ersten beiden Bände der Annalen insgesamt ca. 100 Entscheidungen pfälzischer Gerichte, vorwiegend aus dem Bereich der Zivilrechtspflege, unter ihnen befinden sich

---

230 Zwar wurden keine Gerichtskosten erhoben, aber es mußten beispielsweise Gebühren an den Gerichtsschreiber entrichtet werden; auch war ein Aktenstück ohne Einregistrierung nicht gültig. (Vgl. hierzu Fritz Vollheim: Die provisorische Verwaltung am Nieder- und Mittelrhein während der Jahre 1814-1816, Bonn 1912).

231 Verhandlung der zweiten Kammer der Ständeversammlung des Königreichs Bayern 1831, Bd. 18, Protokoll Nr. C I, München 1831, S. 95; zitiert nach: Alois Alzheimer: Dr. Maximilian Joseph Freiherr von Zu Rhein, in: Staatsministerium der Justiz (Hrsg.): Die Kgl. Bayer. Staatsminister der Justiz in der Zeit von 1818-1918; 1. Teil, München 1931, S. 272.

232 Theodor Hilgard (Hrsg.): Annalen der Rechtspflege in Rheinbayern oder Darstellung merkwürdiger Rechtsfälle und ihrer Entscheidung durch die oberen Gerichtshöfe Rheinbayerns, im Gebiete des Zivil- und Criminal- Rechts, Bd. 1 und 2, Zweibrücken 1831 und 1831.

allerdings nur fünf zivilrechtliche Urteile des Kassationshofes. Diese wurden in den Jahren 1828, 1829 und 1830 gefällt.[233]
Auch wenn es nicht möglich ist, auf dieser Grundlage eine verbindliche Aussage zur Entscheidungspraxis des Zweibrücker Gerichtshofes zu treffen oder gar eine Analyse der Rechtsprechung vorzunehmen, soll versucht werden, die Spruchpraxis des Gerichtshofes als Kassations- und Revisionsinstanz zu beleuchten und bestimmte Tendenzen in der richterlichen Rechtsanwendung aufzuzeigen.
Nach den Erkenntnissen Beckers wirkten der Gefahr, daß trotz materieller Rechtseinheit der Staatsgebiete am Rhein eine unterschiedliche Gerichtspraxis entstehen konnte, drei Faktoren entgegen: (1) Alle rheinischen Gerichtshöfe orientierten sich an der französischen Judikatur, insbesondere an der Rechtsprechung des Kassationshofes zu Paris. (2) Das Appellationsgericht in Köln hatte eine dominierende Stellung inne; die Entscheidungen dieses Gerichts wurden auch in Rheinhessen, der Rheinpfalz und in Baden beachtet. (3) Neben der französischen Judikatur zitierten die rheinischen Gerichte das römische Recht.[234]
Inwieweit sich diese Aussagen für den Kassationshof des bayerischen Rheinkreises bestätigen läßt, wird festzustellen sein.

Der dem Rechtsstreit zugrunde liegende Sachverhalt wurde in Hilgards Entscheidungssammlung unter voller Namensnennung der beteiligten Parteien geschildert. Einer Darstellung der bisherigen Prozeßgeschichte einschließlich des vorinstanzlichen Richterspruchs schloß sich die wörtliche Wiedergabe der Entscheidungsgründe des Kassationshofes an. Lediglich der Tenor des Urteils erfuhr eine Kürzung. Es ist insbesondere die Wiedergabe der Argumente der Parteien, welche die Entscheidungssammlung mit Leben erfüllt.

Das juristische Stichwort des ersten hier näher zu untersuchenden Kassationsurteils vom 30. Mai 1828 lautet wie folgt:

> "Gehören Streitigkeiten über Registrirungs-Gebühren, oder über die darauf bezüglichen Geldbußen, vor das Gericht des W o h n o r t s des Beklagten, oder vor das Gericht, in dessen Bezirk das Rentamt liegt, von welchem der Zwangsbefehl ausging?"[235]

---

233 Die Entscheidungssammlung enthält des weiteren ein strafrechtliches Urteil.

234 Hans-Jürgen Becker: Das Rheinische Recht und seine Bedeutung für die Rechtsentwicklung in Deutschland im 19. Jahrhundert, in: Juristische Schulung, Heft 5, 1985, S. 344.

235 Das gesamte Urteil findet sich in Theodor Hilgard (Hrsg.): Annalen der Rechtspflege in Rheinbayern oder Darstellung merkwürdiger Rechtsfälle und ihrer Entscheidung durch die oberen Gerichtshöfe Rheinbayerns, im Gebiete des Zivil- und Criminal-Rechts, Bd. 1 und 2, Zweibrücken 1830 und 1831, auf den Seiten 262-267; im folgenden zitiert aus: ebenda.

Dem Rechtsstreit lag folgender Sachverhalt zugrunde: Im Jahr 1823 ließ S. eine Mobilienversteigerung durch den Notar vornehmen. Die darüber errichtete Urkunde wurde dem Rentamt in Dahn (Sitz des Notars, Bezirk Zweibrücken) zwecks Registrierung vorgelegt. Das Rentamt stellte fest, daß der Notar M. bei der vorgenommenen Versteigerung 40 Artikel zwar ausgeboten und zugeschlagen, nicht jedoch in das Protokoll aufgenommen hatte. Darin lag ein Verstoß gegen das Gesetz vom 22. Pluviose VII., der eine Geldstrafe in Höhe von 100 Franken pro ausgelassenem Artikel nach sich zog.[236] Die Geldstrafe wurde mittels Zwangsbefehl gegenüber dem Notar geltend gemacht. Da dieser mittlerweile in den Bezirk Landau verzogen war, ging er in

> "... Opposition, [und - d. V.] behauptete, daß das erwähnte Gesetz auf den gegebenen Fall nicht anwendbar sey, und gab den K. Aerar Vorladung vor das K. Bez.-G. in Landau, als Forum seines dermaligen Wohnsitzes".

Das K. Aerar vertrat die Ansicht, das Bezirksgericht in Landau sei nicht zuständig, weil die Bestimmung des Gesetzes vom 22. Pluviose VII., Artikel 8 in Verbindung mit Artikel 64 des Gesetzes vom 22. Frimaire VII.[237] die Zuständigkeit für alle Registrierungsstreitigkeiten sowie

> "... für alle bei Mobiliar-Versteigerungen vorfallenden Zuwiderhandlungen, unter allen Umständen, und ohne Rücksicht auf den Wohnort des Beklagten, demjenigen Bezirksgerichte, in dessen Gerichtssprengel das einschlägige Rentamt liege, - also im vorliegenden Falle dem K. Bez.-G. in Zweibrücken ..."

zugewiesen habe. Das Bezirksgericht Landau erklärte sich indes mit der Begründung für zuständig, daß sich nach allgemeinen Rechtsgrundsätzen die Zuständigkeit in Zivilsachen nach dem Wohnort des Beklagten bestimme und im übrigen die Verfassung verfüge, daß niemand seinem natürlichen Richter entzogen werden dürfe. Weiter begründete es seine Entscheidung damit, daß die angeführten Gesetze vom 22. Pluviose VII. und 22. Frimaire VII. eine Ausnahme von der grundsätzlich geltenden Zuständigkeitsregel nicht mit Bestimmtheit festlegen würden, jedenfalls aber eine solche Ausnahme durch das spätere Notariatsgesetz vom 25. Ventose XI. wieder aufgehoben sei, indem der Artikel 53 dieses Gesetzes regelte, daß die gegen einen Notar auszusprechenden Verurteilungen zu Geldstrafen und Schadensersatz wegen Zuwiderhandlungen in der Amtsführung durch das Zivilgericht seines Wohnortes vorzunehmen seien.[238]

---

236 Gesetz vom 22. Pluviose VII. - in: K. Th. F. Bormann; Alexander von Daniels (Hrsg.): Handbuch der für die Königl. Preuß. Rheinprovinzen verkündigten Gesetze, Verordnungen und Regierungsbeschlüsse aus der Zeit der Fremdherrschaft, Bd. 4, Köln 1836, S. 1.

237 Gesetz vom 22. Frimaire VII. - in: ebenda, Bd. 3, Köln 1835, S. 808.

238 Gesetz vom 25. Ventose XI. - in: Bulletin des lois de la République Française, Paris Floreal XI, S. 593.

Das Urteil des Bezirksgerichts Landau wurde auf das durch das K. Aerar eingelegte Rechtsmittel der Kassation vernichtet. In seinen Entscheidungsgründen zitierte das Kassationsgericht zunächst die dem Rechtsstreit zugrunde liegenden Vorschriften des Gesetzes vom 22. Pluviose und vom 22. Frimaire im französischen Original:

> "Les poursuites et instances auront lieu ainsi et de la manière prescrite par la loi du 22. Frimaire d sur l`enregistrement" und "Le premier acte de poursuite pour le recouvrement des droits d`enregistrement et le payement des peines et amendes prononcées par la présente loi, sera une contrainte décernée par le receveur ou proposé de la régie; elle sera visée et déclarée exécutoire par le juge de paix du Canton où le bureau est établi, et elle sera signifiée. L`exécution de la contrainte ne pourra être interrompue que par und opposition formée par le redevable et motivée, avec assignation à jour fixe devant le tribunal civil de département. Dans ce cas l`opposant sera tenu d`élire domicile dans la commune où siège le tribunal."

Im Anschluß führten die Zweibrücker Richter aus, daß Artikel 64 des Gesetzes vom 22. Frimaire bei einer "Opposition" gegen einen Zwangsbefehl wegen Registrierungsgebühren sowie bei darauf beruhender Geldstrafen lediglich die Zuständigkeit desjenigen Zivilgerichts habe bestimmen wollen, in dessen Bezirk das den Zwangsbefehl erlassende Rentamt liege, dies gehe schon aus dem Gesetzestext explizit hervor,

> "... indem die Worte: devant le tribunal civil du département, im Zusammenhange mit der Redaktion des Vorhergehenden a linea, und namentlich mit den Worten: par le juge de paix du Canton *où le bureau est établi* unzweideutig ausdrückten, daß der Gesetzgeber das Civilgericht desselben Departements bezeichnen wollte, zu welchem der erwähnte Canton gehört."

Den grammatikalischen und systematischen Auslegungsmethoden ließ das Kassationsgericht die teleologische Auslegung folgen, indem es zur Begründung seiner Rechtsauffassung das Anliegen des Gesetzgebers, also die ratio legis der Regelung heranzog. Es führte aus, bei einer nach dem Wohnort des Schuldners bestimmten Zuständigkeit sei die Tatsachenfeststellung ebenso schwierig wie die Beweisführung. Außerdem erfordere eine solchermaßen geregelte Zuständigkeit eine Versendung der Akten und Register; die kaum möglich sei.
Auch die durch das Bezirksgericht herangezogene Begründung, daß die in den beiden zitierten Gesetzen enthaltenen Zuständigkeitsbestimmungen durch das spätere Notariatsgesetz aufgehoben seien, wurde durch das Kassationsgericht widerlegt. Es vertrat die Auffassung, Artikel 53 dieser Vorschrift beziehe sich nur auf die in demselben Gesetz enthaltenen Bestimmungen, nicht jedoch auf die durch die Gesetze vom 22. Frimaire und 22. Pluviose geregelten speziellen Materien.

Ferner meinten die Richter, auch die Bestimmung der Verfassungsurkunde habe keinen anderen Sinn, als daß in allen Fällen die bestehenden Regelungen über die gerichtliche Zuständigkeit beobachtet werden sollen, so daß jede Willkür ausgeschlossen sei.
Das Kassationsgericht unterzog noch ein Reihe weiterer Vorschriften, die jedenfalls nach ihrem Wortlaut geeignet gewesen wären, die speziellen Regelungen dieser Bestimmungen außer Kraft zu setzen, einer näheren Betrachtung. So konnte nach seiner Auffassung ebenso wenig aus den Artikeln 59 und 1041 der französischen Prozeßordnung eine Abrogation hergeleitet werden, weil dieses Gesetzbuch nur für reine Zivilprozesse gelte, im vorliegenden Fall aber von Strafbestimmungen die Rede sei, welche, obschon das Gesetz sie ausnahmsweise den Zivilgerichten zuweise, dennoch nicht in die Kategorie der rein bürgerlichen Rechtsstreitigkeiten gehören würden und deshalb ihre spezielle Gesetzgebung hätten. Das Kassationsgericht nahm in diesem Zusammenhang zur Untermauerung seiner Rechtsansicht auf ein Gutachten des Staatsrates Bezug, wonach dieser am 12. Mai 1807 die gleiche Ansicht vertreten hatte.
Die Mitglieder des Gerichtshofes zogen bei ihrer Entscheidung auch allgemeine Rechtsgrundsätze heran. Das Kassationsgericht schrieb:

> "Daß überhaupt, nach einem unbestreitbaren Rechtsgrundsatze, ein späteres allgemeines Gesetz einem frühern speciellen in der Regel nicht derogirt."

Wie das vorliegende Urteil belegt, ließen die Zweibrücker Richter auch die französische Jurisprudenz nicht unbeachtet. Sie formulierten:

> "Daß auch der Cassationshof in Paris immer in diesem Sinne entschieden hat."

Obwohl die Fundstelle der Entscheidung im Urteil nicht angegeben wurde, berücksichtigten die Mitglieder des Kassationshofes die Ergebnisse, welche die französischen Richter bei der Auslegung des Gesetzes vom 22. Frimaire in ihrer damaligen Entscheidung erarbeitet hatten.

Ein weiteres Urteil vom 30. Juli 1830 baut sich inhaltlich auf dem der ersten Entscheidung zugrunde liegenden tatsächlichen Geschehen auf.
Das Stichwort heißt:

> "Findet die, durch das Gesetz vom 22. Frimaire VII. festgesetzte Verjährungsfrist von 2 Jahren auch für die auf das Registrirungswesen bezüglichen Geldbußen Statt? Ist diese Verjährung, so wie die der Gebühr selbst, dadurch bedingt, daß der Rentbeamte aus einem, zur Registrirung vorgelegten Akte die Thatsache, welche zur Erhebung der Gebühr oder Geldbuße Veranlassung giebt, zu erkennen im Stande gewesen sey?"[239]

---

[239] Das gesamte Urteil findet sich in Theodor Hilgard (Hrsg.): Annalen der Rechtspflege in Rheinbayern oder Darstellung merkwürdiger Rechtsfälle und ihrer Entscheidung durch die oberen Gerichtshöfe Rheinbayerns, im Gebiete des Zivil- und Criminal-Rechts, Bd. 1 und 2, Zweibrücken 1830 und 1831, auf den Seiten 267-270; im folgenden zitiert aus: ebenda.

Die oben behandelte Rechtssache kam vor das Bezirksgericht Zweibrücken, welches am 1. März 1830 die durch den Notar eingelegte Opposition in der Hauptsache für begründet erachtete und den Zwangsbefehl des K. Aerars vernichtete. Seine Entscheidung stützte das Bezirksgericht auf die Ansicht, daß nach Artikel 61 des Gesetzes vom 22. Frimaire der Gebührenausspruch verjährt sei, wenn seit der Registrierung des Aktes mehr als zwei Jahren verstrichen sind. Der Gesetzgeber, welcher die Eintreibung der Gebühren und Geldstrafen mittels Zwangsbefehl geregelt habe, wolle in der Verjährung der Gebühren auch die Verjährung der Strafe begreifen. Diesen Grundsatz wie auch der Umstand, daß die durch das Gesetz vom 22. Pluviose verhängte Verfolgung des Notars wegen Gebühren und Strafen einer zweijährigen Verjährungsfrist unterworfen sei, habe das genehmigte Gutachten des Staatsrates vom 22. August 1810 förmlich ausgesprochen.
Das K. Aerar stützte sein gegen dieses Urteil eingelegte Kassationsgesuch auf die Argumentation, daß nach Artikel 61 des Gesetzes vom 22. Frimaire sowie nach dem Staatsratgutachten die kurze Verjährungsfrist von zwei Jahren nur dann greife, wenn dem Rentbeamten die Tatsachen, welche die Erhebung einer Gebühr oder Geldbuße rechtfertigen, nicht verheimlicht worden seien.
Die eingelegte Kassation hatte Erfolg; das Urteil des Bezirksgerichtes wurde vernichtet. Das Kassationsgericht begründete seine Entscheidung wie folgt: Eine Verjährungseinrede könne nur da eingreifen, wo sie durch ein eindeutiges Gesetz begründet sei. Zwar setze Artikel 61 des Gesetzes vom 22. Frimaire VII. für die Geltendmachung von Registrierungsgebühren eine zweijährige Verjährungszeit fest. Auch sei diese Bestimmung auf die in bezug auf das Registrierungswesen verhängten Geldstrafen anzuwenden, da die Artikel 62 und 64 des Gesetzes sie mit den Gebühren gleichsetze und in vielen Fällen die Strafe bloß in einer Erhöhung der Gebühren bestehe. Es führte aber weiter aus, daß diese kurze zweijährige Verjährungsfrist "nach dem klaren Texte" des Artikel 61 des Gesetzes vom 22. Frimaire dadurch bedingt sei, daß der Rentbeamte aus dem zur Registrierung vorgelegten Akt die Tatsachen, welche zur Erhebung der Gebühr oder Geldstrafe Veranlassung geben, zu erkennen imstande gewesen sei. Die Zuwiderhandlung sei im vorliegenden Fall aber gerade nicht aus dem Protokoll zu ersehen gewesen.
Das Kassationsgericht meinte ferner, daß sich auch der Staatsrat in seinem vorbezeichneten Gutachten ausdrücklich in diesem Sinne ausgesprochen habe.
Auch zur Begründung dieses Urteils zogen die Richter des Zweibrücker Gerichtshofes die Rechtsprechung des französischen Obertribunals heran, wie der folgende Verweis zeigt:

> "Die Jurisprudenz des franz. Cassationshofs über diesen Punkt findet sich vollständig angegeben bei Duvergier, Collection complète des lois etc., in der Note zu Art. 61 des Gesetzes vom 22. Frimaire VII."

Eine weitere Entscheidung des Kassationshofes vom 8. August 1829 beschäftigte sich mit der Frage:

> "Hat eine, in Gemäßheit der Verordnung vom 6. April 1816[240] gefertigte Renovations-Urkunde über Grundzinsen Beweiskraft vor Gericht, wenn sie nicht die Anerkennung des Debenten selbst enthält? Verletzt der Richter, welche eine solche, von der Administrativ-Behörde genehmigte und vollziehbar erklärte Renovations-Urkunde als unbeweisend beseitigt, die Regeln der richterlichen Competenz?"[241]

Das der Kassationsentscheidung vorausgegangene Urteil des Appellationsgerichts vom 6. Januar 1829 ist eines der herausragendsten Entscheidungen der Sammlung, da es die wirtschaftlich bedeutsame Wiederherstellung von Erbpachtzinsverhältnissen zum Gegenstand hat, die vor dem Einzug der französischen Truppen entstanden waren und später zugunsten des Staates beziehungsweise der Gemeinden und Stiftungen in einem vereinfachten Verfahren rechtlich begründet werden sollten.

Der Darstellung des dem konkreten Rechtsstreit zugrunde liegenden Sachverhalts stellte Hilgard in diesem Fall eine Betrachtung der historischen Begleitumstände voran, dadurch erfährt der tatsächliche Hintergrund eine Aufhellung, die Entscheidungsgründe werden verständlicher.

Infolge der Revolutionskriege und der damit einhergehenden territorialen Veränderungen auf dem linken Rheinufer war die Entrichtung der anfallenden Grundzinsen und Erbpachten "auf geraume Zeit" unterbrochen; eine Vielzahl von Urkunden, welche den Anspruch belegten, waren verloren gegangen. Gleichzeitig hatte ein häufiger Eigentumswechsel stattgefunden. Dies führte sowohl hinsichtlich der Nachweisführung über die Berechtigung eines Zinsanspruchs wie auch der Identität und des Besitzes des mit einer Zinsbelastung beschwerten Grundstücks zu Schwierigkeiten. Die Folge war, daß die Schuldner die auf ihren Grundstücken lastenden Zinsen nicht mehr zahlten, und zwar größtenteils in der durch die Abschaffung der Feudalzinsen veranlaßten Überzeugung, daß sie diese nicht mehr schulden. Teilweise nutzten die Erbpächter diese tatsächlichen und rechtlichen Unklarheiten aber auch aus, um ihrer Zahlungspflicht zu entgehen, was ihnen nicht selten durch die Flucht der Verpächter vereinfacht wurde.

Das französische Revolutionsrecht hatte die Regelung zum Erbzins in all jenen Fällen unberührt gelassen, wo ihre Grundlagen privater und nicht feudaler Natur waren. Doch

---

240 Verordnung vom 6. April 1816 - in: Amtsblatt der k. k. österreichischen und k. baierischen gemeinschaftlichen Landes-Administrativkommission zu Worms 1816, Nr. 64.

241 Das gesamte Urteil findet sich in Theodor Hilgard (Hrsg.): Annalen der Rechtspflege in Rheinbayern oder Darstellung merkwürdiger Rechtsfälle und ihrer Entscheidung durch die oberen Gerichtshöfe Rheinbayerns, im Gebiete des Zivil- und Criminal-Rechts, Bd. 1 und 2, Zweibrücken 1830 und 1831, Seiten 270-294, im folgenden zitiert aus: ebenda.

obwohl das kaiserliche Dekret vom 9. Véndemiaire XIII.[242] eindeutig regelte, wann es sich um Feudalzinsen handelte und bestimmte, daß es zum Nachweis einer Zinsberechtigung genügen sollte, wenn ein Heberegister, ein Lagerbuch oder eine ähnliche Beweisurkunde vorgelegt wird, sofern die Berechtigung zum Zeitpunkt des Einmarsches der französischen Heere nachgewiesen war, gelang es in vielen Fällen nicht, die Grundzinsen nach ihrer rechtlichen Qualität einzuordnen.
Um die Entrichtung der dem Fiskus zustehenden Zinsen ab dem Jahr 1816 wieder in Gang zu bringen, erließ die Landesadministrativkommission die im Streit stehende Verordnung vom 6. April 1816, über die Hilgard urteilte:

> "... eine Verordnung, welche in der That als ein merkwürdiges Beispiel administrativer Willkür und legislativer Uebereilung anzusehen ist."

Die Regierung, die sich in all jenen Fällen, in welchen der Staat in die Rechtsstellung des Verpächters eingetreten war, nicht auf lange Rechtsstreitigkeiten mit den Pächtern einlassen wollte, berief sich zur Durchsetzung ihrer vermeintlichen Ansprüche auf diese Vorschrift, deren wesentlicher Inhalt der folgende war: Nachdem die Administrativbehörde zunächst Renovatoren ernannt hatte, welche die dem Fiskus zustehenden Erb- und Grundzinsen unter Mitwirkung der örtlichen Behörden in ein Verzeichnis aufgenommen hatten, wurde eine Renovationsurkunde erstellt, welche nach Ablauf einer fünftägigen Frist, in denen der Zinspflichtige seine Einwendungen vorbringen konnte, in Rechtskraft erwuchs. Die sich anschließende Genehmigung der Urkunde durch die Landesadministration führte zur "exekutorischen Kraft", die jedoch im Klageweg angegriffen werden konnte.
Um die Existenz des Zinses zu beweisen, genügte in Abweichung des Dekretes vom 9. Vendémiaire XIII. die Vorlage früherer Heberegister, Zinsbücher und ähnlicher Beweisurkunden. Der Nachweis, daß die Zinsberechtigung bereits beim Einmarsch der französischen Truppen nachgewiesen sein mußte, war nicht mehr erforderlich. Gegen die Feststellungen des Renovators konnten nur sehr kurzfristig Einwände erhoben werden. Über Einwendungen des Debenten in bezug auf den Zinsansatz sowie die Frage, ob ein Grundstück überhaupt zu den zinspflichtigen Gütern gehörte, entschieden der Renovator und der Ortsvorstand unter Hinzuziehung des Schöffenrates nach vorangegangenem Einvernehmen mit den ältesten Gemeindemitgliedern und den Feldschützen.
In der Folgezeit erhoben sich ernste Zweifel an der Beweiskraft einer auf diese Weise erstellten Urkunde, insbesondere wenn der angebliche Zinsschuldner diese Verbindlichkeit nicht anerkannt hatte beziehungsweise wenn er vortrug, kein mit einer

---

242 Dekret vom 9. Vendémiaire XIII. - in: K. Th. F. Bormann; Alexander von Daniels (Hrsg.): Handbuch der für die Königl. Preuß. Rheinprovinzen verkündigten Gesetze, Verordnungen und Regierungsbeschlüsse aus der Zeit der Fremdherrschaft, Bd. 4, Köln 1836, S. 554.

Rente behaftetes Grundstück zu besitzen. Überdies enthielt die Vorschrift eine Reihe von kaum nachvollziehbaren Sanktionsvorschriften. Beispielsweise mußte die ganze Gemeinde für einen möglichen Schaden aufkommen, wenn der Renovator eine Beleidigung erfuhr und der Täter unbekannt blieb. Wurden ihm Schriftstücke entwendet, so konnten die Grundzinsen nach dem Steuersatz auf die gesamte Gemeinde umgeschlagen werden, selbst wenn das Renovationsgeschäft nur einzelne Gemeindemitglieder betraf.

In folgender Sache kam die Frage vor das Appellationsgericht: Die protestantische Kirchenschaffnei Grünstadt ging gegen mehrere Grundstückseigentümer als Gesamtschuldner vor. Sie trat mit der Behauptung auf, daß zwei Güter mit Erbzins belegen seien. Die Grundstückseigentümer wandten ein, ihre Grundstücke seien weder zinspflichtig, noch haften sie als Gesamtschuldner.

Der von der Kreisregierung ernannte Rechtspraktikant hatte den Erbzins nach der Verordnung vom 6. April 1816 renoviert, wobei die Debenten weder ihre Verpflichtung an sich noch die Identität der Zinsgüter mit den in ihrem Besitz befindlichen Grundstücken anerkannt hatten. Die auf diese Weise errichtete Renovationsurkunde war am 14. August 1824 von der Kreisregierung genehmigt und für exekutorisch erklärt worden, worauf die Kirchschaffnei Zahlungsbefehle gegen die angeblichen Schuldner erließ. Die Einwände der Grundstückseigentümer wies das Aerar mit der Begründung ab, daß die Verordnung aus dem Jahr 1816 bei feststehendem Grundstücksbesitz des Zinsberechtigten beziehungsweise seines Rechtsvorgängers nur die Prüfung erlaube, ob die Verpflichtung feudaler Herkunft sei. Die durch die Schuldner eingelegte Opposition vor dem Bezirksgericht in Frankenthal war nicht erfolgreich. Der Gerichtshof führte im wesentlichen aus, daß

> "... gegen ein also bestätigtes Renovations-Instrument nur über die Rechtmäßigkeit (exigibilité) der angeforderten Zinsen das Erkenntnis des Richters von den Zinspflichtigen nachgesucht werden kann;"

und daß der Ausdruck exigibilité sich nach dem Geist des gesamten Paragraphen und im Einklang mit dem Dekret aus dem Jahre XIII. lediglich auf den Einwand der Feudalität oder des Mangels des Besitzes bei Einzug der französischen Heere beziehe; daß aber die Verordnung der Landesadministrativkommission jede Einrede gegen die Zinspflichtigkeit ausschließe, indem solcherart Einreden vor den Renovationskommissär zu bringen seien. Es führte des weiteren aus, daß die fragliche Urkunde den Beweis der Zinsbelastung liefere.

Gegen das Urteil legten die Appellanten Berufung in Zweibrücken ein. Sie begründeten diese damit, daß die Renovationsurkunde nicht geeignet sei, den Beweis darüber zu führen, daß sich die mit dem Erbzins belasteten Grundstücke im Besitz der Beklagten befinden, da zum einen die Verordnung vom 6. April 1816 "selbst im Fall einer förmlichen Contestation über jene Frage" die Entscheidung durch die ordentlichen Gerichte ermögliche und zum anderen jedenfalls die Verfassungsurkunde aus dem Jahr 1818[243] eine entgegenlautende Bestimmung aufgehoben habe. Niemand könne Richter und Partei zugleich sein. Dieser Grundsatz gelte auch für den Fiskus. Die streitgegenständliche Verordnung vom 6. April 1816 habe ein so wichtiges und fundamentales Prinzip keinesfalls verletzen wollen, zumal sie ausdrücklich sage, daß zwar die von der Administrativbehörde genehmigte Renovationsurkunde in exekutive Kraft erwachse, daß es jedoch den Zinspflichtigen unbenommen bleibe, über die Rechtmäßigkeit der angeforderten Zinsen vor Gericht nachzusuchen. Die Rechtmäßigkeit bestimme sich aber aus drei Punkten, nämlich 1) daß die Zinsforderung selbst erwiesen sei; 2) daß sich der angebliche Debent im Besitz eines zinspflichtigen Grundstücks befinde und 3) daß der Zins nicht feudal sei. Bei der Untersuchung des hier streitgegenständlichen zweiten Punktes müßten die Gerichte die gewöhnlichen Beweismittel heranziehen.

In seiner Entscheidung vom 6. Januar 1829 erklärte das königliche Appellationsgericht zu Zweibrücken, daß durch die vorgelegte Renovationsurkunde weder die Existenz der eingeklagten Grundrente noch die Identität der Grundstücke, noch die Tatsache des Besitzstandes zum damaligen Zeitpunkt bewiesen sei. Es forderte den Berufungsbeklagten auf, bessere Beweise vorzulegen.

Wie das Kassations- und Revisionsgericht in diesem konkreten Fall erkannte, teilte Hilgard leider nicht mit, er schrieb jedoch:

> "Auf gleiche Weise hatte das K. App-G. bereits durch ein Urtheil vom 14. Mai 1827, in Sachen des Joh. Becker von Erpolzheim gegen das K. Aerar entschieden. Gegen dieses Urteil gab das K. Aerar ein Cassations-Gesuch ein, welches jedoch verworfen wurde durch ein Urtheil des K. Cass.- und Rev.-G. vom 8. August 1829."

In besagter Entscheidung führte das Gericht aus, daß der Renovationsurkunde schon deshalb keine Beweiskraft zuerkannt werden könne, weil die Verfassungsurkunde vom 26. Mai 1818 bestimme, daß niemand seinem ordentlichen Richter entzogen werden dürfe. Damit stützte sich das Kassationsgericht vor allem auf die Garantie der Verfassungsurkunde. Das vorkonstitutionelle Recht der Verordnung aus dem Jahr 1816 änderte nach der Auffassung des Gerichtshofes hieran ebenso wenig wie die Vollziehbarkeitserklärung der Verwaltungsbehörde. Sie binde die Gerichte nicht. Es meinte ferner, daß diese Verordnung nicht zu den besonderen Institutionen des Rheinkreises zähle, da sie eine spezielle, von allen grundlegenden Prinzipien der Gesetzgebung im Rheinkreis abweichende Einrichtung und Justizattribution enthalte.

Wie diese Entscheidung zeigt, zog der Gerichtshof allgemeine Rechtsgrundsätze heran. Es stellte sich auf den Standpunkt, die richterliche Würdigung der Urkunden verletze keinesfalls die Attributionen der Verwaltung, da der Richter nur in bezug auf das konkrete Rechtsverhältnis eine Würdigung vornehme, nicht jedoch darüber urteile,

---

243 Verfassung vom 16. Mai 1818 - in: Gesetzblatt für das Königreich Bayern 1818, Sp. 101.

welche Glaubwürdigkeit diesen Urkunden im übrigen beizulegen sei. Die behauptete Verletzung der Artikel 13 des Gesetzes vom 24. August 1790[244] und 16. Fructidor III.[245] sei somit gerade nicht festzustellen. Der Grundsatz der Gewaltenteilung wurde mit dieser Entscheidung erneut bekräftigt. Das Urteil ist ein Beispiel richterlicher Selbstbehauptung gegenüber der Verwaltung und den hinter ihr stehenden wirtschaftlichen Interessen des Staates.

Auch die vierte Entscheidung vom 21. November 1829 führte zu einer Zurückweisung des Kassationsgesuches des unterliegenden Klägers. Streitgegenstand war folgender:

> "Kann das Ausgebot in Masse (en bloc) der gepfändeten Güterstücke, wenn sie in verschiedenen Gemeindebännen liegen, gültig in einer dieser Gemeinden für sämtliche Güterstücke geschehen? Ist ein solches Ausgebot auch dann gültig, wenn es in derjenigen Gemeinde Statt findet, wo der kleinere Theil der Güter liegt?"[246]

Hilgard stellte einleitend fest, daß "unter den zahlreichen Prozessen, welche durch die Unvollkommenheiten des Gesetzes vom ersten Juny 1822, über die Zwangsveräußerung von Immobilien im Rheinkreise, veranlaßt worden sind und noch immer veranlaßt werden, ... der nachstehende Fall, in welchem die obigen Rechtsfragen zur Entscheidung kamen, eine besondere Beachtung [verdienen - d. V.], weil die Umstände, welche diesem Rechtsstreite seine Entstehung gaben, sehr häufig vorkommen und die Partheien sowohl als die mit der Versteigerung beauftragten Notarien in nicht geringe Verlegenheit setzen müssen."

S. betrieb eine Zwangsveräußerung gegen B. Der Notar A. wurde mit der Versteigerung beauftragt. Die gepfändeten Güter befanden sich in 16 einzelnen Güterstücken, wovon 14 in der Gemarkung Frankenthal und zwei in der angrenzenden Gemeinde Mörsch lagen. Die Versteigerungsbedingungen besagten, daß die Güter zuerst einzeln und dann im ganzen ausgeboten werden mußten. Die stückweise Versteigerung fand am Morgen in Frankenthal und am Nachmittag in Mörsch statt. Im Anschluß daran wurden sämtliche Güter in Masse in Mörsch ausgeboten. Zu diesem Ausgebot zur Masse erfolgte kein Gebot. Die stückweisen Versteigerungen blieben entsprechend der gesetzlichen Regelung somit in Kraft.

Hiergegen wandte sich einer der Hypothekengläubiger. Er erhob vor dem Bezirksgericht in Frankenthal Nichtigkeitsklage gegen die in Frankenthal

---

244 Gesetz vom 24. August 1790 - in: K. Th. F. Bormann; Alexander von Daniels (Hrsg.): Handbuch der für die Königl. Preuß. Rheinprovinzen verkündigten Gesetze, Verordnungen und Regierungsbeschlüsse aus der Zeit der Fremdherrschaft, Bd. 1, Köln 1833, S. 268.

245 Gesetz vom 16. Fructidor- in: ebenda, Bd. 3, Köln 1835, S. 172.

246 Das gesamte Urteil findet sich in Theodor Hilgard (Hrsg.): Annalen der Rechtspflege in Rheinbayern oder Darstellung merkwürdiger Rechtsfälle und ihrer Entscheidung durch die oberen Gerichtshöfe Rheinbayerns, im Gebiete des Zivil- und Criminal-Rechts, Bd. 1 und 2, Zweibrücken 1830 und 1831, Seiten 53-63, im folgenden zitiert aus: ebenda.

vorgenommene stückweise Versteigerung, weil in dieser die ihm verpfändeten Güterstücke inbegriffen waren. Er begründete seine Klage damit, daß die Wirksamkeit der stückweisen Versteigerung durch ein gültiges Ausgebot in Masse bedingt sei, welches aber hinsichtlich der in der Gemarkung Frankenthal liegenden Güter als nichtig anzusehen sei, da das Masseausgebot in Mörsch stattgefunden habe. Er richtete die Klage gegen S., der wiederum den Notar A. vorladen ließ.

Das Bezirksgericht entschied, daß der angefochtene Zuschlag nichtig sei. Die durch S. und den Notar A. ergriffene Berufung hatte Erfolg. In seinen Entscheidungsgründen führte das Appellationsgericht aus, daß in all jenen Fällen, bei denen die gepfändeten Güter in den Gemarkungen mehrerer Gemeinden liegen, die Versteigerung en bloc für das Ganze in einer dieser Gemeinden stattfinden könne. Dies ergebe sich aus dem Sinn und Zweck der Regelung des Artikel 14, der zwar vorschreibe, daß die Versteigerung der in Beschlag genommenen Güter bei Strafe der Nichtigkeit in der Gemeinde, in deren Bann die Güter liegen, zu geschehen habe, worauf auf den ersten Blick folge, daß in dem Fall, wo die Güter in verschiedenen Gemeinden liegen, die Versteigerung auch nur in diesen stattfinden dürfe. Dies würde aber dazu führen, daß eine wahre Versteigerung en bloc absolut unmöglich sei, weil jede Gemeinde nur die in ihr liegenden Güter versteigern dürfe. Dies könne unmöglich der Wille des Gesetzgebers sein, da dieser die Versteigerung en bloc schließlich als Regel zulasse. Weiter meinte das Appellationsgericht, daß es

> "... zwar allerdings zweckmäßiger, vernünftiger, und der Analogie anderer gesetzlichen Vorschriften angemessener ist, in solchen Fällen die Versteigerung en bloc in derjenigen Gemeinde vorzunehmen, wo der größere Theil der Güter, oder, wenn von einem Guts-Complexe die Rede ist, wo der wirthschaftliche Hauptsitz (Chef-lieu de l'exploitation) liegt",

daß - da das Gesetz vom 22. Juni aber eine solche Vorschrift nicht ausdrücklich aufstelle - hieraus die Nichtigkeit des Zuschlages nicht hergeleitet werden könne.

Die gegen das Urteil des Appellationsgerichts vom 31. März 1828 ergriffene Kassation wurde abgewiesen. Die tragenden Entscheidungsgründe geben ein weiteres Beispiel für die Auslegung durch den Gerichtshof. Dieser stellte fest, daß

> "....unter einer Versteigerung en bloc, nach bekanntem unzweifelhaftem Sprachgebrauche, ein ungetrennter Gesamtzuschlag der zu versteigernden Gegenstände in einer Masse und auf einmal verstanden ..." werde.

Er fuhr fort,

> "...daß aber eine solche Versteigerung in allen den Fällen, wo die Güter in verschiedenen Gemarkungen liegen, unmöglich wäre, wenn die Versteigerung in jeder der betreffenden Gemeinden Statt haben müßte; daß folglich die buchstäbliche Anwendung ..."

besagter Bestimmung hieße, daß das Gesetz eine ausdrücklich erteilte Befugnis durch Anordnung einer entgegengesetzten Bestimmung "implicite" wieder habe aufheben wollen.
Unter Beachtung teleologischer Auslegungsgrundsätze kamen die Kassationsrichter zu dem Ergebnis, daß die wortgetreue Anwendung des Artikel 14 in vielen Fällen zu

> "... widersinnigen, das Interesse sämmtlicher Betheiligten sehr gefährdenden Zerstückelungen führen würde".

Dies könne aber nicht der Wille des Gesetzgebers gewesen sein, deshalb müsse der betreffenden Bestimmung

> "...diejenige Deutung gegeben werden..., welche am geeignetsten ist, deren Vollziehung in einem, ihrem Wortlaute am meisten entsprechenden Sinne, und zugleich auf eine vernünftige und in allen Fällen anwendbare Art zu sichern ...".

Er unterstrich seine Auffassung mit der Feststellung, daß

> "... zur Erreichung dieses Zwecks der Auslegung, nach welcher in den Fällen, wo die gepfändeten Güter in mehrern Gemarkungen liegen, es hinreicht, daß die Versteigerung in Masse in einer der betreffenden Gemeinden geschehe, nicht allein die dem Wortsinn entsprechendste, sondern auch die einzig mögliche ist."

Diese Interpretation verdiene auch deshalb den Vorzug, weil die wortgetreue Anwendung des Artikels 14 jede Versteigerung im ganzen, falls die Güter in verschiedenen Gemarkungen liegen, in jedem Fall unmöglich mache. Die Beteiligten könnten aber den möglichen Nachteilen bei einer Versteigerung en bloc beziehungsweise einer solchen an einem ungeeigneten Ort durch fristgemäßen Einspruch vorbeugen. Auch stelle kein Gesetz die Versteigerung an dem Ort, wo sich gerade nicht der bedeutendste Teil der Güter befinde, unter die Strafe der Nichtigkeit, so daß auch hieraus keine Rechtsfolgen hergeleitet werden können.

Wie zumindest zwei dieser richterlichen Entscheidungen anschaulich dokumentieren, war es tatsächlich so, daß sich der Kassationshof an der französischen Judikatur orientierte, indem er sich mit seiner Entscheidung der Auffassung des Pariser Gerichtshofes anschloß. Auffallend ist, daß die Rechtsnormen häufig durch die Richter ausgelegt wurden. Bei den dargestellten Urteilen war dies wohl auch dem Umstand geschuldet, daß es nicht die Normen des code civil oder des code de procédure waren, die dem anhängigen Verfahren zugrunde lagen, sondern Rechtsvorschriften, die - teilweise auch wegen ihrer durch die politischen Verhältnisse bedingten Kurzlebigkeit - nicht von so hoher gesetzestechnischer Qualität waren wie die vorgenannten.
Sofern in diesem Zusammenhang eine Wertung überhaupt möglich ist, führt diese zu dem Schluß, daß der teleologischen Auslegungsmethode der Vorzug gegeben wurde. Die Rechtsnorm wurde bei der Orientierung an der ratio legis als Teil einer gerechten

und zweckmäßigen Ordnung verstanden. Insbesondere das letzte Urteil zeigt im Ergebnis aber auch, daß die Richter eine Abwägung möglicher Auslegungsalternativen vornahmen, um letztlich die zweckmäßigste und in den Gesamtzusammenhang der zugrunde liegenden Vorschrift passendste herauszuarbeiten. Rekurse auf das römische Recht finden sich in diesen wenigen Entscheidungen nicht.
Betrachtet man die Prozeßparteien näher, so fällt bei den untersuchten Urteilen auf, daß in drei von fünf Fällen das K. Aerar, also der Staat sowie Notare beteiligt waren. Aber auch die anderen Prozeßbeteiligten (Handelsmann, Reichsrat, Hypothekengläubiger) zählten nicht zu den ärmeren Schichten des Rheinkreises.
Wie sich aus der dritten Entscheidung gleichfalls entnehmen läßt, lag zwischen dem Erlaß des Appellationsurteils, am 14. Mai 1827, und dem des Kassationsurteils, am 8. August 1829, eine Zeitspanne von mehr als zwei Jahren. In Anbetracht der geringeren Zahl von Kassationsgesuchen scheint dieser Zeitraum sehr lang, zumal, wenn man ihn mit den übrigen hier untersuchten Rechtsstreiten vergleicht, bei welchen teilweise nur wenige Monate bis zum Kassationsurteil vergingen. Berücksichtigung finden muß in diesem Zusammenhang jedoch auch, daß die Kassationsinstanz nicht ständig installiert war und es möglicherweise nach wie vor zu vereinzelten Schwierigkeiten bei ihrer Besetzung kam.
Die Urteile dokumentieren schließlich, daß das Kassationsgericht nur selten als Revisionsgericht tätig wurde. So entschied das Gericht nur in einem Fall zugleich in der Hauptsache. Der durch die Verordnungen der Jahre 1814 und 1815 ausgesprochenen Kompetenzerweiterung des Gerichtshofes kam demnach in der Praxis anscheinend eine geringere Bedeutung zu.

III. DIE GUTACHTERLICHEN AUFGABEN AM APPELLATIONSGERICHT ZU ZWEIBRÜCKEN

Wie der Einschätzung des Gerichtsrates am Zweibrücker Appellationsgericht, Hilgard, zu entnehmen ist, war der Beruf eines Richters trotz seiner schlechten Bezahlung für die rheinischen Juristen vor allem deshalb von Interesse, weil er geistige Anregung bot und sich an das laufende Richteramt "noch manch andere Aufgabe"[247] anschloß. Die Staatsregierung soll die notwendig werdende Begutachtung sowie die Redaktion von Abänderungen in der Gesetzgebung des Rheinkreises stets dem Gerichtshof zu Zweibrücken übertragen haben.

> "Da galt es denn bald, die Neuerungen, wenn sie wirklich freisinnig und zweckmäßig waren, kräftig zu fördern, bald sie zu bekämpfen, wenn sie direkt oder indirekt die

247 Im folgenden zitiert aus: Theodor Hilgard: Meine Erinnerungen, Heidelberg 1860, S. 254 f.

bessern Institutionen, deren sich Rheinbayern erfreute, bedrohten; denn man kann sich denken, daß es auch an solchen nicht fehlte, da die bayerische Staatsregierung diese Institutionen, als Früchte der französischen Staatsumwälzung, stets mit argwöhnischen Augen betrachtete, so wie auch der freiere Geist der Rheinbayern, der aus diesen Institutionen entsprang, ihr immer ein Anstoß war und blieb."

Da der überwiegende Teil der das Justizwesen betreffenden Archivbestände im Krieg vernichtet wurde, kann die von Hilgard beschriebene Begutachtung von Gesetzesänderungen im Rheinkreis im folgenden nur im Ansatz beleuchtet werden.

Der erste Präsident des Appellationsgerichts zu Zweibrücken, v. Rebmann, war in besonderem Maße in die gutachterliche Tätigkeit des Gerichtshofes involviert. Er erarbeitete eine Vielzahl von Gutachten und zählte auch aus diesem Grund zu einer der herausragendsten Persönlichkeiten des Zweibrücker Gerichtshofes. Neben seinen Stellungnahmen zur Neustrukturierung der Kassations- und Revisionsinstanz[248] widmete er sich schon um das Jahr 1816 der Frage der künftigen Justiz- und Verwaltungsorganisation in Rheinbayern.[249]

Am 5. Januar 1817 wurde das Appellationsgericht zu Zweibrücken unter dem Vorsitz v. Rebmanns beauftragt, ein Gutachten über die Revision der Strafgesetzgebung zu erstellen.[250] Im Kern ging es um die Frage, ob statt der Beibehaltung des code pénal Feuerbachs Strafgesetzbuch von 1813 in den rheinischen Gebieten eingeführt werden sollte. Wie das Votum des Gerichtshofes letztlich ausfiel, läßt sich nicht mehr rekonstruieren. Die Aussage Fabers, der König habe angesichts der von dem Präsidenten hervorgehobenen Schwierigkeiten mit Reskript vom 13. Januar 1818 auf eine Einführung verzichtet, deutet darauf hin, daß sich v. Rebmann gegen eine Übernahme des bayerischen Strafgesetzbuches ausgesprochen hat. Unter Zugrundelegung seines ein Jahr zuvor erstellten allgemeinen Organisationsgutachtens ergeben sich jedoch Zweifel an der Feststellung Fabers. Danach empfand es v. Rebmann gerade nicht als schwierig, den französischen code pénal durch das bayerische Strafgesetzbuch zu ersetzen:

> "Mehr als zwei Dritttheile des zweiten Theils des Strafgesetzbuches für das Königreich Baiern könnten fast unverändert eingeführt werden; nur müßte sodann vom Untersuchungsrichter die Sache an den Appelat. Hof oder einem - einen Criminalhof - bildenden Senat (mit oder ohne Geschworenen) übergehen, wo die öffentliche

248 Die Stellungnahme v. Rebmanns zur organisatorischen Anbindung des Kassationshofes wird an späterer Stelle dieser Arbeit dargestellt.

249 Zu dem am 29. Juni 1816 vorgelegten Gutachten v. Rebmanns - vgl. auch Max Spindler (Hrsg.): Bayerische Geschichte im 19. und 20. Jahrhundert: 1800-1970, Sonderausgabe, 1. Teilbd.: Staat und Politik, 1. Aufl., München 1978 sowie Bayerischer Geschichtsatlas, München 1969.

250 Vgl. hierzu Karl-Georg Faber: Recht und Verfassung, Köln 1970.

> Verhandlung stattfinden könnte. Die vorherige, jetzt stattfindende Anklage wäre zu ersparen, obgleich mehrere Gelehrte, unter anderen der Rezensent des königl. baierischen Strafgesetzbuches in der Leipziger-Literatur Zeitung hier einen Vorzug der französischen Prozedur vor der baierischen zu finden geglaubt haben"

und weiter:

> "... ganz anders und verschieden ist das Verhältniß in Ansehung des Strafgesetzbuches. Ein ganz einfaches transitorisches Gesetz reicht hin, und das königl. baierische Strafgesetzbuch, dass ich mit voller Überzeugung für weit bestimmter, gründlicher und für teutsche Völker paßender halte, als den grausamen, in den Begriffen der Verbrechen unbestimmten, keine Abstufungen kennenden Code pénal, hier einzuführen, selbst ohne alle Änderung der jetzigen Prozeßformen. Diese Einführung würde ein wahrer Gewinn seyn, und keine Nachtheile mit sich führen".[251]

Mehrere Erklärungen sind ob dieses Widerspruches denkbar. Möglicherweise schreckte der König davor zurück, im Falle einer Einführung des bayerischen Strafgesetzbuches eine auch nur teilweise Anpassung vorzunehmen, und verzichtete statt dessen völlig auf seine Übernahme. Aber auch das Abstimmungsverhalten der aus mehreren Juristen bestehenden Kommission könnte insoweit eine Erklärung bieten, als sich v. Rebmann als Befürworter der Einführung des bayerischen Strafgesetzbuches mit seiner Meinung möglicherweise nicht durchzusetzen vermochte; gleichwohl wurde die Stellungnahme des Appellationsgerichts unter seinem Vorsitz erstellt.
In einer weiteren gutachterlichen Arbeit beschäftigte sich v. Rebmann mit dem Prozeßgang im bayerischen Rheinkreis. Die hohen Kosten und insbesondere die vielen Förmlichkeiten, die das französische Gerichtsverfahren mit sich brachte, wurden unter anderem in der Flugschrift des rheinland-pfälzischen Abgeordneten Adolay aus dem Jahr 1820[252] aufgezählt. Der Frankenthaler Notar äußerte seinen Unmut darüber, daß der französische Gesetzgeber das gebildete städtische Bürgertum begünstigt habe, da neben einer Vielzahl komplizierter Vorschriften vor allem die hohen Kosten bei einfachsten Rechtssachen die ärmeren Schichten, hier vor allem die Bauern, benachteilige, so daß sich das Gleichheitsprinzip in sein Gegenteil verkehre.
Die Mängel in der französischen Prozeßordnung veranlaßten den bayerischen Justizminister, den Präsident des Appellationsgerichts zu Zweibrücken, v. Rebmann, mit der Überarbeitung der französischen Gesetzgebung hinsichtlich des bürgerlichen Verfahrens zu beauftragen, um die negativen Inhalte der französischen Vorschriften zu mildern und die unnötigen Förmlichkeiten zu beseitigen. Von Rebmann schrieb, man

---

251 Zitiert aus dem Gutachten v. Rebmanns zur Justizverfassung, Bayerisches Hauptstaatsarchiv, MJU 14648.

252 J. K. Adolay: Andeutungen, das Justizwesen im bayerischen Rheinkreis betreffend, Frankenthal 1820.

lebe nicht mehr in

> "... alten patriarchalischen Zeiten ... Je zivilisierter ein Volk ist, desto notwendiger und wesentlicher werden manche Formen gegen List und Betrug gerichtet, weil diese leider mit der Zivilisation zunehmen. Wäre es möglich, die Gesetze auf wenige allgemeine, jedem bekannte Regeln zu reduzieren und alle Rechtsstreite durch Schiedsrichter entscheiden zu lassen, so möge es recht gut sein ..., allein dies ist nur in einfachen Staaten denkbar, wo jeder von seines Feldes Früchten lebt ..."[253]

Die Stellungnahme v. Rebmanns in dieser Frage, der jede Änderung der bestehenden Formalitäten verweigert, erstaunt. In Anbetracht der politischen Vergangenheit v. Rebmanns, die geprägt war von den Idealen der Französischen Revolution, hätte man gleichwohl vermutet, daß er sich für eine Vereinfachung der Gesetze und des Verfahrensganges einsetzen würde, um das Rechtswesen für das Volk transparenter zu machen. Die Gleichheit aller vor dem Gesetz als Forderung der Französischen Revolution beinhaltet in ihrer Umsetzung schließlich auch die Möglichkeit des einzelnen, das geltende Recht nicht nur verstehen sondern sich darüber hinaus auch der gerichtlichen Strukturen bedienen zu können. Letzteres ist aber nur möglich, wenn der Zugang zu den Gerichten nicht unnötig erschwert wird; sei es aufgrund hoher Kosten oder schwer verständlicher beziehungsweise unnötiger Formalitäten.

Es war nicht zuletzt auf die Bemühungen v. Rebmanns zurückzuführen, daß die Beamten der Verwaltung die Grundsätze der Gewaltenteilung von Juristiktive und Exekutive beachteten. Von Rebmann äußerte am 8. Februar 1820 gegenüber dem Justizminister,[254] daß - nachdem der König durch den Erlaß verschiedener Verordnungen die Gewaltenteilung wieder eingeführt habe - es nicht hingenommen werden könne, wenn Behörden dennoch in die Befugnis der Gerichte eingreifen würden, ebenso wie auch der umgekehrte Fall nicht zu dulden sei. Die Verordnung vom 10. Hornung 1818,[255] den Geschäftsgang die Justizsachen betreffend, bezweckte seiner Meinung nach die Wiederherstellung einer unabhängigen Justiz. Demnach habe die Staatsbehörde keinerlei Weisung von der Kreisbehörde, welche an die Stelle der früheren Präfekturen getreten sei, zu empfangen. Die bislang praktizierte direkte Korrespondenz derselben mit den königlichen Prokuratoren sei ebenfalls aus diesem Grunde aufgehoben. Die obere Verwaltungsstelle habe in der Regel mit den Gerichten nur als Partei oder im Fall eines Auskunftsersuchens zu kommunizieren. Von Rebmann kritisierte, daß auch die Erlasse an die Prokuratoren in ihrer Formulierung nicht dem geltenden Grundsatz entsprächen, da es sich bei diesen nicht um

253 Zitiert aus dem Schreiben v. Rebmanns vom 18. November 1822 an die Kreisregierung - Landesarchiv Speyer, Regierung der Pfalz, Kammer des Inneren, H 3, Nr. 547.

254 Vgl. hierzu im folgenden das Schreiben v. Rebmanns vom 8. Februar 1820, Bayerisches Hauptstaatsarchiv, MJU 11526.

255 Vgl. Verordnung über den Geschäftsgang die Justizsachen betreffend vom 10. Februar 1818 - in: Intelligenzblatt des königlich-baierischen Rheinkreises, Nr. 95 vom 2. 4. 1818.

untergeordnete Bedienstete handele. So seien sie beispielsweise mit Weisung und Befehl überschrieben. Die Gerichte hätten aber von der Verwaltung keine Befehle zu erhalten. Im übrigen solle man auch in Betracht ziehen, was die Parteien von solchen Schriftstücken in den Gerichtsakten halten würden. Schließlich könnten diese beim Volk den Anschein der Abhängigkeit der Justiz von der Verwaltung hervorrufen.
Im Juli des Jahres 1821 wandte sich v. Rebmann schließlich mit einem Schreiben, die Rangverhältnisse der Landkommissariate und die Präsidenten der Gerichte erster Instanz betreffend, an den König:

> "Zudem der Allerunterthänigst Unterzeichnete den Bericht der königlichen Kreisregierung und die Bemerkungen des k. Generaladvokaten im nebenstehenden Betreff beigefügt, glaubt derselbe, dass den königlichen Landcommissären zu Kaiserslautern, Frankenthal und Landau solange die gegenwärtig daselbst angestellten Individuen in diesen Ämtern bleiben, der Vorrang vor dem königlichen Präsidenten der dortigen Bezirksgerichte aus dem Grunde belassen werden könne, weil sie ehedem Kreisdirektoren, d. h. Unterpräfekten waren und nach der Versicherung der königlichen Regierung die Beibehaltung ihres Ranges ihnen zugesichert wurden. Beide Beamtenclassen auf gleiche Linie zu setzen, möchte kaum den Anstand völlig heben, auch scheinen weder Alter noch Gehaltsbestimmung ganz geeignet, um als Grundlage zu dienen. In Ansehung der k. Landcommissäre im allgemeinen dürfte indessen, wie der k. Generaladvokat bemerkt hat der Anspruch auf Vorrang vor dem Bezirksgerichtspräsidenten nicht gegenwärtig seyn. Der Präsident des Bezirksgerichts ist der Vorstand aller Justizbeamten seines Bezirkes, er hat einen Amtskreis, welcher drei Landcommissariate umfaßt und ist also keine Behörde des Landcommissariats, worin das Gericht seinen Sitz hat. Es möchte ihm daher der Vorrang vor dem königlichen Landcommissär billig zugestanden werden. Rebmann."[256]

256 Zitiert aus: Bayerisches Hauptstaatsarchiv, MJU 10274.

3. KAPITEL
DER WANDEL IN DER PFALZPOLITIK

A DER ÜBERGANG VON DER LIBERALEN ZUR KONSERVATIVEN REGIERUNGSPOLITIK

I. DIE HISTORISCHEN HINTERGRÜNDE

Die französische Julirevolution führte im Jahr 1830 zum Sturz des Bourbonenthrons und zur Begründung eines liberalen Bürgerkönigtums unter Prinz Louis Philipp von Orleans. Die revolutionäre Bewegung in Frankreich schlug auch in Bayern Wellen.[1] In Rheinbayern meldeten sich die oppositionellen Kräfte verstärkt zu Wort. Doch obwohl es - wie die Geschichte zeigt - hier wie in den übrigen deutschen Staaten an einer zielbewußt geleiteten Bewegung, die tatsächliche Veränderungen hätte herbeiführen können, fehlte, waren die politischen Vorgänge geeignet, Ludwig I. in Unruhe zu versetzen. Dieser befürchtete seine eigene Entmachtung. Die französische Julirevolution, die Ludwigs Vorstellungen von königlicher Gewalt widerstrebte, brachte für das Königreich Bayern das Ende der liberalen Regierungszeit.[2] Die im Königreich Bayern bereits im Jahr 1828 erfolgte Ablösung des liberal gesinnten Innenministers Graf von Armansperg durch den christlich-konservativen von Schenk unterstützte in der Julikrise diesen Übergang zur konservativen Regierungspolitik

---

1 Vgl. zum folgenden Eva Alexandra Mayring: Bayern nach der französischen Julirevolution, München 1990; J. M. Miller: Geschichte der neuesten Ereignisse in Rheinbaiern, Weissenburg 1833; Max Spindler (Hrsg.): Bayerische Geschichte im 19. und 20. Jahrhundert: 1800-1970, Sonderausgabe, 1. Teilbd.: Staat und Politik, 1. Aufl., München 1978; ders.: Handbuch der bayerischen Geschichte, Bd. 4, Teilbd. 2, München 1975.

2 In diesem Zusammenhang stellt sich die Frage, ob König Ludwigs politische Einstellung tatsächlich als liberal bezeichnet werden kann oder ob es ihm in den Anfangsjahren seiner Herrschaft statt um die Verwirklichung eigenen fortschrittlichen Gedankengutes um die Stärkung seiner Macht als Monarch ging. Baumann sah es jedenfalls als zutreffender an, von einer generationsbedingten Opposition gegenüber dem väterlichen Regierungssystem zu sprechen, eine Haltung, die Ludwig in seiner Zeit als Kronprinz eingenommen, die aber mit politischer Überzeugung wenig gemein hatten. Baumann meinte, indem sich der König in seinen Handlungen sehr stark am aufgeklärten Geist der Zeit orientierte, habe er gehofft, die Anerkennung und Zuneigung der Bevölkerung gewinnen zu können. Allerdings dürfte ihm dies in seiner Beziehung zur rheinischen Bevölkerung um so leichter gelungen sein, als die übrigen deutschen Staaten, insbesondere Preußen und Österreich, einen reaktionären Kurs verfolgten; in Preußen wurde der Bestand der Rheinischen Institutionen schon frühzeitig in Frage gestellt, hier gab es - anders als in Bayern - keine Garantieerklärung. (Vgl. Kurt Baumann: Das pfälzische Appellationsgericht in der Zeit von 1815-1871, in: Wilhelm Reinheimer (Hrsg.): Festschrift zum 150-jährigen Bestehen des Pfälzischen Oberlandesgerichts, Zweibrücken 1965; zu Ludwig - vgl. Michael Dirrigl: Ludwig I. König von Bayern 1825-1848, München 1980.)

Ludwig I. Der von Februar bis Dezember 1830 währende Landtag führte zu einer Vielzahl von Presseverordnungen. Die in den frühen Jahren der Herrschaft Ludwigs erfolgte Lockerung der Pressefreiheit, die zum Erscheinen liberaler Blätter geführt hatte, wurde empfindlich eingeschränkt. Die erstmals im Oktober des Jahres 1830 von Philipp Jakob Siebenpfeiffer herausgegebene Zeitschrift "Rheinbayern"[3], in der die Mängel und Gebrechen der Verwaltung gar von einem Beamten des bayerischen Staates getadelt wurden, muß das Mißfallen der bayerischen Regierung erregt haben, denn die Zeitschrift wurde schon wenig später eingestellt.
Aber auch die Beziehungen zwischen der bayerischen Regierung und den Abgeordneten erhielten als Ausdruck des Vordringens konservativer Elemente in der Regierungspolitik des Königreichs Bayern eine neue Qualität. Die Münchener Regierung machte im Verhältnis zu ihren Mandatsträgern in verstärktem Umfang von dem sogenannten Ausschließungsrecht Gebrauch, wodurch es ihr ermöglicht wurde, die Zusammensetzung des Landtages entsprechend ihren politischen Interessen zu steuern.[4] Das Ausschließungsrecht wurde auf die Regelung gestützt, daß alle Beamten im Fall ihrer Wahl zu Abgeordneten zwecks Genehmigung einer für diese Zeit notwendig werdenden Freistellung beim König nachzusuchen hatten. Die Vorschrift bezog sich nur auf Staatsbeamte und wurde nun gegen ihren eindeutigen Wortlaut auch auf Advokaten ausgedehnt und vor allem bei den Abgeordneten aus dem Rheinkreis herangezogen.
Im Landtag des Jahres 1831 traten schwere politische Differenzen zwischen den Vertretern der Regierung und den oppositionellen Kräften in der zweiten Kammer zutage, die mit verbalen Angriffen auf das Kabinett einhergingen. Es waren zwei Advokaten des Zweibrücker Gerichtshofes, Christian Culmann und Friedrich Schüler, die als Wortführer hervortraten. Die Pfälzer Parlamentarier bildeten eine starke Opposition. Der Zusammenbruch der Textilindustrie, die negativen Auswirkungen der seit 1829 existierenden Maut, die zu einem Rückgang des Transithandels und einer Zunahme des sogenannten Schiebertums geführt hatte, und die Mißernte des Jahres 1831 boten genügend Konfliktstoff. Im Dezember wurde der Landtag zunächst

3 Der Jurist Philipp Jakob Siebenpfeiffer, der 1818 bei der Bildung der Landeskommissariate zum Kreisdirektor ernannt worden war, hatte zuvor als Sekretär der gemeinschaftlichen Landesadministrativkommission und später als Adjunkt des Kreisdirektors gearbeitet. Sein erklärtes Ziel war der Sturz der Regierung. Er sollte deshalb auch als Landeskommissar abberufen und statt dessen als Zuchthausverwalter in Kaisheim eingesetzt werden. Siebenpfeiffer, der sich in seinen Rechten als Beamter angegriffen fühlte, widersprach dieser geplanten politischen Kaltstellung erfolgreich. (Vgl. Elmar Wadle: Annäherung an Siebenpfeiffer, in: Schriften der Siebenpfeiffer-Stiftung, Bd. 1, Sigmaringen 1991. Philipp Jakob Siebenpfeiffer [Hrsg.]: Rheinbayern, eine vergleichende Zeitschrift für Verfassung, Gesetzgebung, Justizpflege, gesamte Verwaltung und Volksleben, Zweibrücken 1830.)

4 Seine gesetzliche Grundlage fand das Ausschließungsrecht in der Verfassung vom 26. Mai 1818 (Gesetzblatt für das Königreich Bayern 1818, Sp. 101).

geschlossen. Im Februar des Jahres 1832 wurde der bisherige Regierungspräsident Joseph von Stichaner[5] abberufen.

Kulminationspunkt all dieser Ereignisse war das Hambacher Fest, es besiegelte den Kurswechsel in der bayerischen Pfalzpolitik.[6] Im Vorfeld wurde der im Rheinkreis ins Leben gerufene Preßverein, der zugleich der Versuch einer Parteigründung war, am 1. März 1832 verboten. Einer der Hauptwortführer der radikalen oppositionellen Bewegung und Herausgeber der oppositionellen Zeitschrift "Die deutsche Tribüne", Dr. Wirth, wurde verhaftet.

Als im April des Jahres 1832 Bürger von Neustadt zu einem Konstitutionsfest für den 26. Mai 1832 einluden, ließ Dr. Siebenpfeiffer Flugblätter drucken, in denen er eine Gegenfeier für den 27. Mai ankündigte, um nicht den Errungenschaften zu gedenken, sondern um gegen Gewalt zu protestieren. Freiherr von Andrian-Werburg,[7] der Nachfolger v. Stichaners, erklärte das von Siebenpfeiffer geplante Fest am 8. Mai für unzulässig. Daraufhin wandte sich die als liberal geltende Speyerer Zeitung gegen das ausgesprochene Verbot, weil die Verordnung unzulässig und außerdem nicht in der rechtlich vorgeschriebenen Form ergangen war. Die Gesetze, mit denen Freiherr von Andrian-Werburg das Verbot begründet hatte, waren entweder nicht publiziert oder zwischenzeitlich durch die Landesadministrativkommission aufgehoben worden. Das juristische Gutachten über die Unrechtmäßigkeit des Verbotes hatte der bereits erwähnte pfälzische Abgeordnete Schüler verfaßt. Obwohl Freiherr von Andrian-

---

5 Von Stichaner war der Neffe und zugleich der Nachfolger des Freiherrn von Zwackh-Holzhausen. Seit dem 19. März 1817 stand er an der Spitze der Regierung des Rheinkreises. Joseph von Stichaner wurde im Jahr 1769 in Tirschenreuth, in der Oberpfalz, geboren. Von Stichaner war bereits seit dem Jahr 1791 im bayerischen Staatsdienst tätig. Als Mitglied der Zentralverwaltung war er in die Vorbereitung und Durchführung der Reformen des Grafen von Montgelas involviert. Im Zusammenhang mit der Entlassung v. Stichaners kam das Gerücht auf, die Regierung habe ihn aufgefordert, Gewaltmaßregeln anzuwenden, dieser Aufforderung habe er sich nicht wiedersetzt. Ob dies stimmt, ist nicht mehr rekonstruierbar, fest steht jedoch, daß v. Stichaner schon früher um seine Versetzung gebeten haben soll, da ihm nicht nur das notwendige Durchsetzungsvermögen fehlte, sondern auch Unsachlichkeit nachgesagt wurde. Von Stichaner verstarb 1856. (Vgl. Walter Schärl: Die Zusammensetzung der bayerischen Beamtenschaft von 1806 bis 1918, in: Max Spindler [Hrsg.]: Studien Abteilung Bayerische Geschichte, Bd. 1, München 1955.)

6 Zum Hambacher Fest - vgl. ausführlich J. A. Brein: Das Hambacher Fest, in: Pfälzisches Museum, Jhrg. 49, Kaiserslautern 1932; Wilhelm Herzberg: Das Hambacher Fest, neu hrsg. von Heinrich Werner, Köln 1982 und J. M. Miller: Geschichte der neuesten Ereignisse in Rheinbaiern, Weissenburg 1833.

7 Ferdinand Freiherr von Andrian-Werburg wurde 1776 als Sohn eines kurpfälzischen Obersts in Görz geboren. Seit dem Jahr 1797 stand er im bayerischen Staatsdienst - vor seiner Ernennung zum Regierungspräsidenten des Rheinkreises in der Funktion eines Regierungsdirektors im Unterdonaukreis. (Vgl. Walter Schärl: Die Zusammensetzung der bayerischen Beamtenschaft von 1806 bis 1918, in: Max Spindler [Hrsg.]: Studien Abteilung Bayerische Geschichte, Bd. 1, München 1955.)

Werburg das Verbot später zurücknahm, war er in den sich anschließenden Sitzungen des Landrates starken Angriffen der Opposition ausgesetzt.
Die Veranstaltung selbst verlief friedlich. Weder Freiherr von Andrian-Werburg, der seine Machtlosigkeit gespürt hatte, noch die bei den Feierlichkeiten anwesenden Verwaltungs- und Justizbeamten unternahmen einen Versuch, den Reden Einhalt zu gebieten. Dieses Verhalten stieß auf massive Kritik der bayerischen Regierung. Der Generalprokurator des Appellationsgerichts, v. Schenkel, der als Privatperson dem Hambacher Fest beigewohnt hatte, wurde bereits einen Monat später wegen seiner diesbezüglichen Passivität zur Verantwortung gezogen.
Zu seiner Rechtfertigung schrieb er am 16. Juni 1832 an das Staatsministerium der Justiz:

> "Ich besuchte das Hambacher Schloß am 26. und 27. Mai in der Eigenschaft eines Privatmannes, um im Fall eintretender Unordnungen, wodurch das Eigentum oder das Leben der Bewohner in der Umgegend gefährdet worden wäre, diejenigen Maasregeln und Vorkehrungen zu treffen, welche der Lage der Sache angemessen erschienen und um nach beendigtem Feste den ganzen Vorgang der Wahrheit gemäß berichten zu können, wie dies auch wirklich geschah ... Die Staatsprokuratoren können sich nicht wohl auf Drohungen, Abmahnungen, Warnungen beschränken indem sie sich nicht mit der präventiven, sondern mit der gerichtlichen Polizei zu befassen haben und nur da einschreiten dürfen, wo ein wirkliches Delikt vorliegt. Nach dem Abhalten der ersten reditören Rede war der Zeitpunkt zur Einschreitung von Seite der Staatsbehörde gegeben, wozu Konstatierung des Thatbestandes und provisorische Verhaftung des Beschuldigten erforderlich gewesen wäre. Der Thatbestand konnte nicht festgestellt werden, weil das flüchtige Wort der Rede keine in die Sinne fallende Merkmale zurückläßt und die Vornahme eines Zeugenverfahrens an Ort und Stelle war platterdings unausführbar, weil Niemand ein derartiges Zeugnis unter den damaligen Verhältnissen abgegeben hätte. Eine provisorische Verhaftung konnte wegen Mangel des Personals der vollziehenden Gewalt nicht angeordnet werden, auch hätte sich Niemand als Vollziehungsorgan brauchen oder verwenden lassen. Die Volksredner hätten auch bey nicht gestattetem freiem Worte die ganze Masse für sich gewonnen, diese augenblicklich benützt, den Aufstand, den Bürgerkrieg und damit alle Schrecken und Gräuel desselben zu beginnen und sohin ihren Zweck vollkommen erreicht ... Ich bin daher fest überzeugt, daß die mit der Aufsicht, Aufrechterhaltung der öffentlichen Ruhe und Ordnung beauftragten Beamten auf dem Hambacher Schlosse ganz den gebieterischen Verhältnissen und Umständen gemäß gehandelt und dadurch alle

Gefährde für die allgemeine Ruhe und Ordnung, für das Wohl der Einwohner und der Staatsregierung beseitigt haben."[8]

Das Hambacher Fest brachte keine konkreten Ergebnisse. Die gesellschaftlichen Kräfte waren noch nicht stark und organisiert genug, um eine wirkliche Opposition zu bilden. Offensichtlich waren sich die Redner selbst nicht im klaren darüber gewesen, was sie mit dieser Veranstaltung in politischer Hinsicht hatten erreichen wollen. Die Maßnahmen, welche die bayerische Regierung als Antwort auf die Ereignisse von Hambach ergriff, standen dann auch in krassem Mißverhältnis zu der tatsächlichen Situation und waren nicht zuletzt dem Umstand geschuldet, daß Metternich von einem Hambacher Skandal sprach und sich ebenso wie Preußen mit der Forderung an Bayern gewandt hatte, dem "Treiben" ein Ende zu setzen.[9] Es kam zu einer Vielzahl von Verhaftungen, so auch zur Festnahme Siebenpfeiffers. Das Staatsministerium unter Feldmarschall Fürst von Wrede, der nach dem Hambacher Fest die politisch wichtigste Persönlichkeit in Bayern wurde, erließ eine Anordnung, die den Einwohnern des Rheinkreises den Entschluß der Münchener Regierung verkündete, mit allen Mitteln einzugreifen, welche "die Vorsehung in die Hände des rechtmäßigen Herrschers gelegt"[10] habe. Die Speyerer Zeitung erblickte in dieser Formulierung die unmißverständliche Androhung, die Grenzen der Legalität zu überschreiten. Sie rief das Volk zum Kampf für den Erhalt der Institutionen auf. Am 26. Juni 1832 erging ein königliches Patent, in welchem Feldmarschall Fürst von Wrede als außerordentlicher Hofkommissär mit einem Truppenkontingent von mehr als 8.000 Mann - einem Drittel der gesamten bayerischen Armee - in den unruhigen Rheinkreis entsandt wurde.[11] Im Juni des Jahres 1832 wurde Regierungspräsident Freiherr von Andrian-Werburg abgesetzt. Seine Nachfolge trat Freiherr von Stengel an.[12]

Im Jahr 1848/49 kam es zur bisher schwersten Krise im Verhältnis zwischen Bayern und der Pfalz. Dieser Situation unmittelbar vorausgegangen waren die Ereignisse im

---

8 Zitiert aus: Alois Alzheimer: Dr. Maximilian Joseph Freiherr von Zu Rhein, in: Staatsministerium der Justiz (Hrsg.): Die Kgl. Bayer. Staatsminister der Justiz in der Zeit von 1818-1918, 1. Teil, München 1931, S. 255.

9 Vgl. Franz-Josef Heyen (Hrsg.): Geschichte des Landes Rheinland Pfalz, Würzburg 1981.

10 Zitiert nach: Kurt Baumann: Das pfälzische Appellationsgericht in der Zeit von 1815-1871, in: Sven Paulsen (Hrsg.): 175 Jahre pfälzisches Oberlandesgericht, Festschrift, Neustadt an der Weinstraße 1990, 27. (Baumann hat die Quelle dieses Zitats nicht angegeben.)

11 Vgl. Franz-Josef Heyen (Hrsg.): Geschichte des Landes Rheinland Pfalz, Würzburg 1981.

12 Karl Adalbert Leopold Freiherr von Stengel wurde im Oktober 1784 in der Nähe Münchens geboren. Er besuchte die Universitäten von Landshut und München. Mit 18 Jahren legte er das Examen mit hervorragenden Ergebnissen ab. Freiherr von Stengel begann 1807 seine Laufbahn als Kanzleiakzessist. Seit dem Jahr 1814 wirkte er im bayerischen Dienst auf dem linken Rheinufer, zunächst als Armeezivilkommissär und ab dem Jahr 1816 als Mitglied der Regierung. 1837 wurde Freiherr von Stengel bayerischer Gesandter in Bern. (Vgl. Herbert Silbernagel: Die Pfalz unter dem Regierungspräsidenten Freiherrn von Stengel 1832-1837, Dissertation, Würzburg 1936.)

Zusammenhang mit der Frankfurter Nationalversammlung. Im April des Jahres 1849 erklärte Maximilian II., daß man in Bayern die Frankfurter Reichsverfassung nicht annehmen und die Grundrechte nicht anerkennen werde. Daraufhin trieben radikale pfälzische Oppositionelle die Entwicklung zum offenen Bruch mit dem Königreich. Volksvertreter aus Kaiserslautern forderten, der Regierung den Gehorsam zu verweigern. Der gesamten revolutionären Bewegung in der Pfalz wurde jedoch nach kurzer Zeit vor allem durch preußische Soldaten ein Ende bereitet. Die Juristen spielten in dieser politischen Auseinandersetzung eine nicht zu unterschätzende Rolle. Von den Mitgliedern der im Sommer des Jahres 1849 in Kaiserslautern gebildeten provisorischen Regierung entstammten vier ihren Reihen. Die Reaktion der bayerischen Regierung auf die pfälzische Bewegung führte zu einer neuerlichen innenpolitischen Wende. Unter dem Eindruck des Pfälzer Aufstandes gewannen die reaktionären Kreise schon bald wieder an politischem Einfluß; dies spiegelt sich insbesondere in der Zusammensetzung des im Juli 1849 neu gewählten Landtages wider. Es folgten die Jahre der Reaktion, die bis 1853 anhielten. Den politischen "Urhebern und Theilnehmern" der "hochverräterischen Bewegung"[13] wurde in dieser Phase verstärkt mit Hilfe des Strafrechts begegnet. Infolge der revolutionären Bewegung um das Jahr 1848/49 kam es zu einer Politisierung der pfälzischen Justiz, die bei der rheinischen Bevölkerung nicht nur an Vertrauen, sondern auch an Ansehen verlor.[14]

II. DIE AUSWIRKUNGEN AUF DAS JUSTIZWESEN

Die Entwicklung in Rheinbayern hatte König Ludwig jedes weitere Interesse an Reformen genommen.

> "Die strenge Einhaltung des monarchischen Prinzips, das der bayerischen Staatsverfassung zugrunde gelegt ist und worauf diese ihrem ganzen Inhalte und Geiste nach beruht, - jedes Entgegenwirken, jede Abweichung von diesem Prinzipe mit Festigkeit zu verhindern und jedem Übergriff mit Eifer entgegenzuhandeln, - das seien

---

13 Zitiert aus: Königlich Bayerisches Amts- und Intelligenzblatt für die Pfalz 1849, Nr. 35.

14 Siehe vertiefend: Kurt Baumann: Die Pfalz in der deutschen Geschichte, in: Kurt Andermann (Hrsg.): Von Geschichten und Menschen der Pfalz, Verlag der Pfälzischen Gesellschaft zur Förderung der Wissenschaften in Speyer, Bd. 73, Speyer 1984; Michael Dirrigl: Maximilian II. König von Bayern 1848-1864, München 1984; Max Spindler: Bayerische Geschichte im 19. und 20. Jahrhundert: 1800-1970, Sonderausgabe, 1. Teilbd.: Staat und Politik, 1. Aufl., München 1978; Hannes Ziegler: Die Jahre der Reaktion in der Pfalz [1849-1853] nach der Mairevolution von 1849, in: Veröffentlichungen der Pfälzischen Gesellschaft zur Förderung der Wissenschaften in Speyer, Bd. 75, Speyer 1985.

die Aufgaben aus dem Vertrauen des Königs hervorgegangenen Minister, Minister Verweser und Staatsräte und keiner dieser Herren solle und dürfe vergessen, daß der König das Oberhaupt des Staates ist, alle Rechte der Staatsgewalt in sich vereinigt und sie unter den verfassungsmäßigen Bestimmungen ausübt. Gegen jede unnötige Änderung der Verfassung, gegen jede gewagt werdende Überschreitung derselben, sowie gegen jeden Versuch, das Gegebene und Bestehende zu ändern und zu untergraben und die Verfassung in einem andern Sinne zum Nachteile Bayerns und der treuen Bayern auszudehnen, würde er mit fester Hand eingreifen und er erwarte von den Ministern und Staatsräten, hierin mit Offenheit und Ausdauer unterstützt zu werden. Er sei überzeugt, daß die neuernannten Minister ebenso wie er selbst davon durchdrungen wären, daß der König nicht den Ministern zu gehorchen habe, denn dies wäre eine verkehrte Welt. Besonders sei es notwendig, der Zügellosigkeit der Presse entgegenzutreten, denn das Gift, welches diese Blätter durch unausgesetztes Schimpfen und Herunterziehen des Heiligsten immer wieder verbreiten, wirke, wenn auch nicht augenblicklich, doch ununterbrochen fort, und ein Tropfen, der immer auf dieselbe Stelle falle, habe die Zerstörung zur Folge; er wirke langsam aber sicher. Treue der Verfassung und das Bestreben alle Staatsräte zur Erhaltung und Fortdauer des Bestehenden zu vereinigen, sollte die Richtschnur der Minister sein."[15]

Insbesondere nach dem Hambacher Fest ging es dem König nur noch um die Behauptung des Status quo. Er wollte die fortschrittlichen Kräfte in der Gesellschaft unter Kontrolle halten. Einflußreiche konservative Regierungsmitglieder fühlten sich nicht mehr unbedingt an die Garantieerklärungen für die Rheinischen Institutionen und Einrichtungen gebunden und zogen sogar in Erwägung, diese abzuschaffen. Sie sprachen sich für eine Beseitigung der Sonderstellung der pfälzischen Gebiete aus.[16] Daß ihnen hierbei jedes Mittel recht war, beweist die Äußerung Fürst von Wredes, der in diesem Zusammenhang schrieb:

"Jetzt kann man nur wünschen, daß die in diesem Kreis befindlichen Tollköpfe der Regierung das Mittel in die Hand liefern mögen, das auf eine gute Art zurücknehmen, was anno 1815 nicht hätte gegeben werden sollen."[17]

---

15 Vgl. die Rede König Ludwigs am 4. Januar 1832 im Staatsrat - nach dem Protokoll der Sitzung des Staatsrates gekürzt zitiert aus: Alois Alzheimer: Dr. Maximilian Joseph Freiherr von Zu Rhein, in: Staatsministerium der Justiz (Hrsg.): Die Kgl. Bayer. Staatsminister der Justiz in der Zeit von 1818-1918, 1. Teil, München 1931.

16 Vgl. auch Heiner Haan: Vom Nebenstaat zur Provinz - Bayern und die Pfalz von 1816-1849, in: Friedrich Ludwig Wagner (Hrsg.): Strukturwandel im pfälzischen Raum vom Ancien Régime bis zum Vormärz, Speyer 1982.

17 Zitiert nach: Kurt Baumann: Das pfälzische Appellationsgericht in der Zeit von 1815-1871, in: Sven Paulsen (Hrsg.): 175 Jahre pfälzisches Oberlandesgericht, Festschrift, Neustadt an der Weinstraße 1990, S. 28. (Es soll sich hierbei um einen Brief an Metternich handeln; Baumann hat jedoch die Quelle nicht angegeben.)

Die politischen Veränderungen in Folge von Julirevolution und Hambacher Fest wirkten sich auf das Verhältnis der bayerischen Regierung zum Justizwesen des Rheinkreises nachhaltig aus. Das pfälzische Gerichtswesen, aus dessen Kreisen oppositionelle Kräfte wie die beiden Abgeordneten Culmann und Schüler hervorgegangen waren, wurde für den König zu

> "... einem Stein des Anstoßes, ja zu einer für den Staat lebensgefährlichen und hassenswürdigen Einrichtung".[18]

Der König fand sich nun in den Reihen derer wieder, die den anfänglichen Bestrebungen, Rheinische Institutionen und Rheinisches Recht einer Erneuerung in Altbayern zugrunde zu legen, mit Mißtrauen begegnet waren.

Noch im Jahr 1829 war das Interesse des Königs an der Gerichtsstruktur und der Rechtspflege des Rheinkreises sehr groß gewesen. Anläßlich einer im Rahmen seiner Reise in die rheinischen Provinzen dem Landrat am 8. Juni 1829 gewährten Audienz hatte er sich anerkennend über das rheinische Gerichtswesen und das öffentliche Verfahren geäußert. Dem Umstand, daß es bereits damals einige Advokaten des Zweibrücker Gerichtshofes abgelehnt hatten, an der gewährten Audienz teilzunehmen, maß König Ludwig keine besondere Bedeutung bei, konnte es sich hier doch um einige wenige Außenseiter handeln. Zu diesen Advokaten gehörte der bereits zuvor erwähnte Friedrich Schüler, der zwei Jahr später zu den Wortführern der oppositionellen Bewegung im Rheinkreis zählte.[19] Die Teilnahme des Königs an der Gerichtsverhandlung Levi gegen Hansel am 12. Juni 1829 beschrieb Hilgard in seinen Annalen folgendermaßen:

> "Der Monarch, dessen glänzendes Gefolge nebst einem zahlreichen Publikum den Gerichtssaal füllte, nahm seinen Platz in der Mitte der Richter, auf dem Präsidentenstuhle. Dieser Anblick, der das Bild eines jener Könige der Vorzeit zurückrief, die, nach dem ursprünglichen Sinn der Königswürde, als oberste Richter in Person zu Gericht saßen, konnte nicht verfehlen, einen tiefen und ganz eigenthümlichen Eindruck hervorzubringen."[20]

Keine drei Jahre später lösten in München die Entscheidungen der pfälzischen Gerichte großes Befremden aus. Die Äußerungen Ludwigs in einem Schreiben an Justizminister von Zu Rhein dokumentieren die neu gewachsenen Vorbehalte des Königs gegenüber dem justitiellen Wirken des Appellationsgerichts zu Zweibrücken:

> "Die Rechtspflege im Rheinkreis vorzeiglich bei dem Appelationsgericht in Zweibrücken scheint noch immer mehr zum Schutze der politischen Umtriebe, als der

18 Zitiert aus: ebenda, S. 22.

19 Vgl. ebenda.

20 Zitiert aus: Theodor Hilgard (Hrsg.): Annalen der Rechtspflege in Rheinbayern oder Darstellung merkwürdiger Rechtsfälle und ihrer Entscheidung durch die oberen Gerichtshöfe Rheinbayerns, im Gebiete des Zivil- und Criminalrechts, Bd. 1 und 2, Zweibrücken 1830 und 1831, S. 164.

Ordnung und Ruhe zu wirken. Nach der Allgemeinen Zeitung vom 21. September Nr. 265 S. 1059 wurde der Student ... welchen das Zuchtpolizeigericht von Frankenthal wegen Widersetzlichkeit gegen die bewaffnete Macht zu einem Jahr Zuchthaus verurteilt hatte vom dem Appelationsgericht freigesprochen. Ich kann Mir unmöglich denken, daß das Zuchtpolizeigericht Verurtheilung und Strafe ohne hinreichende Gründe sollte ausgesprochen haben, da kaum von einem Gerichte des Rheinkreises zu große Strenge gegen politische Verbrechen und Vergehen zu gedenken ist. Ich erwarte hierüber Aufklärung. Auf wessen Seite ist hier Recht und Gesetz? Mir scheint, auch hier wollte man der Gunst des, wie der Artikel sagt, gereizten und zusammengelaufenen Volkes dienen. Auch hierüber will Ich die genaueste Aufklärung ..."[21]

Die vom Zweibrücker Appellationsgericht ausgesprochenen Urteile gegen die Angeklagten des Hambacher Festes waren nicht geeignet, den König zu besänftigen. Die Angeklagten wurden mehrheitlich freigesprochen.[22] Die Sitzungen des Geschworenengerichts fanden in der Zeit von Juli bis August 1833 in der Festung Landau statt. Der Prozeß, der einer Vorbereitung von über einem Jahr bedurft hatte, wurde gegen 13 Personen, die auf dem Hambacher Fest als Redner aufgetreten waren, durchgeführt. Die Verhöre hatte der Appellationsgerichtsrat Alois Molitor geleitet. Die Verhandlung stand unter dem Vorsitz des seit Sommer des Jahres 1830 am Appellationsgericht tätigen Friedrich Breitenbach. Der Nachfolger v. Kochs, v. Schenkel, trat als Vertreter der Anklage auf. Die Sitzungen stießen auf großes Interesse in der rheinischen Bevölkerung, der sich die Möglichkeit bot, namhafte Vertreter der pfälzischen Anwaltschaft wie den pfälzischen Abgeordneten Christian Culmann - der als hervorragender Redner galt - mitzuerleben. Wirth, dessen erster Prozeß wegen Hochverrats schon mit einem Freispruch des Appellationsgerichts zu Zweibrücken geendet hatte, nutzte den Gerichtssaal als öffentliches Podium zur Darstellung seiner politischen Ansichten. Seine Verteidigungsrede vor den Assisen zu Landau erschien noch im gleichen Jahr im Druck.[23] Von der nach der französischen Prozeßordnung gegebenen Möglichkeit, sich auch von Nichtjuristen vertreten zu lassen, machten einige der Mitangeklagten Wirths Gebrauch. Die Wahl ihrer

21 Das Schreiben stammte vom 27. September 1832; zitiert aus: Bayerisches Hauptstaatsarchiv, MJU 17010.

22 Zu den Verhandlungen in der Festung Landau - vgl. Kurt Baumann: Das pfälzische Appellationsgericht in der Zeit von 1815-1871, in: Wilhelm Reinheimer (Hrsg.): Festschrift zum 150-jährigen Bestehen des Pfälzischen Oberlandesgerichts, Zweibrücken 1965; Klaus Knecht: Strafverfahren nach dem Hambacher Fest vom 27. bis 30. Mai 1832, in: Jahrbuch zur Geschichte von Stadt- und Landkreis Kaiserslautern, Bd. 18/19, Otterbach 1980/81 sowie Ludwig Hoffmann: Vollständige Verhandlungen vor dem königlich-bayerischen Appellationsgerichte des Rheinkreises und in den öffentlichen Sitzungen des ausserordentlichen Assisengerichts zu Landau vom 29. Juli 1833 und der folgenden Tage, Zweibrücken 1833.

23 J. G. A. Wirth: Die Rechte des deutschen Volkes, Nancy 1833.

Prozeßvertreter fiel dabei auf Personen mit gleichen politischen Ansichten, die darüber hinaus aber auch in der Lage waren, diese vor dem zahlreich erschienenen Publikum geschickt darzustellen. Für den Monarchen stellten sich die Urteile als offene Renitenz der rheinischen Juristen dar.

Weitere Spannungen zwischen Justiz und König hatten eine Ursache darin, daß die pfälzischen Gerichte anhängige Prozesse wegen Majestätsbeleidigung vielfach einstellten. Die Richter beriefen sich zur Begründung auf die Tatsache, daß dem französischen Strafgesetzbuch dieser Tatbestand fremd war. Beharrte der König dennoch auf einer strafrechtlichen Verfolgung, so wurde die entsprechende Vorschrift des code pénal über die Beamtenbeleidigung herangezogen. Die in dieser Vorgehensweise versteckt liegende Gleichstellung des Königs mit einem einfachen Beamten erregte diesen natürlich um so stärker und trug keinesfalls dazu bei, seine Haltung zu den Gerichten des Rheinkreises positiv zu beeinflussen.

> "In dem Streben, auf allen Gebieten des staatlichen Lebens seinen Willen uneingeschränkt zur Geltung zu bringen, stieß Ludwig I. auf den Widerstand der Gerichte. Während sich alle anderen staatlichen Behörden und Stellen seinen Befehlen beugten und beugen mußten, hielten sie an ihrer Unabhängigkeit fest und lehnten es ab, ihren Entscheidungen andere als rechtliche Gesichtspunkte zugrunde zu legen. Der König glaubte, überall Verrat, Aufruhr und Umsturz zu sehen, die Gerichte schritten aber auch gegen des Hochverrats Beschuldigte nur dann ein, wenn der Tatbestand der einschlägigen Strafgesetze tatsächlich erfüllt war. Hieraus ergaben sich bald stärkste Spannungen zwischen dem absolutistisch gewordenen König und den ihre Unabhängigkeit bewußten Gerichten."[24]

Das Institut der Gewaltenteilung zwischen Legislative und Exekutive hatte zur Konsequenz, daß die rheinischen Gerichte administrative Maßnahmen aufhoben, die mit den rheinischen Gesetzen nicht in Einklang standen, ohne sich um die hinter diesen politischen Maßnahmen stehenden Erwägungen der bayerischen Regierung zu kümmern. So sprach beispielsweise der pfälzische Friedensrichter Klein die Freilassung des auf Anweisung der Verwaltungsbehörde verhafteten liberalen Journalisten Georg Fein aus, der als Ausländer über die bayerische Grenze abgeschoben werden sollte, weil der gegen ihn erlassene Haftbefehl nicht den gesetzlichen Vorschriften entsprach.[25]

---

24 Zitiert aus: Alois Alzheimer: Dr. Maximilian Joseph Freiherr von Zu Rhein, in: Staatsministerium der Justiz (Hrsg.): Die Kgl. Bayer. Staatsminister der Justiz in der Zeit von 1818-1918, 1. Teil, München 1931, S. 257.

25 Vgl. J. M. Miller: Die Geschichte der neuesten Ereignissen in Rheinbaiern, Weissenburg 1833.

§ 1 DIE NEUE PERSONALPOLITIK

Wie im folgenden zu sehen sein wird, gab die bayerische Regierung ihre anfängliche Zurückhaltung im Personalbereich der Justiz des Rheinkreises infolge der politischen Ereignisse um das Jahr 1832 auf.

König Ludwig I. widmete den Personalentscheidungen an den Gerichten in der Rheinpfalz nunmehr sein besonderes Augenmerk. Im Januar des Jahres 1832 hatte er den amtierenden Justizminister Maximilian Joseph Freiherr von Zu Rhein angewiesen, sich bei allen Personalvorschlägen mit den Generalkommissarien der Kreise in Verbindung zu setzen, um von diesen Gutachten über die politische Zuverlässigkeit der auf den Vorschlagslisten des Appellationsgerichtes aufgeführten Richter einzuholen. Eine solche vom König gewünschte Auslese der Richter war aber gerade im Rheinkreis besonders schwierig. Justizminister Georg Friedrich Freiherr von Zentner[26] hatte während seiner Amtszeit der Justizverwaltung und dem Personalwesen im Rheinkreis keine allzu große Beachtung beigemessen. Freiherr von Zu Rhein äußerte gegenüber dem König: "... schlecht war eine Reihe von Jahren die Aufsicht über dasselbe [das Personal - d. V.]".[27]

---

26 Freiherr von Zentner entstammte einer Bauernfamilie der Kurpfalz. Er wurde am 27. August 1752 geboren. Mit sieben Jahren schickten ihn seine Eltern nach Mannheim zu seinem Bruder. Hier erhielt er eine Ausbildung in alten Sprachen und allgemeinen Wissenschaften. Von 1770 bis 1772 studierte er in Frankreich und in Göttingen öffentliches Recht und Geschichte. Er praktizierte kurzzeitig am Reichskammergericht in Wetzlar. Im März des Jahres 1777 wurde er ordentlicher Lehrer für Staatsrecht an der Universität Heidelberg ohne jedoch über einen Doktortitel zu verfügen. Ermöglicht wurde Freiherrn von Zentner dieser Aufstieg durch seinen Bruder, den kurpfälzischen Regierungsrat in Mannheim. Allerdings bat Zentner noch vor dem Antritt seines Amtes um eine zweijährige wissenschaftliche Studienreise, die ihm auch gewährt wurde. Freiherr von Zentner verbrachte die Zeit mit erneuten Studien in Göttingen und Hospitationen beim Wiener Reichshofrat. Im April des Jahres 1779 erlangte er die Doktorwürde und begann im gleichen Jahr mit seinen Vorlesungen. Zwanzig Jahre später wurde er zum Geheimen Rat in München ernannt. Er war hier im Ressort für geistliche Angelegenheiten und zwischen 1799 und 1817 im Innen- und Außenministerium unter Graf von Montgelas tätig, an dessen Sturz er maßgeblich beteiligt war. Bisher die rechte Hand des Ministers, wandte er sich von diesem ab und der von Feldmarschall Fürst von Wrede geführten Opposition zu. Im Jahr 1818 wurde er Bevollmächtigter Bayerns beim Wiener Kongreß. Als nach der Entlassung des Grafen von Montgelas Bestrebungen einsetzten, die Kompetenz des Justizministers einzuschränken, war Freiherr von Zentner aktiv beteiligt, da er die Nachfolge des Grafen von Reigersberg antreten wollte. Ein erster Schritt war die Übernahme des Vorsitzes in der Gesetzgebungskommission im Jahr 1820. Freiherr von Zentner führte das Justizministerium vom 14. Juni 1823 bis zum 30. Dezember 1831. Die Entlassung des Gesamtministeriums durch König Ludwig, am 30. Dezember 1831, beendete auch die Amtszeit des Freiherrn von Zentner. (Vgl. Georg Trötsch: Georg Friedrich Freiherr von Zentner, in: Staatsministerium der Justiz [Hrsg.]: Die Kgl. Bayer. Staatsminister der Justiz in der Zeit von 1818-1918, 1. Teil, München 1931)

27 Zitiert aus: Alois Alzheimer: Dr. Maximilian Joseph Freiherr von Zu Rhein, in: ebenda, S. 263.

Die im Jahr 1824 anläßlich der Berufung v. Birnbaums zum Appellationsgerichtspräsidenten zu Zweibrücken durchgeführte generelle Überprüfung der Personalverhältnisse in der pfälzischen Justiz hatte damals lediglich zu der allgemeinen Feststellung geführt, daß die pfälzischen Juristen ihr Amt vortrefflich ausübten.[28] Ein halbes Jahrzehnt später, nämlich am 31. Dezember 1829, hatte Freiherr von Zentner dem königlichen Generalprokurator des Appellationsgerichts zu Zweibrücken, v. Koch, den Auftrag erteilt, ihn über das im Justizfach eingestellte Personal des Rheinkreises eine dienstliche Charakteristik nebst Schilderung der Qualifikation zukommen zu lassen. Die daraufhin gefertigten Qualifikationslisten waren die ersten ihrer Art seit dem Jahr 1817. Sie umfaßten die Räte, Assessoren, Staatsprokuratoren, Gerichtsschreiber und Rechtsanwälte des Appellationsgerichts sowie das gesamte Personal der vier Bezirksgerichte.

Im Jahr 1832 wurden aktuelle Tabellen über insgesamt 331 Justizbeamte gefertigt. Die Einstufung der Staatsdiener erfolgte nicht nur nach ihrer "dienstlichen Befähigung", ihren Kenntnissen und ihrer "Geschäftsgewandtheit" sowie ihrem "Fleiß"; auch ihr "moralisches Betragen"[29] war von Bedeutung. Leider liegen diese sicherlich sehr aufschlußreichen Tabellen selbst nicht mehr vor.

In Befolgung einer Anweisung des Königs behielt sich Justizminister Freiherr von Zu Rhein alle Personalangelegenheiten des richterlichen Personals zur eigenen Erledigung vor, auch verfügte er die überwiegende Mehrzahl aller Personalentscheidungen selbst; trotzdem verlangte König Ludwig von ihm eine noch sorgfältigere Prüfung der politischen Zuverlässigkeit der vorgeschlagenen Personen. Eine personalpolitische Richtlinie des Königs vom 5. Juli des Jahres 1832 an Freiherrn von Zu Rhein verdeutlicht dies:

> "Es ist in den dermaligen Verhältnissen nichts wichtiger als die genaueste Aufmerksamkeit bei Ernennung und Beförderung des Richterpersonals. Daß die Richter nur das Gesetz, nicht ihre eigene Theorie in Anwendung bringen, davon hängt alles ab und es muß dafür Gewährschaft, vorzüglich bei allen Beförderungen in die Appellationsgerichte und das Oberappellationsgericht vorliegen, nicht aber das allgemeine nur negative Urtheil, daß man nichts übles sagen könne, genügt, sondern nur der Nachweis, daß der zu Befördernde in seinem früheren Dienstverhältnisse nur das Gesetz, nicht Theorien vor Augen gehabt, und dort wo eine Deutung desselben erlaubt ist, solche im Sinne der Regierung und zur Erhaltung des Ganzen gemacht habe",

---

28 Vgl. hierzu und im folgenden Bayerisches Hauptstaatsarchiv, MJU 10283.

29 Vgl. ebenda.
Die Qualifikation wurde wie folgt benotet: 1 = ausgezeichnete, 2 = sehr gute, 3= gute und 4 = unzureichende Befähigung.

wenige Tage später betonte er nochmals, daß

> "... es Mir nicht genüge zu vernehmen, daß nichts gegen einen Manne vorliege, sondern daß nur wirkliche thatsächliche Bewährung guter Gesinnungen Meine Beschlüsse begründen können."[30]

König Ludwig wies v. Zu Rhein wiederholt an, mit gerichtlichen Klagen gegen die Gerichtsmitglieder vorzugehen, die in seinen Augen zu liberale Urteile gefällt hatten. So schrieb er in diesem Zusammenhang:

> "Ich finde in dem Benehmen des Bezirksgerichts [gemeint ist das in Frankenthal - d. V.] nur einen neuen Beweis, daß es den Gerichten an allem politischen Muthe gebricht, und daß es desto dringender nöthig ist, dieser Muthlosigkeit entgegenzuwirken."[31]

Der König ermahnte den Minister - wie schon dessen Vorgänger Freiherr von Zentner - durch eine Einwirkung auf die Gerichtsvorstände eine Zusammensetzung der erkennenden Senate in politischen Strafsachen zu erreichen,

> "... die es ausschließe, daß ein liberales Urteil ergehe";

weiter schrieb der König:

> "Sie werden durch alle gesetzlichen Mittel zu bewirken versuchen, daß das Oberappellationsgericht der gutmotivierten Ansicht des Appellationsgerichts beitrete, also die etwaige Berufung verwerfe. Der Präsident des Oberappellationsgerichts hat hier Gelegenheit, sich als bewährt zu zeigen."[32]

§ 2 DIE PERSONELLEN MASSNAHMEN AM APPELLATIONSGERICHT ZU ZWEIBRÜCKEN

Am 27. September 1832 schrieb König Ludwig an den Justizminister Freiherr von Zu Rhein:

> "Es muß das Appellationsgericht des Rheinkreises so organisiert werden, daß man auf die Mehrheit mit Zuverlässigkeit bauen kann"

und weiter:

> "Ich erwarte die schleunigsten und wohlbemeßesten Anträge zur Regeneration dieses Gerichts von Ihnen damit einmal die Ruhe wieder gesichert wird."[33]

Die Entfernung der Juristen aus dem pfälzischen Appellationsgericht erfolgte in Form von Pensionierungen oder Versetzungen. Die Versetzungen in den Ruhestand wurden

---

30 Zitiert nach: Alois Alzheimer: Dr. Maximilian Joseph Freiherr von Zu Rhein, in: Staatsministerium der Justiz (Hrsg.): Die Kgl. Bayer. Staatsminister der Justiz in der Zeit von 1818-1918, 1. Teil, München 1931, S. 260. (Dieses wie auch die beiden nachfolgenden Schreiben des Königs sind in den Archivbeständen des Bayerischen Hauptstaatsarchives nicht mehr nachweisbar; wahrscheinlich wurden auch sie im Krieg vernichtet.)

31 Zitiert nach: ebenda, S. 267.

32 Zitiert nach: ebenda, S. 258.

33 Zitiert aus: Bayerisches Hauptstaatsarchiv, MJU 17010.

zumeist mit Artikel 19 des Edikts IX. zur bayerischen Verfassungsurkunde des Jahres 1818 begründet. Hiernach konnten Staatsdiener infolge administrativer Erwägungen mit Belassung ihres Standesgehalts und ihres Titels entweder für immer mittels Demission oder für eine gewisse Zeit mittels Quieszierung aus dem Justizdienst entlassen werden. Eine Pensionierung aus rein administrativen Erwägungen war mithin möglich, da die Verfassung lediglich die Entlassung von einem Richterspruch abhängig machte.[34] Da die bayerische Staatsregierung mit allen Mitteln einen Austausch des rheinischen Justizpersonals erreichen wollte, wurden Richter jedoch auch befördert, wenn ihre Entfernung aus dem Gerichtshof auf anderem Weg nicht möglich war.[35] Zahlreichen Anträgen des Königs auf Quieszierung von Justizbeamten konnte Freiherr von Zu Rhein[36] durch den Hinweis auf die Überlastung des Etats entgehen. Er versuchte den zahlreichen Anträgen des Königs mit dem Hinweis zu begegnen, daß die Ruhegehaltssumme, welche im Etat des Justizministeriums hierfür vorgesehen war, überschritten werde.[37] Daß ihm das nicht immer gelang, zeigen die personellen Veränderungen des Jahres 1832. Wie die nachfolgende Übersicht zeigt, wurden im letzten Amtsjahr des Freiherrn von Zu Rhein als bayerischer Justizminister allein am Appellationsgericht zu Zweibrücken drei der insgesamt sechs Personalentscheidungen vollzogen.

---

34 Verfassung von 1818 - in: Gesetzblatt für das Königreich Bayern 1818, Sp. 101.

35 Kurt Baumann: Das pfälzische Appellationsgericht in der Zeit von 1815-1871, in: Wilhelm Reinheimer (Hrsg.): Festschrift zum 150-jährigen Bestehen des Pfälzischen Oberlandesgerichts, Zweibrücken 1965.

36 Freiherr von Zu Rhein wurde am 7. August 1780 in Würzburg als Sohn eines im Dienst des Fürstbischofs stehenden Beamten geboren. Seine Familie entstammte einem alten Adelsgeschlecht. Sein Vater hatte Grundbesitz im Elsaß und war im französischen Regiment Offizier gewesen. Nach dem Tod des Vaters, im Jahr 1786, kam Freiherr von Zu Rhein zur Erziehung nach Speyer und England. Dem schloß sich ein Studium der Logik und Metaphysik an. Seit 1800 war er als Hof- und Regierungsrat sowie als Justiz- und Verwaltungsbeamter im Würzburger Raum tätig. Als durch den Reichsdeputationsausschuß die Würzburger Gebiete an Bayern angegliedert wurden, kam Freiherr von Zu Rhein im Zuge der dadurch notwendig werdenden Neubildung der Gerichts- und Verwaltungsstellen im Jahr 1803 als Rat an das neue Würzburger Hofgericht. Nach der Abtrennung des Gebietes als Ergebnis des Preßburger Friedens wurde er Vizepräsident der Landesdirektion und Geheimer Rat. Das Amt des Justizministers übte er nur knapp ein Jahr - in der Zeit zwischen dem 1. Januar und dem 21. Oktober 1832, seinem Todestag - aus. (Zu Freiherr von Zu Rhein - vgl. Alois Alzheimer: Dr. Maximilian Joseph Freiherr von Zu Rhein, in: Staatsministerium der Justiz [Hrsg.]: Die Kgl. Bayer. Staatsminister der Justiz in der Zeit von 1818-1918, 1. Teil, München 1931 sowie Walter Schärl: Die Zusammensetzung der bayerischen Beamtenschaft von 1806 bis 1918, in: Max Spindler [Hrsg.]: Studien Abteilung Bayerische Geschichte, Bd. 1, München 1955.)

37 Alois Alzheimer: Dr. Maximilian Joseph Freiherr von Zu Rhein, in: Staatsministerium der Justiz (Hrsg.): Die Kgl. Bayer. Staatsminister der Justiz in der Zeit von 1818-1918, 1. Teil, München 1931.

Das Zögern des Justizministers von Zu Rhein im Jahr 1832, den unzähligen Anweisungen des Königs nachzukommen, führte zu einer Reihe von Tadeln. Freiherr von Zu Rhein meinte:

> "Eure Königliche Majestät haben in der am 22. Juni mit allergnädigst ertheilten Audienz zu äußern geruht, daß ich mehr Kraft zu entwickeln und solche in Thaten und nicht in Worten zu üben hätte ... Möchten doch Eure Majestät huldvollst erwägen, daß als Justizminister meine Lage und meine Stellung ganz verschieden sey! Auch den Schein, die Unabhängigkeit der Gerichte zu stören, muß ich vermeiden, wenn ich nicht Eurer Königlichen Majestät und dem Staate unendlich mehr schaden soll als meine unbemessenen Einschreitungen gegen das Justizpersonal in einzelnen Fällen nützen können ... Urtheile, von den Justizkollegien erlassen, kann der Justizminister, sei er auch mit höchster Gewalt ausgerüstet, nicht aufheben."[38]

Sein Nachfolger wurde Sebastian Freiherr von Schrenk.[39] Unter seiner Leitung fanden mit den Versetzungen dreier weiterer Gerichtsräte die personalpolitischen Maßnahmen am Appellationsgericht zu Zweibrücken vorerst ihr Ende.

Im Ergebnis ist festzustellen, daß im Anschluß an das Hambacher Fest immerhin fast die Hälfte der Richter, und zwar sechs von insgesamt 13, aus dem pfälzischen Appellationsgericht ausschieden. Damit war dies das Jahr der umfangreichsten personellen Veränderungen überhaupt. Die nachfolgende Tabelle gibt einen Überblick über die personellen Maßnahmen am Appellationsgericht zu Zweibrücken im Jahr 1832:

von Birnbaum	23.03.1832 Pensionierung
von Koch	Verbleib
Böcking	Verbleib
Hoffmann	27.06.1832 Pensionierung
Molitor J. A.	Verbleib

38 Zitiert nach ebenda, S. 263. (Der Brief des Justizministers ist in den Akten des Bayerischen Hauptstaatsarchives nicht mehr vorhanden.)
Weiterführend zur Stellung des Justizministers - siehe Hermann Rumschöttel: Das Bayerische Staatsministerium der Justiz 1799-1966, in: August R. Lang (Hsrg.): Festschrift für Karl Bengl, München 1984.

39 Sebastian Freiherr von Schrenk war in der Zeit vom 12. Dezember 1832 bis 27. Mai 1846 bayerischer Justizminister; in der Übergangszeit hatte der König das Justizministerium zunächst der Verantwortung des Staatsrates im ordentlichen Dienst von Branca übertragen (vgl. Alois Alzheimer: Dr. Maximilian Joseph Freiherr von Zu Rhein, in: Staatsministerium der Justiz [Hrsg.]: Die Kgl. Bayer. Staatsminister der Justiz in der Zeit von 1818-1918, 1. Teil, München 1931 sowie ders.: Sebastian Freiherr von Schrenk, in: ebenda).

Siegel	1.12.1832 Versetzung in den Obermainkreis
Ansmann	2.10.1832 Entlassung
Hanauer	5.11.1832 Versetzung an das Oberappellationsgericht München
Molitor F. X.	12.11.1832 Versetzung an das Oberappellationsgericht München
Hilgard	Verbleib
Breitenbach	Verbleib (jedoch Versetzung an das Oberappellationsgericht im Jahr 1838)
Schmidt	Verbleib
Spach	Verbleib

Ein erstes Opfer der Personalpolitik war Johann v. Birnbaum.[40] Als v. Birnbaum im Jahr 1824 die Nachfolge des verstorbenen v. Rebmann angetreten hatte, konnte er sich noch des vollsten Vertrauens der Münchener Regierung sicher sein. Lediglich auf die Bemühungen des Regierungspräsidenten des Rheinkreises, Joseph von Stichaner, war es damals zurückzuführen, daß v. Birnbaums Berufung ein formelles Einstellungsverfahren vorausgegangen war und man sich auch in München mit seiner Personalakte beschäftigt hatte.

In einem Schreiben vom 30. September 1824 an Freiherrn von Zentner hatte v. Stichaner damals die Ansicht vertreten, daß auf Johann von Birnbaum kein Verlaß sei:

> "So wie bei der Erwerbung des Rheinkreises die Wahl des Herrn von Rebmann der größte Mißgriff gewesen ist, so würde der Fall wieder eintreten, wenn nicht ein Mann an die Spitze der Justizstelle gesetzt wird, auf welchen man in jeder Hinsicht das vollste Vertrauen setzten kann."[41]

40 Vgl. im folgenden J. M. Miller: Geschichte der neuesten Ereignisse in Rheinbaiern, Weissenburg 1833.

41 Zitiert nach: Heiner Haan: Die bayerische Personalpolitik in der Pfalz von 1816/18 bis 1849, in: Jahrbuch für westdeutsche Landesgeschichte, Jhrg. 3, Koblenz 1977, S. 367. (Haan hat als Quelle dieses Zitates die Akte 1873/3 des Bayerischen Hauptstaatsarchives, Staatsrat, angegeben. Eine Akte Nr. 1873/3 existiert jedoch nicht und in der Akte Nr. 1873 ist dieses Schreiben nicht zu finden.) Für die Vorbehalte Joseph von Stichaners fand Haan in seinen umfangreichen Untersuchungen eine mögliche Erklärung "für die kritische Einstellung Stichaners gegenüber Birnbaum bietet vielleicht die Gerichtsverhandlung gegen den Frankenthaler Steuereinnehmer Adolay im Jahre 1823, bei der der Verteidiger des Angeklagten, der Zweibrücker Advokat Wilhelm Sturtz - ein Sohn des Appellationsgerichtsrates Christian Sturtz - heftige Angriffe gegen die staatlichen Behörden in der Pfalz richtete, ohne hierfür durch den präsidierenden Appellationsgerichtsrat Hanauer gerügt worden zu sein. Einem Bericht des

Einige Tage später fuhr er fort:

> "Was ich unter dem üblen Geist verstand, ist nicht Mangel an Rechtlichkeit oder übler Wille, sondern bloß der vorherrschende Geist für alles, was eine frühere bewegte Zeit auf die neuere übertragen hat - eine Anhänglichkeit an die sich darin gebildeten Grundsätze und Autoritäten, welche die Annäherung des neueren Landes mit dem Mutterlande, eine engere Verbindung beider, welche nach der Konstitution bestimmt sind, ein gleichförmiges Gesetz anzunehmen, erschweren und vielleicht auch schon manche allmähliche Verbesserung verhindert haben."[42]

Vor seiner Pensionierung hatte v. Birnbaum bereits mehrfach darum gebeten, ob seines Alters und seiner Gesundheit in den Ruhestand versetzt zu werden. Dem Antrag war nicht entsprochen worden. Mit dem Wandel der politischen Verhältnisse im Rheinkreis war den konservativen Kreisen in München die liberale Einstellung v. Birnbaums nun offenbar ein Dorn im Auge. Der Antrag des Staatsministers der Justiz an seine Majestät, die Quieszierung des Präsidenten des Appellationsgerichts zu Zweibrücken betreffend, stammte vom 15. März 1832. Von Birnbaum starb nur kurze Zeit nach seiner Entlassung an den Folgen eines Schlaganfalls. Unter der rheinischen Bevölkerung kam das - sicherlich nicht ganz unbegründete - Gerücht auf, v. Birnbaum habe seine Entlassung nicht verwinden können und sei infolge der Aufregung gestorben.

Appellationsgerichtsrat Siegel, der als ein Mann mit gemäßigt politischen Ansichten beschrieben wird, wurde nach Altbayern versetzt. Nach den Feststellungen Millers, eines Chronisten der damaligen Zeit, soll Siegel versetzt worden sein, weil er das Urteil des Appellationsgerichts zu Zweibrücken, durch welches Wirth freigesprochen wurde,

> "... redigirt, und überhaupt Jedem das Wort geredet haben, den Beamtendes-potismus niederzudrücken suchte".[43]

Diese Aussage wird durch Hilgards Ausführungen gestützt, der über die Versetzung Siegels schrieb:

> "Einer unserer besten und werthesten Collegen wurde zur Strafe nach Altbayern versetzt, weil er zufällig Berichterstatter in einem Prozesse war, dessen Entscheidung der Regierung misfiel."[44]

Landeskommissariats Zweibrücken an die pfälzische Regierung vom 4. Juli 1823 zufolge soll Birnbaum das Verhalten von Sturtz gebilligt haben, während der Substitut Ruppenthal - der später bis zum Oberappellationsgerichtsrat in München aufstieg - sich vergeblich bemühte, den Vortrag des Advokaten zu unterbinden." (zitiert aus: ebenda, S. 368).

42 Zitiert nach: ebenda, S. 368.

43 Zitiert aus: J. M. Miller: Geschichte der neuesten Ereignisse in Rheinbaiern, Weissenburg 1833, S. 186.

44 Zitiert aus: Theodor Hilgard: Meine Erinnerungen, Heidelberg 1860, S. 268.

Ansmann und Hoffmann wurden ebenfalls vorzeitig aus dem Appellationsgericht entfernt. Bei Ansmann sollen hierbei gleichfalls politische Gründe im Zusammenhang mit dem Hambacher Fest eine Rolle gespielt haben. Angeblich hat sich der Appellationsgerichtsrat Siegels Meinung angeschlossen. Weshalb Ansmann jedoch entlassen und nicht - wie Siegel - lediglich strafversetzt wurde, kann nur vermutet werden. Möglicherweise zog man nur deshalb keine Versetzung in Betracht, weil Ansmann im Gegensatz zu seinem 54jährigen Kollegen Siegel bereits ein Alter von 63 Jahren erreicht hatte. Die geplante Versetzung Böckings, die für Anfang des Jahres 1834 vorgesehen war, soll schließlich von der bayerischen Regierung allein deshalb nicht in die Tat umgesetzt worden sein, weil man die Reaktion der pfälzischen Bevölkerung fürchtete.

a) Der Gerichtspräsident

Am 23. März 1832 trat der bisherige Generalprokurator v. Koch die Nachfolge v. Birnbaums als Präsident des Appellationsgerichts zu Zweibrücken an.[45]

> "Ich genehmige die Quieszierung Birnbaum's und des Generalprokurators von Koch Ernennung zum Präsidenten des Appelationsgerichts, letztere mit der Bemerkung, daß er bei etwaigen Mehrbezug desselben auf der Position des Staatsrathes zu verbleiben haben wird."[46]

Ob die Absetzung v. Kochs als Generalprokurator und seine Berufung zum Vorsitzenden des Gerichtshofes gleichfalls politische Hintergründe besaß, kann nicht zweifelsfrei beantwortet werden. Es finden sich weder in der Literatur noch im Archivmaterial Belege, welche die eine oder andere These stützen würden. Von Bedeutung ist jedoch in diesem Zusammenhang eine Äußerung des Oberappellationsgerichtsrates Ruppenthal, der zu entnehmen ist, daß die Münchener Regierung großes Interesse hatte, v. Kochs Stelle neu zu besetzen, da man mit seiner Arbeit als Generalprokurator nicht besonders zufrieden war. So soll er sein Amt "matt und erfolglos" bekleidet haben. Ruppenthal meinte ferner: Er

> "... ist träg, voll der heftigsten Vorurteile gegen alles diesrheinische und gegen alle diesrheinischen Beamten, äußert sich laut und unbesonnen, besonders bezüglich auf die

---

45 Zur Biographie von v. Koch - vgl. Kurt Baumann: Das pfälzische Appellationsgericht in der Zeit von 1815-1871, in: Sven Paulsen (Hrsg.): 175 Jahre pfälzisches Oberlandesgericht, Festschrift, Neustadt an der Weinstraße 1990 sowie Klaus Knecht: Neuaufbau von Recht und Rechtspflege, in: Jahrbuch zur Geschichte von Stadt- und Landkreis Kaiserslautern, Bd. 18/19, Otterbach 1980/81 und Heiner Haan: Die Berufung von Pfälzern in die obersten bayerischen Staatsbehörden (1816-1870), in: Jahrbuch für westdeutsche Landesgeschichte, Jhrg. 4, Koblenz 1978.

46 Vermerk des Königs vom März 1832 auf dem Schreiben des Staatsministeriums der Justiz vom 15. März 1832; zitiert aus: Bayerisches Hauptstaatsarchiv München, MJU 17002.

dahin versetzten Richter und entbehrt jene Kraft und Entschiedenheit, deren gerade der Mittelpunkt einer ganz eigentümlichen Provinzialpflege so sehr bedarf."[47]

So negativ die Einschätzung Ruppenthals zunächst anmutet, vermag sie kein ganz und gar negatives Bild von der Persönlichkeit v. Kochs, insbesondere jedoch seiner fachlichen Kompetenz zu vermitteln. Wie an späterer Stelle dieser Arbeit noch ausgeführt wird, waren v. Kochs Vorbehalte gegenüber den in den Zweibrücker Gerichtshof eintretenden Richtern in Anbetracht ihrer fehlenden Qualifikation durchaus berechtigt.

Andererseits stand v. Koch der Münchener Regierungspolitik näher als seine Vorgänger v. Rebmann und v. Birnbaum, die weitaus stärker von liberalem Gedankengut durchdrungen waren. Die politische Einstellung Ludwig v. Kochs kommt in seiner Eröffnungsrede zum Gerichtsjahr 1832/33 zum Ausdruck. So sprach er davon, daß in den vorangegangenen Monaten "auf schmähliche Weise an den Grundpfeilern der Verfassung und öffentlichen Ordnung gerüttelt" und ein "allgemeiner Umsturz vorbereitet" worden sei, der "alles Gute und Rechte zu begraben gedroht habe". Die Zeitungen hätten den Anschein erweckt, die Rheinbewohner "lebten in der drückendsten Sklaverei". Von Koch war der Überzeugung, daß in nur wenigen Ländern die Bewohner eine ausgedehntere Freiheit hätten als in Bayern, dessen Verfassung "alle Elemente des Gemeinwohls und Glücks" in sich einschließe. Zwar räumte er ein, daß möglicherweise "Mißgriffe" vorgekommen und Maßnahmen ergriffen worden seien, die sich nicht rechtfertigen ließen, trotzdem glaubte er, der im Rheinkreis durch die Opposition beschrittene Weg sei falsch. Von Koch war davon überzeugt, der Monarch selbst sei der "Verteidiger und Beschützer der Verfassung".[48]

Ungeachtet dieses grundsätzlichen Standpunktes begrüßte er jedoch prinzipiell die Meinungsfreiheit, was seine Äußerung anläßlich der feierlichen Eröffnung der Gerichtssession des Jahres 1830/31 belegt, formulierte er doch: "eine freie Geistesbewegung, eine lebendige Theilnahme an Allem, was das Wohl und Wehe der Menschheit angeht"[49] sei notwendig.

---

47 Zitiert nach: Heiner Haan: Die bayerische Personalpolitik in der Pfalz von 1816/18 bis 1849, in: Jahrbuch für westdeutsche Landesgeschichte, Jhrg. 3, Koblenz 1977, S. 387. (In der von Haan angegebenen Akte des Bayerischen Hauptstaatsarchivs München MInn 45369 wie auch in weiteren Akten ließ sich das Schreiben nicht mehr nachweisen.)

48 Zitiert nach: J. M. Miller: Geschichte der neuesten Ereignisse in Rheinbaiern, Weissenburg 1833, S. 189. (Diese Rede v. Kochs ist in den Archiven nicht mehr nachweisbar, in gedruckter Form liegt sie nicht vor.) Miller tadelte an von Kochs Auftreten insbesondere, daß er einen Großteil seiner Rede der Einschätzung der politischen Verhältnisse am Rhein gewidmet hat; eine Aufgabe, die einem Vorstand des gesamten Gerichtswesens nicht gebühre. Dies insbesondere zu einem Zeitpunkt, als eine Vielzahl politischer Strafprozesse noch nicht entschieden waren.

49 Zitiert aus: Ludwig von Koch: Rede des K. General-Prokurators am königlichen Appellations-Gerichte für den Rheinkreis, in: Zwei Reden gehalten bei der Feyer der

Daß v. Koch politisch eine eher vermittelnde Haltung in der Auseinandersetzung zwischen Altem und Neuem einnahm, zeigt sein Appell, den er an die Regierung richtete:

> "Ausweichungen aus den Schranken einer strengen Schicklichkeit nicht gleich als Zeichen aufrührerischer Gesinnung an[zu]sehen, nicht gleich hindernde Beschränkungen eintreten [zu] lassen."[50]

b) Der Generalprokurator

Ein Schreiben eines unbekannten Absenders aus dem Justizministerium zur Besetzung der Generalprokuratorstelle veranschaulicht, wie sich die bayerische Regierung nach dem Hambacher Fest die politische Einstellung des Vertreters der Staatsbehörde vorstellte. Der Beamte aus dem Justizministerium forderte, daß ein Generalprokurator neben der Kenntnis des Geschäftsgangs und der Gesetzgebung vor allem die "unbezweifelste Anhängigkeit an König und Vaterland hegen"[51] und nachweisen müsse, daß er "sich entschieden und mit Energie als Gegner der revolutionären Umtriebe ausgesprochen" habe. Auch solle die Stelle so besetzt werden, daß sich die "Staatsregierung eines geistigen Gewichtes bei allen Gerichten gewiß" sein könne.
Auf Anweisung Ludwigs wurde am 23. März 1832 Anton von Schenkel vorerst provisorisch mit einem Gehalt von 3.000 fr. zum Generalprokurator und damit zum Nachfolger v. Kochs ernannt.[52]
Von Schenkel[53] wurde 1789 in Kemnath geboren. Bis zum Jahr 1822 war er Auditor des 15. Linien-Infanterie-Regiments, danach Bezirksrichter, zunächst in Landau, ab dem Jahr 1817 in Frankenthal und später in Kaiserslautern. Hier übte er auch das Amt eines Staatsprokurators aus. Von Schenkel wurde von der Öffentlichkeit als gemäßigt liberal beurteilt. Seine Rede, gehalten am 4. November 1833 anläßlich der Eröffnung des neuen Gerichtsjahres, erregte jedoch großes Aufsehen, da sie kaum liberales Gedankengut erkennen ließ. So äußerte er unter anderem, daß sich nur die Rechtskandidaten der Aussicht auf den Staatsdienst erfreuen könnten, die den politischen Unruhen ferngeblieben seien.[54]

Wieder-Eröffnung des Gerichtsjahres am königl. bayer. Appellations-Gerichte des Rheinkreises in Zweibrücken, am 2. November 1830, Kaiserslautern 1830, S. 373.

50 Zitiert aus: ebenda.

51 Das Schreiben stammte von 5. September 1833, im folgenden zitiert aus: Bayerisches Hauptstaatsarchiv, MInn 45369.

52 Regierungsblatt für das Königreich Bayern 1832, Sp. 234.

53 Zum Lebensweg von Schenkel - vgl. Kurt Baumann: Das pfälzische Appellationsgericht in der Zeit von 1815-1871, in: Sven Paulsen (Hrsg.): 175 Jahre pfälzisches Oberlandesgericht, Festschrift, Neustadt an der Weinstraße 1990; Werner Biebl: Die Staatsanwaltschaft bei dem Bayerischen Obersten Landesgericht, 3. Aufl., München 1995.

54 Anton von Schenkel: Rede gehalten bei der Feier der Wieder-Eröffnung des Gerichtsjahres am königlich bayerischen Appellationsgericht des Rheinkreises in Zweibrücken am 4.11.1833, Zweibrücken 1833.

Auch wenn v. Schenkel vermutlich in bezug auf seine politische Einstellung dem von der Münchener Regierung entwickelten Bild eines Generalprokurators nahe kam, wurde seine Wahl später als Fehlentscheidung angesehen. Da man der Auffassung war, daß v. Schenkel dieser Position nicht gewachsen sei, wurde seine provisorische Ernennung nicht in eine endgültige umgewandelt. Die Gründe hierfür sind in v. Schenkels Auftreten im Sommer 1833 als Ankläger in den Strafprozessen gegen die Wortführer des Hambacher Festes zu suchen. Seiner fachlichen Inkompetenz schrieb man es in München zu, daß alle Angeklagten vor dem Landauer Schwurgericht freigesprochen wurden. Obwohl sich seine Anklageschrift inhaltlich sehr stark von der Rechtsposition unterschied, die das Appellationsgericht zu Zweibrücken in der Vergangenheit vertreten hatte, und damit politisch im Sinn der bayerischen Regierung verfaßt war, fehlte es ihr an der notwendigen juristischen Substanz, um das gewünschte politische Ergebnis herbeizuführen.[55] Bereits um die Wende des Jahres 1833/34 wurde v. Schenkel wieder von seiner Stelle entfernt.[56] Er verstarb im November des Jahres 1834.

c) Die Appellationsgerichtsräte

Wie im folgenden zu sehen sein wird, stammten neben v. Schenkel fast alle der ab dem Jahr 1832 beim Appellationsgericht zu Zweibrücken eingestellten Richter aus den altbayerischen Kreisen des Königreiches.
Die Neubesetzungen des Jahres 1832 stellten sich im einzelnen wie folgt dar:[57]

Karl Anton Norbert Popp wurde am 2. Oktober 1832 Appellationsgerichtsrat in Zweibrücken. Der frühere Gerichtsrat des Bezirksgerichts zu Landau war der einzige Pfälzer unter den Neueinstellungen. August Alexander von Röder war vor seiner Berufung zum Appellationsgerichtsrat am 2. Oktober 1832 Kreis- und Stadtgerichtsrat

---

55 So Kurt Baumann: Das pfälzische Appellationsgericht in der Zeit von 1815-1871, in: Sven Paulsen (Hrsg.): 175 Jahre pfälzisches Oberlandesgericht, Festschrift, Neustadt an der Weinstraße 1990;

56 Im Zusammenhang mit der Absetzung v. Schenkels stand der bisherige Präsident des Bezirksgerichtes Zweibrücken, Horbach, zur Diskussion. Horbach, der seit acht Jahren das Präsidentenamt bekleidete und zuvor zehn Jahre als Staatsprokurator tätig gewesen war, wurde als politisch zuverlässig eingeschätzt. So sollen seine Urteile in der Phase des "revolutionären Treibens" immer die strengsten gewesen sein. Auch wenn die fachlichen Qualitäten Horbachs in hohem Maße gelobt wurden, zeigen diese Äußerungen, daß nun Gesichtspunkte bei der Besetzung des Appellationsgerichts eine Rolle spielten, die in den Anfangsjahren der bayerischen Herrschaft am Rhein grundsätzlich keine Berücksichtigung gefunden hatten. (Bayerisches Hauptstaatsarchiv, MInn 45369.)

57 Die Eckdaten zu den folgenden Personen finden sich bei: Heiner Haan: Die bayerische Personalpolitik in der Pfalz von 1816/18 bis 1849, in: Jahrbuch für westdeutsche Landesgeschichte, Jhrg. 3, Koblenz 1977; Hans Ziegler: 175 Jahre Oberlandesgericht Zweibrücken 1815-1990. Seine Richter und Staatsanwälte, in: Sven Paulsen (Hrsg.): 175 Jahre pfälzisches Oberlandesgericht, Festschrift, Neustadt an der Weinstraße 1990.

in Nürnberg. Am 16. November 1832 trat auch der ehemalige Assessor am Appellationsgericht des Unterdonaukreises, Dr. Franz Joseph Semer, in den Dienst des pfälzischen Appellationsgerichts. Johann Baptist Stengel war vor seiner Berufung, im Oktober 1832, Kreis- und Stadtgerichtsdirektor in Augsburg. Casimir von Sicherer war bis zum 9. November 1832 Assessor am Appellationsgericht des Oberdonau-Kreises.
Hilgard führte in seinen Erinnerungen aus, daß alle frei werdenden Stellen am Appellationsgericht zu Zweibrücken insbesondere deshalb mit Altbayern besetzt worden waren, um sich die erforderliche Stimmenmehrheit in Strafprozessen zu sichern.[58] Da die genannten Räte vor allem wegen ihrer politischen Zuverlässigkeit an das Appellationsgericht berufen wurden, verwundert es nicht, daß sie weder besondere Verdienste um das Rheinische Recht noch um den Gerichtshof erwarben.
Tatsächlich wirkte sich ihre Berufung auf die Qualität der Rechtsprechung des Zweibrücker Tribunals negativ aus. Die aus Altbayern kommenden Juristen besaßen nur ungenügende französische Sprachkenntnisse. Auch waren sie nicht in der Lage, den Anforderungen des Grundsatzes der Mündlichkeit des Verfahrens in vollem Umfang gerecht zu werden. Da in Altbayern ausschließlich schriftlich verhandelt wurde, mangelte es ihnen an der notwendigen Redegewandtheit.
Hilgard faßte seinen Mißmut über diese Situation mit folgenden Worten zusammen:

> "Dieser Gerichtshof der sonst ein Gegenstand ehrerbietiger Hochachtung gewesen ist, hat das Vertrauen des Landes gänzlich verloren, ja er ist zum Gespött geworden, seitdem er unter zehn Räten sechs zählt, von welchen notorisch ist und welche selbst anerkennen, daß sie die Gesetze, welche sie als Obergericht anwenden sollen, nicht kennen, ja daß sie zum Teil sogar die Sprache, in welcher die Gesetze verfaßt sind viel zu notdürftig verstehen, um sie nach den Quellen studieren zu können. Was soll man sagen, wenn der Richter, anstatt durch überwiegende Sachkenntnis und Erfahrung die Verhandlung zu dominieren, die Vorträge der Parteien nicht einmal versteht, um die Schwierigkeiten, welche die Sache darbietet, gar nicht zu erfassen vermag, wenn dann die Beratschlagungen des Kollegiums, anstatt durch gegenseitige scharfsinnige und gelehrte Erörterungen die Wahrheit zu Tage zu fördern, nicht als ein Chaos von Mißverständnissen, wenn ein Kollege dem anderen, bevor dieser votiert, erst über das ABC der Materie Aufschluß geben muß, wenn jede Arbeit, die so ein unkundiges Mitglied den Kollegen vorlegt, erst dreimal und öfter verworfen und umgearbeitet werden muß, ehe solche nur notdürftig seinem Zweck entspricht!
> Ich beteuere Euer Exzellenz auf Ehre und Gewissen, daß in dieser Schilderung keine Übertreibung ist, ohne daß ich deshalb meinen neuernannten Kollegen zu nahe treten will. Anderswo in einer Sphäre, die ihnen bekannt ist, mögen sie verdienstvolle Männer und tüchtige Beamte sein. In ihrem jetzigen Geschäftskreis ist es buchstäblich wahr, daß sie, anstatt zu helfen, nur hindern; auch haben sie selbst das Bewußtsein. Daß aus

58 Theodor Hilgard: Meine Erinnerungen, Heidelberg 1860.

solchen Verhältnissen auch eine äußerst ungleiche Verteilung der Arbeit entspringe, bedarf kaum einer Erwähnung, allein das schlimmste ist, daß die Rechtsbedürftigen des Kreises dem Gerichtshof alles Vertrauen, alle Achtung entzogen haben. Ich kann es daher, solange diese Mißstände fortbestehen, mit meinem Ehrgefühl nicht vereinigen, noch ferner Mitglied des Appellationsgerichts zu bleiben und dieses, Euer Excellenz, ist das Hauptmotiv meines Entlassungsgesuches. Da keine nahe Aussicht zu eine Abhilfe vorhanden zu sein scheint, so dringend auch die Natur der Sache, die Heiligkeit der Rechtspflege sie fordert, so kann ich nicht umhin, auf meinem Gesuch um Entlassung und Rücktritt zum Advokaten zu beharren. Sollten Euer Excellenz die Sprache dieses Schreibens allzu freimütig finden, so bitte ich es dem tiefen und wehmütigen Schmerz beizumessen, der jedes Mal mein Innerstes ergreift, wenn ich das Gebäude, welches dermalen unser Appellationsgericht darbietet, näher ins Auge fasse, und wenn ich erwäge, wie die unseligen Mißverständnisse, welche die letzte Zeit hervorbrachte, sogar das Heiligtum der Justiz verunstaltet haben. Es ist mir nicht gegeben, die Sprache der Höflinge zu reden, allein Euer Excellenz werden die Sprache des ehrlichen Mannes erkennen, der gewohnt ist, unumwunden auszusprechen, was ihm das Herz preßt und dem das Interesse der Wahrheit mehr gilt als jede andere Rücksicht."[59]

Als schließlich die Auswirkungen dieser Personalpolitik nach einigen Jahren untragbar wurden, ersetzte die bayerische Regierung die ausscheidenden Juristen allmählich wieder durch Pfälzer, achtete aber darauf, daß diese keinerlei revolutionäre Vergangenheit hatten.[60]

§ 3 ZWISCHENERGEBNIS

Der anfängliche Verzicht der bayerischen Regierung auf durchgreifende personalpolitische Maßnahmen wurde dieser nach dem Hambacher Fest von den konservativen Kreisen des Königreichs zum Vorwurf gemacht. Innenminister Wallerstein und Feldmarschall Fürst von Wrede äußerten übereinstimmend, daß die innenpolitische Entwicklung in der bayerischen Rheinpfalz insbesondere auf die Personalpolitik der ersten Jahre zurückzuführen sei.

"Nach meinen Wahrnehmungen wurde der Samen zu den Ereignissen des Jahres 1832 schon dadurch ausgestreut, daß im Jahre 1815 ein Rebmann, ein Birnbaum zu

---

59 Zitiert nach: Kurt Baumann: Das pfälzische Appellationsgericht in der Zeit von 1815-1871, in: Wilhelm Reinheimer (Hrsg.): Festschrift zum 150-jährigen Bestehen des Pfälzischen Oberlandesgerichts, Zweibrücken 1965, S. 27.
(Baumann hat die Quelle seines Zitats nicht angegeben. Dieses müßte sich aus sachlichen Erwägungen in den Akten des Bayerischen Hauptstaatsarchives, hier der Akte MInn 45369 befinden. Allerdings ist dieses Schreiben hier nicht mehr nachweisbar.)

60 Vgl. hierzu Klaus Knecht: Neuaufbau von Recht und Rechtspflege, in: Jahrbuch zur Geschichte von Stadt- und Landkreis Kaiserslautern, Bd. 18/19, Otterbach 1980/81.

Vorständen des obersten Gerichtshofes im Kreise berufen wurden, daß über den Charakter, Ruf, Grundsätze der übrigen Individuen dieses Gerichtshofes bei seiner Zulassung hinweggegangen und im Jahre 1818 die bis dahin am Leben gebliebene Unterordnung des Generalstaatsprokurators unter die königliche Kreisregierung aufgehoben wurde, daß vom Jahre 1815 an, vielleicht in der Absicht, die Stadt Zweibrücken zu begünstigen, der Gerichtshof dorthin verlegt und somit faktisch von dem Sitz der obersten Verwaltungsbehörde des Kreises getrennt wurde, daß der bald daraufhin in diesen Kreis versetzte oberste Kreisbeamte, vielleicht im strengsten Sinne nicht dazu berufen, erst dann das Übel, was von diesem Gerichtshof ausging, kennen lernte, als es schon seine Verzweigungen auf die untergeordneten Verwaltungs- und Gerichtsbeamten, auf die Geistlichkeit und die aus der vorhergegangenen Revolution erwachsenen Jugend und Bürger übergegangen war und Wurzel gefaßt hatte."[61]

Dieser Aussage ist insoweit zuzustimmen, als die Personalpolitik der bayerischen Regierung in den Anfangsjahren ihrer Herrschaft am Rhein wesentlich zur Ausbildung einer selbstbewußten und unabhängigen Richterschaft beitrug. Fürst von Wrede vergaß bei dieser Einschätzung jedoch, daß man die Entscheidung der bayerischen Regierung keinesfalls als Großzügigkeit werten darf. Die politische Vernunft hatte einen solchen Schritt erfordert, da nur durch eine gewisse personelle Kontinuität in Justiz und Verwaltung sichergestellt werden konnte, daß die im Grundsatz getroffene Entscheidung, dem Rheinkreis seine besonderen Einrichtungen und Institutionen zu belassen, in die Tat umzusetzen.

61 Zitiert nach: Kurt Baumann: Das pfälzische Appellationsgericht in der Zeit von 1815-1871, in: Sven Paulsen (Hrsg.): 175 Jahre pfälzisches Oberlandesgericht, Festschrift, Neustadt an der Weinstraße 1990, S. 29. (Baumann hat die Quelle für dieses Zitat nicht angegeben.)

4. KAPITEL
DER KASSATIONSHOF FÜR DEN RHEINKREIS AM OBER-APPELLATIONSGERICHT ZU MÜNCHEN

A DIE ENTSTEHUNG DES OBERAPPELLATIONSGERICHTS ZU MÜNCHEN

Das Oberappellationsgericht zu München entstand durch das organische Edikt über die Gerichtsverfassung vom Jahr 1808 mit Wirkung zum 1. Januar 1809. In Titel I, § 3 hieß es:

> "In Unserer Residenzstadt soll ein Ober-Appellations-Gericht als lezte Instanz in Zivil- und peinlichen Rechtsfällen für Unser ganzes Königreich angeordnet werden."[1]

Die Errichtung des Gerichtshofes war notwendig geworden, um eine einheitliche Rechtsprechung im gesamten Königreich Bayern durchsetzen zu können. Dies galt hauptsächlich vor dem Hintergrund einer Vielzahl von neuerworbenen Landesteilen mit ihren ganz unterschiedlichen Gesetzgebungen.

Vorläufer des Oberappellationsgerichts war das am 17. April 1625 gebildete Revisorium.[2] Nachdem es ab der Mitte des 18. Jahrhunderts zu einer vermehrten Einlegung von Rechtsmitteln gekommen war, war das Revisorium mittlerweile bei einer Prozeßdauer von dreißig Jahren angelangt und völlig überlastet. Verschiedene Versuche, dieser Entwicklung zu begegnen, schlugen fehl. Die territorialen Veränderungen in Bayern im Übergang vom achtzehnten zum neunzehnten

---

1 Zitiert aus dem organischen Edikt - in: Königlich-Baierisches Regierungsblatt 1808, Sp. 1785.

2 Zur Geschichte des Oberappellationsgerichts vgl. ausführlich Johann Franz Xaver Beckers: Darstellung des Oberappellationsgerichts des Königreichs Bayern nach seinem Organismus und Wirkungskreise und seinen Attributen, München 1840; Erich Gerner: 350 Jahre oberstes Gericht in München, in: Neue Juristische Wochenschrift, Jhrg. 28, München und Frankfurt 1975; Jaeger: Das Oberste Landesgericht, in: Deutsche Juristenzeitung, Jhrg. 16, Berlin 1911; Helmut Kalkbrenner: Die Bedeutung des bayerischen obersten Landesgerichts, in: Bayerische Verwaltungsblätter, Jhrg. 15, München 1969, ders.: Zuständigkeit, Organisation und Verfahren des Revisoriums, in: Gerhard Herbst [Hrsg.]: Das Bayerische Oberste Landesgericht, München 1993; ders.: Die geschichtliche Entwicklung des bayerischen Obersten Landgerichts, in: Bayerische Verwaltungsblätter, Jhrg. 106, München 1975; Max März: Die Gründung Maximilians. 350 Jahre Bayerisches Oberstes Landesgericht, in: Unser Bayern, Heimatbeilage der Bayerischen Staatszeitung, Jhrg. 24, Nr. 2, 1975; ders.: 350 Jahre Bayerisches Oberstes Landesgericht, in: Das Bayerische Standesamt, Jhrg. 11/12, München 1975; Friedrich Merzbacher: 350 Jahre Bayerisches Oberstes Landesgericht - Rechtshistorische Betrachtungen - in: Gerhard Herbst [Hrsg.]: Das Bayerische Oberste Landesgericht, München 1993; Ludwig Schäfer: 350 Jahre Bayerisches Oberstes Landesgericht, in: Ludwig Huber (Hrsg.): Bayern Deutschland Europa, Festschrift für Alfons Goppel, um 1975; Albert Wehrmann: Das Bayerische Oberste Landesgericht in Vergangenheit und Gegenwart, in: Deutsche Richterzeitung, Jhrg. 39, 1961.

Jahrhundert ließen die Rechtsprechung durch ein oberstes Gericht für alle bayerischen Gebiete überdies als nicht mehr ausreichend erscheinen. Am 5. November 1802 wurde das Revisorium durch drei Oberste Justizstellen für Altbayern, Schwaben und Franken in München, Ulm und Bamberg abgelöst, bis endlich am 1. Januar 1809 das Oberappellationsgericht errichtet wurde. Am 1. Januar 1815 verschmolzen das bisherige Oberappellationsgericht Aschaffenburg und am 1. April 1817 die Oberste Justizstelle zu Würzburg mit dem Oberappellationsgericht zu München.[3]
Das Gericht war im Gebäude des ehemaligen Münchener Augustinerklosters untergebracht, welches nicht mehr in seiner ursprünglichen Gestalt erhalten ist. An seiner Stelle steht heute das Polizeipräsidium.[4]
Das Oberappellationsgericht war in den durch die Appellationsgerichte in zweiter Instanz entschiedenen bürgerlichen Rechtsstreitigkeiten Berufungs- und damit höchste Gerichtsinstanz.[5] Das Oberappellationsgericht überwachte die Einheit der Rechtsprechung im Königreich.[6] Es wurde angerufen, um ein Erkenntnis wegen Gesetzesverletzung aufzuheben und zur erneuten Verhandlung und Entscheidung an ein anderes Gericht zu überweisen.[7] Entschieden wurde am Oberappellationsgericht in Form von Senaten, die sich zumeist aus sieben Mitgliedern zusammensetzten. Im Jahr 1809 untergliederte sich das Oberappellationsgericht in insgesamt drei Senate und

3 Vgl. hierzu ausführlich Helmut Kalkbrenner: Zuständigkeit, Organisation und Verfahren des Revisoriums, in: Gerhard Herbst (Hrsg.): Das Bayerische Oberste Landesgericht, München 1993.

4 Gemäß einem Schreiben an das Finanzministerium vom 20. August 1808 standen für den Gerichtshof folgende Räumlichkeiten zur Verfügung: Plenum, Vorzimmer, Ratsdienerzimmer, Sekretariat, zweiter Senat, Kommissionszimmer, dritter Senat, übrige Kommissionen, Registratur, vierter Senat (vgl. hierzu Bayerisches Hauptstaatsarchiv, MJU 5459). Im Jahr 1848 siedelte das Oberappellationsgericht in das ehemalige Jesuitenkolleg um. Dort verblieb es bis zur Gründung des Obersten Landesgerichts. Die Gebäude sind im Jahr 1944 ausgebrannt.

5 Vgl. § 3 organisches Edikt (Königlich-Baierisches Regierungsblatt 1808, Sp. 1785).

6 Das sogenannte Präjudiziengesetz vom 17. November 1837 (Gesetzblatt für das Königreich Bayern 1837, Sp. 105) regelte, daß der oberste Gerichtshof immer dann in einer Vollversammlung zu urteilen hatte, wenn ein Fall ungleichförmiger Entscheidung einer Rechtsfrage vorlag. Die Entscheidung wurde im Regierungsblatt veröffentlicht. Bis zum Erlaß einer einschlägigen gesetzlichen Bestimmung mußte die Präjudiz in gleichgearteten Fällen als Norm für die Entscheidung dienen. Das Gesetz, die Grundlagen der Gesetzgebung über die Gerichtsorganisation, über das Verfahren in Civil- und Strafsachen und über das Strafrecht betreffend, vom 4. Juni 1848 (Gesetzblatt für das Königreich Bayern 1848, Sp. 137) führte aus, daß das Oberappellationsgericht als Kassationshof durch die Vernichtung jener Zivil- und Strafurteile, die eine Verletzung beziehungsweise falsche Auslegung oder unrichtige Anwendung der Gesetze enthielten, die Einheit der Rechtsprechung im Königreich zu vermitteln und aufrechtzuerhalten habe.

7 Das Verfahren des Gerichtshofes in bürgerlichen Rechtssachen wurde durch den codex iuris bavarici bestimmt.

wenn die Zahl der Rechtssachen es erforderte, in vier. Gemäß den Bestimmungen des organischen Edikts hatten wöchentlich wenigstens drei Sitzungen der Senate stattzufinden, in dringenden Fällen waren außerordentliche Sitzungen einzuberufen.[8] Im Vergleich zur Kassationsinstanz für den Rheinkreis war beim Oberappellationsgericht ein höherer Klageeingang zu verzeichnen. Im Durchschnitt wurden pro Gerichtsjahr 3.200 Rechtssachen anhängig gemacht.[9] Bis zum Jahr 1817 gab es beim Oberappellationsgericht kein Mißverhältnis zwischen der Zahl der eingelegten Rechtsmittel und der Möglichkeit ihrer Erledigung.[10] Trotzdem war eine Zunahme von Fällen zu verzeichnen, der jedoch durch die Einberufung außerordentlicher Sitzungen der damals vier Senate wirksam begegnet werden konnte. Nach den Schilderungen des Grafen von Arco, soll es im Jahr 1817 infolge der Steigerung der Lebenshaltungskosten und des damit einhergehenden Anstiegs der Kriminalität zu einem Zuwachs bei strafrechtlichen Berufungen gekommen sein. Diese Situation habe am 6. Februar 1818 zu dem Antrag geführt, zum Zwecke der Personalvermehrung einen fünften Senat zu bilden.[11] Aber auch mit diesem neuen Senat konnte der Gerichtshof der Flut von Prozessen nicht Herr werden. Zur Zeit der Verlegung des Kassationshofes der Pfalz an das Oberappellationsgericht hatte dieses eine Prozeßdauer von zwei bis drei Jahren erreicht. Es gab ca. 2.500 unerledigte Akten.[12] Im Jahr 1832 urteilte der Abgeordnete Mussinan wie folgt über die Situation am Oberappellationsgericht:

> "Die Räthe des Obersten Gerichtshofes, geplagt und gequält von Überfülle der Geschäfte, werden gleichgültig, über die nachtheiligen Folgen - solcher Verzögerungen - da die Abwendung ausser ihren Kräften liegt; sie sehen es selbst ein, wie die Partheyen bis zur Geburt rechtskräftiger Urtheile ökonomisch, oft gar physisch zu Grabe gehen; aber sie trösten sich mit wahrem Trostgrund: über seine Kräfte kann Niemand zur Arbeit angehalten werden. Wenn sich diese im Schreibfrohndienst gelähmten Priester der Themis noch so sehr mechanisch abschwitzen, alle Quartale zur Zufriedenheit schriftliche Vorträge liefern, so wird das Missverhältnis gegen den starken Einlauf der Berufungen nicht nur nicht gehoben, sondern die Rückstände

---

8 Königlich-Baierisches Regierungsblatt 1808, Sp. 1785.

9 Vgl. Bekanntmachung des Jahres 1815 (Königlich-Baierisches Regierungsblatt 1815, Sp. 174).

10 Vgl. Heinrich A. von Reigersberg: Bericht über die Justizverwaltung im Königreich Baiern für das Staatsjahr 1818/1819, München 1820.

11 Vgl. hierzu Carl Maria Rupert Graf von Arco: Von den Ursachen der ausserordentlichen Zunahme der Berufungen zur dritten Instanz, München 1822. Von wem der Antrag gestellt wurde, führte Arco leider nicht aus. Es ist aber davon auszugehen, daß er entweder aus dem Oberappellationsgericht selbst oder dem Justizministerium kam.

12 So Alois Alzheimer: Dr. Maximilian Joseph Freiherr von Zu Rhein, in: Staatsministerium der Justiz (Hrsg.): Die Kgl. Bayer. Staatsminister der Justiz in der Zeit von 1818-1918, 1. Teil, München 1931.

bleiben dieselben. Je länger sich der fleissigste und geschickteste Rath in diesem Frohndienst herumdrehen muss, desto kälter, seelenloser und gleichgültiger wird er. Ein unglücklicher Zustand, der nur wieder die streitende Parthey trifft. Ein zufriedener Richter arbeitet lieber, er arbeitet mehr und sieht alles mit helleren Auge an."[13]

Diesem Problem sollte nun durch die Errichtung eines sechsten Senates abgeholfen werden. Da aber dem Oberappellationsgericht - wie die folgenden Ausführungen zeigen werden - zugleich die Geschäfte des Kassationshofes für den Rheinkreis übertragen wurden, konnte dieses Anliegen nur in sehr beschränktem Umfang umgesetzt werden.

Mit der Anbindung des Kassationshofes an das Oberappellationsgericht fand die Funktionsausweitung des Gerichtshofes keinesfalls ihr Ende. In der Folgezeit wurde auch die Bildung eines siebten Senates notwendig. Außerdem wurden am Oberappellationsgericht im Verlauf der Jahre noch sechs weitere Gerichte angesiedelt. Es waren dies: 1) das Oberste Berggericht, 2) das Ehegericht für Protestanten, 3) das Austrägal-Gericht, 4) das Gemischte Kriminalgericht, 5) das Gericht für Strafsachen der Standesherren, 6) das Gericht in Gegenständen der Gewähr der Verfassung des Königreichs wegen Verletzung der Verfassung.[14] Des weiteren oblagen dem Gerichtshof die Befugnisse des Staatsgerichtshofes. Das Gesetz, den Staatsgerichtshof und das Verfahren bei Anklagen gegen Minister betreffend, vom 30. März 1850[15] regelte die Zuständigkeit bei der Aburteilung von Anklagen gegen Minister nach dem bayerischen Ministerverantwortlichkeitsgesetz vom 4. Juni 1848.[16] Der Staatsgerichtshof entschied in einer Besetzung von einem Präsidenten, sechs Räten sowie einem Gerichtsschreiber und zwölf Geschworenen. Auf Grundlage des Gesetzes vom 28. Mai 1850, Competenz-Conflikte betreffend, entschied ein weiterer Senat des obersten Gerichtshofes über Zuständigkeitsstreitigkeiten zwischen Gerichten und Verwaltungsbehörden sowie zwischen Gerichten der Landesteile diesseits des Rheins und den Gerichten der Pfalz. Er setzte sich bei Kompetenzkonflikten zwischen Gerichten und Verwaltungsbehörden aus einem Vorstand und drei Räten des obersten Gerichtshofes sowie aus drei Verwaltungsbeamten zusammen. Während der König die Verwaltungsbeamten für drei Jahre bestimmte, wurden die Richter in einer Plenarversammlung für den gleichen Zeitraum gewählt. Bei Streitigkeiten zwischen

---

13 Zitiert nach: Alois Alzheimer: Dr. Maximilian Joseph Freiherr von Zu Rhein, in: Staatsministerium der Justiz (Hrsg.): Die Kgl. Bayer. Staatsminister der Justiz in der Zeit von 1818-1918, 1. Teil, München 1931, S. 271. (Alzheimer hat die Quelle des Zitats nicht angegeben.)

14 Vgl. hierzu insbesondere Helmut Kalkbrenner: Die geschichtliche Entwicklung des bayerischen Obersten Landesgerichts, in: Bayerische Verwaltungsblätter, Jhrg. 106, München 1975.

15 Gesetz vom 30. März 1850 - in: Gesetzblatt für das Königreich Bayern 1850, Sp. 133.

16 Gesetz vom 4. Juni 1848 - in: ebenda, 1848, Sp. 61.

Gerichten der Pfalz und altbayerischen Gerichten mußten drei Beisitzer aus dem rheinbayerischen Kassationshof berufen werden.[17]

B DIE ERRICHTUNG DES KASSATIONSHOFES IN MÜNCHEN

Mit Verordnung vom 29. Juni 1832 wurde im Amts- und Intelligenzblatt die Verlegung des Kassationshofes für den Rheinkreis nach München bekanntgegeben:

> "Da es Unser ernstlicher Wille ist, daß die vielen bei Unserem Oberappelationsgericht vorliegenden Rückstände bald möglichst ihre Erledigung erhalten, und da andererseits die im Rheinkreise bestehende Vereinigung des Cassationshofes mit dem Appelationsgerichte allgemein als ein in der Rechtspflege nachteiliger Mißstand anerkannt worden ist, so haben Wir auf den Uns erstatteten Vortrag, mit Rücksicht auf Unseren Abschied für die Ständeversammlung vom 29. 12. 1831, III., 12 und auf die Beilage lit. A zum Finanzgesetze für die III. Finanzperiode n VI. beschlossen wie folgt:
>
> I. Das Oberappelationsgericht soll mit einem VI. Senat vermehrt werden, bestehend aus einem Director, sechs Räthen und einem Sekretär.
>
> II. Das Oberappelationsgericht soll zugleich den Cassationshof, und in Civilrechtssachen, im eintretenden Fall der Cassation, das Revisionsgericht für den Rheinkreis bilden. Demselben soll ein Staatsbeamter mit der Funktion des Generalprocurators beigegeben werden.
>
> III. Durch diese Vereinigung des Cassationshofes für den Rheinkreis mit dem Oberappelationsgericht soll an der inneren Verfassung des ersteren - bezüglich auf die erforderliche Anzahl der Richter, - auf das Verfahren - und auf die in Anwendung zu bringenden Gesetze - nichts abgeändert werden.
>
> IV. Das Oberappelationsgericht als Cassationshof für den Rheinkreis soll stets aus Räthen gebildet werden, welche auch der französischen Gerichtsverfassung und Gesetzgebung kundig sind. Wir werden Individuen des Justizdienstes aus dem Rheinkreise zum Oberappelationsgerichte als Räthe berufen.
>
> V. Die Wirksamkeit des Oberappelationsgerichts als Cassationshof für den Rheinkreis beginnt mit dem 01. Oktober d. J."[18]

Durch allerhöchste Verordnung vom 15. September 1832 wurde dieser Termin auf den 1. Dezember 1832 festgesetzt.[19].

---

17 Gesetz vom 28. Mai 1850 - in: ebenda, 1850, Sp. 161.

18 Zitiert aus: Amts- und Intelligenzblatt des Königlich-Bayerischen Rheinkreises 1832, Sp. 421.

19 Gesetz vom 1. Dezember 1832 - in: ebenda, Nr. 62.

I. DIE DISKUSSION UM DIE NEUSTRUKTURIERUNG DES KASSATIONSHOFES

Die Möglichkeit der organisatorischen Anbindung des Kassationshofes an das Münchener Oberappellationsgericht wurde - wie oben dargelegt - schon wenige Jahre nach der Inbesitznahme der Rheinlande durch Bayern im Rahmen der Frage der Neustrukturierung der Kassationsinstanz diskutiert.[20] Insbesondere die um die Jahre 1819/20 aufgetretenen Schwierigkeiten bei der personellen Zusammensetzung des Kassationshofes gaben hierzu Anlaß. Wie der Vortrag des späteren Regierungspräsidenten der Pfalz, Freiherr von Stengel, zur Justizverfassung zeigt, war man allerdings im Jahr 1816 noch weit von einer Verlegung des rheinischen Obergerichts an das Oberappellationsgericht nach München entfernt:

> "Ob in Zukunft die dritte Instanz an das Oberappelationsgericht nach München gezogen werden sollte, ist eine Frage, die der Unterzeichnete ganz negativ beantworten muß, einmal weil er von dem Gesichtspunkte ausgeht, daß die Verwaltung dieser vom Mutterlande ganz getrennten Provinz ausschließend nur unter einem Ministerio stehen könne, dann weil durch die zu große Entfernung der Justizgang nur verzögert und gelähmt werden müsste, und endlich, weil die nothwendige Aufsicht dieses Obergerichts seine Anwesenheit im Lande unbedingt erheischt."[21]

Es sollte ein ganz eigenständiges Kassationsgericht gebildet werden.[22] Doch schon bald wurde konstatiert, daß die Errichtung eines eigenen Kassationshofes für die rheinische Provinz des Königreichs unausführbar war. Ein solcher Gerichtshof hätte einer Mindestzahl von Gerichtsmitgliedern bedurft. Neben einem Präsidenten wären sechs Räte, ein Generalprokurator und ein Gerichtsschreiber beziehungsweise Sekretär sowie ein Gerichtsbote erforderlich gewesen. Die Sicherstellung einer ununterbrochenen Tätigkeit des Tribunals hätte darüber hinaus noch die Berufung einer entsprechenden Anzahl von Ergänzungsrichtern erfordert. Aus der Niederschrift des Vortrages v. Reigerberg vor dem Staatsrat geht hervor, daß man davon ausging, daß die für einen eigenen Gerichtshof zu veranschlagenden finanziellen Mittel zu hoch sein würden, um sie den Bewohnern des Rheinkreises widerspruchslos auferlegen zu können. Aus diesem Grund stellte die Verlegung an das Oberappellationsgericht München eine denkbare Alternative dar, die es wert war, in die Überlegungen zur Neustrukturierung der Kassationsinstanz einbezogen zu werden.

---

20 Vgl. auch Jahresbericht des Justizministers an den König zum Etat des Jahres 1816/17, in: N. T. Gönner; Philipp von Schmidtlein: Jahrbücher der Gesetzgebung und Rechtspflege im Königreich Baiern, Bd. 2 und 3, Erlangen 1819, 1820.

21 Zitiert aus: Bayerisches Hauptstaatsarchiv, MJU 14648.

22 Vgl. im folgenden das Protokoll des Vortrages vom 7. Juli 1820, Bayerisches Hauptstaatsarchiv, MJU 12780.

Nachdem der Justizminister um das Jahr 1817/18 Kenntnis darüber erlangt hatte, daß Beschwerden[23] über die Rechtspflege im Rheinkreis vorlagen, forderte er das Appellationsgericht auf, Vorschläge zur Verbesserung der Justizverfassung vorzulegen, ohne jedoch die "Verfassung selbst zu zerstören" oder ihr "Wesen anzugreifen."[24] Der Auftrag an das Appellationsgericht vom 10. Februar 1818 bezog sich ausdrücklich auch auf die Struktur des Kassationshofes:

> "Da es mit dem unbeschränkten Vertrauen, welches die prozeßführenden Teile zu den Gerichten haben müssen nicht vereinbarlich ist, daß das Appelationsgericht auch in Sachen, worin es selbst als zweite Instanz erkannt hat die Kassationsinstanz bildet, so muß es zur Empfehlung der Rechtspflege geruhen, die, gegen die Erkenntnisse des Appelationsgerichts, zu ergreifenden Kassationsgesuche an unser Oberappelationsgericht des Königreichs in München verwiesen werden, wozu die alle Förmlichkeiten und Notfristen umfassenden gesetzlichen Vorschriften im Entwurfe vorzulegen sind."[25]

In einem Schreiben an die Kammer des Inneren in Speyer vom 4. Februar 1819 empfahl v. Rebman, in der Ständeversammlung vorerst nur den allgemeinen Grundsatz, wonach dem königlichen Oberappellationsgericht die Zuständigkeit als Kassationsinstanz übertragen werde, auszusprechen, die Erstellung des erforderlichen Reglements sowie dessen Verkündung jedoch dem Justizminister zu überlassen.

Diese Äußerung zeigt, daß die Verlegung an das Oberappellationsgericht ein Jahr nach Auftragserteilung bereits Konturen angenommen hatte.

Von Rebmann schrieb weiter, daß die "gegenwärtige Zuweisung der Kassationsinstanz an eine im Appelationsgericht zu bildende Sektion ... nicht länger bestehen kann."[26]

Aus einem Brief der Kreisregierung Speyer an das Justizministerium vom 10. Februar 1819 geht hervor, daß das Appellationsgericht den am 10. Februar 1818 erhaltenen "Auftrag zur Fertigung eines Entwurfs einer umfassenden gesetzlichen Vorschrift zur Bildung einer Kassationsinstanz für den Rheinkreis beim Oberappelationsgericht" "ruhmvoll und gründlich bearbeitet" und man an diesem "nichts negatives festgestellt"[27] habe.

Bereits im Februar des Jahres 1819 lag die ausgearbeitete Konzeption dem König und dem Justizministerium vor. Die Kommission des Appellationsgerichts schlug die Vereinigung des Kassationshofes des Rheinkreises mit dem Oberappellationsgericht zu München als kostengünstigste Variante vor, die zugleich zu einer vom

23 Nach einer Feststellung des Justizministeriums waren diese Beschwerden nicht der Justizverfassung an sich, sondern den vielfältig vorgeschriebenen Förmlichkeiten und den unverhältnismäßig hohen Kosten geschuldet (vgl. Bayerisches Hauptstaatsarchiv, MJU, ebenda).

24 Zitiert aus: Bayerisches Hauptstaatsarchiv, ebenda.

25 Zitiert aus: Bayerisches Hauptstaatsarchiv, ebenda.

26 Zitiert aus: Bayerisches Hauptstaatsarchiv, ebenda.

27 Zitiert aus: Bayerisches Hauptstaatsarchiv, ebenda.

Appellationsgericht unabhängigen Instanz führen sollte. Der Entwurf sah ferner vor, die Kassation einzelner bezirksgerichtlicher Entscheidungen unter gewissen Umständen am Appellationsgericht zu belassen.
Eine Begründung hierfür findet sich in den Materialien nicht. Aber man wird wohl davon ausgehen können, daß die in die Ausarbeitung der Vorschrift einbezogenen Juristen die Nachteile, die mit einer örtlichen Verlegung des Kassationshofes verbunden waren, erkannt hatten und diesen zumindest teilweise entgegenwirken wollten. Schließlich bedeutete eine Verlegung des Gerichtshofes nach München, daß sich die Prozeßparteien auf eine mehrtägige Fahrt mit der Postkutsche einlassen mußten, wenn sie am Prozeß teilnehmen wollten.
In seinem Übersendungsschreiben an den König, welches v. Rebmann dem Entwurf beifügte, äußerte er die Hoffnung, daß bald eine Regelung getroffen werde, um die durch das "Bedürfnis des Augenblicks"[28] veranlaßte Zuweisung an eine im Appellationsgericht zu bildende Sektion aufzuheben. Der Wunsch v. Rebmanns ging nicht in Erfüllung, weil sich der Verabschiedung der neuen Vorschrift unerwartete Schwierigkeiten in den Weg stellten. Veränderungen in der Organisation des rheinbayerischen Obergerichts bedurften der Einwilligung der Ständeversammlung. Der Staatsrat hatte jedoch in seiner letzten Ständeversammlung beschlossen, daß bis auf weiteres nichts, was die besondere Verfassung und Gesetzgebung des Rheinkreises betraf, vor die Stände gebracht werden durfte.
Daß die Angelegenheit dennoch nicht völlig ad acta gelegt wurde, zeigt eine Äußerung des amtierenden Justizministers Alois Graf von Reigersberg. Anläßlich eines Vortrages im Staatsrat am 7. Juli 1820 betonte dieser, daß - wenn man die Kassationsinstanz unabhängig gestalten wolle - es am zweckmäßigsten und zugleich kostengünstigsten sei, die Vereinigung mit dem Oberappellationsgericht vorzunehmen, da es nur so möglich sei, "jede Besorgnis der Einflußmöglichkeiten auf die Kassationsinstanz zu beseitigen."[29] Ein Jahr später beschäftigte sich der Landrat nochmals mit der Neustrukturierung des Kassationshofes. In dem Abschied für den Landrat nach Beendigung seiner Sitzungen vom 30. Juli bis 9. August 1821 hieß es: "Den Vorschlag des Landrates wegen Abänderung der Kassationsinstanz werden wir gehörig instruieren lassen ..."[30] Auch der Landrat war der Auffassung, daß die Kassationsinstanz in ihrer Einrichtung fehlerhaft sei und die notwendige Trennung des Kassationsgerichts von dem Appellationsgericht eine besondere Einrichtung erfordere, da man nur so das Vertrauen der rheinischen Bevölkerung in den Kassationshof sicherstellen könne.

28 Zitiert aus: Bayerisches Hauptstaatsarchiv, ebenda.
29 Zitiert aus der Niederschrift des Vortrages, Bayerisches Hauptstaatsarchiv, ebenda.
30 Zitiert aus: Regierungs- und Intelligenzblatt für das Königreich Baiern 1821, Nr. 4, Sp. 65.

Doch erst am 25. März 1829 kam die Neustrukturierung des Kassationshofes wieder offiziell zur Sprache, als Innenminister von Schenk in einem Bericht an Justizminister Freiherr von Zentner erneut auf das Landratsprotokoll Bezug nahm:

> "Dem königlichen Staatsminister der Justiz hat man die Ehre, eine von dem Landrathe des Rheinkreises bei der jüngsten Sitzung hinsichtlich der dortigen Justizverwaltung insbesondere der Trennung des Kassationshofes von dem Appellationsgerichte gestellten und in dem Berichte der Kreisregierung unterstützen Antrag in den beifolgenden Auszügen aus dem Landrathsprotokoll zur gefälligen Prüfung und Verfügung ganz ergebenst mitzuteilen und zugleich einem weiteren von der Kreisregierung eingehenden Auszug aus dem Landrathsprotokoll vom Jahre 1821 in den nämlichen Betreffe mit Bezugnahme auf die in dem Landtagsabschiede vom 14. 11. 1822 diesfalls gegebenen Zusicherung anzufügen. München, den 21. 10. 1829
> Staatsministerium des Inneren von Schenk."[31]

Warum nahezu ein Jahrzehnt der Tatenlosigkeit verging, bis endlich im Jahr 1829 die Frage der Neustrukturierung des Kassationshofes wieder aufgegriffen wurde, kann nur hypothetisch beantwortet werden. Eine mögliche Erklärung könnte sein, daß - nachdem die anfänglichen personellen Schwierigkeiten, die bei der Einberufung des Gerichtshofes aufgetreten waren, beseitigt waren - die Neuorganisation nicht mehr als dringlichste Aufgabe angesehen wurde und nach dem Beschluß des Staatsrates einfach in Vergessenheit geriet. Vielleicht trugen auch die lange Krankheit und im Jahr 1824 schließlich der Tod v. Rebmanns, der maßgeblich in die Diskussion involviert war, zu dieser Phase der Stagnation bei. Selbstverständlich kann es auch durchaus so gewesen sein, daß man sich weiter mit dieser Frage beschäftigte und heute lediglich die dokumentarischen Quellen fehlen, die dies belegen könnten. Allerdings wird diese These durch das oben zitierte Schreiben v. Schenks entkräftet, der neben dem aktuellen Landratsprotokoll auch auf das Protokoll des Jahres 1821 Bezug nahm, nicht jedoch auf späteren Schriftwechsel, den er anderenfalls sicherlich erwähnt hätte.

II. DIE URSACHEN DER VERLEGUNG DES GERICHTSHOFES

Es wäre sicherlich eine zu einfache Betrachtungsweise, würde man die Verlegung des Kassationshofes an das Oberappellationsgericht nach München allein mit den politischen Veränderungen infolge des Hambacher Festes begründen wollen. Aber auch der Einschätzung von Weiler, es sei nicht unbedingt anzunehmen, daß die Etablierung des Kassationsgerichts in München einen politischen gegen die Pfalz gerichteten Hintergrund gehabt habe, wird man sich nicht vorbehaltlos anschließen

31 Zitiert aus: Bayerisches Hauptstaatsarchiv, MJU 12781.

können.[32] Die hier vertretene Auffassung, daß zwar nicht die Verlegung an sich, gleichwohl der konkrete Zeitpunkt durch die politischen Ereignisse bestimmt wurde, läßt sich wie folgt begründen.

Die organisatorisch-personelle Trennung von Appellationsgericht und Kassationshof mit dem Ziel der Schaffung einer unabhängigen Instanz war eine juristische Notwendigkeit, die in der Vergangenheit mehrfach gefordert worden war. Die Umsiedelung des Kassationshofes an das Oberappellationsgericht nach München war dabei schon frühzeitig auch als kostengünstige Alternative diskutiert worden. Die mit den politischen Veränderungen verbundenen Veränderungen im Verhältnis zwischen bayerischer Regierung und Rheinkreis, insbesondere aber zwischen dem König und den rheinischen Juristen, die sich in einem Erkalten der Beziehungen dokumentieren, waren der letztendlich entscheidende Auslöser, um die zwar gewünschte, im Laufe der Jahre allerdings unterschiedlich intensiv betriebene Neustrukturierung in die Tat umzusetzen. Mit dieser Maßnahme entsprach die bayerische Regierung einerseits einem juristischen Erfordernis; zum anderen war sie ein weiterer Schritt zur Einschränkung der Sonderstellung der Pfalz, die mit der Kreiseinteilung ihren Anfang genommen hatte.

Darüber hinaus zeigte sie eine Reihe von politischen Nebeneffekten, die man in München sicherlich im Vorfeld erkannt hatte und sich nun bewußt zu Nutze machen wollte. Durch die Berufung einer Reihe von rheinischen Gerichtsräten an den in München befindlichen Kassationshof konnten die gefestigten personellen Strukturen insbesondere am Appellationsgericht zu Zweibrücken durchbrochen werden. Zusammen mit den an diesem Gerichtshof vorgenommenen Ruhestandsversetzungen erreichte die bayerische Regierung die gewünschte personelle Auslese des an diesem Gerichtshof tätigen Justizpersonals, da sich gerade in den Entscheidungen des Appellationsgerichts die richterliche Unabhängigkeit und das politische Selbstbewußtsein der rheinischen Justiz in besonderem Maße widerspiegelte.

Der Stellenwert des Kassationsgerichts im politischen Tagesgeschehen des Rheinkreises war im Vergleich hierzu eher gering. Auch wenn nachweisbare Zahlen nicht mehr vorliegen, wird man davon ausgehen können, daß die Entscheidungen des Kassationshofes in der Öffentlichkeit weit weniger Beachtung fanden als die des Appellationsgerichts, welches gerade durch seine Urteile in Strafprozessen politisch taktieren konnte und den oppositionellen Kräften des Rheinkreises im Rahmen der öffentlichen Verhandlungen eine Plattform zur Darstellung ihrer politischen Ansichten bot. Darüber hinaus ermöglichte die Verlegung des Kassationshofes nach München der bayerischen Regierung natürlich auch eine stärkere Kontrolle des Justizwesens.

---

32 Vgl. Heinrich Weiler: Zur rheinland-pfälzischen Justizgeschichte, Frankenthal 1984.

C DIE MITGLIEDER DES GERICHTSHOFES

I. DIE PRÄSIDENTEN DES OBERAPPELLATIONSGERICHTS

Obwohl gemäß organischem Edikt[33] lediglich ein Präsident an die Spitze des Gerichtshofes zu berufen war, standen ihm im Jahr 1809 zwei einander gleichgeordnete Präsidenten vor, Johann Kaspar Alois Graf von Larosée (La Rosée) und Heinrich Alois Graf von Reigersberg, der die Stelle allerdings nur kurzzeitig inne hatte, da er im Jahr 1810 bayerischer Justizminister wurde. Der Grund für die erfolgte Doppelbesetzung lag in dem schwächlichen Gesundheitszustand des Grafen von Larosée.

Zum Zeitpunkt der Vereinigung des rheinpfälzischen Kassationshofes mit dem Oberappellationsgericht war CONSTANTIN LUDWIG FREIHERR VON WELDEN[34] amtierender Präsident.
Freiherr von Welden wurde am 28. Dezember 1771 bei Schweinfurt als Sohn eines kurfürstlich-bayerischen Wirklichen Geheimen Rates und Oberamtmanns geboren. Er studierte in Mainz Rechtswissenschaft. Seine Berufstätigkeit begann er beim Reichshofrat in Wien. Im Jahr 1792 wurde Freiherr von Welden fürstbischöflicher Hofrat in Würzburg. Dieses Amt bekleidete er bis zum Jahr 1798. Danach erfolgte seine Berufung zum Vizedom in Würzburg. Diese damals höchste weltliche Stelle trat Freiherr von Welden jedoch nicht an. Er arbeitete statt dessen als Oberamtmann zweier bischöflich-würzburgischer Ämter. 1803 wurde er Rat der Obersten Justizstelle in Bamberg. Schon ein Jahr später beförderte man ihn zum Direktor. Von 1808 bis 1810 war er Vizepräsident und bis zum Jahr 1814 Präsident des Appellationsgerichtshofes in Innsbruck. Nach einer achtjährigen Tätigkeit als Generalkommissär des Obermainkreises wurde er schließlich am 27. Juli 1832 Präsident des Oberappellationsgerichts. Am 31. Oktober 1837 gab Freiherr von Welden seine Stellung wegen Krankheit auf.
Freiherr von Welden war zweimal verheiratet. Aus seinen Ehen gingen insgesamt vier Kinder hervor. Er verstarb am 31. März 1842.

---

33 Organisches Edikt - in: Königlich-Baierisches Regierungsblatt 1808, Sp. 1785.

34 Zur Biographie des Freiherrn von Welden - vgl. Winfried Jagemann: Die Präsidenten des Obersten Bayerischen Gerichtshofes, in: Gerhard Herbst (Hrsg.): Das Bayerische Oberste Landesgericht, München 1993 sowie Walter Schärl: Die Zusammensetzung der bayerischen Beamtenschaft von 1806 bis 1918, in: Max Spindler (Hrsg.): Studien Abteilung Bayerische Geschichte, Bd. 1, München 1955.

Sein Nachfolger war AUGUST GRAF VON RECHBERG UND ROTHENLÖWEN.[35] Graf von Rechberg wurde als Sohn eines kurfürstlich-bayerischen Oberhofmeisters am 11. September 1783 in München geboren. Im Jahr 1810 wurde der ein Jahr zuvor in den bayerischen Staatsdienst eingetretene Graf von Rechberg Stadtgerichtsassessor in seiner Heimatstadt. 1812 erhielt er eine Stelle als Stadtrichter in Innsbruck und ein Jahr später als zweiter Stadtgerichtsdirektor in Nürnberg. Zwischen 1815 und 1822 war er in gleicher Funktion in München tätig. Im Jahr 1822 kam er als Oberappellationsgerichtsrat an das Oberste Gericht in München, allerdings mußte er seine berufliche Laufbahn wegen einer schweren Erkrankung im Jahr 1826 für fünf Jahre unterbrechen. Nach seiner Genesung arbeitete er als Landrichter in Mindelheim. 1832 wurde Graf von Rechberg Regierungsdirektor im Untermainkreis und ein Jahr danach Regierungspräsident. Die Funktion des Präsidenten des Oberappellationsgerichts zu München übte Graf von Rechberg in der Zeit zwischen 1837 und dem 30. Oktober 1844 aus. Im Jahr seines Ausscheidens trat er in den Ruhestand.

CARL oder KARL ANSELM FREIHERR VON GUMPPENBERG[36] hatte den Vorsitz am Oberappellationsgericht vom 1. November 1844 bis 31. Dezember 1854 inne. Er wurde am 28. Juni 1791 in München geboren. Sein Vater war Gutsbesitzer und kurfürstlich-bayerischer Kämmerer. Ab dem Jahr 1819 übte Freiherr von Gumppenberg verschiedene Positionen im bayerischen Staatsdienst aus. So war er Akzessist beim Appellationsgericht für den Isarkreis, Assessor beim Kreis- und Stadtgericht in München und Rat beim Kreis- und Stadtgericht Straubing und ab 1823 Protokollführer bei der Gesetzgebungskommission zur Zivilprozeßordnung. 1828 wurde er Rat am Appellationsgericht für den Oberdonaukreis und Ende des Jahres 1833 Direktor des Stadt- und Kreisgerichts Augsburg. Seine Berufung an das Oberappellationsgericht erfolgte am 20. Oktober 1833 zum 1. November 1833. Freiherr von Gumppenberg wurde kurze Zeit später - im Frühjahr des Jahres 1834 - Generalprokurator am Kassationshof für den Rheinkreis. Im Dezember 1837 wurde er zum Ministerialrat in das Staatsministerium der Justiz berufen. Sieben Jahre später erfolgte seine Ernennung zum Präsidenten des Oberappellationsgerichts. Seinem Antrag auf Versetzung in den Ruhestand wurde zum 1. Januar 1855 entsprochen. Freiherr von Gumppenberg war wie sein Vorgänger zweimal verheiratet. Er hatte drei Kinder. Am 14. Dezember 1863 verstarb er im Alter von 72 Jahren.

35 Zur Biographie des Grafen von Rechberg - vgl. ebenda.

36 Zur Biographie des Freiherrn von Gumppenberg - vgl. Werner Biebl: Die Staatsanwaltschaft bei dem Bayerischen Obersten Landesgericht, 3. Aufl., München 1995 sowie ebenda.

Der Präsident des Oberappellationsgerichts FRIEDRICH FREIHERR VON WULFFEN[37] wurde am 27. Februar 1790 in Geiersthal bei Viechtach als Sohn eines fürstbischöflichen-passauischen Oberststallmeisters und Hofkammerrates geboren. Freiherr von Wulffen begann seine Laufbahn im Jahr 1813 als Protokollist des Stadtgerichts in München. Im Dezember 1814 wurde er Stadtgerichtsassessor in Erlangen. Nach einer kurzzeitigen Tätigkeit als Verweser arbeitete er als Assessor beim Stadtgericht in München. Freiherr von Wulffen wurde im Jahr 1821 Stadtgerichtsrat in München und ein Jahr danach Direktor des Kreis- und Stadtgerichts von Fürth. Nach einer Tätigkeit als Appellationsgerichtsrat in Neuburg vom Jahr 1824 bis zum 1. März 1837 nahm er eine Stelle als Rat am Oberappellationsgericht an. Sein Wirken am Gerichtshof unterbrach er zwischen den Jahren 1841 bis 1855. In dieser Zeit war er nacheinander Ministerialrat im Justizministerium, Präsident des Appellationsgerichts von Unterfranken und Aschaffenburg, ab 1834 Präsident der Regierung von Niederbayern und Präsident des dortigen Appellationsgerichts sowie ab 1849 Regierungspräsident von Mittelfranken. Am 1. Februar 1855 wurde Freiherr von Wulffen zum Präsidenten des Oberappellationsgerichts berufen. Freiherr von Wulffen bekleidete dieses Amt bis zu seinem Tod am 10. April 1858. Er war einmal verheiratet, aus seiner Ehe entsprangen sechs Kinder.

CARL BARTHOLOMÄUS VON LEHNER[38] war der Nachfolger des Freiherrn von Wulffen. Er wurde am 14. Oktober 1786 in Vilseck in der Oberpfalz geboren. Sein Vater war von Beruf Färber. 1812 legte v. Lehner die Staatsprüfung ab. Zwischen 1817 und seiner Berufung an das Oberappellationsgericht war er Landgerichtsassessor in Pfaffenhofen (1817), Kreis- und Stadtgerichtsrat in Fürth (1819), Assessor am Appellationsgericht in Amberg (1820) und ab Juli des Jahres 1831 Rat am Appellationsgericht in Bamberg. Am 16. November 1838 begann sein Werdegang am Oberappellationsgericht. Auch er setzte diese Tätigkeit für mehrere Jahre aus. Von Lehner wurde im März des Jahres 1842 zum Ministerialrat in das Justizministerium berufen. Zwischen 1848 und 1858 war er Präsident des Appellationsgerichts von Unterfranken und Aschaffenburg sowie ab 1854 von Oberfranken. Er bekleidete das Präsidentenamt am Oberappellationsgericht vom 1. November 1858 bis zum 2. Juni 1866. Seine Versetzung in den Ruhestand erfolgte auf eigenen Wunsch.

---

37 Zur Biographie des Freiherrn von Wulffen - vgl. Winfried Jagemann: Die Präsidenten des Obersten Bayerischen Gerichtshofes, in: Gerhard Herbst (Hrsg.): Das Bayerische Oberste Landesgericht, München 1993 sowie Walter Schärl: Die Zusammensetzung der bayerischen Beamtenschaft von 1806 bis 1918, in: Max Spindler (Hrsg.): Studien Abteilung Bayerische Geschichte, Bd. 1, München 1955.

38 Zur Biographie v. Lehners - vgl. ebenda.

Lediglich für drei Monate war KARL JOSEPH AUGUST FREIHERR VON KLEINSCHROD[39] im Dienst. Er wurde am 10. Juli 1797 in Würzburg geboren. Sein Vater war großherzoglich-würzburgischer Landesdirektionsdirektor. Von 1809 bis 1813 besuchte Freiherr von Kleinschrod das Gymnasium in Würzburg. Das Studium der Philosophie und Rechte an der Universität Würzburg schloß sich in den Jahren 1813 bis 1818 an. In den Jahren von 1823 bis 1828 war er zunächst als Assessor und ein Jahr später als Rat beim Kreis- und Stadtgericht in München tätig. Danach wurde er Assessor am Appellationsgericht in Bamberg und im Jahr 1838 Rat am Ansbacher Appellationsgericht. Auch Freiherr von Kleinschrod war als Ministerialrat im Justizministerium tätig (1848). Im gleichen Jahr wurde Freiherr von Kleinschrod Mitglied der Frankfurter Nationalversammlung. Vom 5. März 1849 bis 27. Februar 1854 war er Staatsminister der Justiz.
Von Kleinschrod trat jedoch wegen Arbeitsüberlastung und dem Tod seiner Frau von diesem Amt zurück. Ab dem Jahr 1854 war er als Präsident des Appellationsgerichts für Schwaben und Neuburg tätig. Nachdem er bereits zwischen 1841 und 1848 als Rat am Oberappellationsgericht eine Anstellung gefunden hatte, kehrte er am 29. Juni 1866 - bis zu seinem Tod am 24. September 1866 - als Präsident an seine frühere Wirkungsstätte zurück.

KARL oder CARL FRIEDRICH VON HEINTZ[40] wurde am 4. April 1802 im Unterelsaß als Sohn eines protestantischen Pfarrers und späteren Oberkonsistorialrates geboren. Nach dem Besuch des Gymnasiums in Zweibrücken und München besuchte er die Universitäten in Heidelberg und Erlangen. Hier studierte er bis zum Jahr 1823 Rechtswissenschaft. 1826 wurde v. Heintz als Advokat am Zweibrücker Gerichtshof zugelassen und im Jahr 1833 zum zweiten Staatsprokurator berufen. In den Jahren 1845 bis 1848 war er Mitglied der Zweiten Kammer des Landtages und im Anschluß daran ein Jahr deren erster Präsident. In seine Abgeordnetentätigkeit hatte die Regierung zunächst große Hoffnungen gesetzt. Man erwartete in München, daß er im Landtag einen politischen Gegenpol zu den beiden zeitgleich berufenen pfälzischen Anwälten Willich und Stockinger, die als radikal galten, bilden würde. Dem war

39 Zur Biographie des Freiherrn von Kleinschrod - vgl. ebenda sowie Alois Alzheimer: Dr. Karl Joseph Freiherr von Kleinschrod, in: Staatsministerium der Justiz (Hrsg.): Die Kgl. Bayer. Staatsminister der Justiz in der Zeit von 1818-1918, 1. Teil, München 1931.

40 Zur Biographie von Heintz - vgl. Joseph Altstötter: Dr. Karl Friedrich von Heintz, in: Staatsministerium der Justiz (Hrsg.): Die Kgl. Bayer. Staatsminister der Justiz in der Zeit von 1818-1918, 1. Teil, München 1931; Winfried Jagemann: Die Präsidenten des Obersten Bayerischen Gerichtshofes, in: Gerhard Herbst (Hrsg.): Das Bayerische Oberste Landesgericht, München 1993 sowie Walter Schärl: Die Zusammensetzung der bayerischen Beamtenschaft von 1806 bis 1918, in: Max Spindler (Hrsg.): Studien Abteilung Bayerische Geschichte, Bd. 1, München 1955.

jedoch nicht so, insbesondere im Verlauf der deutschen Revolution von 1848 sprach sich v. Heintz für Reformen aus.

In der Zeit zwischen dem 25. März 1848 und dem 5. März 1849 war er bayerischer Staatsminister der Justiz und als solcher Nachfolger seines pfälzischen Landsmannes Georg Ludwig von Maurer, dessen begonnene Justizreform er weiterführte. Von März 1849 bis zum 17. Oktober 1866 war er zweiter Präsident des Oberappellationsgerichts. Seine Berufung an das Oberappellationsgericht diente auch dem Ziel, ihn aus dem Blickpunkt der Öffentlichkeit zu ziehen. Nachdem v. Heintz zweimal bei der Neubesetzung der Präsidentenstelle übergangen worden war, wurde er im Jahr 1866 schließlich in das höchste Richteramt berufen. Allerdings verstarb er bereits zwei Jahre später, am 16. August 1868. Von Heintz war neben seiner beruflichen Tätigkeit Mitherausgeber der Fortsetzung der Hilgard'schen Annalen der Rechtspflege.[41]

In der rheinischen Bevölkerung genoß v. Heintz hohes Ansehen. Da er eine vorgesehene frühere mit einer Beförderung verbundene Versetzung an das Oberappellationsgericht abgelehnt hatte, genoß er den Ruf eines unabhängigen Mannes, den selbst die Aussicht auf eine hervorragende Karriere nicht beeindrucken konnte. Altstötter schrieb hierzu, es sei erstaunlich, daß sich diese Meinung in der breiten Öffentlichkeit festsetzen konnte, obwohl nicht politische, sondern allein rein familiäre Motive seiner Absage zugrunde gelegen hatten.[42]

LUDWIG VON NEUMAYR[43] war der letzte amtierende Präsident des Oberappellationsgerichts. Er übte dieses Amt ab dem 16. Dezember 1868 aus. Von Neumayr wurde am 21. März 1810 als Sohn eines Geheimen Rates und Staatsrates geboren. Nach der juristischen Staatsprüfung im Jahr 1833 war er ab Januar 1838 als Assessor am Kreis- und Stadtgericht München und ab 1840 am Appellationsgericht von Niederbayern tätig. Im Jahr 1845 wurde v. Neumayr Rat am Appellationsgericht von Schwaben und Neuburg. Sein erstes Wirken am Oberappellationsgericht begann im Jahr 1849. Ab März des Jahres 1851 war er dann als Ministerialrat im Staatsministerium der Justiz und ab 1858 als Generalsekretär des Ministeriums tätig. 1860 wurde v. Neumayr Präsident des Appellationsgerichts von Oberbayern, bis er

41 Carl Friedrich Heintz; Carl Damm; Ludwig Weis (Hrsg.): Annalen der Rechtspflege in der k. bayerischen Pfalz, Landau 1847.

42 Joseph Altstötter: Dr. Karl Friedrich von Heintz, in: Staatsministerium der Justiz (Hrsg.): Die Kgl. Bayer. Staatsminister der Justiz in der Zeit von 1818-1918, 1. Teil, München 1931.

43 Zur Biographie v. Neumayrs - vgl. Winfried Jagemann: Die Präsidenten des Obersten Bayerischen Gerichtshofes, in: Gerhard Herbst (Hrsg.): Das Bayerische Oberste Landesgericht, München 1993 sowie Walter Schärl: Die Zusammensetzung der bayerischen Beamtenschaft von 1806 bis 1918, in: Max Spindler (Hrsg.): Studien Abteilung Bayerische Geschichte, Bd. 1, München 1955.

schließlich 1868 als Präsident an das Oberappellationsgericht zurückkehrte. 1871 wurde v. Neumayr Vertreter Bayerns im Deutschen Bundesrat.

Wie die Lebensdaten der Vorstände des Gerichtshofes zeigen, hatten die - vornehmlich auch gut situierten Elternhäusern stammenden - altbayerischen Juristen eine solide juristische Ausbildung genossen. Sie hatten schon vor ihrer Tätigkeit als Präsidenten des Gerichtshofes leitende Aufgaben im Justizwesen innegehabt.
Ihre Biographien unterscheiden sich insoweit von denen eines v. Rebmann, v. Birnbaum oder v. Koch. In dem beruflichen Werdegang der beiden Letztgenannten dokumentiert sich zugleich die stärkere Volksverbundenheit der rheinischen Justiz, deren Wurzeln im revolutionären Recht Frankreichs ruhten.

II. DIE ZUSAMMENSETZUNG DER SENATE

Es wurde oben dargestellt, daß sich seit der Gründung des bayerischen Oberappellationsgerichts die Zahl der Senate von ursprünglich drei auf sechs Senate bis in das Jahr 1832 und damit auch die Zahl der an ihnen tätigen Richter wegen des stetig zunehmenden Arbeitsanfalls erhöht hatte. Während sich der Gerichtshof in seinem Gründungsjahr neben vier Sekretären, einem Ratsdiener und zwei Gerichtsboten noch aus dem Präsidenten, drei Direktoren und 30 Räten zusammengesetzt hatte,[44] ergab die Auswertung der Hof- und Staatshandbücher der späteren Jahrgänge die nahezu doppelte Anzahl von Gerichtsräten.[45]
Eine Zuordnung der namentlich benannten Juristen zu den einzelnen Richterkollegien des Gerichtshofes findet sich nur in bezug auf den oberberggerichtlichen Senat, der als solcher unter Namensnennung der an ihm tätigen Mitglieder ausdrücklich bezeichnet wurde.
Die personelle Zusammensetzung des den rheinischen Kassationshof alljährlich bildenden Senats ist dem Staatshandbuch nicht zu entnehmen, da es an einem entsprechenden Hinweis fehlt. Lediglich bei den Sekretären des Gerichtshofes wurde zwischen solchen am Oberappellationsgericht und solchen am Kassationshof eingesetzten unterschieden. Der im Staatshandbuch enthaltene Vermerk *zugleich functionierender Gerichtsbote am Cassationshofe* schafft insoweit Klarheit.[46]

---

44 Vgl. organisches Edikt - in: Königlich-Baierisches Regierungsblatt 1808, Sp. 1785.
45 Hof- und Staatshandbuch des Königreichs Baiern (1824-1860), München 1824-1860.
46 Vgl. ebenda.

Insbesondere konnte nicht festgestellt werden, daß dem neu gebildeten sechsten Senat die Aufgaben des Kassationshofes für die Pfalz oblagen. In der Vorschrift vom 29. Juni 1832 war dies auch nicht vorgesehen, da es hier hieß:

"Das Oberappelationsgericht soll mit einem VI. Senat vermehrt werden ..."

und weiter:

"Das Oberappelationsgericht soll zugleich den Cassationshof ... bilden ..."[47],

die Vorschrift lautete jedoch nicht, daß dem sechsten Senat die Aufgaben des Kassationshofes zugewiesen werden.

Gemäß den Bestimmungen des organischen Edikts setzten sich die Kollegien des bayerischen Oberappellationsgerichts aus sechs Räten und dem Vorstand zusammen. Aus jedem Senat mußten jährlich mindestens drei Richter ausscheiden, um in einen anderen Senat überzuwechseln. Die Auswahl erfolgte dabei nach dem Dienstalter.[48] Auch die den Kassationshof für die Pfalz bildenden Juristen wurden in jedem Jahr durch den Präsidenten des Oberappellationsgerichts ernannt.

"Der Cassationshof hat, wie bisher, aus sieben Richtern, mit Inbegriff des Präsidenten, zu bestehen. Zu diesem Ende bezeichnet der Präsident des Oberappellationsgerichts jedes Jahr einen Vorstand und sechs Richter aus den Oberappellationsgerichte, welche dasselbe regelmäßig bilden, und eine hinreichende Zahl von weiteren Richtern, welche, nach der Reihenfolge des Dienstalters, die Ersteren in Verhinderungsfällen ersetzen."[49]

Wie der Vergleich zwischen der Verordnung vom 29. Juni 1832 und dem organischen Edikt von 1808 zeigt, garantierte lediglich das organische Edikt eine wirkliche personelle Erneuerung der Senate. Gemäß der Bestimmung vom 29. Juni 1832 blieb es dem hingegen dem Präsidenten unbenommen, die Juristen des Vorjahres in die Kassationskommission zu berufen. Die sich anschließende Frage, ob der Präsident von dieser ihm durch diese Vorschrift eröffneten Möglichkeit Gebrauch machte, läßt sich nicht mehr zweifelsfrei beantworten. Es finden sich jedoch eine Vielzahl von Argumenten, welche die eine oder andere These stützen.

Für die jährliche Erneuerung spricht, (1) daß eine über mehrere Gerichtsjahre nahezu unveränderliche Zusammensetzung des Kassationshofes mit hoher Wahrscheinlichkeit einen entsprechenden Hinweis - ähnlich dem oben angeführten - im Staatshandbuch zur Folge gehabt hätte. (2) Auch hätte die im Vergleich zum bayerischen

---

47 Verordnung vom 29. Juni 1832 - zitiert aus: Amts- und Intelligenzblatt des Königlich-Bayerischen Rheinkreises 1832, Sp. 421.

48 Organisches Edikt von 1808 - in: Königlich-Baierisches Regierungsblatt 1808, Sp. 1785. (Bei Todesurteilen wurde die Zahl der Senatsmitglieder auf neun Räte einschließlich des Vorstandes erhöht.)

49 Zitiert aus: Geschäftsordnung für das Oberappellationsgericht als Kassationsgericht der Pfalz, in: Philipp Jakob Serini: Chronologische Zusammenstellung der während der provisorischen französischen Verwaltung in den deutschen Rheinlanden publicirten älteren französischen Gesetze und Uebersicht der daselbst bestandenen alten Statutarrechte, nebst Angabe der früheren Territorialverhältnisse, Mannheim 1848, S. 278.

Oberappellationsgericht geringere Zahl von Entscheidungen am rheinischen Kassationshof für die dort tätigen Juristen - trotz gleicher Entlohnung - zu einem ungleich geringeren Arbeitspensum geführt, welchem durch einen turnusmäßigen Wechsel der Richter innerhalb des Gerichtshofes zu begegnen gewesen wäre. (3) Schließlich ergibt sich aus den Staatshandbüchern auch, daß einzelne in den berggerichtlichen Senat berufene Richter während ihrer Anstellung am Oberappellationsgericht nachweislich als Mitglieder des Kassationshofes für die Pfalz tätig waren.[50] Demnach mußte dieser in einer unterschiedlichen Besetzung, die nicht allein auf eine natürliche Fluktuation zurückzuführen ist, Recht gesprochen haben.

Zur Begründung der an dieser Stelle favorisierten Ansicht, daß sich nämlich die Kassationskommission gerade nicht jährlich neu bildete, lassen sich jedoch die entscheidenden Argumente vortragen.

(1) Die Quellen belegen, daß am Kassationshof eine gewisse personelle Kontinuität gewahrt wurde. Die statistische Auswertung der im Regierungsblatt abgedruckten Urteile, welche die Jahre 1838 bis 1860 fast vollständig abdecken, dokumentieren jedenfalls, daß die aus sieben Mitgliedern bestehende Kassationskommission über mehrere Jahre in einer nahezu gleichen Besetzung entschied; ein jährlicher Wechsel fand also gerade nicht statt. Zwischen den Jahren 1838 und 1843 wurden lediglich zwei, teilweise auch nur ein Richter durch Neuberufungen ersetzt. In den späteren Jahren variierte diese Zahl stärker.

(2) Sowohl die Ernennung der ersten Richter des Kassationshofes zu München wie auch aller amtierenden Generalprokuratoren zeigt, daß bei der Auswahl der Gerichtsmitglieder der Verordnung vom 29. Juni 1832 Folge geleistet wurde, indem auf vorhandene Kenntnisse im französischen Recht großer Wert gelegt wurde. Diese Verordnung bestimmte nämlich, daß der Kassationshof stets aus Räten gebildet werden soll, die der französischen Gerichtsverfassung und Gesetzgebung kundig sind.[51] Da eine Vielzahl der bereits vor 1832 am Oberappellationsgericht tätigen Juristen jedoch aus Altbayern stammten und deshalb davon auszugehen ist, daß sie weder über theoretische noch praktische Kenntnisse im französischen Recht verfügten, kamen sie grundsätzlich nicht für eine Mitwirkung an den Entscheidungen des rheinbayerischen Kassationshofes in Frage. Dies zeigen nicht zuletzt die Erfahrungen, die man anläßlich der personellen Neubesetzungen am Appellationsgericht zu Zweibrücken gesammelt hatte. Eine lediglich auf ein Gerichtsjahr befristete - wenngleich sich möglicherweise auch nach einigen Jahren wiederholende - Berufung in den rheinischen Kassationshof hätte sich unweigerlich auf die Qualität der Rechtsprechung ausgewirkt, da für diese altbayerischen Juristen weder die Möglichkeit noch der notwendige Anreiz bestanden

50 Vgl. Hof- und Staatshandbuch des Königreichs Baiern (1824-1860), München 1824-1860.

51 Verordnung vom 29. Juni 1831 - in: Amts- und Intelligenzblatt des Königlich-Bayerischen Rheinkreises 1832, Sp. 421.

hätte, sich mit der französischen Rechtsordnung in erforderlichem Umfang vertraut zu machen. Demnach muß es auch bereits in den Anfangsjahren der Anbindung des rheinbayerischen Kassationshofes an das Oberappellationsgericht zu München einen gewissen Stamm von Juristen gegeben haben, die über die entsprechenden fachlichen Voraussetzungen verfügten und aus deren Mitte sich das Kassationsgericht als Spruchkörper alljährlich rekrutieren konnte.
(3) Überdies stehen die zur Begründung dieser Ansicht herangezogenen Argumente zu den die Gegenthese stützenden Argumenten nicht im Widerspruch: (a) Die personelle Kontinuität innerhalb des Kassationshofes war zu keinem Zeitpunkt eine vollständige und schließt deshalb einen Wechsel seiner Mitglieder, die dann in andere Senate des Oberappellationsgerichts übergehen konnten, nicht völlig aus. Dies galt insbesondere für die Juristen, die bereits vor 1832 am Oberappellationsgericht tätig gewesen und aufgrund ihrer französischen Rechtskenntnisse in die Kassationsinstanz berufen worden waren. (b) Der im Vergleich zum rheinischen Kassationsgericht am bayerischen Oberappellationsgericht zu verzeichnende höhere Klageeingang konnte durchaus insoweit kompensiert werden, als die Mitglieder des Kassationsgerichts auch weiterhin verstärkt in die gutachterliche Tätigkeit involviert waren.

§ 1 DIE RICHTER

Im Jahr 1832 gehörten vermutlich folgende Juristen dem Kassationshof als Richter beziehungsweise Ergänzungsrichter an:
Johann Baptist Ritter von Mann, Joseph Maria Doblinger, Franz Freiherr von Ritter, Franz Xaver Klemm, Johann Georg Friedrich Ammon, Franz Joseph Bauer, Franz Joseph Hoffmann, Friedrich Carl Christian Brater, Leonhard Siebenwurst, Heinrich Kiliani sowie Joseph Miller.
Einem Schreiben des Freiherrn von Welden an den Justizminister vom 29. Januar 1833 ist nämlich zu entnehmen, daß die benannten Juristen aufgrund ihrer Kenntnisse der französischen Gesetzgebung vom Präsidium des Gerichtshofes für die Kassationsinstanz vorgeschlagen worden waren.[52] Daß die Genannten sowohl unter den in den Staatshandbüchern aufgeführten Personen als auch in der Zusammenstellung Jagemanns zu finden sind, belegt, daß dem Vorschlag ihrer Ernennung in die Kassationsinstanz entsprochen worden war.[53]
Bei weiteren zwei auf der Vorschlagsliste stehenden Personen - Gashner und Böttiger - kann ihre Berufung nicht zweifelsfrei festgestellt werden. Möglicherweise handelt es sich bei Gashner um Max Gaßner, der 1832 in das Oberappellationsgericht eintrat und

52 Bayerisches Hauptstaatsarchiv, MJU 14638.
53 Winfried Jagemann: Die personelle Entwicklung des Obersten Gerichtshofes von Bayern, München 1987 sowie Hof- und Staatshandbuch des Königreichs Baiern (1824-1860), München 1824-1860.

nachweislich an Entscheidungen der Jahre 1838 sowie 1840 bis 1841 mitwirkte. Der Name Böttiger taucht in den einschlägigen Quellen nicht mehr auf.[54]
Aber auch die Namen ehemaliger Mitglieder des Appellationsgerichts zu Zweibrücken finden sich am Kassationshof wieder. So wurden die beiden Räte des Appellationsgerichts zu Zweibrücken, Eduard Nikolaus Hanauer und Franz Xaver Molitor, am 5. und 12. November 1832 an das Oberappellationsgericht berufen.[55] Die Versetzung Franz Xaver Molitors an das Oberappellationsgericht München hatte den König im Vorfeld zu folgendem Kommentar bewogen:

> "... und wer ist dieser Kommissär Molitor? Vielleicht gar der Appellations-Rath Molitor, den Sie Mir zum Appellations-Rathe beantragt haben? Ich hoffe, es ist noch nichts an ihm ausgefertigt und dies soll auch, bis Ich die verlangte Aufklärung und zwar ganz genügend habe, nicht geschehen, damit nicht gar auch noch ein nichtbewährter Mensch in das Oberappellationsgericht komme."[56]

Anlaß für diese Äußerung waren die bereits ausführlich dargestellten politischen Ereignisse, die letztlich die Neustrukturierung am Appellationsgericht zur Folge hatten. Molitor bekleidete ab 15. Februar 1838 zugleich die Position des Generalstaatsprokurators am Kassationshof. Dieses Amt übte er bis Mai des Jahres 1847 aus. Sein staatsanwaltschaftliches Wirken ist in Entscheidungen der Jahre 1838 bis 1843 belegt. Im Jahr 1851 wurde er Direktor am Oberappellationsgericht. Mehrere Urteile aus den Jahren 1855 bis 1858 enthalten erneut seinen Namen; diesmal als Mitglied der Kassationskommission. Am 1. Oktober 1873 wurde Molitor auf eigenes Ansuchen in den Ruhestand versetzt.
Der vormalige Richter des Zweibrücker Appellationsgerichts, Karl Friedrich Breitenbach, kam am 1. Januar 1838 nach München. Auch bei ihm dokumentieren die ausgewerteten Urteile, daß er an Entscheidungen der Jahre 1838 bis 1841 sowie 1843 und 1847 beteiligt war.
Bei Joseph Allweyer, dessen Name mit dem Zusatz "Direktor" in Urteilen der Jahre 1841, 1843 und 1847 zu finden ist, handelt es sich höchstwahrscheinlich um den eingangs vorgestellten Appellationsgerichtsrat, dessen Amtszeit am Zweibrücker Gerichtshof von sehr kurzer Dauer war.
Wie sich aus den Akten des Bayerischen Hauptstaatsarchives weiter ergibt, wurden darüber hinaus die Räte des Oberappellationsgerichts Clemens Wenzlaus, Freiherr von Feyberg und Friedrich Carl von Prentner durch das Präsidium des Gerichtshofes für eine Berufung in die Kassationskommission vorgeschlagen.[57] Sie sprachen sich

---

54 Vgl. Bayerisches Hauptstaatsarchiv, MJU 14638.
55 Vgl. Heiner Haan: Die Berufung von Pfälzern in die obersten bayerischen Staatsbehörden (1816-1870), in: Jahrbuch für westdeutsche Landesgeschichte, Jhrg. 4, Koblenz 1978.
56 Dieses Zitat ist Teil des Schreibens an Justizminister Freiherr von Zu Rhein vom 27. September 1832; zitiert aus: Bayerisches Hauptstaatsarchiv, MJU 17010.
57 Vgl. im folgenden Bayerisches Hauptstaatsarchiv, MJU 14638.

allerdings gegen ihre Ernennung aus. Ihre ablehnende Haltung begründeten sie mit ihren fehlenden Kenntnissen in der französischen Gesetzgebung, die darauf zurückzuführen sei, daß sie es bislang nicht für notwendig erachtet hätten, sich mit dem französischen Recht zu beschäftigen. Eine Einarbeitung in die Materie lehnten sie mit dem Hinweis, daß es hierfür nun zu spät sei, ab. Obwohl der Rat Philipp Friedrich von Popp um das Jahr 1832 diese Argumentation auch für sich selbst beansprucht hatte, taucht sein Name in Entscheidungen des Kassationshofes der Jahre 1849 bis 1851 dann dennoch auf.

Nachdem das Mitglied des Kassationshofes Friedrich Carl Christian Brater bereits zwei Jahre nach seiner Berufung in den Ruhestand versetzt wurde, stand der bisherige Direktor und Vizepräsident des Appellationsgerichts zu Zweibrücken, Johann Friedrich Carl Böcking, als sein Nachfolger zur Diskussion. Justizminister Freiherr von Schrenk sprach sich in einem an den König gerichteten Brief vom 25. Januar 1834 jedoch gegen eine Einstellung Böckings[58] aus. Er berief sich hierbei auf rein formelle Aspekte. Er führte aus, daß in Frankreich das Conseilles de la Cour de la Cassation über dem Direktor eines Appellationsgerichts stehe und deshalb die Ernennung an diesen Gerichtshof für den Vizepräsidenten des Appellationsgerichts eine außerordentliche Beförderung darstellen würde. Die Berufung im Rheinkreis auf die französischen Institutionen und die Verwendung der französischen Bezeichnungen cour de cassation und cour de appelle für das rheinbayerische Kassationsgericht und das Appellationsgericht müsse jedoch zur Konsequenz haben, daß man sich auch hinsichtlich auszusprechender Beförderungen an diese Rangverhältnisse und Bestimmungen zu halten habe. Freiherr von Schrenk riet deshalb von einer Wahl Böckings ab. Er meinte ferner, es sei sinnvoller, Böcking als Direktor eines diesseitigen Gerichts einzusetzen.

Die Argumentation des Justizministers ist vor dem Hintergrund, daß der Rat am Oberappellationsgericht Molitor vor seiner Berufung "nur" Rat am Appellationsgericht zu Zweibrücken war und mithin im Rang unter Böcking stand, nicht nachvollziehbar. Möglicherweise läßt sich diese unterschiedliche Handhabung aber auch damit begründen, daß Molitor noch unter Justizminister von Zu Rhein in sein neues Amt berufen wurde, der den Standpunkt seines Nachfolgers nicht teilte.

Im Gespräch um eine Beförderung an das Oberappellationsgericht stand auch der Appellationsgerichtsrat Theodor Erasmus Hilgard. In einem Brief vom September des Jahres 1834 an König Ludwig wird ausführlich zu seiner Person Stellung genommen. Der unbekannte Absender - vermutlich ein Mitglied der Kammer des Inneren aus Speyer - führte zunächst einleitend aus, daß Hilgard im Rheinkreis einer der

58 Zu Böcking - vgl. Klaus Knecht: Neuaufbau von Recht und Rechtspflege, in: Jahrbuch zur Geschichte von Stadt- und Landkreis Kaiserslautern, Bd. 18/19, Otterbach 1980/81.

"talentiertesten und beredsamsten Juristen"[59] sei, was sowohl durch die öffentliche Meinung als auch alle übrigen Mitglieder des Kassationshofes bestätigt werde. Daß Hilgard bei der Verlegung des Kassationshofes nach München trotzdem nicht berücksichtigte wurde, habe seinen Grund in der "Zweifelhaftigkeit seiner damaligen politischen Gesinnung." Er schlußfolgerte, Hilgard betrachte diese Übergehung als Zurücksetzung und zeige sich verbittert, indem er seine politischen Ansichten seitdem offener äußere, dies sei kein Geheimnis, so wie Hilgard auch nicht verhehle, daß er - als mehrere Räte aus den sieben übrigen Kreisen an den Appellationshof des Rheinkreises versetzt wurden - seine Stelle habe niederlegen wollen, weil er es mit seiner Ehre als Richter nicht habe vereinbaren können, einem Kollegium anzugehören, in welchem die Richter weder Kenntnisse von der französischen Gesetzgebung hätten noch kaum einer von ihnen die französische Sprache verstände.
Die weitergehenden Ausführungen dieses leider unbekannten Absenders sind ein besonders lesenswertes Dokument der Zeitgeschichte:

> "... war es nur Hildegards Überzeugung, mit dem neu componiertem Collegium, in seinem Gewissen, mit Ehre nicht wirken zu können, so war seine Absicht, seine Stelle niederzulegen, nicht zu tadeln - die Erklärung aber der Öffentlichkeit zu übergeben und dadurch seine anderen Kollegen in den Augen der öffentlichen Meinung sowie sogar die wahre Gesetzlichkeit der Urteile ... verdächtigen, war weder bayerisch noch staatsbürgerlich edel gehandelt. Eurer Majestät, haben meine Meinung über die politische Sincarität des Appellations-Rathes Hilgard befohlen: Ich spreche dies unumwunden aus, bitte aber allerunterthänigst, da meine Meinung nur die meinige ist, auch andere hierüber zu hören und unterstehe mich Eurere Majestät hierzu den Herrn General ... Baron von Stengel zu bezeichnen, da ich weis daß dieser entgegengesetzter Ansicht ist. Ich habe mich mit ihm über die Zusammensetzung des Appellations-Hofes in Zweibrücken oft besprochen, so wie namentlich über den Appellations-Rath Hilgard. Herr von Stengel war immer der Ansicht, daß Hilgard, welcher einen sehr großen Ehrgeiz besitzt, wenn er Generalprokurator im Rheinkreis geworden wäre, ausgezeichnetes im Sinne und für die bayerische Staatsregierung gewirkt haben würde und besonders daß vorjährigen Landauer Exzesse dem ein ganz anderes Resultat gehabt hätten. Ich bestreite die Möglichkeit hierin nicht: allein, wer blos, weil er ein höheres Amt erhalten hat, bayerisch ..., oder wenn er übergangen wurde sich zu der dem bayerischen Gouvernement feindlichen Partei neigt, das ist in meinen Augen kein verläßlicher Bayer. Und aus diesem Grunde traue ich dem Appellations-Rath Hilgard keinen bayerischen Patriotismus zu. Was mich zu dieser Meinung noch ferner bestimmt, daß Hilgard voriges Jahr, als so viele der liberalen Partei nach Amerika auswanderten, zuerst selbst auswandern wollte, dann aber seinen Verwandten einen großen Theil seines Vermögens hingab, um für ihn dort Besitzungen anzukaufen - und heuer soll er

59 Im folgenden zitiert aus: Bayerisches Hauptstaatsarchiv, MInn 45369.

wie ich gehört habe, noch weitere Gelder zu demselben Zwecke nachgesendet haben. Er scheint sich hiernach in die Verfassung gesetzt zu haben, jeden Augenblick seiner Stelle entsagen und sich eine ... anderwärts suchen zu können. Nun muß ich anführen, daß die Familie Hilgard, wegen ihres bedeutenden Reichtums im Kreise angesehen ist, daß aber alle Mitglieder derselben durchgängig, sowohl männlich als sogar weiblichen Geschlechtes, zu den überspanntesten Demagogen des Rheinkreises gehören, den Friedensrichter Gustav Hilgard in Neustadt ausgenommen, der auch derhalb von ihnen nur der Ungeratene genannt wird, ja, wegen seines ansonst energischen amtlichen Würkens als bayerischer Staatsdiener, von ihnen gehaßt und verachtet wird. Doch möchte ich unter allen Hilgards den Appellations-Rath als den gemäßigsten erkennen, und will auch zugeben daß er, im Falle er befördert würde, bliebe, und vielleicht auch entsprechen würde. Allein, ich halte es auch für meine Pflicht Eurer Majestät allerunterthänigst zu bemerken, daß meiner Ansicht nach, seine Beförderung in Zweibrücken nicht statthaben sollte. Der Appellations-Rath Hilgard ist ein intimer Freund des Advokaten und Deputierten Culmann und genau mit der liberalen Parthei darselbst verbunden. Solche Verbindungen werden, wenn sie im reifen Alter eingegangen werden, nicht leicht wieder abgebrochen. Zur obigen Bemerkung bestimmt mich der Umstand, daß nach sicheren gestern erhaltenen Nachrichten, der Generalprokurator Schenkel auf den Todt krank darniederliegt, und kaum noch vierzehn Tage zu leben hat ... in kürzester Zeit die Erledigung der äußerst wichtigen Stelle eines Generalprokurators für den Rheinkreis zu gewärtigen. Ich weis daß der Appellations-Rath Hilgard diese Stelle selbst wünscht, und daß ihn die liberale Parthei um jeden Preis auf derselben sehen möchte. Die zu dieser mehr oder weniger, oder vielmehr offen oder versteckt gehörenden Mitglieder des Appellations-Hofes als: Direktor Böcking, Appellationsrath Molitor,[60] werden, wenn sie selbst nicht zu erlangen hoffen können selben lieber Hilgard als einen anderen grünen, und es dürfte an Bemühungen hierzu nicht fehlen. Die Stellung des Generalprokurators, seine Macht und Einfluß auf alle Anstellungen im Justizfache des Rheinkreises sind so groß, daß dieser Beamte nothwendig das volle Vertrauen der Staatsregierung mit Recht besitzen muß. Er soll daher nicht allein die ausgeprägte Rechtskenntnis besitzen, sondern er muß ein streng rechtlicher, charakterfester und dem bayerischen ... durchaus ergebener Mann sein - dabei muß er aber noch ein glänzendes Rednertalent verbinden. Eure Majestät haben mir voriges Jahr, nach dem Ende der Landauer Exzesse einen Vorschlag für den möglichen Fall der nothwendigen Ersetzung des Generalprokurators Schenkel abverlangt. Meine Meinung war damals den Generalprokurator Schenkel zu belaßen, evt. bezeichnete ich aber die Bezirksgerichtspräsidenten von Schnellenbühl und Horbach. Nun wo in so kurzer Zeit diese Stelle würklich wieder besetzt werden muß, Eurer Majestät aber eine Absicht mit dem Appellations-Rath Hilgard haben,

60 Gemeint ist der Appellationsgerichtsrat Johann/Joseph Alois Molitor.

unterstehe ich mich, die Ansicht auszusprechen denselben nur nicht zum Generalprokurator zu ernennen, wogegen ich aber seine Berufung nach München, und wäre es blos um seine Parthei zu schwächen, aus vollem Herzen gutheiße. Er wird aber überall Aufsicht bedürfen."[61]

Die mit diesem Schreiben bescheinigte politische Unzuverlässigkeit Hilgards dürfte die Entscheidung des Königs, Hilgard nicht an das Oberappellationsgericht nach München zu berufen, maßgeblich beeinflußt haben.

§ 2 DIE GENERALPROKURATOREN

Der erste Generalstaatsprokurator am Kassationshof war in der Zeit zwischen dem 1. Dezember 1832 und dem 16. Mai 1834 PHILLIP LUDWIG VON RUPPENTHAL.[62] Von Ruppenthal wurde am 22. Juni 1785 in Wildenburg im Hunsrück geboren. Er entstammte einer alten kurpfälzischen Beamtenfamilie. Nach Ablegung der Staatsprüfung wurde er um das Jahr 1813 Notar in Kusel. Zwischen 1819 und 1832 bekleidete er mehrere Positionen im Bereich der Staatsanwaltschaft. So war er Substitut des Staatsprokurators am Bezirksgericht und zweiter Substitut beim Generalstaatsprokurator in Zweibrücken und ab April des Jahres 1825 Staatsprokurator am Bezirksgericht zu Zweibrücken. Seiner Amtszeit als Generalstaatsprokurator schloß sich eine Tätigkeit als Oberappellationsgerichtsrat an. Am 1. August 1855 ging v. Ruppenthal in den Ruhestand. Er verstarb im Juni des Jahres 1874.

Sein Nachfolger war der bereits oben erwähnte CARL oder KARL ANSELM FREIHERR VON GUMPPENBERG, der zwischen 1844 und 1854 die Funktion des Präsidenten des Oberappellationsgerichts ausübte.

Am 8. Dezember 1832 wurde der bisherige Präsident des Bezirksgerichts von Frankenthal, CARL PHILIPP BETTINGER,[63] mit Wirkung zum 1. Januar 1833 zum Rat an das Oberappellationsgericht berufen. Bettinger wurde im Jahr 1786 geboren. Nach seiner Staatsprüfung war er als Substitut und später als Bezirks- und Untersuchungsrichter am Landauer Bezirksgericht tätig. Ab dem Jahr 1822 war er Regierungs- und Fiskalrat bei der Regierung in Speyer. Er wurde am 16. November

61 Zitiert aus: Bayerisches Hauptstaatsachiv, MInn 45369.

62 Zur Biographie v. Ruppenthals - vgl. Werner Biebl: Die Staatsanwaltschaft bei dem Bayerischen Obersten Landesgericht, 3. Aufl., München 1995.

63 Zur Biographie von Bettinger - vgl. ebenda sowie Klaus Knecht: Neuaufbau von Recht und Rechtspflege, in: Jahrbuch zur Geschichte von Stadt- und Landkreis Kaiserslautern, Bd. 18/19, Otterbach 1980/81; Walter Schärl: Die Zusammensetzung der bayerischen Beamtenschaft von 1806 bis 1918, in: Max Spindler (Hrsg.): Studien Abteilung Bayerische Geschichte, Bd. 1, München 1955 und Hans Ziegler: Das Justizwesen in der Pfalz im 19. Jahrhundert, in: Mitteilungen des historischen Vereins der Pfalz, Bd. 86, Speyer 1988.

1831 Präsident des Bezirksgerichts Frankenthal. Am 9. März 1847 wurde Bettinger zum Generalstaatsprokurator am Kassationshof bestellt. Er trat dieses Amt am 1. Mai 1847 an und bekleidete es bis zum Jahr 1856. Bettinger verstarb am 2. November des Jahres 1857.

Amtierender Generalstaatsprokurator vom 1. Januar 1858 bis 1. Februar 1865 war FRIEDRICH DANIEL VON PIXIS.[64] Der in der Nähe von München geborene v. Pixis entstammte einem protestantischen Pfarrhaus. Nach dem Studium der Rechte in Marburg und Heidelberg erfolgte im September des Jahres 1825 seine Berufung zum Ergänzungsrichter an das Bezirksgericht Kaiserslautern. Zwei Jahre später wurde er Substitut. Im November des Jahres 1811 kam v. Pixis als zweiter Staatsprokurator an das Appellationsgericht zu Zweibrücken, bereits dreizehn Monate später nahm er eine Stelle als Staatsprokurator in Landau an. Zwischen April 1835 und dem Jahr 1847 war er als Bezirksgerichtspräsident am Appellationsgericht zu Zweibücken tätig, um dann als Rat an das Appellationsgericht zurückzukehren. Von 1863 bis 1869 war v. Pixis - mit kurzzeitiger Unterbrechung - Mitglied des Landtages.

Ihm folgte am 1. Februar 1865 GUSTAV HILGARD.[65] Der Verwandte von Theodor Erasmus Hilgard wurde um das Jahr 1803 geboren. Nach der Staatsprüfung im Jahr 1830 arbeitete er als Substitut des Staatsprokurators am Bezirksgericht Frankenthal. Nach einer knapp einjährigen Tätigkeit als Friedensrichter in Neustadt an der Haardt nahm er 1835 das Amt eines Substituten des Staatsprokurators am Bezirksgericht Frankenthal an. Vier Jahre später wurde Hilgard zunächst zweiter und 1845 schließlich erster Staatsprokurator am Appellationsgericht zu Zweibrücken. Im Juli des Jahres 1847 erfolgte seine Ernennung zum Präsidenten an das Bezirksgericht Zweibrücken. Ab dem Jahr 1855 war Hilgard Oberappellationsgerichtsrat. Er verstarb am 2. September 1867.

KARL DAMM[66] war der letzte amtierende Generalstaatsprokurator. Geboren im Jahr 1806, legte auch er zunächst seine Staatsprüfung ab. Er war Friedensrichter in Blieskastel und Zweibrücken und seit 1842 Substitut des Staatsprokurators am Bezirksgericht Kaiserslautern. Im Dezember des Jahres 1845 wurde er zweiter und im September des Jahres 1847 erster Staatsprokurator am Appellationsgericht zu

64 Zur Biographie v. Pixis - vgl. Hans Ziegler: Das Justizwesen in der Pfalz im 19. Jahrhundert, in: Mitteilungen des historischen Vereins der Pfalz, Bd. 86, Speyer 1988 sowie Heiner Haan: Die bayerische Personalpolitik in der Pfalz von 1816/18 bis 1849, in: Jahrbuch für westdeutsche Landesgeschichte, Jhrg. 3, Koblenz 1977.

65 Zur Biographie von Hilgard - vgl. Werner Biebl: Die Staatsanwaltschaft bei dem Bayerischen Obersten Landesgericht, 3. Aufl., München 1995.

66 Zur Biographie von Damm - vgl. ebenda.

Zweibrücken. Ab 1854 war Damm Präsident des Bezirksgerichts von Kaiserslautern. Vier Jahre später übte er die gleiche Tätigkeit in Zweibrücken aus. Karl Damm wurde am 1. Februar 1860 an das Oberappellationsgericht berufen. Vom 1. November 1867 bis 30. August 1870 war er Generalstaatsprokurator. Er wurde infolge der Aufhebung des Kassationshofes von seiner Stelle entbunden, verblieb jedoch bis zum Jahr 1876 als Oberappellationsgerichtsrat am Gerichtshof. Karl Damm verstarb im Juni des Jahres 1886.

§ 3 DAS KANZLEIPERSONAL

Als Kanzleipersonal des Kassationshofes und dessen Vertreter wurden Beamte aus dem Oberappellationsgericht berufen.[67]
Obwohl sich Molitor in seinem Bericht zur Geschäftsordnung vom 28. Februar 1833 und in einer über Wochen andauernden Korrespondenz dafür ausgesprochen hatte, die Positionen des Gerichtsschreibers, des Einregistrierbeamten und der Gerichtsboten mit Beamten aus dem Rheinkreis zu besetzen, konnte er sich mit seiner Meinung nicht durchsetzen. Das Präsidium des Oberappellationsgerichts stellte sich auf den Standpunkt, die Einberufung dieser Personen sei vor dem Hintergrund der damit verbundenen Kosten nicht zu rechtfertigen. Für die wenigen Kassationssachen genüge es, hiesige Beamten, die sich entsprechend qualifiziert hätten, einzustellen. Generalprokurator v. Schenkel schlug dem König am 18. Juli 1833 als Gerichtsschreiber/Sekretär des Oberappellationsgerichts den Sekretär Bernhard Josef Söllner, als Einregistrier- und Stempelwesenbeamten den Oberappellationsgerichtssekretär Franz Hugo Fertig und als Gerichtsboten den Kanzleigehilfen Wilhelm Meier vor.
Dem Gerichtsschreiber oblag die Aufgabe, jedes eingehende Schriftstück zu prüfen, Protokolle aufzunehmen, acht verschiedene Register zu führen, die Prozesse zu terminieren, das Sitzungsprotokoll zu führen, die Urteile auszufertigen sowie die Registratur und die Bibliothek zu beaufsichtigen. Der Einhaltung der unzähligen mit Strafe der Nichtigkeit bedrohten Formvorschriften des Rheinischen Rechts mußte der Gerichtsschreiber besondere Aufmerksamkeit schenken, da er für seine dienstlichen Handlungen persönlich haftbar gemacht werden konnte. Die dem Gerichtsschreiber obliegende Verantwortung schlug sich in seiner Besoldung nieder, diese war dem eines Zivilrichters gleichgestellt.
Die Funktion des Einregistrier- und Stempelbeamten erforderte detaillierte Gesetzeskenntnisse, um die der Einregistrierung obliegenden Akte einer genauen

67 Vgl. im folgenden zur Ernennung des Kanzleipersonals - Bayerisches Haupstaatsarchiv, MJU 14638.

Beurteilung unterziehen zu können. Auch hier war die Möglichkeit einer persönlichen Haftung vorgesehen.
Auch die Aufgaben des Gerichtsboten waren sehr vielseitig. In eigener Verantwortung hatte er Urkunden zu fertigen sowie Zustellungen und Vorladungen zu veranlassen. Das Gericht erhielt von seinen Amtsvorrichtungen oftmals erst nach deren Vollzug Kenntnis, da sich die Parteien zunächst an den Gerichtsboten wenden mußten, um ihre Eingaben zur Vorlage bringen zu lassen. Die Funktion erforderte eine genaue Gesetzeskenntnis, weil in den zu Prozeßakten die dem Sachverhalt zugrunde liegenden Gesetzesstellen vermerkt werden mußten. Dem Gerichtsboten oblag auch die Vollstreckung. Die Befugnisse eines Gerichtsboten sind mit denen unseres heutigen Gerichtsvollziehers vergleichbar.[68]
Alle drei vorgeschlagenen Personen hatten ihr Interesse an diesen Stellen bei einer angemessenen Bezahlung bekundet. Ihnen bescheinigte der Präsident des Oberappellationsgerichts Freiherr von Welden eine "gute Gesinnung"[69] und "Ergebenheit gegenüber dem Vaterland". Söllner war nach seiner Einschätzung einer der qualifiziertesten Justizkollegialsekretäre im Königreich, der sich über mehrere Monate in die neuen Aufgaben eingearbeitet hätte. Über Fertig schrieb er, er sei rechtsgebildet und gewandt und mit den französischen Institutionen bereits vertraut. Seine guten Kenntnisse habe er von 1812 bis 1813 als Substitut des ersten Sekretärs am Departement Aschaffenburg erlangt. Das dort geltende frankfurtische Einregistrierungsgesetz vom 14. Januar 1811 war die wortgetreue Übersetzung des französischen Gesetzes. Für Meier, der bisher im Präsidialbüro zu Bayreuth tätig gewesen war, bürgte Freiherr von Welden für dessen "moralischen Charakter" und seine "Dienstbrauchbarkeit". Meier wurde nicht zuletzt deshalb eingestellt, weil Freiherr von Welden dem übrigen Personal des schreibenden Dienstes eine "geringe Brauchbarkeit" bescheinigte.
Hinsichtlich einer angemessenen Bezahlung des Kanzleipersonals war vorgesehen, diese Frage zunächst mit dem Ministerium der Finanzen zu besprechen und danach einen Antrag beim König zu stellen. Bereits am 13. März 1833 genehmigte der König die Einstellung der genannten Personen, deren Besoldung sich ursprünglich nach der Sitzungszahl richten sollte. Im Ergebnis einer langwierigen Korrespondenz zu diesem Thema erhielten Söllner und Fertig schließlich eine Renumeration von je 300 Gulden und Meier von 200 Gulden pro Jahr.[70]

---

68 Vgl. zu den Aufgabengebieten des sogenannten Kanzleipersonals ausführlich ebenda sowie Gottfried Gerstner: Der Rheinkreis des Königreich Baierns, Augsburg 1821; Franz Varrentrapp: Die öffentliche mündliche Rechtspflege im Baierischen Rheinkreise in Vergleichung mit der Gerichtsverfassung der sieben übrigen Kreise des Königreichs Baiern, Frankfurt am Main 1822.
69 Im folgenden zitiert aus: Bayerisches Hauptstaatsarchiv, MJU 14638.
70 Vgl. ebenda.

Der durchschnittliche Verdienst aller am Kassationsgericht tätigen Staatsdiener kann nach einer Aufstellung aus dem Jahr 1847[71] wie folgt beziffert werden:

Präsident:	7.000 Gulden,
fünf Direktoren: (im Jahr 1832 gab es nur vier)	4.000, 3.500 sowie dreimal 3.000 Gulden
Räte:	2.500 bzw. 2.200 Gulden
Sekretäre:	1.400, 1.100 bzw. 1.000 Gulden
Registrator:	1.000 Gulden (eine Vergütung für zusätzliche Funktionen wurde nicht gezahlt)
Kanzlist:	700 Gulden
Ratsdiener:	600 Gulden
vier Gerichtsboten zusammen:	1.623 Gulden.

Hinzu kamen Funktionszulagen in folgender Höhe:

Gerichtsschreiber:	150 Gulden
Suppleanten:	75 Gulden
Einregistrierbeamten:	150 Gulden

71 Vgl. ebenda, MJU 14516.

D DIE GESCHÄFTSORDNUNG DES KASSATIONSHOFES

I. DIE AUSARBEITUNG DER GESCHÄFTSORDNUNG

§ 1 DAS HESSISCHE MODELL

Nachdem die definitive Verlegung des Kassationshofes feststand - jedoch noch vor ihrer Realisierung - setzte man sich in Justizkreisen mit der zukünftigen Geschäftsordnung auseinander.[72]

Der Umstand, daß auch in Mainz das Kassationsgericht mit dem Oberappellationsgericht vereinigt worden war, veranlaßte den amtierenden Generalprokurator am Appellationsgericht zu Zweibrücken, Anton von Schenkel, sich nach Mainz zu wenden und um Übersendung der dortigen Vorschriften zu bitten. Mit Schreiben vom 17. Juli 1832 teilte ihm der Generalstaatsprokurator des herzoglich-hessischen Gerichtshofes, Dr. Graf Weber, mit, daß er ihm diese Bitte nicht erfüllen könne, da weder gedruckte noch handschriftliche Instruktionen über die vorgenommene Vereinigung des Kassationshofes mit dem Oberappellationsgericht existierten. Die organisatorischen Maßnahmen seien lediglich im Rahmen von Ministerialkonferenzen besprochen worden, an welchen er zwar teilgenommen habe, Protokolle seien hierüber jedoch ebenso wenig angefertigt wie vorbereitende Gutachten erstellt worden. Die Grundidee sei gewesen, das Kassations- und Revisionswesen gerade nicht einem eigenständigen Senat des Oberappellationsgerichts zu übertragen, sondern das Oberappellationsgericht im ganzen zum höchsten Justizhof des gesamten Landes zu machen. Auch das von Anton von Schenkel erbetene Reglement konnte Dr. Weber nicht überreichen, weil ein solches in Hessen noch nicht erlassen worden war. Nach Aussage des hessischen Generalstaatsprokurators wollte man die Erfahrung einiger Monate Tätigkeit abwarten, bevor ein solches aufgestellt werden sollte.

Auf die Erfahrungen des hessischen Kassationshofes konnte man demnach in Bayern bei der Ausarbeitung der Geschäftsordnung nicht zurückgreifen.

§ 2 DIE ARBEIT DER KOMMISSION UNTER MOLITOR

Der neue Präsident des Appellationsgerichts zu Zweibrücken, v. Koch, vertrat in einem Schreiben an v. Schenkel im Juli des Jahres 1832 die Auffassung, die Festlegung des internen Dienstes am Kassationshof sei von den in München vorhandenen örtlichen Gegebenheiten und der sonstigen Geschäftseinteilung am Oberappellationsgericht

---

[72] Vgl. zur Ausarbeitung der Geschäftsordnung im folgenden Bayerisches Hauptstaatsarchiv, MJU 14638.

abhängig, weshalb die Dienstordnung am zweckmäßigsten durch das Oberappellationsgericht selbst unter Hinzuziehung der neuen aus dem Rheinkreis kommenden Mitglieder des Gerichtshofes zu entwerfen sei. Wie der Niederschrift eines Vortrages vom 6. Mai 1832 zu entnehmen ist, forderte König Ludwig das Präsidium des Oberappellationsgerichts bereits vier Tage nach der Eröffnung des Kassationshofes, am 5. Dezember 1832, auf, durch einen aus dem Rheinkreis zu berufenden Oberappellationsgerichtsrat eine vollständige und genaue Zusammenstellung aller den Kassationshof betreffenden Gesetze und Verordnungen, eine vollständige Darstellung des Verfahrens und den Entwurf einer reglementären Verfügung für den internen Dienst des Kassationshofes sowie ein Gutachten über die Bestellung von Gerichtsboten und Einregistrierbeamten vorzulegen. Die Ergebnisse dieser Arbeit sollten von einer eigens einzurichtenden Kommission, bestehend aus Räten und weiteren mit der französischen Gesetzgebung vertrauten Juristen, gutachterlich geprüft werden.

Die Zusammensetzung eines solchen Beratungsausschusses scheint anfänglich Schwierigkeiten bereitet zu haben, denn Präsident Freiherr von Welden stellte in einem an den König gerichteten Brief fest, daß die Konstituierung erst durch die Ernennung von Johann Baptist von Mann zum Direktor des Obersten Gerichtshofes und Dirigenten beim Kassationshof erleichtert worden sei.

Mit der Erarbeitung der geforderten Entwürfe sowie dem zu erstattenden Vortrag wurde Franz Xaver Molitor beauftragt. Dieser legte bereits am 4. März 1833 seine Ausarbeitungen vor, die jedoch nicht zur Zufriedenheit der Ausschußmitglieder ausfielen. Der Grund für ihre Kritik lag in der Erkenntnis Molitors, daß sich die erbetene vollständige Sammlung der Gesetze und Verordnungen in bezug auf den Kassationshof nicht herstellen lasse. Freiherr von Welden veranlaßte dieses Ergebnis in seinem Bericht, den Kassationshof für den Rheinkreis betreffend, zu der Äußerung, daß es zu bedauern sei, daß

> "... weder der Referent noch das Appelationsgericht in Zweibrücken eine vollständige Sammlung und Zusammenstellung der im Rheinkreise noch gültigen Gesetze und Normen geben kann ...".[73]

Die Beantwortung der Frage, warum es nicht möglich war, eine lückenlose Zusammenfassung aller das Kassationsverfahren betreffenden Rechtsvorschriften zu geben, findet sich bei Siebenpfeiffer. Dieser hatte bereits anläßlich seiner für die Erstellung seines Handbuchs der Verfassung, Gerichtsordnung und gesamten Verwaltung Rheinbayerns vorgenommenen Recherchen feststellen müssen, daß infolge der tiefgreifenden gesellschaftlichen Umwälzungen das Auffinden der Gesetzestexte sehr erschwert war. Die Quellen der Rechtsnormen waren verstreut und in einigen Gemeinden nicht mehr offen zugänglich, sondern bestenfalls in den Archiven zu

73 Zitiert aus: Bayerisches Hauptstaatsarchiv, ebenda.

finden. Im übrigen gab es in vielen Bereichen Zweifel über die Gültigkeit der gesetzlichen Vorschriften, was noch durch den Fakt verstärkt wurde, daß sich das Verfahren am Kassationshof nach mehr als 60 französischen Gesetzen und Verordnungen bestimmte. Hinzu kam, daß die älteren Handbücher die Gesetze oftmals nicht im vollen Wortlaut wiedergaben, sondern sich lediglich auf deren Aufzählung beschränkten. Die seit dem Jahr 1814 vorgenommenen Zusätze waren schlechthin nicht mehr aufgenommen worden.[74]
Siebenpfeiffer hatte mit seiner Äußerung, daß man nie die Überzeugung habe, alle über einen Gegenstand bestehenden Verfügungen zu kennen, sicherlich Recht. Der Schlußfolgerung des Freiherrn von Welden in seinem Bericht, man sehe deutlich, daß die Richter des Rheinkreises die Gesetze und Normen selbst nicht kennen, ist in dieser Absolutheit sicherlich nicht zu folgen.[75]
Nachdem im Beratungsausschuß die Erkenntnis Platz gegriffen hatte, daß es nicht möglich sein würde, der Auflage vom 5. Dezember 1832 zu entsprechen und sämtliche das Kassationsverfahren betreffenden Gesetze und Verordnungen zusammenzustellen, entschloß sich der Ausschuß, auf ein weiteres mühevolles Zusammentragen der einzelnen Rechtsnormen zu verzichten. Um die Ausarbeitung eines Dienstreglements jedoch voranzutreiben, sollte statt dessen der Ablauf des Verfahrens in einer neuen Regelung zusammengefaßt und anschließend den Richtern und Advokaten zur Kenntnis gebracht werden. Da der Generalstaatsprokurator am Appellationsgericht, v. Schenkel, in seinem Bericht vom 9. Juli 1832 bereits eine Übersicht über das Verfahren am Kassationshof vorgelegt hatte, sollte nun auf diese bislang aktuellste und zugleich vollständigste, allerdings heute nicht mehr vorliegende Zusammenstellung zurückgegriffen werden.
Wie der Präsident des Oberappellationsgerichts, Freiherr von Welden, am 28. Februar in einem an den König gerichteten Schreiben äußerte, muß es bei der Aufstellung des Dienstreglements ob der unterschiedlichen Auffassungen Schwierigkeiten gegeben haben.[76] So konnten sich die Kommissionsmitglieder zunächst nicht über die rechtliche Qualität des Reglements einigen. Vier Juristen vertraten die Ansicht, ein solches Reglement für den inneren Dienst beim Kassationsgericht müsse in Form einer Verordnung erscheinen und bedürfe deshalb einer öffentlichen Bekanntmachung. Dieser Auffassung traten elf Kommissionsmitglieder entgegen, die diese Vorschrift als lediglich interne Regelung begriffen. Die Vertreter der Mindermeinung trugen vor, die neue Dienstordnung sei für die Parteien von großer Wichtigkeit, schließlich müßten diese wissen, in welcher Art und Weise sie plädieren könnten beziehungsweise wie sich der Verfahrensablauf darstelle. Die Vertreter der Gegenseite - dies waren vor

74 Vgl. Philipp Jakob Siebenpfeiffer: Handbuch der Verfassung, Gerichtsordnung und gesamten Verwaltung Rheinbayerns, Bd. 1, Zweibrücken 1831, Vorwort.
75 Vgl. im folgenden Bayerisches Hauptstaatsarchiv, MJU 14638.
76 Vgl. im folgenden ebenda.

allem die altbayerischen Juristen - begründeten ihre ablehnende Haltung damit, daß das Dienstreglement einzig das Gerichtspersonal in seiner Arbeit tangiere, es sich somit um eine interne Vorschrift handele. Im übrigen beruhe die Ordnung des Verfahrens auf bereits bestehenden gesetzlichen Bestimmungen, welche einer neuen Publikation schon aus diesem Grund nicht bedürfen.
Der Auffassung der Mehrheit wurde gefolgt. Das als

> *"Geschäftsordnung für das Königlich Bayer`sche Oberappellationsgericht, als Cassations Gericht des Rheinkreises"*[77]

durch den Justizminister - wahrscheinlich am 15. März 1833 - genehmigte und sodann den Mitgliedern des Kassationsgerichts, den Advokaten des Kassationsgerichts und dem Generalstaatsprokurator des Rheinkreises zur Verteilung übergebene Reglement wurde nicht in den Gesetz- und Verordnungsblättern des bayerischen Rheinkreises beziehungsweise des Königreichs Bayern veröffentlicht. Es wurde erstmals von Serini im Jahr 1848 in seiner Chronologischen Zusammenstellung der während der provisorischen französischen Verwaltung in den deutschen Rheinlanden publizierten älteren französischen Gesetze[78] abgedruckt. Da sich weder hier noch in der im Bayerischen Hauptstaatsarchiv vorhandenen Originalfassung ein Verweis auf den Tag des Wirksamwerdens der Geschäftsordnung findet, kann dieser nicht mehr festgestellt werden. Es ist aber davon auszugehen, daß das Reglement auch ab März 1833 der Tätigkeit am Kassationshof zugrunde gelegt wurde.
Uneinigkeit hatte es im Vorfeld auch zu inhaltlichen Fragen des Dienstreglements gegeben.[79] Die aus dem Rheinkreis kommenden Mitglieder des Oberappellationsgerichts bemühten sich - wie im folgenden zu sehen sein wird - ungeachtet der bereits ausgesprochenen Vereinigung der Kassationsinstanz mit dem Oberappellationsgericht um eine Regelung, welche dem Kassationshof trotz räumlicher Einheit eine unabhängige Stellung von dem bayerischen Gerichtshof mit der Maßgabe seiner möglichen Rückverlegung in den Rheinkreis zusichern sollte. Von der bleibenden Aktualität dieses Wunsches zeugt auch der gescheiterte Versuch, den Kassationshof im März des Jahres 1848 in den Rheinkreis zurückzuholen.[80] In Anbetracht der bereits getroffenen Entscheidung für eine Vereinigung von rheinischem Kassationsgericht und

---

77 Die Geschäftsordnung ist vollständig erhalten zu finden im Bayerischen Hauptstaatsarchiv, ebenda.

78 Vgl. Philipp Jakob Serini: Chronologische Zusammenstellung der während der provisorischen französischen Verwaltung in den deutschen Rheinlanden publicirten älteren französischen Gesetze und Uebersicht der daselbst bestandenen alten Statutarrechte, nebst Angabe der früheren Territorialverhältnisse, Mannheim 1848.

79 Vgl. im folgenden Bayerisches Hauptstaatsarchiv, MJU 14638.

80 Vgl. Kurt Baumann: Das pfälzische Appellationsgericht in der Zeit von 1815-1871, in: Sven Paulsen (Hrsg.): 175 Jahre pfälzisches Oberlandesgericht, Festschrift, Neustadt an der Weinstraße 1990.

altbayerischem Oberappellationsgericht war diesen Bemühungen der rheinischen Juristen kein Erfolg beschieden.

Die besondere Stellung sollte sich beispielsweise in der Eintragung und der Verteilung der anhängigen Prozesse widerspiegeln. Diesem Standpunkt entsprach auch der Wunsch nach einem zusätzlichen eigenen, vom Gesamtpräsidenten des Oberappellationsgerichts unabhängigen Vorstand des Kassationsgerichts. Präsident Freiherr von Welden nahm zu dieser Frage einen eher formalistischen Standpunkt ein, indem er seine ablehnende Haltung damit begründete, daß dem Präsidenten des Oberappellationsgerichts auch nach der Vereinigung mit der Kassationsinstanz nicht diejenigen Rechte entzogen werden könnten, die ihm nach dem Statut zustehen und sich aus dem Begriff des Gesamtpräsidenten ergeben würden. Er definierte die Aufgaben des Präsidenten mit der allgemeinen Aufsicht über die Einhaltung der Dienstordnung, der Benennung der Referenten und der Mitglieder der Kassationsabteilungen sowie den Festlegungen der Sitzungen unter Beachtung der

> "... übrigen noch weit wichtigeren ... Geschäfte des königlichen Kollegiums sowie in der möglichsten Beschleunigung des Geschäftsganges der ohnehin zu großen Einrichtung".[81]

Freiherr von Welden meinte, daß die Entbindung des Präsidenten von diesen Pflichten zur Verantwortungslosigkeit und außerdem die getrennten Kollegien unvermeidlich zu Dienstkollissionen führen würden. Auch in dieser Frage setzten sich die altbayerischen Juristen gegen ihre rheinischen Kollegen durch.

Die letztlich verabschiedete Geschäftsordnung, die eine gedrängte Zusammenfassung der wichtigsten, das Verfahren regelnden französischen Vorschriften zum Kassationsverfahren war, bestimmte, daß das Oberappellationsgericht als Kassationshof für den Rheinkreis in Zivil-, Straf- und Disziplinarsachen dieselben Kompetenzen erhielt, wie sie bisher dem Appellationsgericht zu Zweibrücken als Kassationshof zugestanden hatten. Dieser Punkt war im Vorfeld eingehend diskutiert worden. Dabei ging es um die Klärung der Frage, wann das Kassationsgericht zugleich als Revisionsgericht tätig werden durfte, weil sich der Wortlaut der maßgeblichen Rechtsvorschriften widersprach. Während es in der Verordnung vom 29. Juni 1832 zur Verlegung des Kassationshofes hieß:

> "Das Oberappelationsgericht soll zugleich den Cassationshof, und in Civilsachen, im eintretenden Fall der Cassation, das Revisionsgericht für den Rheinkreis bilden"[82]

81 Zitiert aus einem Schreiben des Präsidenten des Oberappellationsgerichts, Freiherr von Welden, an den König vom 28. Februar 1833, Bayerisches Hauptstaatsarchiv, MJU 14638.

82 Zitiert aus der Verordnung vom 29. Juni 1832 - in: Amts- und Intelligenzblatt des Königlich-Bayerischen Rheinkreises 1832, Sp. 421.

ordneten die Vorschriften aus den Jahren 1814 und 1815[83] die Revision im Fall der eingetretenen Kassation auch in allen übrigen, also auch strafrechtlichen Sachen - mit Ausnahme der Kriminalsachen - an. Der Ausschuß löste dieses Problem mit der Feststellung, daß die Verordnung vom 29. Juni 1832 Bestehendes nicht habe abändern, die Zuständigkeit des Kassationshofes als Revisionsgericht also nicht auf zivilrechtliche Entscheidungen habe beschränken wollen.[84] Dies werde durch die Verordnung vom 15. September 1832 bestätigt, wonach der Kassationshof in allen zur Revision geeigneten Fällen Revisionsgericht sei.[85] Einer ergänzenden Klarstellung der im Wortlaut nicht eindeutigen Verordnung vom 29. Juni 1832 bedürfe es daher nicht. Zur Vermeidung von Mißverständnissen wurde jedoch vorsorglich in Artikel 2 der Geschäftsordnung auf die Verordnungen vom 6. Mai 1814,[86] 20. Oktober 1814[87] und 22. August 1815[88] Bezug genommen und explizit ausgeführt, daß das Kassationsgericht nicht nur in Zivilsachen, sondern auch in einfachen Polizei- und Zuchtpolizeisachen zugleich als Revisionsgericht über die Hauptsache in letzter Instanz zu entscheiden habe.[89]

---

83 Verordnungen vom 6. Mai 1814 und 20. Oktober 1814 (vgl. Sammlung der unter dem Generalgouvernement des Mittelrheins, dann unter der k. k. österr. und k. baier. gemeinschaftlichen Landes-Administration zu Kreuznach und Worms erschienenen Verordnungen, Speyer 1819/20, Nr. 19, S. 46 und Nr. 60, S. 229) sowie Verordnungen vom 27. Juli 1815 und 22. August 1815 (vgl. Amtsblatt der k. k. österreichischen und k. baierischen gemeinschaftlichen Landesadministrativkommission zu Kreuznach 1815, Sp. 234 und 242).

84 Vgl. im folgenden Bayerisches Hauptstaatsarchiv, MJU 14638.

85 Verordnung vom 15. September 1832 - in: Amts- und Intelligenzblatt des Königlich-Bayerischen Rheinkreises 1832, Nr. 62, Sp. 549.

86 Verordnung vom 6. Mai 1814 - in: Sammlung der unter dem Generalgouvernement des Mittelrheins, dann unter der k. k. österr. und k. baier. gemeinschaftlichen Landes-Administration zu Kreuznach und Worms erschienenen Verordnungen, Speyer 1819/20, Nr. 19, S. 46.

87 Verordnung vom 20. Oktober 1814 - in: ebenda, Nr. 60, S. 229.

88 Verordnung vom 22. August 1815 - in: Amtsblatt der k. k. österreichischen und k. baierischen gemeinschaftlichen Landesadministrativkommission zu Kreuznach 1815, Sp. 242.

89 Die Verordnung vom 25. August 1843, die Competenz des Cassationshofes für die Pfalz als Revisionsgericht betreffend (Königlich Bayerisches Amts- und Intelligenzblatt für die Pfalz, 1843, Nr. 50, Sp. 442), beschränkte die Entscheidungsgewalt des Kassationshofes. Dieser mußte im Fall der Aufhebung eines Urteils und der Notwendigkeit der Revision die Verhandlung und Entscheidung der Hauptsache an ein anderes, dem Gericht, dessen Urteil kassiert worden war, gleichgestelltes Gericht verweisen. Das Kassationsgericht konnte nur noch dann als Revisionsgericht tätig werden, wenn (1) keine weiteren Ermittlungen erforderlich waren. Eine Sachentscheidung war ferner möglich, wenn (2) ein Urteil der Anklagekammer vernichtet wurde. In diesem Fall konnte das Kassationsgericht selbst die Attributionen der Anklagekammer ausüben. Falls ein Urteil eines Senates des pfälzischen Appellationsgerichts kassiert wurde, erfolgte die Zurückverweisung an einen anderen Senat. Die Juristen, die an dem kassierten Urteil mitgewirkt hatten, konnten zu der neuen Entscheidung nicht zugezogen werden; reichten die Appellationsgerichtsräte in einem

Wie dem in dieser Angelegenheit geführten weiteren Schriftwechsel zu entnehmen ist, hatten die Mitglieder des Appellationsgerichts den Wunsch geäußert, die Kassationsinstanz zukünftig wieder mit elf Personen zu besetzen. Die neue Geschäftsordnung sah jedoch wie bisher die Besetzung mit sieben Richtern einschließlich des Präsidenten vor. Damit blieb die bereits oben erläuterte Möglichkeit, daß ein mit fünf Stimmen gefaßtes Urteil des Appellationsgerichts mit nur vier Stimmen kassiert werden konnte, bestehen. Es kann nur vermutet werden, daß für die Entscheidung dieser Frage die Zahl der zur Verfügung stehenden Juristen ausschlaggebend gewesen sein muß.
Auch nach dem Erlaß der Geschäftsordnung traten zwischen dem Präsidium des Gerichtshofes und den aus dem Rheinkreis neu hinzugekommenen Räten Meinungsverschiedenheiten über den Dienstablauf und das Verfahren in der Kassationsinstanz auf.
So entwickelte sich im Jahr 1833 ein bis zu König Ludwig reichender Disput über die Frage der Referentenbenennung. Hintergrund war der Antrag einer Prozeßpartei, ihr den Namen des Referenten zu benennen. In der Geschäftsordnung war diese Frage nicht geregelt. Sie sah hinsichtlich der Referenten lediglich vor:

> "Die Verhandlung beginnt mit dem Vortrage des Referenten, welcher jedoch in der öffentlichen Sitzung kein Gutachten vorträgt" und weiter:
> "... bei der Beratschlagung hat zuerst der Referent sein Gutachten zu erstatten und seine Meinung vorzutragen."[90]

Der Präsident des Oberappellationsgerichts lehnte den Antrag ab und begründete seine Entscheidung damit, daß er in den geltenden französischen Vorschriften keine Bestimmung gefunden habe, die eine solche Offenbarung des Referenten rechtfertige. Diese Vorschriften sähen vor, daß die Parteien nicht in Kontakt zu dem Referenten zu treten hätten. Bezugspersonen der Parteien seien lediglich der Gerichtsschreiber und der Gerichtsbote. Zwar sei es im Rheinkreis gängige Praxis, die Referenten zu benennen, doch diese Vorgehensweise könne er nicht akzeptieren, weil sie mit dem Dienstgeheimnis nicht in Einklang stehe. Er ersuchte deshalb den König, eine Entscheidung zu fällen.

---

solchen Fall zur Bildung dieses Senates nicht aus, wurden die Präsidenten oder Richter der nicht beteiligten Bezirksgerichte berufen. Eine erneute Rückverweisung nach erfolgter Kassation fand in derselben Sache bei einem zweiten Rekurs nicht statt. Der Kassationshof entschied dann immer als Revisionsgericht zugleich über die Hauptsache.

90 Zitiert aus: Geschäftsordnung für das königlich bayerische Oberappellationsgericht, als Cassationsgericht für die Pfalz, in: Philipp Jakob Serini: Chronologische Zusammenstellung der während der provisorischen französischen Verwaltung in den deutschen Rheinlanden publicirten älteren französischen Gesetze und Uebersicht der daselbst bestandenen alten Statutarrechte, nebst Angabe der früheren Territorialverhältnisse, Mannheim 1848.

Der König holte indes die Stellungnahme des Präsidenten des Appellationsgerichts, v. Koch, ein. Dieser schrieb, die Ansicht des Oberappellationsgerichtspräsidenten sei irrig.

> "Nicht bloß ein altes Herkommen sondern die allgemeine Einrichtung der französischen Gerichtsverfassung und bestimmte den Gegenstand selbst betreffende Gesetze stehen mit der Geheimhaltung des von dem Präsidium im Kassationshof bezeichneten Referenten im Widerspruch."[91]

Er berief sich zur Begründung seiner Auffassung auf Rheinische Institutionen, indem er ausführte, daß das französische gerichtliche Verfahren auf den beiden Grundprinzipien der Öffentlichkeit und Mündlichkeit beruhe, Abweichungen hiervon müßten demnach durch spezielle Gesetze angeordnet werden. In der Kassationsinstanz, in welcher nur die Entscheidung über die Rechtsfragen erfolge und kein Beweisverfahren stattfinde, habe der Gesetzgeber die Verhandlung zwar auf unter den Parteien zu wechselnde Denkschriften beschränkt, diese seien jedoch von dem Referenten öffentlich und in Gegenwart der Parteien und ihrer Anwälte vorzutragen und es sei

> "... letzteren erlaubt, sich in praktischer und rechtlicher Beziehung nun noch mündlich zu äußern und allenthalbige Irrthümer und Unrichtigkeiten im Vortrag des Referenten zu rektifizieren. Ob nun eine der Partheien oder beide Partheien schon vorher den Referenten gekannt haben, ist ohne Nachtheil, weil beide diesen Vortrag in öffentlicher Sitzung controllieren und ergänzen können und weil das Gericht nicht auf den Vortrag des Referenten allein, sondern auch auf den der Sachwalter und des königlichen Generalprokuratoren hin seine Entscheidung erläßt und nicht selten der Fall eintritt, daß ein Referent in seiner Ansicht nicht durchdringt, sondern von seinen Kollegen überstimmt wird".

Von Koch fuhr fort, die Referentenbenennung erfolge seit dem Dienstreglement vom 10. Marial VIII. durch das Los des Präsidenten, seit der Verordnung vom 22. August 1819 durch dessen direkte Ernennung. In Kriminal- und einfachen Polizeisachen stelle der Generalprokurator beim Präsidium des Appellationsgerichts den Antrag zur Benennung des Referenten und der Justizbesetzung. In Zivilsachen sei hierfür der Anwalt verantwortlich. In beiden Fällen würde der Antrag durch den Präsidenten beschieden und sodann in das Register des Gerichtsschreibers eingetragen. Anhaltspunkte dafür, daß diese Praxis den gesetzlichen Vorschriften widerspreche, gebe es nicht.

---

91 Im folgenden zitiert aus dem Schreiben vom 6. August 1833, Bayerisches Hauptstaatsarchiv, MJU 14638.

E DIE URTEILE DES KASSATIONSHOFES ZU MÜNCHEN

Da nicht alle Urteile des Kassationshofes veröffentlicht wurden, läßt sich ihre Gesamtzahl nicht quantifizieren. Neben der bereits erwähnten Entscheidungssammlung von Gredy aus dem Jahr 1862,[92] die Anspruch auf Vollständigkeit erhebt, gibt es noch eine Reihe weiterer Quellen. Eine der frühesten ist die Fortsetzung der "Annalen der Rechtspflege", die 1847 von dem Appellationsgerichtsrat Carl Friedrich Heintz, dem Staatsprokurator Carl Damm und dem pfälzischen Advokaten Ludwig Weis herausgegeben wurde und Urteile der Jahre 1845 bis 1847 enthält.[93] Mehrere Entscheidungen der Jahre 1867 bis 1869 finden sich in einer vom Justizministerium veröffentlichten Sammlung.[94] Hinweise auf Fundstellen von Urteilen können der Zusammenstellung Serinis[95] entnommen werden.
Die im Druck erschienene Rede des Generalprokurators v. Schenkel, gehalten bei der feierlichen Wiedereröffnung des Gerichtsjahres am Appellationsgericht zu Zweibrücken im November des Jahres 1833, liefert statistische Angaben zum Geschäftsjahr 1832/33.[96]
Wie der Bericht des Generalprokurators zeigt, kamen in der Zeit von November 1832 bis Sommer 1833 am Kassationshof zu München keine Zivilprozesse zur Verhandlung. Auf dem Gebiet des Strafrechts wurden insgesamt 16 Urteile, mithin zweimal so viele wie noch im Jahr zuvor, gefällt, wobei in Kriminalsachen drei Kassationsentscheidungen verworfen und eine Entscheidung kassiert wurde; in Zuchtpolizeisachen war das Verhältnis drei zu fünf, und in Disziplinarsachen wurden alle Urteile kassiert.

Obwohl auf Grundlage dieser wenigen Informationen eine repräsentative Auswertung natürlich nicht möglich ist, belegen sie, daß jedenfalls in den Jahren 1832 bis 1861 und 1867 bis 1869 Kassationsurteile gefällt wurden. Ähnlich wie bereits am Appellationsgericht zu Zweibrücken konnte auch für diesen zweiten Zeitabschnitt

92 Vgl. J. G. Gredy (Hrsg.): Zusammenstellung der Entscheidungen der Cassationshöfe, Erster Teil BGB, Erstes Heft, Mainz 1862.

93 Carl Friedrich Heintz; Carl Damm; Ludwig Weis (Hrsg.): Annalen der Rechtspflege in der k. bayerischen Pfalz, Landau 1847.

94 Staatsministerium der Justiz (Hrsg.): Sammlung wichtiger Entscheidungen des königlich bayerischen Kassationshofes, Bd. 1-3, Erlangen 1868-1870.

95 Philipp Jakob Serini: Chronologische Uebersicht der bis jetzt veröffentlichten Entscheidungen des Königl. Cassations- und Revisionshofes für die Pfalz zu München, in: Chronologische Zusammenstellung der während der provisorischen französischen Verwaltung in den deutschen Rheinlanden publicirten älteren französischen Gesetze und Uebersicht der daselbst bestandenen alten Statutarrechte, nebst Angabe der früheren Territorialverhältnisse, Mannheim 1848.

96 Anton von Schenkel: Rede gehalten bei der Feier der Wieder-Eröffnung des Gerichtsjahres am königlich bayerischen Appellationsgericht des Rheinkreises in Zweibrücken am 4. 11. 1833, Zweibrücken 1833.

festgestellt werden, daß eine größere Zahl strafrechtlicher Rechtssachen anhängig gemacht wurde. Die Anzahl der zivilrechtlichen Entscheidungen lag im Durchschnitt unter zehn pro Gerichtsjahr.
Stellvertretend für alle anderen werden im folgenden zwei Urteile des Kassationshofes einer näheren Betrachtung unterzogen. Um einen direkten Vergleich mit den früheren Entscheidungen des Kassationsgerichts zu ermöglichen, wurden diese gleichfalls den Annalen der Rechtspflege entnommen.

Das erste Urteil hat grenzüberschreitende Bedeutung. Die Entscheidung des Kassationshofes für die Pfalz vom 21. Januar 1847 behandelte den Fall des israelitischen Handelsmannes Isaak Levi von Steppach. Die Rechtsfrage lautet:

> "Ist auf ein im jenseitigen Bayern zum Vortheile eines dort domizilirten Juden von einem Bewohner der Pfalz ausgestelltes Schuldbekenntnis das in der Pfalz giltige kaiserliche Dekret vom 17. März 1808 über Judenforderungen anwendbar?"[97]

Mit der Frage, ob die aus der napoleonischen Zeit stammenden Sondergesetze für Juden noch weiterhin Anwendung fanden, mußten sich die Gerichte der bayerischen Rheinpfalz des öfteren auseinandersetzen. Erinnert sei in diesem Zusammenhang an die bereits oben erwähnte Verhandlung des Appellationsgerichts im Jahr 1829, an der auch das Königspaar teilgenommen hatte.
In dem hier vorliegenden Rechtsstreit klagte Levi einen im rechtsrheinischen Bayern unterschriebenen Schuldschein vor dem Bezirksgericht Landau ein. Nach dem sogenannten Judendekret Napoleons oblag es einem jüdischen Rechtssuchenden nachzuweisen, daß er einen in seinen Händen befindlichen Schuldschein nicht durch Betrug erlangt hatte. Das Bezirksgericht bejahte durch Urteil vom 27. Dezember 1838 die Anwendbarkeit des Judendekrets und forderte den Kläger auf, zu beweisen, daß er den in dem Schuldschein aufgeführten Geldbetrag hingegeben habe. Es schloß sich ein mehr als zehnjähriger Rechtsstreit an, in welchem Levi der bekannte pfälzische Anwalt Culmann zur Seite stand. Levi machte vor dem Appellationsgericht unter anderem geltend, daß das Judendekret nach seinem Sinn und Zweck ein in jeder Beziehung singuläres Gesetz sei, welches lediglich die persönliche Rechtsfähigkeit der in den einzelnen Departements Frankreichs wohnenden Juden beschränken wolle. Das Dekret sei jedoch auf Ausländer nicht anwendbar:

---

97 Dekret vom 17. März 1808 - vgl. K. Th. F. Bormann; Alexander von Daniels (Hrsg.): Handbuch der für die Königl. Preuß. Rheinprovinzen verkündigten Gesetze, Verordnungen und Regierungsbeschlüsse aus der Zeit der Fremdherrschaft, Bd. 5, Köln 1837, S. 336.
Das Urteil findet sich in: Carl Friedrich Heintz; Carl Damm; Ludwig Weis (Hrsg.): Annalen der Rechtspflege in der k. bayerischen Pfalz, Landau 1847, Seiten 199-213, im folgenden zitiert aus: ebenda.

"In der That, warum soll der in der Nähe von Augsburg domizilirte Kläger Levi in Fragen, die seine persönliche Rechtsfähigkeit berühren (- und eine solche liegt denn doch gewiß vor -) dem für einzelne französische Departemente publizirten Dekret von 1808 unterthan seyn?"

Der gegnerische Anwalt widersprach dem entschieden und trug vor, die Beschränkung des Artikel 4 bestehe lediglich in einem erschwerten Beweis. Zum Sinn und Zweck des Dekrets machte er geltend, dieses sei zum Schutze der inländischen Christen gegen den Wucher der Juden erlassen. Solche Schutzgesetze könne der Gesetzgeber aber auch gegen ausländische Juden richten, sofern diese die Hilfe der inländischen Gerichte in Anspruch nehmen. Ein Grund, wonach der Gesetzgeber ausländische Juden habe besserstellen wollen, sei nicht zu erkennen. In seiner Sitzung vom 15. Juli 1840 verwarf das königliche Appellationsgericht die eingelegte Berufung. Es stützte sich dabei auf die von der gegnerischen Seite vorgebrachten Argumente.

Der Kassationshof, bei dem das Verfahren fast sieben Jahre rechtshängig war, entschied zugunsten Levis. Er kassierte das Urteil und verwies die Sache zur weiteren Behandlung an die Zuchtpolizeikammer des Appellationsgerichts der Pfalz. Das Kassationsgericht stellte sich auf den Standpunkt, die Frage, ob eine Urkunde materiell und formell beweisend sei, könne ihre Lösung nur in den Gesetzen finden, welche die Form und Materie der Urkunde regulieren, dies wiederum können grundsätzlich nur diejenigen Gesetze sein, unter deren Herrschaft die Urkunde aufgenommen sei, mithin bayerische, nicht jedoch napoleonische Gesetze. Die Richter verwiesen auf den allgemeinen römischen Rechtssatz locus regit actum, dieser liege auch den hier maßgeblichen Bestimmungen des Code civil zugrunde.

Eine eigene Entscheidung in der Hauptsache war dem Kassationsgericht allerdings nicht möglich, weil Levi versäumt hatte, gegenüber dem Appellationsgericht die seinen Revisionsantrag stützenden bayerischen Rechtsnormen anzugeben. Das Kassationsgericht äußerte sich hierzu wie folgt:

"Diese spezielle Anführung der anzuwendenden Gesetze hätte aber geschehen müssen, da kein Richter verbunden ist, von so allgemein angerufenen Gesetzen diejenigen auszuwählen, welche den Anträgen einer Partei entsprechen. Die Nichtanwendung dieser erst in der Kassationsinstanz näher bezeichneten Gesetze des Ortes, wo die Urkunde aufgenommen wurde, kann daher formell kein Kassationsmittel begründen."

Ein weiteres Verfahren beschäftigte sich mit der Frage der Gesamtschuld bei Bürgschaftsschuldnern. Das Stichwort der Kassationsentscheidung vom 2. Dezember 1847 lautet:

> "Derjenige, welcher eine Schuld, für die er solidarisch mit einem Anderen haftete, ganz bezahlte, kann von diesem die Hälfte aller durch ihn bezahlten Beträge mit Zinsen von den respektiven Zahlungstagen verlangen."[98]

Johann Rapp schuldete für ein im Januar 1830 erhaltenes Darlehen die Summe von 350 fl. Als sogenannte solidarische Bürgen traten Johann Corneille und Philipp Zeiß auf. Weil der Hauptschuldner nicht in der Lage war, das Darlehen fristgerecht zurückzuzahlen,

> "...wurde Jakob Corneille, der Sohn des solidarischen Bürgen Johann Corneille, genöthigt, verschiedene Beträge an den Gläubiger beziehungsweise dessen Erben zu bezahlen."

Im Juni des Jahres 1846 ließen die Witwe und die Erben des in Anspruch genommenen Jakob Corneille den zweiten Bürgen, Philipp Zeiß, auf Zahlung des hälftigen Betrages zunächst vor das Vermittlungsamt des Friedensgerichts und - weil dieser die Zahlung ablehnte - im Anschluß vor das Bezirksgericht laden. Der Beklagte begründete seinen klageabweisenden Antrag wie folgt:

> "Der Art. 1251 des Civilgesetzbuches erklärt, daß Derjenige, welcher mit Anderen für eine Schuld haftet, also sie zu bezahlen Interesse hat, und sie wirklich bezahlt, dadurch von Rechtswegen in die Rechte des Gläubigers tritt. Damit hat der Gesetzgeber ausgesprochen, welche Rechte einer solchen Person zustehen, nämlich dieselben, welche dem Gläubiger zustehen würden, wenn er noch nicht bezahlt worden wäre. Wäre nun Colmar heute noch nicht befriedigt, so könnte er von dem Beklagten und den Erben Corneille gemeinschaftlich nur das Restkapital von 301 fl. mit fünfjährigen Zinsen verlangen, da die früheren Zinsen verjährt wären; es können also auch die in seinen Rechten befindlichen Erben Corneille nur diese Summe, beziehungsweise wegen der Bestimmung des Art. 1214 des Civilgesetzbuchs die Hälfte davon verlangen, denn ihnen könnten nicht mehr Rechte zustehen als derjenige geltend zu machen befugt wäre, in dessen Rechte sie subrogirt sind, und ebenso kann die Lage des Beklagten nicht dadurch schlimmer geworden seyn, daß Corneille das Ganze an den ursprünglichen Gläubiger bezahlt hat."

Das Bezirksgericht schloß sich dieser Auffassung des Beklagten tatsächlich an und verurteilte ihn zur Zahlung von lediglich 150 fl. Gegen dieses nicht gerade rühmliche Urteil legte die Klägerin Kassationsrekurs ein.

> "Demnach sind die Art. 2262, 2277, 1375, 1999, 2001, 1251 Al 3 und 1214 des Civilgesetzbuches verletzt beziehungsweise falsch angewendet."

Das vorinstanzliche Urteil wurde in der Sitzung des Kassationsgerichts vom 2. Dezember 1847 kassiert. In den Entscheidungsgründen führte der Kassationshof aus,

98 Das Urteil findet sich in: Carl Friedrich Heintz; Carl Damm; Ludwig Weis (Hrsg.): Annalen der Rechtspflege in der k. bayerischen Pfalz, Landau 1847, Seiten 444-450, im folgenden zitiert aus: ebenda.

daß die einschlägigen Normen des code civil dem Bürgen, welcher eine Bürgschaftsschuld ihrem ganzen Umfang nach bezahlt habe, nicht nur gegen den Hauptschuldner, sondern auch gegen die Mitbürgen einen Ersatzanspruch einräume. Es fuhr fort, der Rechtsgrund dieses Anspruchs liege in der Tatsache der geleisteten Zahlung, mit welcher der Bürge nicht nur eine eigene Verbindlichkeit dem Gläubiger gegenüber erfüllt habe. Statt dessen entlaste die Zahlung auch die Mitverpflichteten und erscheine diesen als Besorgung eines fremden Geschäftes. Für diese gemachten Auslagen könne der leistende Bürge Entschädigung verlangen. Diese Forderung stelle zwar eine mit der ursprünglichen Forderung des Gläubigers konnexe, aber nicht identische, weil auf einem besonderen Verpflichtungsgrund beruhende Forderung dar, welche entsprechend Artikel 2262 des Zivilgesetzbuches einer Verjährungsfrist von 30 Jahren unterliege.

> "Die Subrogation in die Rechte des Gläubigers, womit das Gesetz dem Bürgen zu Hilfe kommt (Art. 2029 und 1251 No. 3), hat nicht den Zweck, die Rechte, die demselben persönlich zustehen, zu entziehen oder zu schmälern, vielmehr noch weitere Vorteile zu gewähren, indem der Bürge auch die Unterpfands- und Vorzugsrechte, die der Gläubiger hatte, zur Realisierung seiner Ersatzforderung soll ausüben können."

Da weitere Tatsachenfeststellungen nicht notwendig waren, erkannte der Kassationshof zugleich als Revisionsgericht und verurteilte den Beklagten, die gesamte Summe zu bezahlen.

Im Ergebnis aller im Rahmen dieser Untersuchung ausgewerteten Entscheidungen, von welchen beispielhaft hier nur zwei wiedergegeben wurden, kann zunächst festgestellt werden, daß die aus der zweiten Epoche des rheinbayerischen Kassationshofes stammenden Urteile keine Veränderung in der Rechtsprechung des Gerichtshofes erkennen lassen. Die Anbindung des Kassationshofes an das Oberappellationsgericht blieb somit jedenfalls auf die Judikatur folgenlos.

Wenngleich ausdrückliche Bezugnahmen auf die Rechtsprechung des französischen Kassationshofes in den vorgestellten Entscheidungen nicht zu finden sind, zeigen doch mehrere in den Amts- und Intelligenzblättern veröffentlichte Urteile, daß sich die Richter des Kassationshofes weiterhin an der französischen Judikatur orientierten. Das Urteil Levi beweist die Beachtung römischer Rechtsgrundsätze. Der Rekurs auf das römische Recht geschah hier in Form der Heranziehung des allgemeinen Rechtsgrundsatzes "locus regit actum", ohne daß dieser lateinischen Aussage allerdings die Dingestenstelle hinzugefügt wurde.

Die Betrachtung der das Kassationsverfahren bedingenden Rechtsmaterien ergab, daß diesen in vielen Fällen die Normen des code civil zugrunde lagen; so auch bei zwei von fünf in den Annalen veröffentlichten Entscheidungen. Hierbei ging es um die

Frage der Fristen bei der Legalhypothek[99] und um das oben dargestellte Problem des Ausgleichs zwischen den Bürgen. In vielen Fällen wurden Rechtsfragen aus dem Bereich des Sachenrechts vor den Kassationshof gebracht, aber auch Fragen des Steuerrechts waren zu entscheiden.

Bei den in den Annalen veröffentlichten Urteilen fällt auf, daß zwischen Erlaß des untergerichtlichen und des kassationsgerichtlichen Urteils teilweise Zeiträume von zwei bis sieben Jahren lagen. Die sich hieraus ergebende Vermutung, daß sich der Prozeßgang verlängerte, konnte nach Durchsicht der weiteren Urteile allerdings nicht bestätigt werden. Es ergaben sich zumeist Zeitspannen zwischen einem halben und zwei Jahren.

Rückschlüsse auf die Häufigkeit bestimmter Berufe und auf den Stand der an dem Prozeß beteiligten Privatpersonen ließen sich aus den Urteilen nicht ziehen. In einigen Fällen ist von Ackermännern die Rede, was bei der Vielzahl von Entscheidungen aus dem sachenrechtlichen Bereich nur folgerichtig ist.

Augenscheinlich sind einige stilistische Unterschiede in den Urteilen selbst. Während zunächst in den in den beiden ersten Bänden der Annalen veröffentlichten Entscheidungen die dem Tenor voranstehenden Entscheidungsgründe mit Formulierungen wie:

> "...eingesehen den Art ...; in Erwägung, daß ...; daß übrigens ...; daß endlich..."[100],

versehen waren, fanden sich diese im dritten Band nur noch in Entscheidungen der unterinstanzlichen Gerichte. Eine Begründung hierfür gibt es jedoch nicht.

---

99 Vgl. hierzu das Urteil vom 29. Dezember 1847, in: ebenda, S. 450-475.

100 Vgl. Theodor Hilgard (Hrsg.): Annalen der Rechtspflege in Rheinbayern oder Darstellung merkwürdiger Rechtsfälle und ihrer Entscheidung durch die oberen Gerichtshöfe Rheinbayerns, im Gebiete des Zivil- und Criminal-Rechts, Bd. 1 und 2, Zweibrücken 1830 und 1831.

SCHLUSS

Die Geltung der französischen Gesetzbücher im bayerischen Rheinkreis im gesamten 19. Jahrhundert und das daraus resultierende Nebeneinander zweier Rechtsordnungen bedingte eine über mehrere Jahre andauernde Diskussion über das Rheinische Recht, die allerdings mit der publizistischen Debatte im Königreich Preußen von ihrem Umfang nicht vergleichbar war.[1] Die Existenz einer gesamtstaatlichen Volksvertretung erleichterte es den in den bayerischen Landen lebenden Rheinländern, schon frühzeitig ihren Anspruch auf Allgemeingültigkeit der rheinischen Rechtsordnung zu vertreten. Vor allem die Juristen des Rheinkreises traten hier als Interessenvertreter für französische und damit fortschrittliche Rechtseinrichtungen aktiv in Erscheinung.

Der Anschluß der Rheinprovinz an das Königreich Bayern bot diesem die Möglichkeit, das Funktionieren französischen Rechts und Rechtswesens in einem territorial zwar getrennten, jedoch bayerischen Land studieren zu können, ohne es auf Altbayern - mit der Gefahr des Scheiterns - übertragen zu müssen. Der Rheinkreis übte insoweit eine Art Modellfunktion aus. Die zahlreichen Visitationen altbayerischer Juristen und des Justizministers, aber auch der Besuch des Königspaares bestätigen dies.

Die historisch-politische Entwicklung des Königreichs Bayern zu Beginn des 19. Jahrhunderts spiegelt sich in den Strukturen und der Tätigkeit des rheinbayerischen Kassationshofes wider. In der Epoche fortschrittlich-liberaler Regierungspolitik war die bayerische Regierung in der Personalpolitik sehr großzügig, was im Jahr 1815/16 zunächst zu einer Übernahme des gesamten, bereits unter französischer Herrschaft tätigen Justizpersonals führte. Doch auch in den späteren Jahren konnte sich das Appellationsgericht zu Zweibrücken in personeller Hinsicht relativ frei entfalten. So war es möglich, daß mit Andreas Georg Friedrich von Rebmann und Johann von Birnbaum nacheinander zwei Juristen zum Vorstand des Appellationsgerichtshofes berufen wurden, deren Sympathien eindeutig den Idealen der Französischen Revolution galten. Da die Auswahl der Gerichtsmitglieder dem Vorstand des Gerichtshofes selbst oblag, kamen mit Hilgard, Hanauer und Ansmann Personen in Amt und Würden, die über liberale Anschauungen verfügten. Anschauungen, die in der Rechtsprechung des Gerichtshofes anläßlich politischer Strafprozesse nach dem Hambacher Fest zu Tage traten.

Die Biographien der am Appellationsgericht tätigen Richter zeigen aber auch, daß sich die Juristen durch hohes fachliches Können auszeichneten. Obwohl einige von ihnen einfachen sozialen Verhältnissen entstammten, war ihr weiterer persönlicher und vor

---

1 Für die ersten Jahre in Preußen - vgl. Günther Wohlers: Der Flugschriftenkampf um das rheinische Recht 1816-1817, in: Historische Aufsätze Aloys Schulte zum 70. Geburtstag, Düsseldorf 1927.

allem beruflicher Lebensweg beachtlich. Sie hatten sich zumeist als Autodidakten und ohne höhere Schulbildung oder gar Studium die für eine richterliche Tätigkeit notwendigen Kenntnisse angeeignet. Auf ihre Begabung und ihr persönliches Engagement war es zurückzuführen, daß sie sich der Achtung ihrer Kollegen wie auch der pfälzischen Bevölkerung erfreuen konnten.

Die durch Stabilität und Kontinuität gekennzeichneten Verhältnisse im Justiz- und Gerichtswesen der Rheinlande nahmen um das Jahr 1832/33 ein Ende. Die bayerische Regierung und hier allen voran Ludwig I. sahen den Rheinkreis im Ergebnis des Hambacher Festes als eine Gefahr für die innere Ruhe und Ordnung des Königreichs Bayern. Sie erkannten das fortschrittliche Potential, welches sich in der Vergangenheit relativ ungestört von München vorzugsweise in den Reihen pfälzischer Juristen hatte entwickeln können. Die bayerische Krone unternahm in ihrer Personalpolitik einen radikalen Kurswechsel, der zu einer umfangreichen Auswechslung der Gerichtsräte des Appellationshofes zu Zweibrücken führte. Für einige der Personalentscheidungen ließen sich die politischen Hintergründe nachweisen. Die Mitglieder des Appellationsgerichts, deren politische Gesinnung Anlaß zu Zweifeln bot, wurden aus ihren Stellen entfernt und durch loyale, dafür aber mit dem französischen Recht gänzlich unvertraute altbayerische Juristen ersetzt, was sich auf den Ruf des Appellationsgerichtshofes verhängnisvoll auswirkte. Wie die unzähligen Anweisungen Ludwig I. an den Justizminister zeigen, scheute dieser nicht davor zurück, seine Machtstellung als Monarch auszunutzen, um seine Interessen durchzusetzen und dabei sowohl auf die personelle Zusammensetzung der rheinischen Gerichte wie auch auf deren Rechtsprechung Einfluß zu nehmen.

Die Verlegung des Kassationshofes nach München fällt in diese Zeit. Die Struktur des Kassationshofes hatte bereits vor Hambach Anlaß zu Kritik geboten. Die personelle Verflechtung zwischen Appellations- und Kassationsinstanz war auch aus den Reihen rheinbayerischer Juristen beanstandet worden. Trotzdem war die seit längerer Zeit diskutierte Lösung, den Gerichtshof mit dem Oberappellationsgericht zu München zu vereinigen, bislang nicht in die Tat umgesetzt worden. Daß die Verlegung gerade jetzt stattfand, war kein Zufall. Als die politischen Ereignisse infolge von Julirevolution und Hambacher Fest unerwünschte Auswirkungen auf die forensische Praxis des Gerichtshofes zu Zweibrücken zeigten, wurde das Appellationsgericht erneuert und das Kassationsgericht nach München verlegt, letzteres auch, um vor Ort eine bessere Kontrolle ausüben zu können. Die bayerische Regierung erreichte durch diese Maßnahme zweierlei. Sie entsprach zum einen einer immer wieder geforderten juristischen Notwendigkeit. Andererseits wurde es ihr möglich, durch die mit der Verlegung notwendig werdenden Versetzungen von Appellationsgerichtsräten nach München die gefestigten personellen Strukturen im Gerichtswesen des Rheinkreises zu durchbrechen.

Ein erneuter Bruch in der strukturellen wie auch in der personellen Kontinuität fand offenbar nach 1848/49 nicht statt. Die Besetzung des obersten rheinbayerischen Gerichtshofes erfuhr nämlich trotz der politischen und gesellschaftlichen Unruhen keine außergewöhnlichen Veränderungen. Wie sich aus einer statistischen Auswertung der Entscheidungen des Gerichtshofes aus dieser Zeit unter dem Gesichtspunkt der personellen Besetzung ergibt, waren auch ein Jahr nach der Revolution v. Ruppenthal, Bettinger, Dettenhofer, Petersen und v. Pixis Mitglieder der Kassationsinstanz - wie schon im Jahr 1847. Auch gingen die Sitzungen des Kassationshofes im Revolutionsjahr ohne Unterbrechungen weiter. Der Aufstand in der Pfalz fand zu einem Zeitpunkt statt, als der Kurswechsel Ludwigs bereits Früchte getragen hatte. Die gezielt konsequente Personalpolitik seit dem Hambacher Fest war ein Garant dafür, daß sich die Regierung der Loyalität ihrer Richter sowohl am Appellationsgericht zu Zweibrücken wie auch am Kassationshof zu München sicher sein durfte und auf eine ihrer Politik konforme Rechtsprechung vertrauen konnte. Hinzu kam, daß die Unruhen fernab von der Hauptstadt und dem hier installierten Kassationshof stattfanden. Anders als nach Hambach wurde es deshalb nicht notwendig, organisatorisch-personelle Maßnahmen am Gerichtshof zu ergreifen. Sicherlich spiegelten sich die politischen Unruhen auch in der Rechtsprechung und hier primär in den strafrechtlichen Entscheidungen des Kassationshofes wider; indes die geringe Anzahl der (veröffentlichten) Urteile läßt eine solche Auswertung nicht zu.

Der Stellenwert des Kassationshofes kann ohnehin nicht nach quantitativen Maßstäben beurteilt werden. Nur wenige Rechtssachen aus dem Rheinkreis wurden durch das Tribunal entschieden. Selbst das Interesse der rheinischen Juristen war an der rechtsprechenden Tätigkeit ihres Kassationshofes weniger stark ausgeprägt als an der des Appellationsgerichts und der Bezirksgerichte; die Generalprokuratoren und die Präsidenten des Appellationsgerichts schenkten den Resultaten der Rechtspflege am Kassationshof zumindest im Rahmen ihrer Berichtspflicht kaum Beachtung.

Die Auswertung der Urteile des Gerichtshofes in dem hier untersuchten Zeitraum ließ trotz der Tatsache, daß an den Entscheidungen des ab 1832 in München befindlichen Kassationshofes sogenannte altbayerische Juristen mitwirkten, keine Veränderung in der Spruchpraxis erkennen. Aufgrund der personellen Zusammensetzung war eine solche allerdings auch nicht zu erwarten, da zum einen nur die Richter in die Kassationsinstanz berufen wurden, die über Kenntnisse im französischen Recht verfügten und zum anderen in München eine gewisse personelle Kontinuität in der Zusammensetzung des Kassationshofes gewahrt wurde.

Die Auswirkungen des französischen Rechts auf die Verhältnisse in Altbayern, vor allem aber die sich anschließende Fragestellung nach möglichen Auswirkungen, die sich aus der Zusammenlegung von altbayerischem Oberappellationsgericht und rheinischem Kassationsgericht auf die Spruchpraxis des erstgenannten ergaben, wären ein interessantes Thema für eine eigenständige wissenschaftliche Arbeit.[2] Denn obwohl einige altbayerische Juristen ihre Mitwirkung an kassationsgerichtlichen Entscheidungen abgelehnt hatten, weil sie nicht über die erforderlichen Kenntnisse im französischen Recht verfügten und/oder sich diese auch nicht aneignen wollten, so gab es dennoch eine Anzahl altbayerischer Richter, die sowohl am Kassationshof für die Pfalz wie auch in Senaten des altbayerischen Oberappellationsgerichts Recht gesprochen haben. Zumindest arbeiteten die Richter des Kassationshofes jedoch Tür an Tür mit ihren ausschließlich am Oberappellationsgericht tätigen Kollegen, so daß ein persönlicher Kontakt unvermeidlich war. Überdies zeigt das Urteil des Kassationshofes vom 21. Januar 1847 in Sachen des israelitischen Handelsmannes Isaak Levi, daß auch der rheinpfälzische Kassationshof Rechtsnormen des altbayerischen Rechts bei seinen Entscheidungen beachten mußte. Die hier vorgenommenen Untersuchungen konnten einen Einfluß auf die altbayerische Spruchpraxis nicht nachweisen; um insoweit verläßliche Aussagen treffen zu können, wäre es notwendig, die bayerische Rechtsprechung einer umfassenden Analyse zu unterziehen. Eine solche hätte jedoch den Rahmen dieser Arbeit weit überschritten, da sie eine eingehende Beschäftigung mit den in Altbayern geltenden Gesetzbüchern und der ihnen zugrunde liegenden Entstehungsgeschichte voraussetzt. Eine entsprechende Untersuchung wäre ein interessantes Thema für eine eigenständige wissenschaftliche Arbeit.

---

2 Ein direkter Vergleich mit der Rechtsprechung der übrigen deutschen Gerichtshöfe, die den code civil als oberste Tribunale anzuwenden hatten, war nicht möglich. Schon die Monographie von Detlef Schumacher: Das Rheinische Recht in der Gerichtspraxis des 19. Jahrhunderts, in: Schriftenreihe des Instituts für europäisches Recht der Universität des Saarlandes, Bd. 9, Stuttgart 1969 läßt den Schluß zu, daß es für den Autor trotz Einbeziehung unterinstanzlicher Urteile schwierig war, eine ausreichende Zahl von Entscheidungen der rheinbayerischen Gerichte für eine Gegenüberstellung der französischen und deutschen Gerichtspraxis zu finden. Schumacher stellte deshalb in seinem Werk zu ausgewählten Auslegungsfragen des code civil schwerpunktmäßig die rheinpreußische, rheinhessische und badische Rechtsprechung der französischen gegenüber.

A QUELLENVERZEICHNIS

I. UNGEDRUCKTE QUELLEN

1. Landesarchiv Speyer:

Justizwesen:

J 2, Nr. 38 Anklagekammer beim Appellationsgericht des Rheinkreises

J 2, Nr. 389 Kassationserklärungen
1835-1861

J 2, Nr. 390 Kassationserklärungen
1862-1872

Regierung der Pfalz, Kammer des Inneren:

H 3, Nr. 561 Die Einrichtung des Appellationsgerichts in der Pfalz

Generalgouvernement des Mittelrhein:

G 21 Akten Gruner

2. Bayerisches Hauptstaatsarchiv München (Bay. HStA):

Ministerium der Justiz (MJU) Nr.

5459 Bureaulokalitäten des königlichen geheimen Justiz Ministerium und sämtlicher Justizstellen im damaligen Augustiner Kloster
Bd. I
1808-1826

10229 Anstellung und Beförderung
mit Beilagenband (besonderes für die Pfalz)
1816-1895

10274 Rangordnung - Älteres
Bd. I
1808-1829

10283 Qualifikation - Älteres
Bd. I
1820-1879

11526 Geschäftsgang in den Justizgegenständen in der Pfalz
1818-1859

12780 Verbesserung des Justizwesens im Rheinkreis insbesondere Kassationsgericht und Kassationsverfahren betreffend
Februar 1818 - Januar 1821

12781 Verbesserung des Justizwesens im Rheinkreis - insbesondere Kassationsgericht und Kassationsverfahren betreffend
März 1829-1830

14516 Die Gerichtsorganisation betreffend
31. 1. 1847 - 24. 10. 1847

14645 Wiedereröffnung der Sitzungen am Appellationsgericht der Pfalz und Darstellung der Resultate der Rechtspflege

14648 Justizverfassung der Provinz am Rhein
1816-1820

17002 Personalverhältnisse der Justizbeamten, Anstellungs- und Pensionierungsgrundsätze, Rangverhältnisse, Einzelne Fälle von Anstellung, Beförderungen und Pensionierungen
1831-1847

17010 Allgemeine und besondere Fragen zur Gerichtsorganisation - insbesondere Kreis- und Stadtgericht München und Appellationsgericht zu Zweibrücken
1832-1854

<u>Ministerium des Inneren (MInn) Nr.</u>

34562/I Organisation der Verwaltung der bayerischen Provinz am Rhein, Verfassung, Gesetze, Errichtung eines Regierungskollegiums, Benennung Rheinkreis, Kommission der administrativen Justiz
1815-1816

45369 Personalvorschläge im Justizressort des Rheinkreises
1833

II. GEDRUCKTE QUELLEN

J. K. ADOLAY: Andeutungen, das Justizwesen im bayerischen Rheinkreis betreffend, Frankenthal 1820.

Heinrich Simon van ALPEN: Geschichte des fränkischen Rheinufers was es war und was es itzt ist, Köln 1802.

ANONYMUS: Ansichten über die Einführung des Kodex Napoleon in den Staaten des Rheinbundes, in: Allgemeine Bibliothek für die Staatskunst, Rechtswissenschaft und Kritik, Heft 1 u. 2, Gießen und Wetzlar 1808.

Gerichts-Eintheilung des Königreichs Bayern, München 1857.

Carl Maria Rupert Graf von ARCO: Von den Ursachen der ausserordentlichen Zunahme der Berufungen zur dritten Instanz, München 1822.

Johann Franz Xaver BECKERS: Darstellung des Oberappellationsgerichts des Königreichs Bayern nach seinem Organismus und Wirkungskreise und seinen Attributen, München 1840.

Johann von BIRNBAUM: Rede des Präsidenten des K. Appellationsgerichts für den Rheinkreis, in: Zwei Reden gehalten bei der Feyer der Wieder-Eröffnung des Gerichtsjahres am königl. bayer. Appellations-Gerichte des Rheinkreises in Zweibrücken, am 2. November 1830, Kaiserslautern 1830

Geschichte der Stadt und der Bundesfestung Landau, Kaiserslautern 1830.

Über die Verbesserung der Rechtspflege im Königreich Bayern in spezieller Beziehung auf den revidierten Entwurf der Prozeßordnung in bürgerlichen Rechtsstreitigkeiten von 1827/28, München 1829.

Friedrich BLUHME: Quellen und Literatur der in Deutschland geltenden territorialen Civilprozessrechte, Bonn 1856.

Eduard BOMHARD: Die Civilrechtspflege in der Bayerischen Pfalz, München 1861.

K. Th. F. BORMANN; Alexander von DANIELS (Hrsg.): Handbuch der für die Königl. Preuß. Rheinprovinzen verkündigten Gesetze, Verordnungen und Regierungsbeschlüsse aus der Zeit der Fremdherrschaft, Bd. 1-8, Köln 1833-1843.

Christoph von BREUNING: Ueber die Cassationsinstanz und das Rechtsmittel der Cassation in der Gesetzgebung der Rheinlande, Koblenz 1820.

Andreas BUCHNER: Geschichte von Bayern. Zehntes Buch 1799-1825, München 1855.

BULLETIN des lois de la République Française, Paris Floréal an XI.

Johann CRAMER: Die 5 französischen Gesetzbücher, 9. Aufl., Krefeld 1842.

Christoph von DABELOW: Einleitung in das Gesetzbuch Napoleons, Düsseldorf 1808.

Das französische Civilverfahren nach den Gesetzen und den besten französischen Schriftstellern systematisch bearbeitet, Halle 1809.

Alexander von DANIELS: System und Geschichte des französischen und rheinischen Civilprozeßrechts, Bd. 1, Berlin 1849.

Alexander von DANIELS (Hrsg.): Gesetzbuch über das rechtliche Verfahren in Civil-Sachen, Köln 1807.

J. DESENNE (Hrsg.): Code Général Française, Paris 1818.

Georg DÖLLINGER: Sammlung der im Gebiete der inneren Staats-Verwaltung des Königreichs Bayern bestehenden Verordnungen, Bd. 1-33, München 1835-1854.

Thomas DRIENDL(Hrsg.): Geschichte von Bayern und der zum Königreiche Bayern gehörigen Provinzen, München 1853.

Christian Daniel ERHARD (Hrsg.): Napoleons I. Kaisers der Franzosen, Königs von Italien und Protectors des Rheinbundes bürgerliches Gesetzbuch, Dessau und Leipzig 1808.

Michael FREY: Versuch einer geographisch historisch statistischen Beschreibung des königlich bayerischen Rheinkreises, Teil 1, Nachdruck, Pirmasens 1975.

Gottfried GERSTNER: Der Rheinkreis des Königreich Baierns, Augsburg 1821.

N. T. von GÖNNER; Philipp von SCHMIDTLEIN: Jahrbücher der Gesetzgebung und Rechtspflege im Königreich Baiern, Bd. 2 und 3, Erlangen 1819, 1820.

J. G. GREDY (Hrsg.): Zusammenstellung der Entscheidungen der Cassationshöfe, Erster Teil BGB, Erstes Heft, Mainz 1862.

Carl Friedrich HEINTZ; Carl DAMM; Ludwig WEIS (Hrsg.): Annalen der Rechtspflege in der k. bayerischen Pfalz, Landau 1847.

Joseph HANSEN: Quellen zur Geschichte des Rheinlandes im Zeitalter der französischen Revolution, 1780 - 1801, bonn 1938

L. HERQUET: Die Nichtigkeitsklage in bürgerlichen Rechtsstreitigkeiten, besonders gegen Erkenntnisse der Deutschen obersten Gerichtshöfe, Fulda 1838.

Theodor HILGARD: Meine Erinnerungen, Heidelberg 1860.

Theodor HILGARD (Hrsg.): Annalen der Rechtspflege in Rheinbayern oder Darstellung merkwürdiger Rechtsfälle und ihrer Entscheidung durch die oberen Gerichtshöfe Rheinbayerns, im Gebiete des Zivil- und Criminal-Rechts, Bd. 1 und 2, Zweibrücken 1830 und 1831.

Ludwig HOFFMANN: Vollständige Verhandlungen vor dem königlich-bayerischen Appellationsgerichte des Rheinkreises und in den öffentlichen Sitzungen des ausserordentlichen Assisengerichts zu Landau vom 29. Juli 1833 und der folgenden Tage, Zweibrücken 1833.

Hof - und Staatshandbuch des Königreichs Baiern (1824-1860), München 1824-1860.

J. F. W. HÖPPE: Die Rechtsmittel der Revision und der Nichtigkeitsbeschwerde des Preußischen Prozesses in ihrer, durch die Gesetzgebung und die Praxis des Königlichen Geheimen Ober-Tribunals ihnen gegebenen Gestaltung systematisch dargestellt, Berlin 1847.

K. KAH: Rechtsfälle aus dem Geltungsbereich des französischen Rechts mit Rücksicht auf die badischen Zusätze, Heidelberg 1884.

Ludwig von KOCH: Rede des K. General-Prokurators am königlichen Appellations-Gerichte für den Rheinkreis, in: Zwei Reden gehalten bei der Feyer der Wieder-Eröffnung des Gerichtsjahres am königl. bayer. Appellations-Gerichte des Rheinkreises in Zweibrücken, am 2. November 1830, Kaiserslautern 1830.

Georg Friedrich KOLB: Darstellung der französischen Gesetzgebung von 1787-1815, Bd. 1, Speyer 1834.

Die thatsächlichen Ergebnisse der in Folge der französischen Revolution in der dermaligen Baierischen Pfalz eingeführten Institutionen, in: Konstitutionelle Jahrbücher, Bd. 3, Stuttgart 1843.

Frhr. von KREITTMAYR: Anmerkungen über den codicem maximilianeum bavaricum civilem, Teil 1-5, München 1821.

Johann Friedrich KRATZSCH (Hrsg.): Tabellarische Übersicht des Justiz-Organismus der sämtlichen Deutschen Bundesstaaten, Leipzig 1836.

Franz LASSAULX: Codex Napoleon, Koblenz 1809 und 1811.

Einleitung in das Gesetzbuch Napoleons, Düsseldorf 1803.

F. A. LOTTNER (Hrsg.): Sammlung der für die Königl. Preuß. Rheinprovinz seit dem Jahr 1813 hinsichtlich der Rechts- und Gerichtsverfassung ergangenen Gesetze, Verordnungen, Ministerial-Rescripte, Bd. 1-11, Berlin 1834-1858.

Georg Ludwig von MAURER: Geschichte des altgermanischen und namentlich altbairischen oeffentlich-muendlichen Gerichtsverfahrens, dessen Vortheile, Nachtheile und Untergang in Deutschland ueberhaupt und in Baiern insbesondere, Heidelberg 1824.

Das griechische Volk in öffentlicher, kirchlicher und privatrechtlicher Beziehung von und nach dem Freiheitskampfe bis zum 31. Juli 1834, Heidelberg 1835.

J. M. MILLER: Geschichte der neuesten Ereignisse in Rheinbaiern, Weissenburg 1833.

Ludwig MOLITOR: Vollständige Geschichte der ehemals pfalz-bayerischen Residenzstadt Zweibrücken, Zweibrücken 1885.

Peter Anton MÜLLER (Hrsg.): Statistisches Jahrbuch für die deutschen Länder zwischen dem Rhein, der Mosel und der französischen Grenze für das Jahr 1815, Mainz 1815.

Johann Baptist NIBLER: Sammlung auserlesener bayerischer Rechtsfälle mit Andeutungen zur Verbesserung des baierischen Zivilgesetzbuches, Straubing 1832.

Über die bürgerliche Rechtspflege und Gerichtsverfassung Baierns, Erlangen 1826.

Andreas Friedrich REBMANN: Aussichten von der Zeit in die Zukunft, in: Briefen über einige allgemein wichtige Gegenstände, Teutschland 1816.

Baiern vor Teutschlands Richterstuhle mit besonderer Beziehung auf die Schrift: Die Centralverwaltung der Verbündeten unter dem Freiherrn vom Stein, Germanien 1815.

Blick auf die neuen Departemente des linken Rheinufers, Koblenz 1810.

Vorläufiger Aufschluß über mein sogenanntes Staatsverbrechen, meine Verfolgung und meine Flucht, London 1796.

Werke und Briefe, Bd. 1-3, neu hrsg. von Hedwig Voegt, Werner Greiling und Wolfgang Ritschel, Berlin 1990.

Heinrich A. von REIGERSBERG: Bericht über die Justizverwaltung im Königreich Baiern für das Staatsjahr 1818/19, München 1820.

Ignaz RUDHART: Über die Verwaltung der Justiz durch die administrativen Behörden, Würzburg 1817.

Conrad SAMBHABER: Der Rechtsweg in Bayern diesseits des Rheins, Würzburg 1836.

Sammlung der Beschlüsse in den Ländern zwischen Maas und Rhein, und Rhein und Mosel, bekannt gemacht von dem Regierungs Kommissär, Mainz, Germinal VI.

Sammlung der unter dem Generalgouvernement des Mittelrheins, dann unter der k. k. österr. und k. baier. gemeinschaftlichen Landes-Administration zu Kreuznach und Worms erschienenen Verordnungen, Speyer 1819/1820.

Sammlung der Verordnungen und Beschlüsse erlassen von dem Regierungskommissär in den 4 neuen Departementen des linken Rheinufers, Bd. 1-7, Mainz 1798-1802.

Carl von SAVIIGNY: Vom Beruf unsrer Zeit für Gesetzgebung und Rechtswissenschaft, Heidelberg 1814.

Anton von SCHENKEL: Rede gehalten bei der Feier der Wieder-Eröffnung des Gerichtsjahres am königlich bayerischen Appellationsgericht des Rheinkreises in Zweibrücken am 4.11.1833, Zweibrücken 1833.

F. W. A. SCHLICKEYSEN (Hrsg.): Repertorium der Gesetze und Verordnungen für die königl. preußischen Rheinprovinzen von 1814-1829, Trier 1830.

Philipp Jakob SERINI : Chronologische Zusammenstellung der während der provisorischen französischen Verwaltung in den deutschen Rheinlanden publicirten älteren französischen Gesetze und Uebersicht der daselbst bestandenen alten Statutarrechte, nebst Angabe der früheren Territorialverhältnisse, Mannheim 1848.

Chronologische Uebersicht der bis jetzt veröffentlichten Entscheidungen des Königl. Cassations- und Revisionshofes für die Pfalz zu München, in: ebenda.

Johann Adam SEUFFERT: Kommentar über die bayerische Gerichtsordnung, in: Werner Schubert (Hrsg.): Kodifikationsgeschichte Zivilprozeßrecht, Goldbach 1993.

Philipp Jacob SIEBENPFEIFFER: Handbuch der Verfassung, Gerichtsordnung und gesamten Verwaltung Rheinbayerns, Bd. 1-5, Zweibrücken 1831.

Philipp Jakob SIEBENPFEIFFER (Hrsg): Rheinbayern, eine vergleichende Zeitschrift für Verfassung, Gesetzgebung, Justizpflege, gesamte Verwaltung und Volksleben, Zweibrücken 1830.

Arthur SKEDL: Die Nichtigkeitsbeschwerde in ihrer geschichtlichen Entwicklung, Leipzig 1886.

Staatsministerium der Justiz (Hrsg.): Sammlung wichtiger Entscheidungen des königlich bayerischen Kassationshofes, Bd. 1-3, Erlangen 1868-1870.

Johann Wilhelm STEINER: Über das altdeutsche und insbesondere altbaierische Gerichtswesen, Aschaffenburg 1824.

H. von SYBEL: Geschichte der Revolutionszeit 1789-1800, Bd. 1-5, 1853-1879.

Franz VARRENTRAPP: Die öffentliche mündliche Rechtspflege im Baierischen Rheinkreise in Vergleichung mit der Gerichtsverfassung der sieben übrigen Kreise des Königreichs Baiern, Frankfurt am Main 1822.

VERHANDLUNG der zweiten Kammer der Ständeversammlung des Königreichs Bayern, Bd. 18, Protokoll Nr. C I, München 1831.

VOLLSTÄNDIGE Sammlung der Verordnungen und Beschlüsse des Bürger Regierungs-Kommissärs und der Central-Verwaltungen, Bd. 1 und 2, Mainz Germinal/Thermidor VI.

WALDECK Die Nichtigkeitsbeschwerde als das alleinige Rechtsmittel höchster Instanz mit besonderer Beziehung auf die preußische Prozeß-Gesetzgebung, Berlin 1861.

Karl WEBER: Neue Gesetz- und Verordnungssammlung für das Königreich Bayern, Bd. 1-3, Nördlingen 1880, 1882, 1883.

Johann Baptist WELSCH: Revision der Gesetzgebung und Rechtspflege Baiern, 1. Heft, München 1819.

Edward WIPPERMANN: Ueber Nichtigkeitsbeschwerden, in: Kleine Schriften juristischen und rechtshistorischen Inhalts, Heft 2, Wiesbaden 1873.

J. G. A. WIRTH: Die Rechte des deutschen Volkes, Nancy 1833.

Friedrich August Frhr. von ZU RHEIN (Hrsg.): Sammlung merkwürdiger Rechtsfälle Bayerns, Bd. 1 und 2, Erlangen 1830 und 1831.

III. GESETZ- UND VERORDNUNGSBLÄTTER

1. für den Rheinkreis/die Pfalz:

Amtsblatt der k. k. österreichischen und k. baierischen gemeinschaftlichen Landesadministrativkommission zu Bad Kreuznach (1814-1816).

Amtsblatt der k. k. österreichischen und k. baierischen gemeinschaftlichen Landesadministrativkommission zu Worms vom 1.1.1816 bis 1.5.1816.

Amtsblatt der Regierung der Königlich-Baierischen Lande am Rhein (1816-1830).
Hauptsachtitel 1816:
Amtsblatt für das Königlich-Baierische Gebiet auf dem linken Rheinufer (ab 1816).
darin aufgegangen:
Intelligenzblatt des königl. baierischen Rheinkreises (1818-1830).

Amts- und Intelligenzblatt des Königlich-Bayerischen Rheinkreises (1831-1837).

Königlich Bayerisches Amts- und Intelligenzblatt für die Pfalz (1838-1853);
mit der Beilage:
Amts- und Intelligenzblatt der provisorischen Regierung der Rheinpfalz (22.5.1949 - 6.7.1949).

Königlich-bayerisches Kreis-Amtsblatt der Pfalz (1854-1917).

2. für Bayern:

Churpfalzbaierisches Regierungsblatt (1802-1805).

Königlich-Baierisches Regierungsblatt (1806-1817).

Allgemeines Intelligenzblatt für das Königreich Baiern (1818-1820).

Regierungs- und Intelligenzblatt für das Königreich Baiern (1821-1825).

Regierungsblatt für das Königreich Bayern (1826-1873).

Gesetz- und Verordnungsblatt für den Freistaat Bayern (1874-1936).

Gesetzblatt für das Königreich Baiern/Bayern (1818-1873).

B VERZEICHNIS WEITERFÜHRENDER QUELLEN

I. UNGEDRUCKTE QUELLEN

Bayerisches Hauptstaatsarchiv München (Bay. HStA):

Ministerium der Justiz (MJU) Nr.

5026 Geschäftslokalitäten der Justizstellen in der Pfalz
1816-1862

5460 Bureaulokalitäten
Bd. II
5. 10. 1828-Nov. 1846

5461 Bureaulokalitäten
Bd. III
1847-1856

5462 Bureaulokalitäten
Bd. IV
1856-1865

5463 Bureaulokalitäten
Bd. V
1865-1873

5464 Bureaulokalitäten
1864-1882

9719 Generalia - Die Prüfung der Aspiranten zum Staatsdienste im Rheinkreis
Prüfungswesen Älteres
1817-1839

9720 Generalia - Die Prüfung der Aspiranten zum Staatsdienste im Rheinkreis
Prüfungswesen Älteres
1820-1875

9751 Konkursprüfung in der Pfalz
Bd. II
1849-1850

10226 Anstellung und Beförderung
Bd. I mit Beilagenband (besonderes für die Pfalz)
1814-1846

10232 Übernahme der Beamten des gemischten Dienstes in den reinen Justizdienst
Bd. I
1818-1848

10233 Übernahme der Beamten des gemischten Dienstes in den reinen Justizdienst
Bd. II
1841-1860

10264 Der Status und die Besoldungsverhältnisse der Räte und Assessoren bei dem Appellationsgericht 1856/1857

10275 Rangordnung - Älteres
Bd. II
1829-1851

10276 Rangordnung - Älteres
Bd. III
1851-1873

10281 Die Aufsicht auf das sittliche Betragen und den geordneten Haushalt der im Justizdienst angestellten Beamten

10282 Ausstellung von Zeugnissen
1811-1833

10285 Qualifikation - Älteres
Bd. Ib
1812-1849

10286 Qualifikation - Älteres
Bd. II
1809-1826

10287 Qualifikation - Älteres
Bd. III
1828-1840

10288 Qualifikation - Älteres
Bd. IV
1841-1855

10289 Qualifikation - Älteres
Bd. V
1856-1863

10290 Qualifikation - Älteres
Bd. VI
1864-1881

10309 Audienz, Gerichtsbotenstelle am Appellationsgericht in Zweibrücken

11523 Dienstlicher Verkehr und formale Geschäftsbehandlung bis zur Bekanntmachung vom 6. 4. 1874
1803-1873

11532 Amtsvisitationen in der Pfalz
1833-1859

11536 Dienstreglement für das Appellationsgericht in der Pfalz
1852

11538 Bekanntmachung in öffentlichen Blättern - Älteres
1813-1851

11539 Bekanntmachung in öffentlichen Blättern - Älteres
ab 1851

11540 Bekanntmachung in öffentlichen Blättern - Älteres

12114 Gemeinderecht
1830-1833

12309 Amtliche Sammlung von Entscheidungen
1866-1900

12607 Geschäftsanzeigen der höheren Gerichte 1807-1870
Kollegialgeschäftstabellen der Gerichte II. Instanz und des Oberappellationsgerichts
Bd. I
1807-1813

12608 Geschäftsanzeigen der höheren Gerichte
Bd. II

12609 Geschäftsanzeigen der höheren Gerichte
Bd. III
1830-1840

12610 Geschäftsanzeigen der höheren Gerichte
1807-1870

12621 Jahresberichte über Zivilrechtspflege in der Pfalz
1858-1861

12622 Jahresberichte über Zivilrechtspflege in der Pfalz
Beilagenband I.
1861-1864

12623 Jahresberichte über Zivilrechtspflege in der Pfalz
1864-1870

12719 Die Bearbeitung einer Prozeßordnung in bürgerlichen Rechtssachen
1853-1869

12750 Sammlung der von dem königlichen Oberappellationsgericht durch Plenarbeschluß in Gemäßheit des Gesetzes vom 17.11.1837 über die Verhütung ungleichförmiger Erkenntnisse bei dem obersten Gerichtshof zur Entscheidung gebrachten Rechtsfragen
1847-1869

12767 Beobachtung über den Einfluß des Gesetzes vom 22. 7. 1819 auf die Rechtsverwaltung bei dem Appellationsgericht und Oberappellationsgericht
1820-1821

12778 Gesetz, betreffend die Verhütung ungleichförmiger Erkenntnisse bei dem obersten Gerichtshof

12778 Die Verhütung ungleichförmiger Erkenntnisse bei dem obersten Gerichtshof - Gesetz vom 17. 11. 1837

13539 Den Vollzug des Gesetzes die Behandlung neuer oder revidierter Gesetzbücher vom 9. 8. 1831

13718 Territorialverhältnisse
Die Einteilung des Königreichs Bayern, Verordnung vom 29. 11. 1837
Bd. II

13817 Territorialverhältnisse
Die Einteilung des Königreichs Bayern, Verordnung vom 29. 11. 1837
Bd. I

14130 Gesuche um Errichtung von Gerichtssitzen (Pfalz)
1816-1877

14442 Vollzug des Gesetzes betreffend die Entscheidung der Kompetenzkonflikte
Die Veröffentlichungen der Entscheidungen im Gesetz- und Verordnungsblatt
Bd. I
1851-1920

14454 Gesetz-Entwurf die Gerichtsverfassung betreffend 1861
Gesetz vom 10. Nov. 1861

14456 Der Vollzug des Gesetzes vom 10. 11. 1861 die Gerichtsverfassung betreffend
Bildung der Gerichtssprengel und Formation der Gerichte
Generalact - Königliche allerhöchste Verordnung vom 24. 2. 1862
1861-1873

14465 Die Besetzung des Appellationsgerichts (vertrauliche Berichte der Präsidenten)
Beilage-Band zu den Akten die Gerichtsorganisation vom Jahre 1862 betreffend

14474 Gerichtsorganisation 1862
Den Vollzug einiger Abänderungen in der Gerichtsverfassung der Pfalz betreffend

14481 Oberster Gerichtshof für Handelssachen

14482 Oberster Gerichtshof für Handelssachen

14488 Gerichtsorganisation
Gesetz vom 1. Juli 1856
Vollzug im Allgemeinen
1856-1858

14517 Die neue Gerichtsverfassung betreffend
1847-1854

14518 Die neue Gerichtsorganisation betreffend
1847-1854

14527 Gerichtsorganisation 1852
Anträge vom 9 .3. 1852, allerhöchstes Signal vom 21. 6. 1852

14609 Gemischter Senat bei dem obersten Gerichtshof zur Entscheidung der Kompetenzkonflikte zwischen Gerichts- und Verwaltungsbehörden
1850-1877

14612 Gerichtsorganisation 1862
Die Aufstellung der Vertreter der Staatsanwaltschaft bei den Stadt- und Landgerichten
April 1862-August 1863

14638 Oberappellationsgericht als Kassationshof für den Rheinkreis vom 5. 12. 1832-22. 11. 1834
Dienst Reglement, Personalbestimmung für die Funktion des Gerichtsschreibers, des Beamten für die Einregistrierung und Stempelung, dann des Gerichtsboten
Hinterlegung der Strafgelder in Kassationssachen
Rangverhältnisse der Oberappellationsgerichtsräte als Kassationsrichter
Benennung des Referenten an die Parteien in Kassationssachen

14641 Oberappellationsgericht als Kassationshof für die Pfalz
Dienst-Reglement, Personalbestimmungen für die niederen Funktionen am Kassationshofe
Vertretung des Vorstandes des Kassationshofes im Verhinderungsfalle
1835-1870

14646 Wiedereröffnung der Sitzungen am Appellationsgericht der Pfalz und Darstellung der Resultate der Rechtspflege
1838-1858

14647 Die Stellung der Landrichter in der Pfalz und die Einwirkung des königlichen Generalstaatsprokurators auf deren richterliche Tätigkeit betreffend 1860-1861

14649 Kassationshof
dessen Errichtung zur Entscheidung der Kompetenzkonflikte zwischen Justiz- und administrativen Stellen, respektive die Übertragung dieser Befugnisse an den königlichen Staatsrat betreffend
1821-1825

16816 Status
21. 2. 1842-27. 3. 1851

16843 Geschäftsverteilung
Bd. I
1832-1898

17001 Geschäfts- und Personalverhältnisse des Justizministeriums, allgemeine Anweisungen des Königs an das Justizministerium und die übrigen Ministerien
1832-1846

17004 Einzelne Rechtsangelegenheiten in Zivil- und Strafsachen
1835-1859

17005 Fragen der Gesetzgebung auf den Gebieten des Zivil- und Strafrechts Zivilprozeßordnung, Strafprozeßordnung
1832-1848

17012 politische Verhältnisse im allgemeinen und die politische Zuverlässigkeit der Beamten
1832-1858

Ministerium des Inneren (MInn) Nr.

34562/II Organisation der Regierung des Rheinkreises vom 6. 3. 1817
Auflösung des Kollegiums der administrativen Justiz, Überweisung des Kuratel über die Stiftungen des Kultus, Beförderungen und Ersetzungen
1817-1825

34563/III Regierung des Rheinkreises - Organisation vom 27. 12. 1825
Personalstatus - Regierungsgehilfen
1825-1826

36562/2-3 Auflösung des Kollegiums der administrativen Justiz

45368 Rheinkreis, Verfassung, angebliche Bedrückung der Katholiken, Regierungsangelegenheiten und Auswanderungen
1817

45615 Verhalten der Bediensteten, Geistlichkeit, Schullehrer und einiger sonstiger Individuen in der Pfalz während des Aufruhrs dortselbst
1849/50/51

59822 Gemarkungsgrenzen der Gemeinden des Rheinkreises

65363 Die Pfälzer - betreffend Prozesse
1852

65744 Sammlung der im Rheinkreis geltenden Gesetze und Verordnungen
1818-1829

65745 Administration - Verordnungssammlung Rheinkreis Pfalz
1836

Ministerium der Finanzen (MF) Nr.

56142/2 Oberappellationsgericht - Gehalts und Regiegegenstände
Beförderung, Besoldung, Umzugskosten
1817, 1819, 1820

56143/1-3 Oberappellationsgericht - Besoldung

56143/4 Oberappellationsgericht - Personalstatus, Regie, Umzugskosten
1846-1855

56143/5 Oberappellationsgericht - Gehalts- und Regiegegenstände
1856-1865

56143/6 Oberappellationsgericht - Personal, Etat,
Fortsetzung: Oberstes Landesgericht
1829-Febr. 1866

57419 Organisation und Zuteilung der Ämter im Rheinkreis, nun in der Pfalz ab
1835

58027 Geschäftsgang der Regierung der Pfalz
1821

58066 Boten und Diener der Regierung der Pfalz
1816

II. GEDRUCKTE QUELLEN

Georg DÖLLINGER: Sammlung der von seiner Majestät dem jetzt regierenden König Ludwig erlassenen organischen Edikte und Verordnungen, München 1828.

Max Frhr. von DU PREL: Sammlung auserlesener Bayer'scher Rechtsfälle. Bd. 1, Landshut 1836.

Friedrich HADRIAN; Josef THESMAR: Die 5 französischen Gesetzbücher in ihrer Fortbildung durch die neuere Gesetzgebung, so wie durch die Jusrisprudenz der Rheinischen Gerichtshöfe, Bd. 1, Elberfeld 1845.

F. W. KELLER: Universal-Gesetz-Repertorium für das Königreich Bayern, München 1878.

KOELLENBERGER: Alleruntertänigste Vorstellung eines königl. Justizbeamten an das k. Oberappellationsgericht des Königreichs Baiern, Baiern 1818.

Joseph PEISSL (Bearb.): Civilgesetzstatistik des Königreichs Bayern, Nördlingen 1863.

Georg REIMER: Bayern und Pfalz, Berlin 1817.

M. SCHERER: Die Entscheidungen des Reichsgerichts und des obersten bayerischen Landesgerichts zum code civil, Leipzig 1895.

Gottfried SCHMITT: Der bayerische Civilprozess, Bd. 1 und 2, Bamberg 1870 und 1872.

Philipp Jakob SERINI: Andeutungen über Gesetzgebung und Rechtspflege in den deutschen Rheinprovinzen insbesondere in der Königliche Bayerischen Pfalz, Landau 1861.

C LITERATURVERZEICHNIS:

Joseph ALTSTÖTTER: Dr. Karl Friedrich von Heintz, in: Staatsministerium der Justiz (Hrsg.): Die Kgl. Bayer. Staatsminister der Justiz in der Zeit von 1818-1918, 1. Teil: 1818-1854, München 1931.

Alois ALZHEIMER: Dr. Maximilian Joseph Freiherr von Zu Rhein, in: ebenda.

Sebastian Freiherr von Schrenk, in: ebenda.

Dr. Karl Joseph Freiherr von Kleinschrod, in: ebenda.

Alois ALZHEIMER; Alfred RESCH: Heinrich Alois Graf von Reigersberg, in: ebenda.

Karl Otmar von ARETIN: Bayerns Weg zum souveränen Staat, München 1976.

Roswitha von ARMANSPERG: Joseph Ludwig Graf Armansperg, Dissertation, München 1949.

Max BÄR: Die Behördenverfassung der Rheinprovinz seit 1815, in: Publikationen der Gesellschaft für Rheinische Geschichtskunde, Bd. XXXV, Bonn 1919.

J. BÄRMANN (Hrsg.): Festschrift zum 150-jährigen Bestehen des Oberlandesgerichts Zweibrücken, Wiesbaden 1969

Hans-Joachim BAUER: Das Appellationsgericht der Pfalz im Spiegel der "Annalen der Rechtspflege" in: Sven Paulsen (Hrsg.): 175 Jahre pfälzisches Oberlandesgericht, Festschrift, Neustadt an der Weinstraße 1990.

Kurt BAUMANN: Bayern und die Pfalz in den Jahren 1214-1803, in: Pfälzische Heimatblätter, Jhrg. 4, 1956.

Tradition und Neubeginn, in: ebenda.

Kurt BAUMANN: Das pfälzische Appellationsgericht in der Zeit von 1815-1871, in: Sven Paulsen (Hrsg.): 175 Jahre pfälzisches Oberlandesgericht, Festschrift, Neustadt an der Weinstraße 1990.
sowie in: Wilhelm Reinheimer (Hrsg.): Festschrift zum 150-jährigen Bestehen des Pfälzischen Oberlandesgerichts, Zweibrücken 1965.

Das pfälzische Problem in der bayerischen Geschichte, in: Pfälzer Heimat, Jhrg. 5, Heft 1, 1954.

Die Pfalz in der deutschen Geschichte, in: Kurt Andermann (Hrsg.): Von Geschichte und Menschen der Pfalz, Verlag der Pfälzischen Gesellschaft zur Förderung der Wissenschaften in Speyer, Bd. 73, Speyer 1984.

Die Kontinuität der revolutionären Bewegung in der Pfalz von 1792-1849, in: Geschichtliche Landeskunde, Bd. 1, Wiesbaden 1964.

Kronprinz von Bayern und die Oberrheinlande 1809-1819, in: Abhandlungen zur saarpfälzischen Landes- und Volksforschung, Bd. 1, Kaiserslautern 1937.

Probleme der pfälzischen Geschichte im 19. Jahrhundert, in: Mitteilungen des historischen Vereins der Pfalz, Bd. 51, Speyer 1953.

Hans BAYRHOFFER: Die Organisation der Rechtspflege im Gebiet der heutigen Pfalz durch die Franzosen, Dissertation, Ludwigshafen 1944.

Albert BECKER: Die Wiedererstehung der Pfalz, Kaiserslautern 1916.

Die Speyerer Regierung vor 100 Jahren, in: Mitteilungen des historischen Vereins der Pfalz, Bd. 37/38, Speyer 1918.

Neues aus dem Leben des Zweibrücker Appellationsgerichtspräsidenten Andreas Georg Friedrich v. Rebmann (1768-1824), in: Westpfälzische Geschichtsblätter, Jhrg. 19, Zweibrücken 1917.

Hans-Jürgen BECKER: Das Rheinische Recht und seine Bedeutung für die Rechtsentwicklung in Deutschland im 19. Jahrhundert, in: Juristische Schulung, Heft 5, 1985.

Die bayerische Rheinpfalz und das rheinische Recht, in: Schriften der Siebenpfeiffer-Stiftung, Bd. 1 , Sigmaringen 1991.

Heinz BECKER: Westricher Lebensbilder gesammelt von Dr. Albert Becker, VIII., A. G. F. Rebmann, der erste Pfälzer Oberlandesgerichtspräsident, in: Westpfälzische Geschichtsblätter, Jhrg. 25, Nr. 10, 1926.

Georges BERLIA: Les Constitutions et les principales lois politiques de la France depuis 1789, Paris 1952

Werner BIEBL: Die Staatsanwaltschaft bei dem Bayerischen Obersten Landesgericht, 3. Aufl., München 1995.

Karl BOSL (Hrsg.): Dokumente zur Geschichte von Staat und Gesellschaft in Bayern, Abt. III, Bayern im 19. u. 20. Jhrdt., Bd. 2 und 5, München 1976 und 1978.

Max BRAUBACH: Das Rheinland am Vorabend der französischen Revolution, Bonn 1939.

Von der Französischen Revolution bis zum Wiener Kongreß, 10. Aufl., in: Handbuch der deutschen Geschichte, Bd. 14, München 1992.

J. A. BREIN: Das Hambacher Fest, in: Pfälzisches Museum, Jhrg. 49, Kaiserslautern 1932.

Alfons BÜRGE: Das französische Privatrecht im 19. Jahrhundert, in: IUS COMMUNE Veröffentlichungen des Max-Planck-Instituts für Europäische Rechtsgeschichte Sonderhefte Studien zur Rechtsgeschichte 52, Frankfurt 1991.

Neue Quellen zur Begegnung der deutschen und französischen Rechtswissenschaft im 19. Jahrhundert, in: Zeitschrift der Savigny-Stiftung für Rechtsgeschichte, Germanistische Abteilung, Bd. 110, Wien-Köln-Weimar 1993.

Rudolf BUTTMANN: Zur Erneuerung des Gedächtnisses eines hervorragenden Zweibrückers, in: Westpfälzische Geschichtsblätter, Jhrg. 16, 1912.

Gustav CROON: Der Rheinische Provinziallandtag bis zum Jahre 1847, Düsseldorf 1918.

Karl Heinz DEBUS (Hrsg): Das Landesarchiv Speyer, in: Veröffentlichungen der Landesarchivverwaltung Rheinland-Pfalz, Bd. 40, Koblenz 1987.

Karl DICKOPF: Georg Ludwig von Maurer (1790-1872), in: Kurt Baumann (Hrsg.): Pfälzer Lebensbilder, Bd. 1, Speyer 1964.

Die bayerische Regentschaft in Griechenland, 1833 - 1835, in: Reinhard Heydenreuter (Hrsg.): Die erträumte Nation, München 1995.

Friedrich Thiersch und Georg Ludwig von Maurer, in: Zeitschrift für bayerische Landesgeschichte, Bd. 56, München 1993.

Michael DIRRIGL: Ludwig I. König von Bayern 1825-1848, München 1980.

Maximilian II. König von Bayern 1848-1864, München 1984.

Winfried DOTZAUER: Kontinuität und Wandel in den Führungsschichten des pfälzischen Raumes im Spiegel der aufgeklärten Gesellschaft des 18. und beginnenden 19. Jahrhunderts, in: Zeitschrift für die Geschichte des Oberrheins, Bd. 127, Stuttgart 1979.

Ulrich EISENHARDT: Deutsche Rechtsgeschichte, 2. überarb. Aufl., München 1995

Karl-Georg FABER: Recht und Verfassung, Köln 1970.

Die Übernahme von Andreas Friedrich Rebmann in den bayerischen Dienst, in: Mitteilungen des historischen Vereins der Pfalz, Bd. 56, Speyer 1957.

Verwaltungs- und Justizbeamte auf dem linken Rheinufer während der französischen Herrschaft, in: Aus Geschichte und Landeskunde, Festschrift für Franz Steinbach, Bonn 1960.

Die Rheinlande zwischen Restauration und Revolution, Wiesbaden 1966.

Die Rheinischen Institutionen, in: Geschichtliche Landeskunde, Bd. 1, Wiesbaden 1964.

Elisabeth FEHRENBACH: Der Kampf um die Einführung des code napoleon in den Rheinbundstaaten, Wiesbaden 1973.

Die Einführung des französischen Rechts in der Pfalz und in Baden, in: Friedrich Ludwig Wagner (Hrsg.): Strukturwandel im pfälzischen Raum vom Ancien Régime bis zum Vormärz, Speyer 1982.

Christoph FELLNER: Die Reform der bayerischen Zivilrechtspflege von den ersten Anregungen des Landtages im Jahre 1819 bis zur Gründung des Deutschen Reiches, Dissertation, München 1986.

Hans FENSKE: Mehr als eine Provinz ... Die Pfalz in der deutschen Geschichte des 19. und 20. Jahrhunderts, in: Mitteilungen des historischen Vereins der Pfalz, Bd. 86, Speyer 1988.

Ludwig FLEISCHMANN: Die "Staatsbehörde beim Appellationsgericht" in Zweibrücken, in: Wilhelm Reinheimer (Hrsg.): Festschrift zum 150-jährigen Bestehen des Pfälzischen Oberlandesgerichtes, Zweibrücken 1965.

Karl de la FONTAINE: Zur Geschichte der Rechtspflege in den Rheinlanden nach dem Zusammenbruch des Kaiserreichs, in: Trierisches Archiv, Heft XVII-XVIII, Trier 1911.

Heinrich GAUF: Paul Johann Anselm Feuerbach (1775-1833), in: Sven Paulsen (Hrsg.): 175 Jahre pfälzisches Oberlandesgericht, Festschrift, Neustadt an der Weinstraße 1990.

Erich GERNER: 350 Jahre oberstes Gericht in München, in: Neue Juristische Wochenschrift, Jhrg. 28, München und Frankfurt 1975.

Antonio GRILLI: Das linksrheinische Partikularrecht und das römische Recht in der Rechtsprechung des Cour d` Appell/Cour Impérial de Trèves nach 1804, in: Reiner Schulze (Hrsg.): Französisches Zivilrecht in Europa während des 19. Jahrhunderts, Berlin 1994.

Die französische Justizorganisation am linken Rheinufer 1797 - 1803, Frankfurt a. M. 1999.

Sprache und Recht in den französischen Rheinlanden, in: Rheinische Vierteljahresblätter 57, 1993.

Guido GROSS: Johann Andreas Georg Friedrich v. Rebmann, einer der fünfzehn Trierer "Unsterblichen", in: Trierisches Jahrbuch 1956.

Heiner HAAN: Die Berufung von Pfälzern in die obersten bayerischen Staatsbehörden (1816-1870), in: Jahrbuch für westdeutsche Landesgeschichte, Jhrg. 4, Koblenz 1978.

Kontinuität und Diskontinuität in der pfälzischen Beamtenschaft im Übergang von der französischen zur bayerischen Herrschaft (1814-1818), in: ebenda, Jhrg. 2, Koblenz 1976.

Die bayerische Personalpolitik in der Pfalz von 1816/18 bis 1849, in: ebenda, Jhrg. 3, Koblenz 1977.

Die Eingliederung der Pfalz in die bayerische Verwaltungsorganisation (1816-1870), in: Mitteilungen des historischen Vereins der Pfalz, Bd. 77, Festgabe für Kurt Baumann zum 70. Geburtstag, Speyer 1979.

Hauptstaat - Nebenstaat Briefe und Akten zum Anschluß der Pfalz an Bayern 1815/17, in: Veröffentlichungen der Landesarchivverwaltung Rheinland-Pfalz, Bd. 29, Koblenz 1977

Vom Nebenstaat zur Provinz - Bayern und die Pfalz von 1816-1849, in: Friedrich Ludwig Wagner (Hrsg.): Strukturwandel im pfälzischen Raum vom Ancien Régime bis zum Vormärz, Speyer 1982.

Joseph HANSEN: Von der Französischen Revolution bis zur Gegenwart, in: Geschichte des Rheinlandes von der ältesten Zeit bis zur Gegenwart in zwei Bänden, hrsg. von der Gesellschaft für rheinische Geschichtskunde, Bd. 1, politische Geschichte, Essen 1922

Rheinland und Rheinländer, Bonn und Leipzig 1925.

Justus HASHAGEN: Das Rheinland im Wandel der Zeiten, Bonn 1940.

Gerhard HERBST: Das Bayerische Oberste Landesgericht - Traditionsreichster Gerichtshof Bayerns, in: Bayerische Staatszeitung, Nr. 49, München 1988.

Wilhelm HERZBERG: Das Hambacher Fest, neu hrsg. von Heinrich Werner, Köln 1982.

Franz-Josef HEYEN (Hrsg.): Geschichte des Landes Rheinland Pfalz, Würzburg 1981.

Johann Friedrich HILDENBRAND: Das Generalgouvernement des Mittelrheins, in: Monatsschrift des Frankenthaler Altertumsvereins, Jhrg. 24, 1916.

Sebastian HIERETH: Die bayerische Gerichts- und Verwaltungsorganisation vom 13.-19. Jahrhundert, in: Historischer Atlas von Bayern, Teil Altbayern, München 1959.

Helmut HIRSCH: Die beiden Hilgards, in: Zeitschrift für die Geschichte des Oberrheins, Bd. 98, Karlsruhe 1950.

Winfried JAGEMANN: Die personelle Entwicklung des Obersten Gerichtshofes von Bayern, München 1987.

Die Präsidenten des Obersten Bayerischen Gerichtshofes, in: Gerhard Herbst (Hrsg.): Das Bayerische Oberste Landesgericht, München 1993.

JAEGER: Das Oberste Landesgericht, in: Deutsche Juristenzeitung, Jhrg. 16, Berlin 1911.

Rainer KAWA: Georg Friedrich Rebmann: (1768 - 1824), Bonn 1980.

Helmut KALKBRENNER: Die Bedeutung des bayerischen obersten Landesgerichts, in: Bayerische Verwaltungsblätter, Jhrg. 15, München 1969.

Zuständigkeit, Organisation und Verfahren des Revisoriums, in: Gerhard Herbst (Hrsg.): Das Bayerische Oberste Landesgericht, München 1993.

Die geschichtliche Entwicklung des bayerischen Obersten Landgerichts, in: Bayerische Verwaltungsblätter, Jhrg. 106, München 1975.

Gerd KLEINHEYER; Jan SCHRÖDER: Deutsche Juristen aus fünf Jahrhunderten, 3. Aufl., Heidelberg 1989.

Klaus KNECHT: Strafverfahren nach dem Hambacher Fest vom 27. bis 30. Mai 1832, in: Jahrbuch zur Geschichte von Stadt- und Landkreis Kaiserslautern, Bd. 18/19, Otterbach 1980/81

Neuaufbau von Recht und Rechtspflege, in: ebenda

Gerhard KÖBLER: Juristisches Wörterbuch, 8. neubearb. Aufl., München 1997.

Wilhelm Carl von KOCKEROLS: Das rheinische Recht und seine zeitliche und räumliche Begrenzung, Hannover 1902.

P. LOTH: Hundert Jahre Oberstes pfälzisches Gericht in Zweibrücken, in: Münchener Abendzeitung: Der Sammler Nr. 123 vom 16. 6. 1916.

Max MÄRZ: 350 Jahre Bayerisches Oberstes Landesgericht, in: Das Bayerische Standesamt, Jhrg. 11/12, München 1975.

Die Gründung Maximilians. 350 Jahre Bayerisches Oberstes Landesgericht, in: Unser Bayern, Heimatbeilage der Bayerischen Staatszeitung, Jhrg. 24, Nr. 2, 1975.

Luitwin MALLMANN: Französische Juristenausbildung im Rheinland: 1794-1814, in: Studien zur Geschichte der Universität zu Köln, Bd. 5, Köln 1987.

Eva Alexandra MAYRING: Bayern nach der französischen Julirevolution, München 1990.

Friedrich MERZBACHER: 350 Jahre Bayerisches Oberstes Landesgericht - Rechtshistorische Betrachtungen - in: Gerhard Herbst (Hrsg.): Das Bayerische Oberste Landesgericht, München 1993.

Artur MICHEL: Absolute Nichtigkeit von Zivil- und Strafurteilen im geltenden deutschen Prozeßrecht, Berlin und Leipzig 1906

Michel NIESSEN: Die Aachener Friedensgerichte in französischer und preußischer Zeit, Aachen 1991.

F. W. PUTZGER: Historischer Weltatlas, 102. Aufl., Berlin 1995.

Filippo RANIERI (Hrsg.): Gedruckte Quellen der Rechtsprechung in Europa (1800-1945), in: Veröffentlichungen des Max-Planck-Instituts für Europäische Rechtsgeschichte, Bd. 3, Frankfurt am Main 1992.

Joseph ROVAN: Geschichte der Deutschen, München und Wien 1995.

Hermann RUMSCHÖTTEL: Das Bayerische Staatsministerium der Justiz 1799-1966, in: August R. Lang (Hrsg): Festschrift für Karl Bengl, München 1984.

Ludwig SCHÄFER: 350 Jahre Bayerisches Oberstes Landesgericht, in: Ludwig Huber (Hrsg.): Bayern Deutschland Europa, Festschrift für Alfons Goppel, um 1975.

Walter SCHÄRL: Die Zusammensetzung der bayerischen Beamtenschaft von 1806 bis 1918, in: Max Spindler (Hrsg.): Studien Abteilung Bayerische Geschichte, Bd. 1, München 1955.

Hans SCHLOSSER: Grundzüge der Neueren Privatrechtsgeschichte, 8. Aufl., Heidelberg 1996.

Friedrich SCHMITT: Die provisorische Verwaltung des Gebietes zwischen Rhein, Mosel und französischer Grenze durch Österreich und Bayern in den Jahren 1814-1816, Dissertation, Meisenheim/Glan 1961.

Hermann SCHREIBMÜLLER: Bayern und die Pfalz 1816-1916, Kaiserslautern 1916.

Richard SCHRÖDER; Eberhard KÜNSSBERG: Lehrbuch der deutschen Rechtsgeschichte, 7. Aufl., Berlin und Leipzig, 1932.

Werner SCHUBERT: Das französische Recht in Deutschland zu Beginn der Restaurationszeit (1814-1820), in: Zeitschrift der Savigny-Stiftung für Rechtsgeschichte, Germanistische Abteilung, Bd. 94, 1977

Französisches Recht in Deutschland zu Beginn des 19. Jahrhunderts, Köln 1977

MAX SCHULER: Zweibrücker Juristen, in: Zweibrücker Monatshefte 1965.

Detlef SCHUMACHER: Das Rheinische Recht in der Gerichtspraxis des 19. Jahrhunderts, in: Schriftenreihe des Instituts für europäisches Recht der Universität des Saarlandes, Bd. 9, Stuttgart 1969.

Aloys SCHULTE (Hrsg.): Tausend Jahre deutscher Geschichte und deutscher Kultur am Rhein, Düsseldorf 1925.

Reiner SCHULZE: Die rheinische Judikatur im frühen 19. Jahrhundert zwischen gemeinrechtlicher Tradition und französischem Recht, in: Heinz Mohnhaupt; Dieter Simon (Hrsg.): Vorträge zur Justizforschung, Bd. 2, Frankfurt am Main 1993.

Gudrun SEYNSCHE: Der Rheinische Revisions- und Kassationshof in Berlin (1819 - 1852), Dissertation Universität Trier, in: Schriften zur Europäischen Rechts- und Verfassungsgeschichte, Bd. 43, Berlin 2002.

Herbert SILBERNAGEL: Die Pfalz unter dem Regierungspräsidenten Freiherrn von Stengel 1832-1837, Dissertation, Würzburg 1936.

W. SILBERSCHMIDT: Die Gründung der rheinischen Obergerichte vor 100 Jahren, in: Rheinische Zeitschrift für Zivil- und Prozeßrecht, Jhrg. 7, Aalen 1969.

Max SPINDLER (Hrsg.): Bayerische Geschichte im 19. und 20. Jahrhundert: 1800-1970, Sonderausgabe, 1. Teilbd.: Staat und Politik, 1. Aufl., München 1978.

Handbuch der bayerischen Geschichte, Bd. 4, Teilbd. 2, München 1975.

Bayerischer Geschichtsatlas, München 1969.

Max SPRINGER: Die Franzosenherrschaft in der Pfalz, Berlin und Leipzig 1926.

Hans Wolfgang STEIN: Die pfälzischen Institutionen und Rebmanns Kaiserslauterer Gutachten von 1815/1816, in: Jahrbuch zur Geschichte von Stadt- und Landkreis Kaiserslautern, Bd. 18/19, Otterbach 1980/81.

Heinrich STEIMETZ: Das linksseitige Rheingebiet, Alzenz, um 1913.

Edgar SÜSS: Die Pfälzer im "Schwarzen Buch", in: Heidelberger Veröffentlichungen zur Landeskunde, Heidelberg 1956.

Horst TILCH (Hrsg.): Deutsches Rechts-Lexikon, Bd. 2, 2. Aufl., München 1992.

Georg TRÖTSCH: Georg Friedrich Freiherr von Zentner, in: Staatsministerium der Justiz (Hrsg.): Die Kgl. Bayer. Staatsminister der Justiz in der Zeit von 1818-1918, 1. Teil: 1818-1854, München 1931.

Hedwig VOEGT (Hrsg.): Rebmann Georg Friedrich Hans Kiekindiewelts Reisen in alle vier Welttheile und andere Schriften, Berlin 1958

Carl VICTOR: Georg Ludwig Maurer, in: Berühmte Pfälzer im Ausland, Otterbach-Kaiserslautern 1992.

Fritz VOLLHEIM: Die provisorische Verwaltung am Nieder- und Mittelrhein während der Jahre 1814-1816, Bonn 1912.

Günther VOLZ: Briefe Andreas Georg Friedrich Rebmanns an Johann Peter Job Hermes aus den Jahren 1815 und 1816, in: Mitteilungen des historischen Vereins der Pfalz, Bd. 57, Speyer 1959.

Pfälzer Verfassungswünsche im Jahre 1814, in: Pfälzer Heimat, Jhrg. 9, Speyer 1958.

Elmar WADLE: Französisches Recht und deutsche Gesetzgebung im 19. Jahrhundert, in: Reiner Schulze (Hrsg.): Europäische Rechts- und Verfassungsgeschichte, Berlin 1991.

Annäherung an Siebenpfeiffer in: Schriften der Siebenpfeiffer-Stiftung, Bd. 1, Sigmaringen 1991.

Georg Friedrich Rebmann: (1768 - 1824), Sigmaringen 1997.

Friedrich Ludwig WAGNER: Territoriale Neuordnung, Verfassung und Verwaltung des pfälzischen Raumes nach Beendigung der französischen Herrschaft, in: Jahrbuch zur Geschichte von Stadt- und Landkreis Kaiserslautern, Bd. 18/19, Otterbach 1980/81.

Albert WEHRMANN: Das Bayerische Oberste Landesgericht in Vergangenheit und Gegenwart, in: Deutsche Richterzeitung, Jhrg. 39, 1961.

Werner WEIDMANN: Wirtschaftliche und soziale Verhältnisse (1816-1840), in: Jahrbuch zur Geschichte von Stadt- und Landkreis Kaiserslautern, Bd. 18/19, Otterbach 1980/81.

Heinrich WEILER: Vorrevolutionäre Justizverhältnisse im Bezirk der heutigen Landgerichte Zweibrücken und Kaiserslautern, ihre Veränderungen unter französischer Herrschaft und der pfälzische Anschluß an Bayern, Frankfurt am Main 1989.

Zur rheinland-pfälzischen Justizgeschichte, Frankenthal 1984.

Eberhard WEIS: 150 Jahre Pfalz-Bayern, in: Stimme der Pfalz, Jhrg. 17, Speyer 1966.

Pfalz-Bayern, Zweibrücken und die Französische Revolution, in: Jürgen Voss (Hrsg.): Deutschland und die Französische Revolution, München 1983.

Christian WIRTH: Der Jurist Johann Andreas Georg Friedrich Rebmann zwischen Revolution und Restauration, Frankfurt a. M. 1996.

Günther WOHLERS: Der Flugschriftenkampf um das rheinische Recht 1816-1817, in: Historische Aufsätze Aloys Schulte zum 70. Geburtstag, Düsseldorf 1927.

Nadeschda WRASKY: A. G. F. Rebmann, Dissertation, Heidelberg 1907.

Hans/Hannes ZIEGLER: Die Staatsanwaltschaft als "Gesetzeswächter", in: Staatszeitung Staatsanzeiger für Rheinland-Pfalz, Nr. 22/14, Jhrg. 1963.

Das Justizwesen in der Pfalz im 19. Jahrhundert, in: Mitteilungen des historischen Vereins der Pfalz, Bd. 86, Speyer 1988.

175 Jahre Oberlandesgericht Zweibrücken 1815-1990. Seine Richter und Staatsanwälte, in: Sven Paulsen (Hrsg.): 175 Jahre pfälzisches Oberlandesgericht, Festschrift, Neustadt an der Weinstraße 1990.

Die Jahre der Reaktion in der Pfalz (1849-1853) nach der Mairevolution von 1849, in: Veröffentlichungen der Pfälzischen Gesellschaft zur Förderung der Wissenschaften in Speyer, Bd. 75, Speyer 1985.

Johannes Birnbaum, in: Kleine Landauer Reihe, Bd. 2, 1982.

D VERZEICHNIS WEITERFÜHRENDER LITERATUR

Gustav BOEHMER: Der Einfluß des code civil auf die Rechtsentwicklung in Deutschland, in: Archiv für die civilistische Praxis, Bd. 151, Tübingen 1950/51.

Hermann CORSTEN (Hrsg.): Rheinische Bibliographie, Bd. 1, in: Publikationen der Gesellschaft für rheinische Geschichtskunde 50, Köln 1940.

Frédérique FERRAND: Cassation française et révision allemande, Paris 1993.

Karl Friedrich von HEINTZ: Das pfälzische Gerichtswesen in der Mitte des 19. Jahrhunderts, in: Sven Paulsen (Hrsg.): 175 Jahre pfälzisches Oberlandesgericht, Festschrift, Neustadt an der Weinstraße 1990.

Michael HORLACHER: Der Wert der Pfalz für Bayern und das Reich, Diessen vor München 1920.

Heinz SEMMELBECK: Das eheliche Güterrecht in der Pfalz unter dem Einfluß des französischen Rechts, Dissertation, Frankenthal 1939.

Heinrich WEILER: Vorgänger des Pfälzischen Oberlandesgerichts, in: Sven Paulsen (Hrsg.): 175 Jahre pfälzisches Oberlandesgericht, Festschrift, Neustadt an der Weinstraße 1990.

E DURCH KRIEGSEINWIRKUNG VERNICHTETE AKTEN

Bayerisches Hauptstaatsarchiv München (Bay. HStA):

Ministerium der Justiz (MJU) Nr.

3374 Organisation, Status und Beschäftigungsgang
Bd. I
1808-1811

3375 Geschäftsgang und Status des höheren Personals
Bd. II
1812-1818

3376 Status des höheren Personals
Bd. III
1819-1824

3377 Status des höheren Personals - Ernennung des Vice Präs. von Mann zum II. Oberappellationspräsidenten
Bd. IV
1826-1832

3378 Status des höheren Personals - Vereinigung des Cassationshofes für den Rheinkreis mit dem Oberappellationsgerichte; Bildung eines VI. Senates, Ernennung der Mitglieder mit Einschluss der Advokaten am Cassationshofe
Bd. V
1832-1833

3379 Oberappellationsgericht und Cassationshof für den Rheinkreis - Status des höheren Personals mit Einschluss der Advokaten des Cassationshofes

3380-3389 Status des höheren Personals
1837-1879

3390 Senats-Eintheilung bei den Königlichen Oberappellations-Gerichte
Bd. I
1813-1849

3432 Appellationsgericht im Rheinkreis
Bd. I
1816-1827

3433 Appellationsgericht des Rheinkreises
Bd. II
1827-1834

3434 Appellationsgericht des Rheinkreises
Bd. III
1834-1846

(Bd. IV wurde bereits im Mai 1919 anläßlich der Bekämpfung der Räterepublik bei einem Minenschuß in die Registratur des Staatsministeriums der Justiz vernichtet.)

3435 Appellationsgericht der Pfalz
Status
Bd. V
1868-1879

3567-3571 Bezirksgericht und Staatsbehörde in der Pfalz
Frankenthal
Bd. I-VI
1821-1879

3575-3579 Bezirksgericht und Staatsbehörde in der Pfalz
Kaiserslautern
Bd. I-V
1822-1879

3611-3615 Bezirksgericht und Staatsbehörde in der Pfalz
Zweibrücken
Bd. I-V
1822-1878

3974-3984 Friedensgerichte und Friedensgerichtsschreiber im Rheinkreise und deren Besetzung
1817-1854

3985-3991 Landgerichte in der Pfalz
Status
Bd. I-VII
1854-1879

Personal-akten 1832 fand bereits im Staatsministerium der Justiz eine Aktenausscheidung statt; bis auf 7 Akten wurden alle vernichtet

ABKÜRZUNGSVERZEICHNIS

Art.	Artikel
Aufl.	Auflage
Bd.	Band
ca.	Circa
ders.	derselbe
dies.	dieselbe
dgl.	dergleichen
d. h.	das heißt
d. M.	des Monats
d. V.	der Verfasser
erg.	ergänzt
f.	folgend
fl.	Franken (Gulden)
hrsg./Hrsg.	herausgegeben/Herausgeber
Jhrg.	Jahrgang
Jhrdt.	Jahrhundert
neubearb.	neubearbeitet
Nr.	Nummer
u. a.	unter anderem
S.	Seite
Sp.	Spalte
Sr.	Seiner
v.	von
vgl.	vergleiche
verb.	verbessert
z. B.	zum Beispiel
ZPO/DDR	Zivilprozeßordnung DDR

Peter Lang · Europäischer Verlag der Wissenschaften

Björn Carsten Frenzel

Das Selbstverständnis der Justiz nach 1945

Analyse der Rolle der Justiz unter Berücksichtigung der Reden zur *Wiedereröffnung* der Bundes- und Oberlandesgerichte

Frankfurt am Main, Berlin, Bern, Bruxelles, New York, Oxford, Wien, 2003. 282 S.
Rechtshistorische Reihe. Verantwortlicher Herausgeber: Jörn Eckert. Bd. 265
ISBN 3-631-50214-1 · br. € 45.50*

Diese Arbeit befaßt sich mit dem Selbstverständnis der Justiz nach dem Nationalsozialismus. Einleitend zeigt der Autor, daß der Versuch der Alliierten scheiterte, alle belasteten Richter aus ihren Ämtern zu entfernen. Im Anschluß setzt sich der Autor kritisch mit der Literatur auseinander, die den Richtern eine ideelle Kontinuität vorwirft. Dabei geht der Autor auf das Leitbild der Weimarer und der „nationalsozialistischen" Richter ein. Im Hauptteil der Arbeit werden erstmals die bisher größtenteils unveröffentlichten Ansprachen der Gerichtspräsidenten analysiert, die diese anläßlich der Wiedereröffnung der Bundes- und Oberlandesgerichte gehalten haben. Der Autor zeigt auf, daß eine Auseinandersetzung der Richter mit der eigenen Vergangenheit überwiegend nicht stattgefunden, sich jedoch ein ideeller Wandel in der Richterschaft nach 1945 vollzogen hat. Abschließend wird ein Ausblick auf das Selbstverständnis der Richter von heute gegeben.

Aus dem Inhalt: 1945 Stunde Null in der Rechtspflege · Kritische Auseinandersetzung mit der Literatur zum Wirken der Richter vor und nach 1945 · Darstellung des Selbstverständnisses der Richter in der Weimarer und NS-Zeit · Analyse der Reden anläßlich der Eröffnung der Gerichte nach 1945 · Fragen hinsichtlich der ideellen Kontinuität

Kolibri 360 GmbH
Ferdinand-Jühlke-Straße 7
99095 Erfurt, Deutschland
produktsicherheit@kolibri360.de

Druck:
CPI Druckdienstleistungen GmbH
im Auftrag der
Kolibri 360 GmbH
Ferdinand-Jühlke-Str. 7
99095 Erfurt